Île Maurice île Rodrigues

Cofondateurs : Philippe GLOAGUEN et Michel DUVAL

Directeur de collection et auteur
Philippe GLOAGUEN

Rédacteurs en chef adjoints
Amanda KERAVEL
et Benoît LUCCHINI

Directrice de la coordination
Florence CHARMETANT

Directrice administrative
Bénédicte GLOAGUEN

Directeur du développement
Gavin's CLEMENTE-RUÏZ

Direction éditoriale
Catherine JULHE

Rédaction
Isabelle AL SUBAIHI
Mathilde de BOISGROLLIER
Thierry BROUARD
Marie BURIN des ROZIERS
Véronique de CHARDON
Fiona DEBRABANDER
Anne-Caroline DUMAS
Géraldine LEMAUF-BEAUVOIS
Olivier PAGE
Alain PALLIER
Anne POINSOT
André PONCELET

Conseiller à la rédaction
Pierre JOSSE

Administration
Carole BORDES
Éléonore FRIESS

2017

hachette

TABLE DES MATIÈRES

PRÉAMBULE

Recommandation à ceux qui souhaitent profiter des réductions et avantages proposés dans *Le Routard* par les hôteliers et les restaurateurs.

À l'hôtel, pensez à les demander au moment de la réservation ou, si vous n'avez pas réservé, **à l'arrivée.** Ils ne sont valables que pour les réservations en direct et ne sont pas cumulables avec d'autres offres promotionnelles (notamment sur internet). Au restaurant, parlez-en **au moment** de la commande et surtout **avant** que l'addition soit établie. Poser votre *Routard* sur la table ne suffit pas : le personnel de salle n'est pas toujours au courant et une fois le ticket de caisse imprimé, il est souvent difficile de modifier le total. En cas de doute, montrez la notice relative à l'établissement dans *Le Routard* de l'année et, bien sûr, ne manquez pas de nous faire part de toute difficulté rencontrée.

Important : dernière minute

Sauf rares exceptions, *Le Routard* bénéficie d'une parution annuelle à date fixe. Entre deux dates, des événements fortuits (formalités, taux de change, catastrophes naturelles, conditions d'accès aux sites, fermetures inopinées, etc.) peuvent modifier vos projets de voyage. Pour éviter les déconvenues, nous vous recommandons de consulter la rubrique « Guide » par pays de notre site • *routard.com* • et plus particulièrement les dernières ***Actus voyageurs.***

La route du Thé à Bois Chéri, île Maurice

LA RÉDACTION DU ROUTARD

(sans oublier nos 50 enquêteurs, aussi sur le terrain)

Thierry, Anne-Caroline, Éléonore, Olivier, Pierre, Benoît, Alain, Fiona, Gavin's, André, Véronique, Bénédicte, Jean-Sébastien, Mathilde, Amanda, Isabelle, Géraldine, Marie, Carole, Philippe, Florence, Anne.

La saga du *Routard* : en 1971, deux étudiants, Philippe et Michel, avaient une furieuse envie de découvrir le monde. De retour du Népal germe l'idée d'un guide différent qui regrouperait tuyaux malins et itinéraires sympas, destiné aux jeunes fauchés en quête de liberté. 1973. Après 19 refus d'éditeurs et la faillite de leur première maison d'édition, l'aventure commence vraiment avec Hachette. Aujourd'hui, *Le Routard*, c'est plus d'une cinquantaine d'enquêteurs impliqués et sincères. Ils parcourent le monde toute l'année dans l'anonymat et s'acharnent à restituer leurs coups de cœur avec passion.

Merci à tous les Routards qui partagent nos convictions : liberté et indépendance d'esprit ; découverte et partage ; sincérité, tolérance et respect des autres.

NOS SPÉCIALISTES ÎLE MAURICE ET RODRIGUES

Isabelle Al Subaihi : une émigration outre-Manche à l'âge de 4 mois, forcément, ça laisse des traces : un goût prononcé pour l'exotisme ! Depuis, elle cherche à transmettre sa passion du voyage. Ce qu'elle aime partager : un bon plat, des éclats de rire, l'émotion d'un paysage qui bouleverse. Et surtout une vision décalée grâce à des rencontres surprenantes.

Benoît Lucchini : corse, élevé au grain du 9-3, il a commencé avec une carte Interrail à 17 ans. Il arpente les terres chaudes avec passion deux ans plus tard puis les mers froides comme pêcheur (illégal) de saumon sur un chalutier américain, avant un grand tour du monde. Son credo depuis 30 ans au *Routard* : multiplier les rencontres, s'émerveiller et écrire pour partager ses émotions.

UN GRAND MERCI À NOS AMI(E)S SUR PLACE ET EN FRANCE

Pour cette nouvelle édition, nous remercions particulièrement :

À Maurice
- Hugues Vitry pour ses infos sur la plongée ;
- Edwige et Julien pour leur enthousiasme.

À Rodrigues
- Brice et Garrick pour leur aide précieuse.

Pictogrammes du Routard

Établissements
- Hôtel, auberge, chambre d'hôtes
- Camping
- Restaurant
- Boulangerie, sandwicherie
- Glacier
- Café, salon de thé
- Café, bar
- Bar musical
- Club, boîte de nuit
- Salle de spectacle
- Office de tourisme
- Poste
- Boutique, magasin, marché
- Accès Internet
- Hôpital, urgences

Sites
- Plage
- Site de plongée
- Piste cyclable, parcours à vélo

Transports
- Aéroport
- Gare ferroviaire
- Gare routière, arrêt de bus
- Station de métro
- Station de tramway
- Parking
- Taxi
- Taxi collectif
- Bateau
- Bateau fluvial

Attraits et équipements
- Présente un intérêt touristique
- Recommandé pour les enfants
- Adapté aux personnes handicapées
- Ordinateur à disposition
- Connexion wifi
- Inscrit au Patrimoine mondial de l'Unesco

Tout au long de ce guide, découvrez toutes les photos de la destination sur • *routard.com* • Attention au coût de connexion à l'étranger, assurez-vous d'être en wifi !

Le Routard est imprimé sur un papier issu de forêts gérées.

I.S.B.N. 978-2-01-323685-0

Pointe aux Canonniers
voir Grand Baie – Pointe aux Canonniers
Holt Rocks
Lost Anchor
Stenopus Reef
voir Région de Trou aux Biches
Mont-Choisy
Kingfish Kingdom
Corsair Wall
Caravelle
Trou aux Biches
OCÉAN INDIEN
Pointe aux Piments
Baie de l'Arsenal
Riv.
Baie du Tombeau
LA RÉGION DE PORT-LOUIS p. 37
Terre Rouge
PORT-LOUIS
Aapravasi Ghat
Montagne Longue
Pointe aux Sables
B 31
Pointe aux Caves
Phare
Petite Rivière
A 3
M 2
A 1
812
Le Pouce
Maison Eurêka
Albion
Moka
A 7
Circonstance
Beau Bassin
Rose Hill
Corps de Garde
Riv. Terre Rouge
Bambous
Medine
La Ferme
Ebène
Quatre-Bornes
Mauritius Glass Gallery
Rempart l'Herbe
Flic en Flac
B 2
B 3
Casela World of Adventures
Rempart Serpent
Cathedral
Clarence
B 6
Rivière du Rempart
Montagne du Rempart
Vacoas
Floréal
Curepipe
Baie du Tamarin
Tamarin
Domaine des Aubineaux
DU MORNE BRABANT À FLIC EN FLAC p. 137
Tamarin Falls
M 2
Baie de la Grande Rivière Noire
Mare Longue
Grande Rivière Noire
Mare aux Vacoas
Gorges de la Rivière Noire
Petite Rivière Noire
Cratère Kanaka
Grande Case Noyale
Le Pétrin
Grand Bois
Île aux Bénitiers
Chamarel
744
Needle Hole
Castle
B 9
Pointe des Pêcheurs
Golf
La Gaulette
Rhumerie de Chamarel
Plaine Champagne
Grand Bassin
Bois Chéri
Mémorial
Terres de Couleurs
245
Morne Brabant
Vallée des Couleurs
Cliff
Le Morne Brabant
Montagnes Savanne
LE SUD p. 131
Mont Blanc
Pointe Sud-Ouest
Chazal
Chamouny
Chemin Grenier
Baie du Cap
Domaine de Saint-Aubin
Bel Ombre
Baie du Cap
Saint-Félix
B 9
A 9
Baie du Jacotet
Surinam
Souillac
10 km
Pointe aux Roches
Riambel
Gris-Gris

L'ÎLE MAURICE

Île aux Fous
OCÉAN
INDIEN
Île aux Diamants
85
Mont
Kali
Baie Malgache
Île aux Sables
Baie
du
Nord
Mont
du Sable
118
Baie du Nord
145
Mont
du Nord
L'OUEST
p. 257
Mangues
Île
aux
Cocos
Mont Croupier
166
La Ferme
Mont Lascars
131
Baie
Topaze
Maréchal
Grand la Fouche
Corail
Île Marianne
Mont Cabris
191
Mont Topaze
123
Plaine
Mapou
Baie Topaze
Vangasailles
Île Catherine
Île Frégate
Plaine
Corail
Caverne
Patate
Petite
Butte
Réserve
François-
Leguat
Plaine
Caverne
Carrières
de corail
Île
Destinée
Dans
Coco
Anse Quitor
Île aux
Pintades
Île aux Crabes
Port Mathurin
Lieux traités
Saint-Gabriel
Adresses et lieux
dans les environs
Quatre Vents
Repères
Récifs de corail
Sentiers

L'ÎLE RODRIGUES

Le lagon, île Rodrigues

© Gotin Michel/hemis.fr

« Allez chez Maurice ! »

L'ÎLE MAURICE

L'île Maurice n'est qu'une variation sur les thèmes de l'eau, du sable et de la lumière. Elle s'est jadis forgé une réputation de destination de stars plus que de routards. Et pourtant, malgré quelques complexes opulents, ce n'est pas seulement une destination de luxe ! On peut facilement s'en tirer à bon compte et profiter des immenses plages sans se ruiner, en vivant comme les habitants. *Le Routard* est là pour vous y aider.

Nulle galère ni embrouille dans cette île facile et confortable. On se laisse aller, au rythme des vaguelettes. Une petite visite par-ci, une petite visite par-là, et hop ! on retrouve vite sa parcelle de sable devant son bout de lagon.

Mais plus que les lieux, ce sont les gens qui sont à découvrir : méli-mélo de personnalités et chaleur tempérée. Jamais trop chaud, jamais trop frais. On est ici comme en suspension. Pas étonnant qu'on y vienne pour faire un break… et qu'on y revienne.

L'ÎLE RODRIGUES

Voyageurs trop pressés, passez votre chemin. **Rodrigues, quant à elle, appartient à ceux qui sauront comprendre qu'elle a non seulement du cœur, mais aussi une âme.** La Cendrillon des Mascareignes, ridée comme les tortues qui la peuplaient, joua longtemps la belle délaissée. Les navigateurs voguant vers les Indes la considéraient uniquement comme un garde-manger. Après avoir empli leurs cales de tortues, ils oubliaient cette terre plissée, perdue au sein d'un lagon deux fois plus grand qu'elle.

Sans prétendre à la luxuriance ou à la beauté des plages de ses sœurs de l'océan Indien, Rodrigues possède le charme rustique que celles-ci ont parfois perdu. C'est un grand village, qui a conservé ses coutumes. Elle est si calme, si souriante qu'aujourd'hui, même les Mauriciens et les Réunionnais stressés viennent s'y délasser.

Ça n'est pas une île à voir, mais à vivre au rythme des Rodriguais : prendre le bus, découvrir les plages, à pied ou à vélo, relever les casiers dans le lagon, boire un petit rhum sous les filaos, puis danser une mazurka. La vraie vie, quoi !

Le musée des Maquettes de bateaux Comajora, île Maurice

NOS COUPS DE CŒUR

À MAURICE

1 Ne pas manquer l'église au toit rouge de Cap Malheureux, l'image d'Épinal de l'île Maurice.

Photogénique en diable (!), juste devant le lagon. Le mieux est d'assister à la messe du dimanche matin. Tout le monde est le bienvenu, que l'on soit catholique ou non. Et pour être raccord, mettez-vous sur votre 31 ! Après la messe, on papote avec les locaux devant le lagon, puis on va boire un coup au resto situé juste en face. Que du bonheur ! *p. 95*

***Bon à savoir :** venir au moins 30 mn avant la messe pour avoir une chance d'entrer dans l'église. Il y a parfois autant de monde dehors que dedans !*

© Jon Arnold Images/hemis.fr

© John Insull/Alamy/Hemis

2 **Participer à une excursion à l'île Plate, à la journée, en catamaran, et profiter d'un barbecue sur les plages de sable blanc.**

Une excursion magique, surtout quand on y va à la voile, bien plus sympa qu'au moteur. Baignade dans le lagon et musique d'ambiance. Un beau moment, simple et authentique. *p. 93, 96*

Bon à savoir : *bien vérifier le nombre de personnes maximum accueilli sur le catamaran et préférer les petits bateaux (moins de 30 personnes), bien plus intimes.*

© UIG/Hoberman/Photononstop

3 **Pour se mettre dans l'ambiance des anciennes familles bourgeoises de Maurice, visiter Labourdonnais, Un Château dans la Nature.**

Remarquable demeure du milieu du XIXe s, restaurée dans les règles de l'art, dont le mobilier rappelle les riches heures de l'île. Parquets cirés, lustres italiens et partout de superbes objets provenant des meilleurs ateliers européens. Réserver du temps pour la visite du jardin, entretenu avec soin. *p. 85*

Bon à savoir : *le restaurant* La Table du Château *est l'un des meilleurs de l'île. Parfait pour clore la visite de cette noble bâtisse.*

4 Découvrir le site de *L'Aventure du Sucre,* passage obligé pour mieux comprendre l'île.

Et partir sur les traces du métissage mauricien pour embrasser le riche patrimoine créole. Le musée offre une approche passionnante de l'évolution de l'île au fil du temps, tant sur le plan industriel qu'humain. *p. 59*

Bon à savoir : *on peut facilement combiner la visite de* L'Aventure du Sucre *avec celle du jardin de Pamplemousses. Apportez donc votre pique-nique !*

© Sime/Massimo Ripani/Photononstop

5 Se promener en fin d'après-midi sur les plages infinies de Belle Mare et Palmar, sur la côte est de l'île.

Incroyables étendues presque désertes, encore méconnues. On apporte son pique-nique, on profite d'un lagon bons et tranquille, on assiste au retour des pêcheurs… Le dimanche, on partage de bons moments avec les familles mauriciennes qui viennent y passer la journée. *p. 104*

© Madamour Christophe/Hemis.fr

6 Embarquer pour l'excursion emblématique de l'île Maurice à l'île aux Cerfs.

Un petit joyau qu'il faut savoir appréhender. Si l'on vient tôt, on peut passer de merveilleux moments sur ce bout de terre cerné par de longues plages de sable blanc, protégé par un lagon aux eaux cristallines. *p. 110*

Bon à savoir : *prendre un bateau tôt le matin, s'éloigner un peu du débarcadère et repartir en début d'après-midi pour éviter la foule. Voici les secrets d'une journée au paradis !*

7 Régler son masque pour débusquer, à Blue Bay, les habitants multicolores des fonds coralliens.

Température idéale, courant pas trop fort une immersion avant de lézarder sur la plage publique, avec l'île aux Deux Cocos en ligne de mire... tout un programme. *p. 129, 221*

Bon à savoir : *de belles excursions vers les îles du sud-est sont organisées à partir de Blue Bay.*

8 Pousser jusqu'à Gris-Gris, du côté de Souillac, et s'éterniser devant cette superbe côte sauvage.

Derrière un rideau de filaos, on découvre un remarquable paysage où les falaises de roches volcaniques noires subissent les assauts féroces de l'océan. Un vrai coin de Bretagne ! On peut s'en approcher en dévalant les buttes herbeuses pelées par le vent, mais à condition d'y aller en maillot : douche assurée en cas de grand vent ! *p. 134*

Bon à savoir : au pied de la falaise s'étend une merveilleuse plage de sable fin, mais attention, baignade fortement déconseillée.

9 **Au Morne Brabant, se laisser gagner par l'émotion devant le Monument de la Route de l'Esclave.**

Peut-on imaginer l'espoir et la tragédie qui a régné dans cette magnifique péninsule au début du XIXe s ? Car le sommet du Morne constituait à l'époque un refuge idéal pour les esclaves en fuite, appelés « marrons ». Aujourd'hui, un mémorial aussi sobre qu'évocateur rappelle la résistance face à l'esclavagisme dans l'île. On y découvre des pierres sculptées comme autant de tombes, qui symbolisent la liberté, la violence, la renaissance… Des noms, des visages à peine distincts, mais qu'on ne peut oublier. D'ailleurs, le Morne Brabant est classé au Patrimoine mondial de l'Unesco pour sa dimension historique et symbolique. *p. 138*

(10) Assister au Maha Shivaratree, la plus grande fête hindoue de l'île, à Grand Bassin.

Cette retenue d'eau naturelle entretiendrait des liens secrets avec le Gange. Voici un festival de couleurs et de ferveur et une bonne occasion de découvrir la religion hindoue. De tous les coins de l'île, les fidèles, en principe vêtus de blanc, affluent pour une procession de plusieurs jours. À la suite d'une longue marche, ils se baignent dans l'eau sacrée du bassin. *p. 147*

***Bon à savoir :** la fête se déroule en février ou mars (date variable) et dure 4 jours, mais ses préparatifs ont lieu plusieurs semaines à l'avance.*

(11) Troquer ses tongs contre des chaussures de marche et randonner jusqu'aux chutes de Tamarin.

Magnifique écrin naturel abritant sept cascades en enfilade, au cœur d'un paysage luxuriant ! La randonnée la plus courte, de 2h environ, est accessible aux enfants à partir de 6 ans (parfait pour les familles), d'autres s'avèrent bien plus sportives. Le top est de partir la journée, pour voir de près l'ensemble des cascades et s'y baigner. *p. 156*

***Bon à savoir :** malgré leur nom, on n'accède aux chutes de Tamarin que depuis la bourgade de Quatre-Bornes.*

12 **S'immerger dans le marché grouillant de Port-Louis et s'amuser au marchandage de vêtements ou de souvenirs.**

Malgré le côté éminemment touristique du lieu, on prend plaisir à parcourir les allées de ce marché légendaire, superbe lieu de vie. Si le bazar est toujours animé, le marché aux fruits et aux légumes voisin est lui aussi particulièrement haut en couleur. Et ne négligez pas les foires hebdomadaires des villages de l'intérieur, qui réservent toujours de bonnes surprises. *p. 47, 48*

Bon à savoir : *pour éviter les bouchons de Port-Louis, venir au marché plutôt le samedi, quand les bureaux sont fermés.*

© Chlaus Lotscher/Gettyimages.fr

13 **Mieux comprendre l'île en allant visiter l'*Aapravasi Ghat* à Port-Louis.**

Le site où arrivèrent tous les immigrants, premiers signataires du système de l'« engagisme ». On y découvre l'histoire de ces milliers d'Indiens qui vinrent ici chercher une nouvelle vie. Didactique et passionnant, l'*Aapravasi Ghat* permet de comprendre l'origine de l'incroyable mixité ethnique et sociale de Maurice. *p. 46*

Bon à savoir : *appeler avant pour prévoir une visite guidée (gratuite), qui permet de mieux se plonger dans l'histoire de la population.*

© Travelib history/Alamy/Hemis

14 Plonger en sous-marin ou explorer le lagon en scooter subaquatique... Voici des activités nautiques hors du commun, assez uniques dans leur genre et riches en émotion. L'occasion de se prendre pour le commandant Cousteau et James Bond réunis ! *p. 72*

***Bon à savoir :** pour ces plongées un peu spéciales, contacter* Blue Safari *à Mont-Choisy • blue-safari.com • et réserver bien à l'avance en période de vacances scolaires.*

© Blue Safari

À RODRIGUES

15 Randonner de Saint-François à la plage de Graviers en longeant les plus belles anses et criques de Rodrigues.

Elles portent les délicieux noms de Trou d'Argent, Anse Bouteille, Anse Fémi... Une balade extraordinaire et balisée, à l'ombre des filaos. Prévoir des chaussures fermées et emporter de l'eau en quantité suffisante. Et n'oubliez pas votre maillot de bain et votre masque. Pour le retour depuis Saint-François, prendre le bus. *p. 254*

***Bon à savoir :** compter 1h30-2h pour la rando complète, mais cette balade est tellement romantique qu'on peut l'organiser sur une pleine journée.*

© Spani Arnaud/hemis.fr

16 **Entre ciel et mer, jouer avec le vent en s'initiant au kitesurf au sud de Rodrigues, vers le spot très réputé de l'Anse Mourouk.**
Les clubs situés sur la plage proposent tous des formations pour débutants, dans le cadre idéal et sécurisant d'un lagon sans danger. L'occasion rêvée de survoler l'océan au gré du vent ! *p. 270*

17 **Faire une descente en tyrolienne au-dessus de Montagne Malgache.** Surplomber les impressionnantes ravines et le splendide panorama sur le lagon. Pour les amateurs de sensations fortes. *p. 254*

18 **Remonter l'histoire de l'île en allant rendre visite aux incroyables tortues Aldabra et Radiata dans la réserve François-Leguat.**
Sœurs des tortues géantes de Rodrigues (aujourd'hui disparues), ces impressionnantes bestioles importées des Seychelles et de Madagascar sont ici comme à la maison. Visite guidée passionnante ! *p. 255*
Bon à savoir : combiner le tour du Parc aux tortues avec la visite de la Grande Caverne, une grotte splendide.

19 **Le temps d'une journée, embarquer avec un bateau d'excursion vers la réserve naturelle de l'île aux Cocos.**

Et se prélasser dans les eaux mirifiques, un ti-punch à la main. Avec masque et tuba, entre deux siestes sur le sable blanc, on part à la découverte des myriades de poissons multicolores qu'abrite ce merveilleux lagon. Une excursion où l'on prend vraiment le temps de vivre à la rodriguaise. *p. 257*

20 Apprendre la polka, la mazurka ou le kotis, dans une kermesse, une discothèque ou un hôtel de Rodrigues.

Histoire d'épater votre grand-mère au retour ! Les célèbres bals Ran Z'haricot ont lieu en général le dimanche après-midi. Toutes les générations s'y retrouvent pour pratiquer ces danses anciennes dans une délicieuse ambiance. Une vraie tranche de vie et de chouettes moments de rigolade en perspective ! p. 237

Bon à savoir : ces bals se déroulent dans un lieu différent à chaque fois. Pour savoir où sera le prochain, se renseigner auprès de l'office de tourisme de Port Mathurin ou à votre hôtel.

© Sylvio Gentil, leader du groupe traditionnel La Confiance Junior/Lemaire Stéphane/hemis.fr

Lu sur routard.com

Maurice, une île plurielle
(tiré du carnet de voyage de Claude Hervé-Bazin)

L'île Maurice ? Des plages de sable blanc, des palmiers, des eaux tièdes et turquoise. Très bien, mais encore ? Des champs de canne, quelques demeures de plantation nostalgiques, l'ombre de la colonisation et le souvenir de l'Isle de France. Restent des noms de lieux aux consonances rétro, qui font écho aux rêves de tropiques : Beau Séjour, Bois d'Oiseaux, Pamplemousses… Quelques témoignages de rêves brisés émaillent aussi la carte : La Solitude, Bon Courage, Pétrin et même Sottise ! Au-delà, Anglais et autres immigrants ont ajouté leur marque à Britannia, Bénarès, La Mecque... L'île Maurice est aussi une mosaïque où les cultures hindoue, chinoise, créole et française se côtoient. **Une vraie auberge espagnole.**

Le jeune Baudelaire, envoyé prendre l'air aux Indes, fit en 1841 une escale forcée sur l'île Maurice. « C'était une terre magnifique, éblouissante. Il semblait que les musiques de la vie s'en détachaient en un vague murmure, et que de ses côtes, riches en verdure de toutes sortes, s'exhalait, jusqu'à plusieurs lieues, une délicieuse odeur de fleurs et de fruits. » D'autres voyageurs ont colporté cette image de paradis terrestre, doublé d'une terre francophone usurpée par les Anglais. L'esclavage, décrété pour la grande cause du sucre, n'eut jamais que peu de poids dans leurs écrits.

C'est pourtant la **canne à sucre** qui a façonné l'île, son économie, son identité même. Elle a motivé son peuplement, induit l'esclavage, l'importation en nombre des *coolies*, détruit des vies et bâti des fortunes. Au plus fort de son exploitation, elle a couvert jusqu'à 80 % des terres arables de l'île ! Si elle occupe encore le tiers de sa superficie, on ne compte plus que 11 sucreries, contre 250 au XIXe s. Et encore, le gouvernement souhaiterait voir ce nombre réduit. Les oscillations des cours, la cherté grandissante de la main d'œuvre poussent à abandonner la canne pour d'autres activités plus rentables – ou à mieux la valoriser. C'est ainsi que l'usine de Beau Plan (Pamplemousses), fermée en 1999, a été transformée en un musée baptisé L'Aventure du Sucre. Les étapes de sa production y sont détaillées sur fond de machinerie ancienne.

Plus vraiment française, jamais vraiment anglaise, Maurice est devenue créole tandis que des centaines de milliers de *coolies* rejoignaient dans les champs les esclaves libérés. Un siècle et demi plus tard, l'île offre le visage d'une terre hors norme, où l'histoire a installé toutes les grandes religions et différents peuples. Un rapide coup d'œil aux statistiques révèle 48 % d'Hindous, 32 % de Chrétiens, 17 % de Musulmans et, sous un jour plus ethnique, 68 % d'Indo-Mauriciens, 27 % de créoles, 3 % de Sino-Mauriciens et 2 % de Franco-Mauriciens. Ce grand méli-mélo, servi avec un incontournable sourire, n'est pas pour rien dans l'attachement qu'on peut porter à l'île.

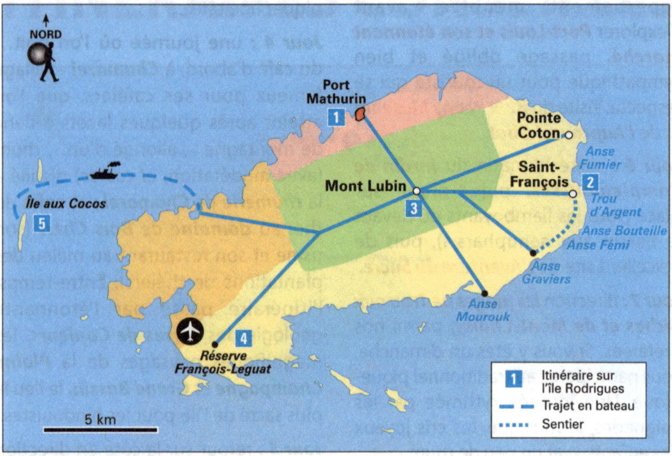

À RODRIGUES

5 jours dans l'île

Jour 1 : matinée à ***Port Mathurin*** (essayer d'y aller le samedi, jour de marché !) pour faire le plein d'achards, piments limon et miels locaux. Après-midi relax sur la plage à ***Pointe Coton*** ou ***Anse Fumier.***

Jour 2 : randonnée de Saint-François à Anse Graviers en passant par les plus belles anses de l'île (Anse Philibert, Trou d'Argent mais aussi Anse Bouteille et Anse Fémi). Une journée inoubliable.

Jour 3 : journée randonnée avec un guide sur les sentiers méconnus du centre de l'île. Une journée différente, où les lagons ne sont jamais bien loin !

Jour 4 : balade à ***Anse Mourouk*** au sud de l'île, avec pourquoi pas une initiation au kitesurf, puis après-midi à ***la réserve François-Leguat*** pour aller saluer les énormes tortues des Seychelles et de Madagascar.

Jour 5 : excursion à la journée sur ***l'île aux Cocos*** (avec masque et tuba) à partir de Baie du Nord, pour profiter du lagon et de ses superbes coraux. Ne pas oublier la crème solaire !

SI VOUS ÊTES

...plutôt plages

À Maurice : dans le nord de l'île, on étend sa serviette sur les plages de ***Trou aux Biches*** et de ***Mont-Choisy,*** toujours tranquilles. Et si l'on cherche l'animation, on va plus au nord, vers celle de ***Pereybère.*** Sur la côte est, on opte pour les plages de sable blanc de ***Belle Mare*** et ***Palmar.*** Dans le Sud, évidemment la superbe anse de ***Blue Bay*** (près de Mahébourg), celles autour du ***Morne Brabant,*** la plage de ***La Preneuse à Rivière Noire*** et la longue bande de sable blond à ***Flic en Flac.***

À Rodrigues : sans hésiter les ***plages de Pointe Coton, Anse Fumier,*** mais aussi les adorables ***criques de Trou d'Argent et Anse Bouteille.***

...en famille

À Maurice : on part en excursion en catamaran vers ***l'îlot Gabriel*** ou ***l'île Plate,*** on se pose à ***l'île aux Cerfs.*** Une halte au ***marché de Port-Louis*** fera plaisir à tout le monde, sans oublier un petit tour à la ***maison Eurêka,*** avec un petit plouf sous la cascade. Plus au sud, on plonge dans l'univers tropical de ***La Vanille Nature Park*** où les crocs des crocos en impressionnent plus d'un. Les petits curieux découvriront un phénomène géologique très particulier à la ***vallée des Couleurs*** ou aux ***Terres de Couleurs*** et dans le même coin, le ***Curious Corner,*** une galerie d'illusion d'optique. Les plus aventuriers se lanceront, quant à eux, du haut d'une tyrolienne à ***Chazal.*** On s'initie à la ***plongée*** (la plupart des clubs acceptent les enfants à partir de 8 ans) et ***on s'amuse avec les dauphins*** à Rivière Noire ou à Tamarin. Les amateurs de sensations encore plus fortes peuvent même aller marcher avec les lions ou voler, suspendus à une tyrolienne, au ***Casela Nature Park.*** Notez que la ***3e plus longue tyrolienne au monde*** (1,5 km) se trouve à la ***vallée des Couleurs*** (dont on parle plus haut). On découvre comment pousse le thé au ***domaine du Bois Chéri.*** Et la mer n'étant jamais loin, on alterne le tout avec des ***pauses baignade,*** toujours bienvenues.

À Rodrigues : une excursion à ***l'île aux Cocos*** et une indispensable visite au ***marché de Port Mathurin*** le samedi matin.

...sports

À Maurice : explorer le lagon en ***plongée*** avec bouteilles, faire un ***footing*** sur les immenses plages de Belle Mare, pagayer autour de l'île aux Cerfs en ***kayak*** et pratiquer la ***randonnée*** (avec guide) vers les plus hauts sommets de l'île ou les chutes de Tamarin, ***descendre une rivière*** à pied ou à la nage à Chazal, se lancer dans une ***course d'orientation*** ou carrément un parcours du combattant au domaine de Lagrave, et même s'initier au ***canyoning*** et à l'***escalade,*** encadré par une équipe de pros basée à Flic en Flac.

À Rodrigues : ***randonner à la journée*** sur le sentier balisé entre Saint-François et la plage de Graviers, se procurer des sensations en glissant sur la ***tyrolienne Tyrodrig Zipline Adventure,*** ou en volant au-dessus de l'eau en ***kitesurf, plonger dans le lagon*** avec ou sans bouteilles...

...culture

À Maurice : le ***jardin de Pamplemousses*** que l'on couplera avec ***L'Aventure du Sucre.*** À Port-Louis, l'***Aapravasi Ghat*** permet de comprendre l'histoire de l'île, de même que le ***Blue Penny Museum,*** à compléter par un petit tour au marché. Parmi les vénérables demeures, on visite en priorité celles de ***Labourdonnais, Un Château dans la Nature*** et la ***maison Eurêka,*** et celles des plantations, comme le ***domaine de Saint-Aubin*** ou celui des ***Aubineaux.*** L'histoire, c'est aussi le ***Monument de la route de l'Esclave au Morne Brabant,*** une évocation émouvante et indispensable de cette période. Pour en savoir un peu plus sur la culture hindoue, on s'immerge à ***Grand Bassin,*** un complexe religieux au cœur de l'île. Sans oublier la visite d'une fabrique de maquettes.

À Rodrigues : le ***marché de Port Mathurin,*** la ***réserve François-Leguat*** (pour voir les énormes tortues !), le ***jardin des Cinq Sens...***

Port-Louis, Île Maurice

LES QUESTIONS QU'ON SE POSE AVANT LE DÉPART

ABC de l'île Maurice

- ***Superficie :*** 323 880 km² (385 199 km² avec l'archipel du Svalbard).
- ***Population :*** 1 300 000 hab.
- ***Superficie :*** 2 050 km² (avec les dépendances). À la louche : 65 km sur 48 juste pour l'île Maurice.
- ***Capitale :*** Port-Louis.
- ***Dépendances :*** île Rodrigues, Agaléga et Saint-Brandon.
- ***Langues :*** anglais, français, créole, bhojpuri, hindi, tamoul, telegu, urdu, hakka.
- ***Point culminant :*** piton de la Petite Rivière Noire (828 m).
- ***Monnaie :*** roupie mauricienne (Rs).
- ***Régime :*** démocratie parlementaire.
- ***Chef de l'État :*** Ameenah Gurib-Fakim depuis juin 2015, première femme chef de l'État.
- ***Premier ministre :*** Anerood Jugnauth, depuis fin 2014.
- ***Devise :*** « L'étoile et la clé de l'océan Indien. »
- ***Drapeau :*** quadricolore, rouge (représentant le flamboyant ou le sang des esclaves), bleu (la mer), jaune (le soleil) et vert (la végétation).
- ***Salaire mensuel moyen d'un salarié :*** environ 17 100 Rs (450 €).
- ***Espérance de vie :*** 73 ans.
- ***Indice de développement humain (espérance de vie, éducation, niveau de vie) :*** 0,777. Rang mondial : 63e sur 188 pays.
- ***Nombre de kilomètres de côtes :*** 330 km.

➢ Quelles sont les coordonnées de l'ambassade de la république de Maurice en France et dans les pays francophones ?

– *À Paris : 127, rue de Tocqueville, 75017 Paris. ☎ 01-42-27-30-19. • paris@amb-maurice.fr • Ⓜ Wagram. Accueil tél lun-ven 8h45-13h, 13h45-16h30. Service consulaire lun-ven 8h45-12h45.*

– *En Belgique (Bruxelles) : rue des Bollandistes, 68, Etterbeek, Bruxelles 1040. ☎ 02-733-99-88. • ambsec@mubru.org • Service consulaire lun-ven 10h30-12h30.*

– *En Suisse :* ni ambassade ni consulat de l'île Maurice. Les ressortissants étrangers ayant besoin d'un visa doivent contacter l'ambassade à Paris (voir coordonnées ci-avant).

– *Au Canada :* ni ambassade ni consulat de l'île Maurice. Les ressortissants étrangers ayant besoin d'un visa doivent contacter l'ambassade aux États-Unis.

■ ***Mauritius Embassy :*** *1709 N. Street, NW Washington DC 20036. ☎ (00-1) 202-244-14-91 ou 92. • mauritius.embassy@verizon.net •*

➢ Quels sont les papiers indispensables pour se rendre à l'île Maurice et à Rodrigues et prolonger éventuellement son séjour ?

– Pour les Français, les Belges et les Suisses, un ***passeport*** valable au-delà de la date envisagée du retour est exigé, ainsi qu'un ***billet de retour*** (à présenter à la douane). Les Suisses et les Canadiens doivent être munis d'un passeport valable encore 6 mois après le retour.

– À l'arrivée à l'aéroport, on vous demandera dans quel hôtel vous allez descendre. Prenez n'importe lequel, mais ***ne dites surtout pas que vous ne savez pas.*** Il est déjà arrivé que certains touristes qui n'avaient pas d'adresse de logement repartent par le premier avion !

– Pour prolonger votre séjour jusqu'à 6 mois maximum, la demande de visa (gratuite) s'effectue auprès du Bureau des passeports et de l'immigration (voir ci-après). Il faut présenter une copie du passeport, son billet de retour, une lettre d'hébergement (ou une réservation d'hôtel), et pouvoir justifier de 100 $ par jour.

■ ***Bureau des passeports et de l'immigration :*** *Sterling House, 9-11, rue Lislet-Geoffroy,* **Port-Louis.** ☎ *(00-230) 210-93-12.* • *govmu.org* • *Lun-ven 9h-15h.*

➢ Y a-t-il un office de tourisme de l'île Maurice en France et dans les pays francophones ?

Il n'existe plus d'office de tourisme en France et en Belgique. Se reporter au site officiel : • *tourisme-ilemaurice.mu* • Il y en a toutefois un en Suisse.

ℹ ***Mauritius Tourism :*** *infos par tél ou mail.* ☎ *044-286-99-56.* • *mauritius-switzerland@aviareps.com* • *tourisme-ilemaurice.mu* • *Lun-ven 8h30-12h, 14h-17h.*

➢ Quel est le temps de vol ?

Environ 11h de vol. Ajouter 1h30 pour rejoindre Rodrigues depuis Maurice.

➢ Quel est le décalage horaire ?

Maurice est en avance sur la France de 3h en hiver et de 2h en été. Donc, quand il est 12h en France, à Maurice il est 15h en hiver et 14h en été.

➢ Quelle est la meilleure période pour y aller ?

Il fait beau et chaud toute l'année. Les températures baissent en hiver (de juin à septembre), et la période cyclonique (de janvier à mars) rend l'atmosphère chaude et humide. La meilleure période s'étend d'avril à juin et de septembre à novembre.

➢ Quels sont les vaccins indispensables ?

Aucun vaccin obligatoire. Être à jour de ses vaccins traditionnels. Pour la fièvre jaune, on vous demandera votre carnet de vaccination si vous venez d'un pays à risque. Prévoir un répulsif contre les moustiques.

➢ Quel est le coût de la vie ?

Réputée pour être une île « pour nantis », on trouve en fait de nombreuses petites locations à un prix très acceptable, autour de 1 500 roupies (Rs) pour deux (35-40 €) pour un hébergement avec cuisine. Quant aux restos, on peut très bien y manger pour 350-600 Rs (9-15 €).

➢ Quel est le moyen de déplacement le plus pratique ?

Soit la voiture de location un jour par-ci, un jour par-là, soit le taxi avec chauffeur qui vous balade toute la journée. Attention, on roule à gauche ! Comme l'île est petite, on en a vite fait le tour. Des agences spécialisées proposent aussi des excursions à la journée.

➢ Quelle langue parle-t-on ?

Officiellement l'anglais, mais dans la pratique, les Mauriciens parlent le français, qui devient ici un délicieux créole.

➢ Comment recharger son téléphone ?

Aucun problème : le voltage est le même qu'en France, à savoir 220 volts. Selon les logements, il faut parfois acheter un adaptateur de prise à un tarif dérisoire. Certains hôtels en prêtent si leurs prises sont différentes des nôtres. Sinon, on en trouve dans toutes les échoppes.

➢ Toutes les plages sont-elles sans danger ?

Protégées par un lagon sur presque tout le pourtour de l'île, les eaux sont calmes et ne présentent, la plupart du temps, aucun danger. Attention tout de même parfois aux coraux coupants, poissons-pierres et oursins.

➢ Peut-on pratiquer la plongée quand on est débutant ?

S'il y a un pays idéal pour s'initier à la plongée, c'est bien celui-ci ! Eaux chaudes, absence de danger, faune et flore d'une grande variété... Le pied !

➢ Le pays est-il dangereux ?

Pour trouver des gens plus affables et plus doux que les Mauriciens, il faut se lever de bonne heure ! Rien à craindre sur le plan sécurité, si ce n'est des pickpockets sur certaines plages et quelques vols dans les locations (bien fermer les fenêtres de sa chambre).

➢ En quoi Rodrigues est-elle différente de l'île Maurice ?

Le tourisme se développe peu à peu. L'atmosphère y est tranquille, l'accueil sincère et certaines plages sont ravissantes. On vient moins à Rodrigues pour la baignade (les plages sont plus grandes à Maurice) que pour sillonner ce bout d'île et surtout aller à la rencontre des habitants.

L'ÎLE MAURICE

Arriver – Quitter

✈ ***L'aéroport*** *est situé au sud-est de l'île, à 50 km de Port-Louis, la capitale, et à 7 km de la petite ville de Mahébourg.* Il est possible de s'y rendre en bus (arrêt à 300 m de l'aérogare) par la ligne Port-Louis/Mahébourg. Les transferts (payants) peuvent également être assurés par votre hôtel.
Il s'appelle *Sir Seewoosagur Ramgoolam International Airport,* en souvenir du « père de la nation mauricienne », mais il est partout indiqué « Aéroport de Plaisance ». Moderne et efficace, il offre toute la panoplie des services.
– Pour des infos sur les départs, composer le ☎ 603-60-21, ainsi que le ☎ 603-30-30 pour les vols Air Mauritius.
À noter : **au départ de Maurice, aucune taxe de sortie n'est exigée.** Bien penser à reconfirmer son vol 72h à l'avance.
🛈 ***Office de tourisme :*** *dans le hall d'arrivée. Rarement ouvert.* Petit guide pratique de l'île et carte sommaire.
– ***Horaires des vols :*** *☎ 603-60-21. Pour les vols* ***Air Mauritius*** *: ☎ 603-30-30 (24h/24).*
– ***Change :*** plusieurs bureaux dans le hall de sortie (même taux qu'en ville et pas de commission). Également des ***distributeurs automatiques.***
✉ Une ***poste*** (boîte aux lettres dans le hall des départs ; bureau dans le hall des arrivées).
– ***Loueurs de voitures :*** quelques loueurs juste à l'extérieur du hall des arrivées, sur la gauche en sortant. ***Budget*** *(☎ 467-97-00) ;* ***Europcar*** *(☎ 637-32-40) ;* ***Hertz*** *(☎ 637-32-19) ;* ***Avis*** *(☎ 637-31-00) ;* ***First*** *(📱 5250-96-00) ;* ***Ada*** *(☎ 675-26-26) ;* ***ABC*** *(📱 5777-28-45).* Peu de voitures disponibles au comptoir, on conseille donc de réserver son véhicule avant d'arriver à Maurice.

Comment se rendre à son hôtel et revenir à l'aéroport ?

En fonction du type de voyage que vous entreprenez, plusieurs formules.
➢ Si vous avez réservé votre hôtel depuis la France, vous avez peut-être demandé un ***transfert aéroport*** (de nombreux hôtels le proposent). Un véhicule de l'hôtel viendra alors vous chercher. Pratique. De même, au retour, votre hébergement peut vous arranger un transfert.
➢ Si vous avez loué une ***voiture,*** pensez à retirer ou à changer de l'argent (Rs) à l'aéroport, car il vous faudra payer le parking à la sortie. Pour rejoindre le Nord (Trou aux Biches, Grand Baie, Pereybère...), mieux vaut emprunter la « nouvelle » autoroute qui contourne Port-Louis par l'est au niveau de Rose Hill et permet d'éviter les embouteillages dans la capitale.
➢ ***En bus :*** *arrêt de bus (bus lane) à droite de l'aéroport en sortant,*

au-delà du parking. 3 lignes de bus relient l'aéroport à Mahébourg (durée : 15 mn), Curepipe (durée : 1h) et Port-Louis (durée : 1h30). Env ttes les 20 mn, 6h30-16h30. Vraiment très bon marché.

➢ ***En taxi :*** *comptoir dans le hall des arrivées (service pratique et gratuit) ; sinon, les taxis attendent à la sortie de l'aérogare. 4 pers max par voiture.* Compter environ 500 Rs pour Mahébourg ; 1 500 Rs pour Port-Louis ; et 2 000-2 500 Rs pour les autres trajets vers le Nord (Grand Baie, Grand Gaube, Pointe aux Canonniers...), l'Ouest (Flic en Flac, Tamarin...), l'Est (Trou d'Eau Douce, Belle Mare...) et le Sud. Veillez à vous faire conduire au bon hôtel, et gare aux bobards du genre « Cet hôtel est minable, n'y allez pas » ou encore « Je vous assure qu'il est complet »... Même tarif de jour et de nuit.

LA RÉGION DE PORT-LOUIS

PORT-LOUIS

149 000 hab.

• Plan *p. 39*

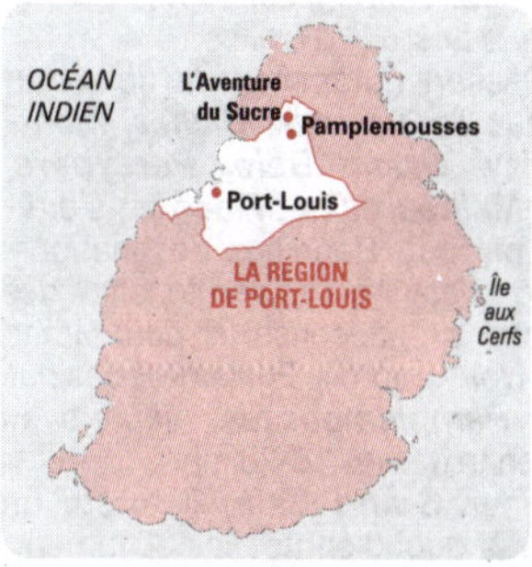

Port de commerce principal de l'île, Port-Louis ressemble plus à une grosse bourgade animée qu'à une vraie capitale. C'est d'ailleurs ce qui la rend plutôt sympathique. La ville semble fière de sa poignée de vilains buildings ultramodernes qui poussent doucement d'année en année, détruisant peu à peu les dernières maisons en bois qui en faisaient tout l'attrait. Malgré cela, la place d'Armes, les rues du centre et surtout le marché grouillant ainsi que les rues autour dégagent un charme suave de sous-préfecture, qu'il convient de visiter plutôt le matin. Il faut juste savoir se perdre dans ce patchwork de quartiers juxtaposés et parfois radicalement différents, dénicher les dernières vieilles maisons créoles et apprécier les aménagements modernes du front de mer : le Caudan Waterfront, la galerie commerciale vitrine de l'île, arbore en effet magasins chic, hôtels étoilés, cinémas et restaurants quasiment pied dans l'eau. Mais se cantonner à cet aspect de la ville serait dommage, car le cœur vibrant de la cité est bel et bien de l'autre côté de la voie rapide, autour du marché.

UN PEU D'HISTOIRE

Pourquoi « Port-Louis » ? Parce que c'est le principal port, bien abrité, sur la côte nord de l'île, et qu'on lui donna le patronyme de Louis XV, au nom duquel le capitaine Dufresne d'Arsel prit possession de Maurice au début du XVIIIe s. La ville était déjà un gros port de commerce où mouillaient toutes sortes de vaisseaux chargés d'épices et de coton. Mais c'est au milieu du même siècle que la ville prend un véritable essor, grâce à Mahé de La Bourdonnais.

À cette époque, on trace les rues au cordeau, on réorganise le port. Il devient la halte obligée des navires de la Compagnie des Indes. Halte aussi pour les corsaires, comme le célèbre Surcouf, qui traquait sans cesse l'Anglais, à qui il disputait la suprématie sur l'océan Indien.

Puis, au cours du XIXe s, les militaires et les commerçants font de Port-Louis une escale dynamique sur la route des Indes. En 1865, cette prospérité se trouve ralentie par l'ouverture du canal de Suez. Ce prodigieux raccourci entre l'Europe et l'Asie évite aux navires venus d'Europe de contourner l'Afrique, leur permettant de gagner l'Inde plus rapidement, donc à moindre coût. Conséquence, le canal de Suez rend inutile l'escale mauricienne.

Un malheur n'arrivant jamais seul, une épidémie de malaria contraint la population à déserter la capitale pour les villes du centre de l'île, plus saines et plus fraîches. Port-Louis s'en remet doucement et poursuit son développement bon an mal an, avec la création d'une voie de chemin de fer la reliant à Mahébourg (désaffectée). Aujourd'hui, c'est un port de commerce particulièrement dynamique, une place financière et une capitale administrative en pleine effervescence.

Arriver – Quitter

En bus

– Dans la région urbaine de Port-Louis : service 5h30-20h.

– De ville en ville : 6h30-18h (ou 18h30 selon destinations), mais la liaison Port-Louis / Curepipe aller-retour via Rose Hill, Quatre-Bornes et Vacoas est assurée jusqu'à env 23h.

Il existe 2 grandes stations de bus, reliées entre elles par une navette. Les destinations et les villes desservies sont indiquées clairement au-dessus du bus.

Gare routière Victoria, pour le Sud *(plan A2,* ***1****) : pl. Victoria.*

➢ Relie la capitale à ***Rose Hill, Quatre-Bornes, Vacoas, Curepipe, Phoenix, Floréal, Réduit, Forest Side*** et ***Mahébourg*** via Curepipe. Pour ces destinations, bus ttes les 10-20 mn env. Tous les patelins sur la route du Sud sont également desservis.

➢ Pour certains villages, il est nécessaire de changer de bus à Quatre-Bornes ou à Curepipe.

– Attention, pour ***Mahébourg,*** les bus partent d'une rue sans nom *(plan A2,* ***2****)*, à quelques enjambées au sud de la gare routière.

Gare routière du Nord, pour le Nord et le Nord-Est *(plan A1,* ***3****) : pl. de l'Immigration. Fonctionne 6h-20h env. Départs ttes les 10 mn.*

➢ Dessert notamment la côte touristique de ***Trou aux Biches, Mont-Choisy, Grand Baie, Pereybère, Cap Malheureux*** et ***Flacq*** en s'arrêtant partout. Pour ces destinations, compter env 1h-1h30 en fonction des bouchons. À déconseiller pour Grand Baie (voir ci-après). Également des bus pour ***Pamplemousses.*** Départs en moyenne ttes les 15-20 mn.

➢ Pour ***Grand Baie,*** il existe un express quotidien ttes les 30 mn env, 8h-18h en général. Ces bus empruntent la nouvelle autoroute. Ils mettent donc 2 fois moins de temps (compter env 30 mn).

En voiture

– ***L'autoroute M2 :*** elle traverse Port-Louis devant le front de mer *(Caudan Waterfront).* En fait d'autoroute, il s'agit plutôt d'une voie rapide de 2 x 2 voies,

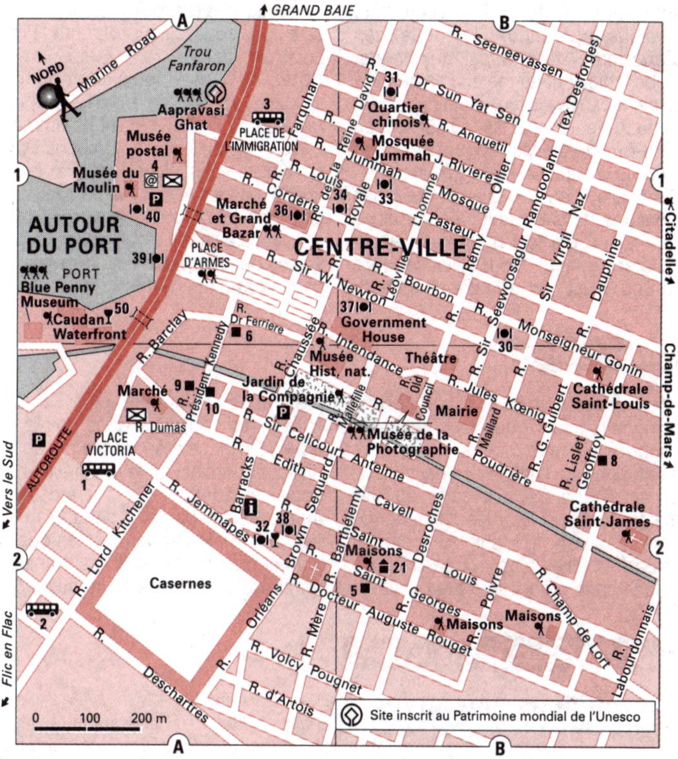

PORT-LOUIS

Adresses utiles

- Office de tourisme
- 1 Gare routière pour le Sud
- 2 Bus pour Mahébourg
- 3 Gare routière pour le Nord et le Nord-Est
- 4 Poste et Internet
- 5 Ambassade et consulat de France
- 6 Consulat de Belgique
- 8 Bureau des passeports et de l'immigration
- 9 Air France
- 10 Air Mauritius

Où dormir ?

- 21 Hôtel Le Saint-Georges

Où manger ?

- 30 Jim Snack
- 31 Canton
- 32 Lambic Restaurant Café Beer Shop
- 33 Le Chinois
- 34 First Restaurant
- 36 Marché
- 37 La Bonne Marmite
- 38 Côté Jasmin
- 39 Mystic Masala
- 40 Tandoori Express et Beer and Spice

Où boire un verre ?

- 32 Lambic Restaurant – Café Beer Shop
- 50 Keg and Marlin Pub

accessible à tous les véhicules, camions, bus, autos (jusque-là, rien d'anormal), mais aussi aux vélos, mobs, chiens et autres engins mobiles se déplaçant sans feux la nuit...
Cette route traverse l'île du sud-est au nord-ouest, de Mahébourg à Grand Baie via la capitale. Mais gros inconvénient : elle entraîne des embouteillages monstres dans la capitale à certaines heures, en particulier le matin et en fin d'après-midi. Pour relier le Nord au Sud, il est conseillé d'emprunter la ***« nouvelle » autoroute*** (c'est comme ça qu'on l'appelle), qui contourne Port-Louis par l'est.
Notez qu'il est inutile d'emprunter la M2 au départ de Port-Louis pour rejoindre le Sud-Ouest, et notamment Flic en Flac ou le Morne Brabant. Dans ce dernier cas, il est préférable de continuer vers le sud par la route qui prolonge Lord Kitchener Street *(plan A2)* : vous éviterez, entre autres, la traversée de Quatre-Bornes, infernale, et gagnerez un temps fou.

Orientation

Ville coloniale au quadrillage parfait, coincée par les quais sur un flanc, encadrée d'une chaîne de petites montagnes sur l'arrière : on peut difficilement s'y perdre. Une carte est utile malgré tout, car les rues changent de nom plusieurs fois sur leur chemin, et parfois, elles n'en ont pas. On s'y balade sans problème à pied mais de préférence en journée (plus rien à y faire après 15h). Quelques points de repère : la place d'Armes (centre administratif et financier), le marché (centre social et économique), la mosquée (haute flèche blanche dans le quartier chinois), le *Caudan* (sur les quais), auquel on accède en utilisant le souterrain qui passe sous l'autoroute.

Adresses et infos utiles

Informations touristiques et services

i *Office de tourisme* *(plan A2)* **:** *rue Saint-Louis, à l'angle avec la rue Barracks, au 5e étage de l'immeuble Victoria House. ☎ 210-15-45. • tourisme-ilemaurice.mu • Lun-ven 9h-16h (avec pause déjeuner). Fermé w-e et j. fériés.* Pas un vrai office de tourisme mais des bureaux administratifs. Pas grand-chose à en tirer.

✉ @ ***Poste et Internet*** *(plan A1,* ***4****)* **:** *pl. du Quai. Lun-ven 8h15-16h, sam 8h15-11h45.* Quelques ordinateurs et vente de cartes téléphoniques. Autre bureau *(plan A2)* : *Dumas St, près de la station de bus de la pl. Victoria (mêmes horaires).*

■ ***Téléphones :*** le *Caudan Waterfront* et la poste de la rue Dumas sont bien équipés en cabines à carte ou à pièces.

■ ***Change et distributeurs :*** nombreuses banques en ville. *En principe, lun-ven 9h-15h. La plupart sont regroupées sur la rue Sir-William-Newton et sur la pl. d'Armes (plan A1), ainsi que le long de l'autoroute, quai Louis-Pasteur et quai D (plan A1). Plusieurs distributeurs également au Caudan Waterfront.* Les banques pratiquent des taux voisins, un peu moins bons que les changeurs privés. Elles ont toutes des distributeurs extérieurs, accessibles 24h/24.

Représentations et services diplomatiques

■ ***Ambassade et consulat de France*** *(plan B2,* ***5****)* **:** *14, rue Saint-Georges, dans un charmant petit édifice blanc. ☎ (consulat) 202-01-20 (ou 202-01-48, en dehors des horaires de bureau ; 303-10-10 pour prendre rdv pour refaire ses papiers). • ambafrance-mu.org • Service consulaire ouv lun-ven 8h-12h. Mer-ven 14h-15h sans rdv pour le retrait des passeports.* Le consulat peut, en cas de difficultés financières, vous indiquer la meilleure solution pour vous faire envoyer de l'argent, ou encore vous assister juridiquement en cas de problème.

■ ***Consulat de Belgique*** *(plan A1,*

6) : *rue Docteur-Ferrière, au 1er étage. PO Box 56. ☎ 208-72-89 ou 208-28-79. • rpayen@iblgroup.com • Lun-ven 9h-12h.*

■ ***Consulat de Suisse :*** *24, av. des Hirondelles, à* ***Quatre-Bornes*** *(et non à Port-Louis). ☎ 427-55-07. Lun-ven 9h-12h.*

■ ***Bureau des passeports et de l'immigration*** *(plan B2,* ***8****) : Sterling House, 9-11, rue Lislet-Geoffroy. ☎ 210-93-12. • passport.govmu.org/English • (cliquer sur le lien « Passport and Visa in Mauritius »). Lun-ven 9h-15h.* Pour prolonger son séjour jusqu'à 6 mois maximum. Demande gratuite.

Santé

■ ***Pharmacie du Port*** *(plan A1) : 9, rue du Président-Kennedy, au croisement de la rue Docteur-Ferrière. ☎ 208-10-37. Lun-ven 8h-17h30, sam 8h30-17h.*

■ ***Pharmacie Newton :*** *10, rue Sir-William-Newton. ☎ 211-30-67. Lun-ven 8h-17h, sam 8h-14h.*

■ ***Pharmacie Lai Fat :*** *22, rue Jummah-Mosque. ☎ 242-05-40. Lun-ven 9h-17h, sam 9h-12h.*

✚ ***Hôpital Doctor-Jeetoo :*** *rue Volcy-Pougnet. ☎ 212-32-01.* Hôpital gouvernemental bien rénové et fiable.

✚ ***City Clinic :*** *102-106, rue Sir-Edgar-Laurent. ☎ 242-04-86.* Clinique privée, donc chère. Service d'urgence 24h/24 (radiologie, analyses médicales).

■ ***Toilettes publiques :*** de nombreux w-c publics gratuits et propres au *Caudan Waterfront (plan A1).*

Transports

Pour les coordonnées d'***Air France*** *(plan A2,* ***9****)* et d'***Air Mauritius*** *(plan A2,* ***10****)*, se reporter au chapitre « Arriver – Quitter » en fin de guide.

🅿 ***Parking :*** les tickets de parking, indispensables pour se garer à Port-Louis, ne sont disponibles que dans les stations-service. Difficile de se garer dans le centre-ville. On trouve plus facilement des places hors du cœur de ville, dans les petites rues annexes. Sinon, plusieurs parkings payants au *Caudan,* où l'on paie sur place (environ 25 Rs/h) ; le *Granary,* situé juste derrière la poste principale *(plan A1 ; tlj 7h-23h),* dans un ancien entrepôt à grain (noter les grands toboggans à riz). Bien pratique et gardé. Un autre dans la rue Sir-Celicourt-Antelme *(plan A2),* tout près de la place d'Armes. Également un immeuble-parking, le *Dias Pier Parking,* sur plusieurs étages au *Caudan Waterfront (plan A1).*

Culture

■ ***Librairie Book Court*** *(plan A1) :* Caudan Waterfront, *au rdc de la galerie commerciale* Barkly Whaft. *☎ 211-92-62. Lun-sam 10h-18h, dim 10h-12h30.* L'une des meilleures librairies de l'île. Grand choix de beaux livres, bouquins de cuisine mauricienne, livres de poche et hebdos français.

■ ***Cinéma STAR*** *(plan A1) : au Caudan, à l'étage de la galerie commerciale* Le Pavillon. *Programmation au ☎ 152.* Nombreux films en français, plusieurs par jour.

Où dormir ?

Il n'y a que quelques hôtels à Port-Louis et vraiment aucune raison de dormir ici. On vient surtout à Maurice pour les lagons et les couchers de soleil. La ville se vide en fin d'après-midi et devient franchement déprimante quand tout le monde est rentré chez soi. Néanmoins, si votre voiture tombe en panne à 21h, voici une adresse. Notez que les rares toutes petites adresses sont vraiment à déconseiller.

De chic à beaucoup plus chic (plus de 2 000 Rs / 50 €)

🏠 ***Hôtel Le Saint-Georges*** *(plan B2,* ***21****) : 19, rue Saint-Georges. ☎ 211-25-81/82. • saintgeorgeshotel-mu.com • dir.hsg@intnet.mu • Presque en face de l'ambassade de France. Double env 3 600 Rs (même prix tte l'année), avec sdb, TV et petit déj inclus.* Le seul hôtel véritablement recommandable de la ville, à un prix acceptable. Il est situé dans un immeuble d'une dizaine d'étages sans grand charme, hormis la bonne surprise du resto situé à l'arrière, au bord de la piscine. Pas une étoile montante dans l'hôtellerie port-louisienne, mais les hommes d'affaires et les quelques touristes égarés qui y descendent apprécient le bon confort des chambres spacieuses, lumineuses et climatisées. Choisir une chambre dans les étages, plus sympa.

Où manger ?

Attention, beaucoup de restos ferment le week-end et le soir. Sans tomber dans la paranoïa, il n'est pas forcément recommandé de traîner en ville à la nuit tombée. D'ailleurs, il n'y a plus grand monde et il n'y a rien à faire.

Au centre-ville

Très bon marché (moins de 150 Rs / env 4 €)

|●| *Marché* *(plan A1, **36**)* **:** *sous la grande halle des fruits et légumes, à l'entrée du marché à droite.* Le *food court* regroupe tous les petits vendeurs de *samoussas,* de *dholl puri,* de *farata* et de petits pains. Idéal pour grignoter un morceau ou pour siroter un jus sans se ruiner. Pour boire un breuvage typiquement local, allez chez ***Alouda Pillay,*** par exemple, qui possède un stand sur le marché depuis plusieurs générations (au fond du *food court,* sur la gauche). Il propose un excellent *alouda,* une boisson traditionnelle à base de lait et de tapioca, qu'il sert avec une boule de glace. Délicieux !

|●| *Jim Snack* *(plan B1, **30**)* **:** *rue Mgr-Gonin, entre Virgil-Naz et Sir-S.-Ramgoolam.* ☎ *211-14-36. Tlj sf dim, 11h-16h (15h sam).* Snack de poche chinois. Cari d'ourites en semaine, riz frit salade, *mine* bouilli, boulettes fraîches et *chow mein.* À emporter ou à déguster sur place, sur l'une des rares petites tables de la salle, carrelée en orange et jaune. Bon et pas cher.

De bon marché à prix modérés (150-450 Rs / env 4-11,50 €)

|●| *Côté Jasmin* *(plan A2, **38**)* **:** *9 bis, rue Saint-Georges.* ☎ *213-11-65. Tlj sf dim, 12h-15h, 18h-20h.* Un chouette petit resto tenu par un couple belge charmant comme tout. Formule ultra-simple et gagnante. Chaque jour, des pâtes fraîches (3 sauces au choix) et un plat qui change en permanence (couscous, plat thaï...), servis dans une courette tranquille. Des crêpes, quelques cocktails et un bon café complètent la carte. Et plein de vieux tubes français pour les oreilles nostalgiques. On aime !

|●| *Canton* *(plan B1, **31**)* **:** *15, rue E.-Anquetil, entre la rue Royale et la rue de la Reine-David.* ☎ *242-21-64. Lun-sam 11h-20h30 ; j. fériés 10h-14h30. Fermé dim.* Au cœur du quartier chinois, une cantine populaire archi-bondée au déjeuner, où l'on mange à toute heure sur des tables nappées recouvertes de plastique. Honnête cuisine cantonaise pas chère du tout, *yee mine,* soupes chinoises et quelques plats mauriciens. C'est copieux et servi dans une salle reposante et climatisée.

|●| *Le Chinois* *(plan B1, **33**)* **:** *20, rue Jummah-Mosque. À l'étage.* ☎ *242-86-55. Tlj sf mer soir, 11h-15h, 18h-21h30.* Dans la série « chinois », celui-ci remporte un succès bien mérité. C'est le resto des mariages (chinois, bien entendu), et on y vient de tout le quartier. Cadre classique, tables éclairées au néon et les habituels plats : nouilles *(mine)* à toutes les sauces, *shop suey.* Délicieux *sambal* de poisson et bœuf sauce huître. Super canard braisé. Bon accueil.

|●| *First Restaurant* *(plan A-B1, **34**)* **:** *à l'angle des rues Royale et Corderie, entrée par la rue Corderie (au 2e étage, levez les yeux !).* ☎ *212-06-85. Tlj sf lun, 11h30-14h30, 18h30-21h30.* Dans une grande salle « chinoisante » et climatisée, on déguste des spécialités chinoises et notamment du canard laqué qui fait la réputation du lieu, mais aussi des *dim sum* (bouchées vapeur), des plats cantonais et sichuanais. Et même du cerf à la sauce huître (si, si !). Resto très apprécié par la communauté chinoise de l'île.

De prix moyens à chic (450-1 000 Rs / 11,50-25 €)

Lambic Restaurant – Café Beer Shop *(plan A2, **32**) : 4, rue Saint-Georges. ☎ 468-88-10. Tlj sf dim, 12h-20h (21h ven). Compter env 900 Rs pour un repas complet.* Installé dans une adorable petite maison coloniale. Intérieur tout en bois, beau parquet à larges lattes et murs remplis de... bières. Dans l'assiette, une délicieuse cuisine mauricienne, réalisée avec des produits locaux et préparée avec une intention française. À la carte, sanglier des bois à la bière, coquelet grillé... Le tout à déguster ou siroter dans l'une des petites salles à manger naturellement ventilée ou en terrasse. Une excellente adresse et un très bon accueil. Pour accompagner un plat, essayez donc la bière maison, la *Flying dodo*. Voir également « Où boire un verre ? » plus loin.

La Bonne Marmite *(plan B1, **37**) : 18, rue Sir-William-Newton. ☎ 212-24-03. Ouv slt le midi lun-ven 12h-14h. Compter 460 Rs au buffet, et plats à partir de 650 Rs à l'étage.* Dans ce resto, c'est le buffet du midi, proposé au rez-de-chaussée, qui nous intéresse : nombreux plats mauriciens, chinois, indiens et européens (remarquable daube d'ourites et excellent *fooyang* de crevettes). C'est finement cuisiné, goûteux et servi dans un cadre élégant. Le resto à l'étage est beaucoup plus cher.

Au Caudan Waterfront (plan A1)

Tandis que les rues du centre-ville restent désespérément vides le soir, les terrasses des nombreux restos qui jouent à touche-touche autour du port ne désemplissent pas, surtout le week-end.

De très bon marché à bon marché (moins de 300 Rs / 7,50 €)

Mystic Masala *(plan A1, **39**) : sur la grande esplanade. ☎ 211-24-42. Tlj 11h-21h env.* Un kiosque-snack indien qui propose des plats à prix riquiqui. Bons *samoussas, chicken byriani, veg meal...* Quelques tables et parasols sur l'esplanade.

Tandoori Express *(plan A1, **40**) : galerie Astrolabe, Waterfront. ☎ 454-95-96. Tlj sf lun, 12h-15h30, 18h-22h30.* Un self-service propre et très prisé des familles indiennes, qui envahissent les tables posées en terrasse. En bon resto indien qui se respecte, quelques plats végétariens et une carte longue comme le bras. Tandooris particulièrement recommandables. *Express thalis* à prix doux.

Beer and Spice *(plan A1, **40**) : galerie Astrolabe, Waterfront, à côté du Tandoori Express. ☎ 211-40-87. Tlj tte la journée 9h-23h.* Une autre halte efficace, sans être le fleuron de la gastronomie. La carte ratisse très large : sandwichs, lasagnes, pizzas, plats de viande et de poisson, mais aussi quelques plats chinois (bols renversés) et mauriciens. Terrasse chaleureuse et accueil charmant. On n'y vient pas exprès, mais si on est dans le secteur, c'est une halte qui cale bien.

Où boire un verre ?

Rien à faire le soir au centre-ville. Une partie de la jeunesse locale vient finir la soirée dans les bars du *Caudan*, au **Keg and Marlin Pub** *(plan A1, **50**)*, par exemple *(tlj 11h30-22h30, 2h le w-e)*, au bout de la place d'Armes, pour sa bonne bière et ses tables en terrasse, à un emplacement stratégique. Soirée *live music* le vendredi.

Lambic Restaurant – Café Beer Shop *(plan A2, **32**) : voir plus haut « Où manger ? ». Tlj sf dim, jusqu'à 20h (21h ven).* Cet excellent resto propose un superbe choix de bières (pas moins de 100 différentes), du monde entier et même la bière locale, la *Flying dodo.* Belle sélection de thés et de whiskies.

Kiosque à jus de fruits et jus de canne, Du Soleil aux Sucres *(plan A1)* **:** au Caudan Waterfront. Dans les ruelles, quelques kiosques à jus dans les allées. Devant le *Blue Penny Museum,* un chouette kiosque à jus de canne, pressé devant vous évidemment.

À voir

Autour du port

Caudan Waterfront *(plan A1-2)* **:** *aux docks de Caudan, face au bassin du port. Toilettes publiques gratuites.*
L'architecture du *Caudan* mêle l'audace à la tradition dans un style Taiwan avec des petites tourelles, des escalators, des galeries commerciales, des pierres apparentes et de belles couleurs chatoyantes. Il prend place sur les anciens docks rénovés, auxquels on a adjoint un vaste centre commercial au style qui respecte l'histoire du lieu. C'est ici que s'est déplacée une partie de l'activité touristico-économique de la ville. Il s'agit d'un vrai palais de la consommation avec boutiques, casino, hôtels de luxe... Sans oublier le remarquable musée du *Blue Penny.* C'est le soir et le week-end que les lieux s'animent pour la jeunesse mauricienne : on vient y grignoter des nourritures n'ayant bien souvent rien de local, prendre un verre sur les terrasses, voir un film...

Blue Penny Museum *(plan A1)* **:** au Caudan Waterfront. ☎ *210-81-76 ou 92-04.* • *bluepennymuseum.com* • *Lun-sam 10h-17h. Fermé dim et j. fériés. Entrée : 260 Rs ; réduc. Compter au moins 1h de visite.*
Un musée passionnant qui rend hommage au patrimoine mauricien à travers l'art et l'histoire. La muséographie moderne, qui fait appel à des ambiances et des atmosphères intimes, est très réussie. On vous recommande d'y venir dès le début de votre séjour, pour comprendre, en deux pas et trois enjambées, l'histoire du peuplement de l'île.
– La visite débute au ***1er étage,*** vers la droite. Dans la première salle, l'exploration des mers du Sud par les Européens à partir du XVe s est magnifiquement illustrée : maquettes de bateaux, instruments de navigation, authentiques cartes d'époque qui retracent l'évolution des connaissances et dont certaines sont dans un état de conservation étonnant. Sur l'une d'elles est représentée une fausse île, histoire de brouiller les pistes ! Au milieu de la salle, la copie du plus ancien globe terrestre (1492), sur lequel ne figure pas encore le continent américain. Place ensuite à la découverte de l'île par les Hollandais, la colonisation par les Français, la conquête par les Anglais (doc et gravures), jusqu'à l'indépendance.
Puis honneur à ***Port-Louis et à son histoire*** : lithographies montrant la ville en 1859. Noter la forêt de mâts dans le port. Chaque litho est judicieusement accompagnée d'une photo du même quartier de nos jours. Atmosphère sonore pour se mettre dans l'ambiance. Le *combat du Grand Port* est également évoqué (1810), la seule victoire navale française sous Napoléon. Les Anglais avaient pourtant laissé flotter le drapeau français, laissant croire que le chemin était libre...
La visite du 1er étage continue avec la passionnante histoire de la poste mauricienne. C'est dans cette partie que vous trouverez les deux joyaux du musée, qui ne mesurent que quelques centimètres carrés. Il s'agit des ***deux timbres-poste les plus célèbres,*** certainement les plus rares et donc les plus chers du monde, non oblitérés : les fameux *one penny* orange-rouge et *two pence* bleu, édités en 1847 (une lettre postée de Port-Louis pour un marchand de vin à Bordeaux). Attention, compte tenu de la fragilité des spécimens, les originaux ne sont exposés qu'en alternance (à côté d'une réimpression tardive), seulement 10 mn

par heure (à partir de la demie de chaque heure). Le reste du temps, ce sont des reproductions qui sont visibles (dans la vitrine voisine). Lorsque les philatélistes découvrent ces timbres au début du XXe s, ils réalisent qu'ils font partie de la première série, la seule portant la mention « Post Office » au lieu du « Post Paid » habituel.
Ces trésors de la philatélie mondiale n'ont été rachetés qu'en 1993 par un consortium mauricien pour la modique somme de 2,2 millions de dollars. Un retour à l'envoyeur un siècle et demi plus tard. Bornes interactives pour aller plus loin.
– Suite de la visite au ***rez-de-chaussée.*** La majeure partie est consacrée à *Paul et Virginie* (l'histoire est résumée en images, pratique si vous n'avez pas lu le bouquin) et au naufrage du *Saint-Géran* (voir la rubrique « Histoire » dans « Île Maurice : hommes, culture, environnement »). On y découvre la toute première édition du livre, datant de 1789, déjà dans un format poche. Ce drame, au cours duquel presque tous les passagers périrent noyés, resta gravé dans toutes les mémoires et perturba la vie économique de l'île, car le navire apportait des vivres et des denrées essentielles. Une petite vitrine abrite quelques vestiges du naufrage : compas, pièces d'argent, couverts de gentilshommes bretons... et une émouvante « bague-foi » mise en scène sur un décor de sable et un fond sonore. Il s'agit d'une bague de fiançailles traditionnelle telle qu'en portaient les jeunes filles de Bretagne au XVIIIe s. Ce bijou en or comporte un cœur tenu par deux mains. Il était probablement porté par une jeune fille à bord. Coïncidence ? Dans le livre, Virginie revient justement de Bretagne pour retrouver son fiancé Paul. Née du drame, l'histoire de *Paul et Virginie* inspira nombre d'artistes, comme le montrent les diverses éditions présentées, les nombreuses gravures murales de qualité et les estampes originales de l'ouvrage de Bernardin de Saint-Pierre, ainsi que la statue en marbre blanc du sculpteur mauricien Adrien Prosper d'Épinay, sculpté en 1884.
Expos temporaires régulières (accès gratuit). Boutique bien fournie en livres sur l'île Maurice.

CARRÉMENT TIMBRÉ

Ce timbre doit sa gloire à l'étourderie du graveur, Joseph Osmond Barnard, chargé en 1847 d'imprimer des timbres. 500 timbres orange-rouge d'un penny et 500 timbres bleus de deux pence voient le jour. Mais une erreur s'est introduite dans l'impression : au lieu de « Post Paid » (prépayé), il est écrit « Post Office ». Les faux timbres sont envoyés partout dans le monde, mais la majorité est perdue. Aujourd'hui, il n'en existe plus que 6 bleus et 2 orange-rouge. Ils sont parmi les timbres les plus rares du monde. Même la reine Elizabeth en possède un exemplaire ! Fin 2009, l'un de ces précieux timbres a été mis en vente à 2 millions d'euros !

Le musée du Moulin *(plan A1)* **:** *derrière l'Astrolabe, face au port. Lun-ven 10h-12h, 13h-15h. Fermé w-e et vac scol. GRATUIT.* Une survivance du passé ! Ce moulin reconstitué a été bâti en 1736 à la demande de Mahé de La Bourdonnais, afin d'alimenter les travailleurs du port. Photos d'époque ou contemporaines, quelques outils, meules... Possibilité de projection d'un film d'une dizaine de minutes qui retrace l'histoire du moulin et sa rénovation.

Le musée postal *(plan A1)* **:** *Port Louis Waterfront. ☎ 213-48-12. • mauritiuspost.mu • Lun-ven 9h30-16h30, sam et j. fériés 9h30-16h. Fermé dim. Entrée : 150 Rs ; gratuit moins de 8 ans ; réduc 8-17 ans.* Installé dans l'enceinte de la poste centrale *(General Post Office)*, la première poste de l'île, construite en 1868, le musée présente tampons, plaques, vieux télégraphe, premier central téléphonique, balances antiques, boîtes aux lettres, instruments, documents divers et, bien sûr, des timbres du monde entier rangés dans des tiroirs verticaux. Des panneaux explicatifs (en français et en anglais) retracent l'évolution et les progrès des services postaux depuis le XIXe s, et l'importance de Maurice dans l'aventure postale. L'île a en effet été le cinquième pays au monde et la première colonie à émettre un timbre. Reconstitution d'un petit bureau de poste. Mais rappelons que les célèbres « Post Office », les timbres les plus chers du monde, se trouvent au *Blue Penny Museum* (voir plus haut). On n'en voit ici que des reproductions. Conviendra surtout aux mordus de philatélie.

DE L'ORIGINE DES PAQUEBOTS

L'acheminement du courrier par bateau entre le Royaume-Uni et l'Inde fut mis en place en 1815. Il transitait par l'île Maurice et le Cap. Il fallait pas moins de six mois aux voiliers pour rallier Plymouth à Calcutta. Quelques années plus tard, ils furent remplacés par une nouvelle technologie : les navires à vapeur. Au cours de ce XIXe s innovant, tout était bon pour raccourcir les délais de la poste. Rien ne devait freiner la mission de ces « packet boats », qui deviendront les... « paquebots ».

***Aapravasi Ghat** (plan A1) : 1, Quay St. ☎ 217-77-70. ● aapravasighat.org ● Lun-ven 9h-16h, sam 9h-12h. Fermé dim et j. fériés. Entrée : 250 Rs, visite guidée possible (gratuit, en réservant avt par tél) ou libre ; réduc enfants. Ateliers pédagogiques pour enfants (3-14 ans) : gratuit sur résa. Durée : 45 mn.*

L'Aapravasi Ghat est un ancien dépôt d'immigration construit en 1849 pour recevoir les « engagés » à Maurice et ceux qui transitaient vers d'autres colonies.

Aapravasi Ghat est un nom hindi qui signifie « lieu d'arrivée des immigrants ». L'engagisme est un système imaginé par les Britanniques au moment où l'esclavage est en train d'être aboli.

UN CONTRAT PEU ENGAGEANT

L'engagisme fut mis en œuvre à l'île Maurice par les Anglais au XIXe s. Le principe était simple : remplacer les esclaves (après l'abolition de l'esclavage en 1833 dans l'Empire britannique) par des travailleurs immigrés. Ceux-ci acceptaient de « s'engager » pour les colonies de plantation dans des conditions plus que précaires, avec à l'appui un contrat compris entre 1 et 5 ans. Ceux qui égaraient le précieux contrat pouvaient écoper jusqu'à 3 mois de prison. L'engagisme est de fait à l'origine de l'incroyable métissage culturel de cette île de l'océan Indien.

Les premiers recours à l'engagisme, mot qui signifie « employer sur contrat », datent du début des années 1820. Avant de mettre en œuvre ce système de recrutement dans l'ensemble de leur Empire, les Britanniques choisissent Maurice pour tester ce nouveau dispositif. C'est en 1834 que l'on commence véritablement à expérimenter le système. Avec son succès, il deviendra le principal mode de recrutement utilisé dans l'ensemble des colonies britanniques. Il est ensuite adopté par les autres puissances coloniales à partir de 1838. Au total, près de 2,2 millions d'engagés ont migré vers l'ensemble des colonies entre les années 1820 et 1920. L'Aapravasi Ghat est le symbole et la mémoire vivante de cette migration universelle.

La visite se divise en deux parties : le ***centre d'interprétation*** et le ***site*** lui-même. Malgré sa modeste taille, ce dernier a été classé au Patrimoine mondial de l'Unesco en 2006, car il possède une haute portée symbolique en tant que lieu d'expérimentation et c'est l'un des rares témoignages du système engagiste dans le monde.

C'est ici précisément qu'arrivèrent les engagés. Travailleurs chinois, africains, mais surtout indiens furent recrutés pour servir de main-d'œuvre dans les plantations sucrières. À Maurice, presque 500 000 immigrants, appelés *coolies* (terme signifiant « salaire » en tamoul), sont passés par ce dépôt d'immigration jusqu'en 1910, date de l'arrêt légal du système. Dans les faits, celui-ci perdurera de loin en loin jusqu'en 1924. À Maurice, on estime aujourd'hui à 70 % la population issue de l'immigration engagée. 97 % d'entre eux venaient d'Inde, et près de la moitié de l'État du Bihar.

– ***Le centre d'interprétation :*** dans un espace moderne et didactique, on explique l'histoire de l'engagisme, en le replaçant dans le contexte économique mondial. Photos, documents, vidéos, entretiens, écrans tactiles pour aller plus loin, maquettes, mises en situation, vestiges archéologiques aident à la compréhension. Rien n'a été laissé au hasard pour contribuer à expliquer le système sur lequel les historiens se penchent depuis finalement assez peu de temps. Si le centre apprend beaucoup aux touristes, il est encore plus parlant pour les enfants mauriciens car cette partie de leur histoire n'est encore que survolée à l'école. Rouages du système de l'engagisme, statuts du nouvel arrivé (exemple de contrat en anglais), conditions de travail... tout cela est expliqué de façon pédagogique. Série de portraits d'engagés. Parmi les nombreuses sections, on verra notamment les vestiges archéologiques d'une cale, autrefois utilisée pour le débarquement des marchandises et la réparation des bateaux. Puis une série d'objets (trouvés dans le sous-sol) témoigne de la vie des immigrants et des officiers. Des bornes interactives complètent les infos. Charrette de transport du sucre, carte rappelant les différentes provenances des engagés. Voir la maquette du site tel qu'il était en 1866, quand son activité battait son plein. Témoignages sur le séjour en ces lieux et reconstitution d'un logement d'un engagé dans les camps sucriers.
– ***Le site :*** juste à l'extérieur du centre d'interprétation. De cette politique engagiste dont l'île Maurice fut le premier laboratoire, seuls subsistent quelques vestiges. On verra tout de même les ruines (arasées) où s'élevaient les cuisines, les salles communes, ce qui reste des latrines, ainsi que l'hôpital, unique édifice encore debout, conservé et restauré. C'est là que les nouveaux venus passaient la visite médicale. Ils séjournaient deux jours au dépôt avant d'être pris en charge par leurs employeurs. Si le site n'est pas très parlant (il n'en reste pas grand-chose), il complète de manière tangible la visite du centre d'interprétation. Il permet d'expliquer aux descendants des engagés les conditions qui ont déterminé le changement radical de la vie de leurs aïeux.

Au centre-ville

La place d'Armes *(plan A1)* **:** c'est la grande place et le berceau de Port-Louis, bordée d'élégants palmiers et de trois allées qui remontent jusqu'au palais du Gouvernement, édifice du XVIIIe s (ne se visite pas). C'est l'un des plus anciens bâtiments de la ville et aujourd'hui le siège du Parlement. Devant le palais, une statue de la reine Victoria.

– Sur l'***avenue Duke-of-Edinburgh*** (l'allée de gauche), quelques vénérables bâtisses créoles transformées en banques ou en agences de voyages, mais il faut avoir l'œil pour les repérer.

– À l'autre extrémité de la place, côté port, à l'ombre des palmiers, la ***statue de Mahé de La Bourdonnais,*** fondateur de la ville, contemple à jamais (et pour toujours) les quais. Il ne reste malheureusement rien de ses réalisations : hôpital, poudrière, entrepôt, tout fut détruit par un incendie.

Le Grand Bazar *(plan A1)* **:** *à l'angle des rues Bourbon et Farquhar. Lun-sam 6h-17h env, dim et j. fériés 6h-12h. Pour éviter les bouchons, venir plutôt le sam (même si c'est un peu plus vivant en sem).* Sans aucun doute le coin le plus animé de la ville. Sous une grande halle sillonnée par d'étroites allées, on trouve quelques centaines de vendeurs de souvenirs, épices, nappes brodées, sets de table, maquettes de bateaux, objets artisanaux *made in Mauritius* (souvent) ou *made in Ailleurs* (parfois). Beaucoup de vêtements également, de jeux et d'étoffes en tout genre. Comme partout, essayer de faire le tri entre le bon grain et l'ivraie. Construit en 1828 sur un terrain marécageux, on y venait en barque, un peu comme au marché flottant. Au temps de La Bourdonnais, c'est ici que les navires de la route des épices, une course exaltante pour l'époque, faisaient parfois halte.

Pas de parano inutile, mais signalons que les touristes sont parfois la cible d'adroits pickpockets. N'ayez rien à voler, on ne vous volera rien.
– *Conseils :* pour tout achat, marchandage de rigueur car les prix annoncés sont parfois ridiculement élevés. Pour être efficace, essayez d'avoir une idée des « vrais » tarifs pratiqués ailleurs. Attention également aux contrefaçons qu'on ne manquera pas de vous proposer, parfois de façon insistante, là encore à prix parfois déments.

Le marché aux fruits et aux légumes *(plan A1)* **:** *sous une autre halle, juste à côté du Grand Bazar. Lun-sam 5h30-17h30, dim et j. fériés 5h30-11h30.* Il est divisé en plusieurs halles, reliées les unes aux autres par des allées. Il ne faut surtout pas manquer d'aller manger sur le pouce dans la halle voisine, où sont regroupés tous les marchands qui s'éparpillaient naguère dans les rues alentour. Le secteur consacré aux fruits et légumes est le plus haut en couleur et le plus riche en découvertes pour vos yeux et vos papilles. D'ailleurs, ne pas manquer le kiosque à jus de fruits dans la rue principale, délicieux ! À l'étage de la halle, des marchands de tissus et de souvenirs ont investi les lieux.

Les rues autour du marché : *dans Royale St, Bourbon St et Léoville-Lhomme notamment.* On y trouve des dizaines de petits vendeurs à la sauvette, qui proposent toutes sortes de fringues, chaussettes, tongs, petits objets de la vie domestique... Certains ne font que des liquettes-à-papa, d'autres des trucs super hype. Ne pas hésiter à fouiner, on repart rarement bredouille. Pas mal de petites marques locales ou des fins de séries.

La mosquée Jummah *(plan B1)* **:** *rue Royale, à l'angle de la rue Jummah Mosque. En principe, se visite tlj sf ven, 9h-12h, 14h-16h.* Blanche et verte, comme toutes celles de l'île d'ailleurs, elle compte parmi les édifices les plus réussis de la ville. L'île Maurice reconnut l'islam dès le début du XIXe s. La mosquée est née de l'initiative de négociants musulmans qui, ne pouvant se rendre à la mosquée de la Plaine Verte, se cotisèrent en 1852 pour sa construction (elle ne fut terminée qu'en 1895). Avec sa façade chaulée, ses tourelles au style largement influencé par les styles moghol, mauresque et arabe quant à leur décor, ses balcons sculptés et ses volets verts, ce bel édifice est typique de l'architecture des mosquées mauriciennes. À la limite du quartier chinois, c'est l'un des multiples symboles de l'esprit de tolérance du peuple mauricien. Derrière la magnifique porte d'entrée en bois se cache un patio agréable, frais et calme, dominé par un beau badamier. Remarquez le travail des boiseries et le baromètre de manufacture française, caché derrière une colonnade sur la droite. Les visiteurs sont les bienvenus jusqu'au bassin des ablutions. Quant aux femmes musulmanes, la balustrade leur est réservée.

Le quartier chinois *(plan B1)* **:** le long de la rue Royale et symbolisé par une arche de marbre. Impossible de le rater avec ses inscriptions chinoises rouges et jaunes. Malheureusement, les anciennes maisons de bois bringuebalantes se comptent aujourd'hui sur les doigts de la main. Ces boutiques sont les derniers vestiges d'une époque, chacune ayant son charme propre. Il ne faut pas hésiter à pénétrer dans le quartier et s'y perdre pour le sentir vivre.

Les pagodes : à différents endroits de la ville s'élèvent de modestes pagodes qu'on reconnaît aisément à leur dominante rouge et à leurs inscriptions en chinois. Souvent simples, elles prennent leur relief lors de cérémonies, notamment celles des morts.

Le musée d'Histoire naturelle *(Natural History Museum ; plan A-B2)* **:** *rue Poudrière. ☎ 211-64-15. Lun-mar et jeu-ven 9h-16h, sam 9h-12h. Fermé mer, dim et j. fériés. GRATUIT.* Un musée à la noble décadence, installé dans un édifice du XIXe s. Il fut créé en 1831, et sa visite peut occuper, l'instant d'une averse. On y trouve une curieuse collection d'animaux naturalisés. Certains sont vrais, d'autres faux, mais la naturalisation est tellement approximative qu'on a du mal à faire le tri. Squelette de baleine, quelques requins (nourrice, marteau, faucille...), poissons séchés et vitrines de coquillages. Quelques oiseaux locaux également et des reptiles dans le formol. Dans la salle du fond, une section est consacrée au célèbre dodo, avec l'un des rares (sinon le seul) squelettes entiers de l'animal reconstitué. À ce sujet, des recherches récentes ont permis de découvrir non pas un os, mais plus de 8 000 ossements du célèbre volatile (voir aussi plus loin la rubrique « Faune et flore » dans « Île Maurice : hommes, culture, environnement »).

Le jardin de la Compagnie *(plan A2)* **:** *en face du musée d'Histoire naturelle. Tlj 6h-19h (20h oct-mars).* Il appartenait autrefois à la Compagnie des Indes françaises (d'où son nom), et fut pendant longtemps la promenade préférée des Port-Louisiens, qui pouvaient y observer nombre de statues offertes par les gouvernements étrangers. Mais on admire surtout les nombreux banians dont les lianes pendantes envahissent l'espace des allées. Au centre, la statue d'Adrien d'Épinay.

La rue du Vieux-Conseil *(Old Council St ; plan B2)* **:** *elle débute en face du théâtre.* C'est là que le Conseil supérieur de l'Isle de France tenait ses assises. Au fond de la rue, à gauche, un élégant édifice de 1767. Pierre Poivre, s'étant disputé avec le gouverneur Daniel Dumas et s'étant vu refuser le droit de siéger au palais du Gouvernement, se fit construire cette demeure de pierre pour y tenir ses propres réunions. Juste en face, une belle bâtisse ancienne, aujourd'hui siège du musée de la Photographie. Dans la rue Winston-Churchill, d'autres vénérables bâtiments, comme la *maison du Poète,* qui accueille la Fondation Malcom de Chazal. On raconte que Baudelaire empruntait souvent cette ruelle.

Le musée de la Photographie *(plan B2)* **:** *rue du Vieux-Conseil ; face au théâtre. ☎ 211-17-05. • museedelaphotomaurice.com • Tlj sf w-e, 10h-15h. Entrée : 300 Rs (bien cher !) ; réduc.* Musée privé qui existe depuis 1966. Petit et dense, il présente un bel ensemble d'appareils photographiques du XIXe s et du début du XXe s, rassemblés ici par Tristan Bréville et son épouse depuis l'âge de 12 ans. Tristan Bréville est un véritable passionné du patrimoine mauricien, qui se fera un plaisir de vous commenter la visite. C'est l'un des plus grands fonds photographiques du monde et l'un des trésors de Maurice. Collection de daguerréotypes (il s'agit des tout premiers clichés, datant de 1839, sur plaques de cuivre) et rarissimes autochromes stéréoscopiques des frères Lumière. Photos de Niepce (1816), l'inventeur de la photographie. Sur les murs, des photos anciennes sépia ou jaunies par le temps. Ici, Curepipe au début du XXe s ; là, une émouvante image du débarquement des coolies en 1857. Étonnant objectif daguerrien, ayant équipé l'un des appareils du célèbre photographe, albums de cartes postales mauriciennes, qui constituent la plus importante collection de cartes postales mauriciennes au monde. Quelques films aussi, montrant l'île Maurice des années 1950. Des retirages de vieilles photos et de cartes postales sont en vente.

PREMIÈRES IMPRESSIONS

Le 27 février 1840, Ferdinand Wohrnitz débarqua à l'île Maurice avec un appareil photo acheté chez Daguerre. De ses premières impressions mauriciennes, il reste deux portraits – parmi les plus anciennes photos au monde donc – qui appartiennent au musée de la Photographie. Une précision : on ne regarde pas un daguerréotype, on le lit. Il s'agit de chercher l'angle exact où négatif et positif concordent, pour que l'image apparaisse. Tout un art !

Les cathédrales *(plan B2)* **:** face au palais de justice se dresse la modeste ***cathédrale Saint-Louis,*** dotée d'une charpente métallique. On y trouve les restes de Mme Mahé de La Bourdonnais. Ça ne la rend pas plus intéressante, mais c'est tout ce qu'on a dégoté. Derrière la cathédrale, l'évêché de Port-Louis, situé dans un imposant édifice colonial.

– Un peu au sud, la ***cathédrale Saint-James,*** première église anglicane de la ville (XIXe s), n'a rien d'extraordinaire non plus, sauf si vous êtes observateur. Vous remarquerez alors l'épaisseur des murs et le travail de la charpente. La cathédrale fut construite sur les fondations d'une poudrière, ce qui explique son architecture pas très catholique. Et les curieux iront faire un tour dans la chapelle aux toit et volets rouges.

Petit itinéraire des anciennes maisons créoles *(plan B2)* **:** si, comme beaucoup de grandes villes, Port-Louis perd ses vieilles demeures au profit d'immeubles à la banalité affligeante, il subsiste, de-ci de-là, des lambeaux de quartiers évoquant la ville d'antan. Le quartier situé entre la cathédrale Saint-James et le Champ-de-Mars, par exemple, mais aussi celui de l'ambassade de France.

➢ Au 32 bis, ***rue Saint-Georges,*** noter la jolie demeure. Au no 25, une autre bien plus grande, à l'élégance aristocratique.

➢ En descendant la rue vers le sud, après l'ambassade de France et face à l'église, la cure de l'Immaculée Conception. Derrière, jolie façade de bardeaux.

➢ On emprunte alors la rue Mère-Barthélemy, et on tourne à droite dans la ***rue Saint-Louis.*** Ancienne rue de services et dépendances, montrant l'un des éléments du plan d'urbanisme de Port-Louis (alternance de rues principales et de rues de service).

➢ À l'intersection des rues Saint-Louis et Champ-de-Lort, voir la ***maison d'angle,*** restaurée avec goût, siège du conseil économique et commercial de l'ambassade de France. Petite varangue avec frise, balustrades originales et beau jardin tropical.

Autre marché *(plan A2)* **:** *au bout de la gare routière de la pl. Victoria. Tlj jusqu'à 16h30 env.* Assez différent du Grand Bazar, c'est un marché relativement petit mais typique, où l'on trouve de tout : des fruits et légumes, des vêtements, casquettes ou serviettes de bain, des baskets, des piles, des brosses... En général, il faut marchander, mais ce n'est pas le souk ! À noter qu'ici, les prix ne sont pas majorés de façon abusive pour les touristes.

Excentré

Les courses hippiques *(hors plan par B2)* **:** *rens au ☎ 208-60-47. Les courses ont lieu mai-oct, en général sam ou dim à partir de 12h30. GRATUIT.* Si vous êtes à Maurice en été, ne manquez pas ces courses. Le Champ-de-Mars, comprenez l'hippodrome, est un lieu hautement fréquenté pendant la saison. Mesdames-Messieurs, les paris sont ouverts ! L'hippodrome le plus ancien de l'hémisphère sud fut conçu par les militaires français, pour en faire un champ de manœuvres. Des duels s'y déroulaient.

La citadelle *(hors plan par B1)* **:** également appelée *fort Adélaïde,* elle surplombe la ville de sa masse grisâtre. Sa construction fut commencée par les Français au XVIIIe s, et achevée par les Anglais en 1837. Pas grand-chose à voir.

DANS LES ENVIRONS DE PORT-LOUIS

Le mont Pieter Both : *de Port-Louis, prendre vers le nord, puis, à Terre Rouge, à droite direction Pamplemousses, puis très vite à droite la B19 pour Crève Cœur à 6 km. Guide fortement conseillé.* Il porte le nom de l'amiral hollandais, gouverneur des Indes néerlandaises, qui périt avec son navire dans la baie du Tombeau (la bien nommée). Cette « montagnette » à l'allure hautaine, qui dresse son pic à 821 m, exactement dans l'axe du Champ-de-Mars, est coiffée d'une pierre en équilibre. Pas de chemin balisé ni entretenu pour y parvenir. Bref, sans guide compétent, abstenez-vous, on n'a pas envie de perdre nos lecteurs...

La tombe du père Désiré Laval : *à* ***Sainte-Croix,*** *à env 3 km au nord-est du centre de Port-Louis. Sortir de l'autoroute au rond-point de Riche Terre ; au croisement en « T », prendre à droite, puis tt de suite à gauche après le pont.*
Voici le monument funéraire du père Laval, un missionnaire normand qui arriva ici en 1841 et vécut jusqu'en 1864. Médecin de formation, il fédéra les esclaves affranchis et les guida. En 1851, les critiques dans la presse cessèrent et on reconnut le rôle important du père Laval auprès de la population. Il a été béatifié en 1979.

L'APÔTRE DES NOIRS

Aujourd'hui encore, dans la nuit du 8 au 9 septembre, pour célébrer l'anniversaire de la mort du père Désiré Laval, les Mauriciens, toutes confessions confondues, viennent se recueillir sur sa tombe. Événement étonnant à ne pas manquer (messes en plein air, procession devant le gisant) que celui de cette démarche religieuse qui transcende les croyances et les couleurs de peau, afin d'honorer « l'apôtre des Noirs », comme on le surnomme encore.

MOKA

À une dizaine de kilomètres au sud de Port-Louis. Derrière la montagne qui domine la capitale, le quartier de Moka, au nom savoureux, se situe tout près de la ville de Rose Hill. On y trouve les symboles de la matière grise de l'île : l'université, des laboratoires de recherche, l'institut Mahatma-Gandhi et la résidence du président de la République. À l'entrée de la ville se dresse également le plus grand « Mall » à l'américaine de l'île, le centre commercial de *Bagatelle.* On y trouve toutes sortes de boutiques, supermarchés et restaurants.
C'est aussi dans cette région, à *Ébène,* que l'on trouve la *Cybercity,* grande fierté insulaire, située entre Moka et Rose Hill, véritable pôle d'affaires de l'île, qui accueille les grandes sociétés de services (banques, agences de consulting, instituts de formations, *call centers...*). Bon, Moka ne revêt pas un grand intérêt touristique, mais il y a une visite à ne pas manquer, celle de la maison *Eurêka.*

Où dormir ? Où manger dans le coin ?

Sur le domaine de la ***maison créole Eurêka*** : *☎ 433-84-77. • maisoneureka.com • Compter env 3 500 Rs pour 2, petit déj compris. Le midi slt, table d'hôtes sur résa, env 1 000 Rs le repas mauricien (également des snacks), visite du domaine compris quand on y déjeune.* À l'écart de la bâtisse principale (dommage !), possibilité de passer la nuit dans 2 maisonnettes coloniales en bois (*Simone* et *Yvonne,* c'est leur nom), charmantes et joliment restaurées. Elles disposent d'une kitchenette, d'une salle de bains et d'une petite varangue privée. Le propriétaire franco-mauricien propose également 3 chambres d'hôtes climatisées dans sa demeure principale, toutes spacieuses et joliment décorées sur un thème différent. On a tendance à les préférer car elles sont dans la maison même, alors que les cottages sont situés bien à l'écart de celle-ci, sur un terrain voisin. Jolie petite piscine pour les résidents. La duchesse d'York et même le regretté Alain Decaux sont passés par la maison. Il faut dire que c'est ultrapaisible et de grand confort. On déguste les repas sous la varangue de la maison *Eurêka,* le midi seulement. On peut aussi commander son repas pour le soir. Cuisine traditionnelle simple (marlin fumé, achards, rougail...) mais de grande qualité, ou des plats carrément gastronomiques.

Table d'hôtes Escale Créole : *à **Moka,** à env 1 km de la maison* Eurêka. *De Port-Louis en allant vers* Le Réduit, *prendre à gauche (panneau) vers Moka et faire 800 m, puis c'est fléché sur la droite.* 5422-23-32. *Lun-ven, slt le midi (accueille les petits groupes également). Résa indispensable. Repas complet (hors boissons) 600 Rs.* Dans le jardin d'une bien jolie maison, sous un auvent, quelques tables joliment dressées, idéal pour déguster un repas créole dans l'âme, préparé selon l'inspiration du jour. Tout est servi en même temps, comme à la maison. Le plat principal est toujours accompagné de lentilles noires, fricassée de giromon, chatigny de bringelles, achards de papaye verte... Copieux et délicieux. Ils reçoivent parfois des groupes.

À voir

La maison créole Eurêka : *juste à l'entrée de Moka, avt le pont, tourner à droite ; la 1re entrée correspond à la ravine, la 2de à la maison.* ☎ *433-84-77.* • *maisoneureka.com* • *Lun-sam 9h-17h, dim 9h-15h. Entrée : 300 Rs, comprenant la maison (visite libre ou guidée, au choix), le jardin et la cascade ; gratuit moins de 12 ans (pour la maison slt). Jolie boutique à l'entrée.*

Élégante maison coloniale du début du XIXe s, très bien conservée, ayant appartenu pendant 20 ans au premier master mauricien de la Cour suprême avant d'être rachetée par Henri Le Clézio, arrière-grand-père de l'illustre écrivain et Prix Nobel J.-M. G. Le Clézio. « Eurêka ! » fut le cri que poussa le futur propriétaire en découvrant la bâtisse. Elle en conserva le nom. La maison et le domaine furent vendus en 1980, lors du partage des biens, car les ancêtres Le Clézio ayant eu 17 enfants, 104 héritiers se présentèrent.

Aujourd'hui, la maison n'est plus habitée, mais elle conserve une certaine atmosphère aristocratique entretenue par les actuels propriétaires. Pour bien comprendre son histoire, on conseille, en l'absence de panneaux explicatifs, la visite guidée, ce qui n'empêche pas d'y déambuler à son gré après celle-ci. On se promène partout à l'intérieur, au milieu de salons très vivants. Un piano Pleyel est toujours présent et les pièces possèdent un mobilier souvent superbe, provenant pour beaucoup des Compagnies des Indes française ou anglaise. On parcourt successivement le salon de musique, le salon chinois (étonnant meuble en bois de cannelle et le lit en séquoia). Salle à manger ornée d'une table en acajou et de porcelaines de Limoges. Plus loin, le bureau avec des assiettes de la Compagnie des Indes qui étaient emportées en Asie pour lester les navires et que l'on faisait peindre sur place avant de faire le voyage retour. Des porcelaines chinoises sont présentées dans un vaisselier Henri II. Voir encore la salle de bains, avec bain de siège en métal, baignoire en marbre et curieuse douche. Quelques photos de Port-Louis au début du XXe s agrémentent les murs de la chambre d'amis. À l'étage, le dortoir des enfants (ne se visite pas). À l'extérieur, l'ancienne cuisine abrite les fourneaux du restaurant. Les ustensiles d'époque et l'ancienne cuisinière ont donc repris du service.

➢ Derrière la maison, côté sud, une belle varangue à colonnade, jardin et pelouse, et, tout au bout du parc, les ***cascades*** où coule la rivière Moka. Compter 1h pour la balade. Attention, ça descend puis ça grimpe. Compter environ 15 mn pour accéder aux cascades et 20 mn pour le retour (avoir de vraies chaussures). Pour ceux qui aiment crapahuter dans les rochers, c'est une balade plutôt agréable. On parvient à deux bassins taillés par l'homme pour se baigner. C'est ici même que Henri Le Clézio faisait quelques brasses. Des arbres endémiques ont été plantés dans un réel effort de protection et de respect de l'environnement. À noter, les caféiers, du tabac, un ébénier, des plantes sensitives, des feuilles de songe... Il y a trois cascades dans la ravine, et une encore un peu plus bas. On peut se baigner, même si l'eau reste assez fraîche. Sous quasiment chaque cascade, des bassins permettent un massage naturel...

DANS LES ENVIRONS DE MOKA

Le Réduit : *ne se visite pas. Jardin ouv 1 fois/an, en sept.* Ce nom bien modeste cache en fait l'une des plus belles résidences de l'île, qui ne fit que s'enrichir au fil des siècles puisqu'il s'agit de la résidence des gouverneurs de l'île. Elle est habitée aujourd'hui par le président. Vous pouvez toujours admirer le château sur les billets de 500 roupies !

La montagne du Pouce : *pour entreprendre cette randonnée, compter env 3h A/R. Aucune difficulté technique, mais un guide est toutefois vivement recommandé pour ne pas se perdre, vous conseiller et éviter les éventuels désagréments, même si les planteurs de marijuana se soucient à priori plus de leurs cultures que des touristes (voir les prestataires à Grand Baie ou à Pereybère pour cette balade).*

Fermant le cirque de montagnes au sud-est de Port-Louis, la montagne du Pouce culmine à 812 m. On ne peut pas la louper : au sommet, un petit plateau avec un rocher lui donne la forme d'un pouce, d'où son nom. Une des balades sportives à ne pas rater ! Faire attention quand le terrain est mouillé. Tout en haut, un panorama fabuleux vous attend.

L'ascension se fait à travers une végétation dense. Le sentier est assez abrupt et jonché de pierres glissantes. Par un trou dans la végétation, on peut contempler le plateau central, la zone urbaine et les champs de canne. Plus loin, une niche bleue dans la roche est dédiée à la Vierge Marie.

On débouche ensuite sur un autre magnifique panorama avec une vue sur l'ouest, le sud et l'est. Les intrépides termineront par l'ascension vers le sommet. Attention, le chemin est escarpé et il faut souvent s'aider des mains. On ne peut s'y engager qu'un par un. Prudence ! En haut, vue à 360° sur l'île Maurice, ainsi que sur quelques îles. On reste pantois à contempler ce somptueux paysage. Prudence redoublée pour la descente.

LE JARDIN DE PAMPLEMOUSSES (SSR BOTANIC GARDEN)

• Plan *p. 55*

« Le don d'une plante utile
me paraît plus précieux que la découverte d'une mine d'or
et un monument plus durable qu'une pyramide. »

Bernardin de Saint-Pierre

Ce vaste jardin botanique, situé dans le village de Pamplemousses, se trouve à environ 11 km au nord-est de Port-Louis. On pense que le nom de « Pamplemousses » provient d'une variété de *citrus* appelé pamplemoussier, sans que celui-ci donne des pamplemousses mais quelque chose de voisin. Le jardin s'organise sur 26 ha et propose quelques

merveilles de la création. En tout, 600 espèces, parmi lesquelles 85 variétés de palmiers dont 40 proviennent des Mascareignes uniquement.

UN FESTIVAL DE PALMES

Pas moins de 85 variétés de palmiers, aux noms évocateurs et parfois très imagés, peuplent le jardin de Pamplemousses. On y trouve le palmier-bambou ou palmier-multipliant, le palmier-bouteille, le palmier-crocodile (appelé « palmier-lacoste » par les locaux), le palmier-oursin, le palmier-latanier (toujours un mâle et une femelle face à face !), le palmier-splendide qui développe de nombreuses racines pour se protéger des tortues, etc. La palme – si l'on ose – revient peut-être au palmier-salade de millionnaire : son fameux cœur peut nourrir cinq personnes ; mais il ne peut être coupé qu'au bout de 7 ans, d'où son coût élevé.

UN PEU D'HISTOIRE

Comme beaucoup de choses à Maurice, c'est encore à Mahé de La Bourdonnais, gouverneur français de ce qui s'appelait alors l'Isle de France, qu'on doit la création de l'un des plus beaux jardins botaniques du monde. Donc, l'ami Mahé acheta en 1735 la demeure *Mon Plaisir* sur ce terrain, pour y créer un potager. Il y planta des arbres et des plantes venus d'ailleurs. On essaya le ver à soie, on y planta du manioc. *Mon Plaisir* fut la résidence officielle des gouverneurs jusqu'à la construction du *Réduit*.

Abandonné quelques années, le jardin connut un nouvel élan grâce à Pierre Poivre, naturaliste et philosophe comme on pouvait l'être à l'époque, mais surtout intendant de l'île à partir de 1767. Il importa des plantes et des arbres de tous pays, notamment le giroflier, qui se vendait à l'époque une fortune. Il s'attacha à répertorier précisément toute la flore de l'île et convertit le potager en parc botanique.

Le vrai départ de Pamplemousses était donné, et Nicolas Céré, le botaniste qui eut, après Poivre, la charge du jardin, poursuivit le chemin tracé par son prédécesseur. Ainsi la cannelle et la muscade firent leur apparition en même temps que des dizaines d'essences rares. Au milieu du XIXe s, à la grande époque du sucre, on introduisit plusieurs sortes de cannes. De même, l'épidémie de malaria que connut l'île en 1866 poussa les responsables du jardin à introduire et étudier l'eucalyptus, qui permettait d'assécher les marais où foisonnaient les moustiques.

Quelques écrivains de renom ont visité le jardin : Charles Baudelaire en 1841, Joseph Conrad en 1888, Jean-Marie Gustave Le Clézio, ainsi que des personnalités politiques, Nelson Mandela, François Mitterrand, Indira Gandhi...

Aujourd'hui, le jardin est la promenade favorite des Mauriciens le dimanche, en dehors de la plage, d'autant que, après le cyclone de 1999, il a été magnifiquement rénové. Et si l'entretien n'a pas toujours été au niveau, il semble que des efforts ont été réalisés ces derniers temps. Tant mieux !

Arriver – Quitter

➢ ***En bus :*** de Port-Louis, départ de la gare routière du Nord, place de l'Immigration. Plusieurs bus passent par Pamplemousses. Demandez aux employés, il y aura toujours quelqu'un pour vous dire où se trouve le bus prêt à partir.

➢ ***En voiture :*** au rond-point « Pamplemousses », suivre le fléchage « *SSR Botanic Garden* », c'est 1 km plus loin.

Adresse utile

■ ***Distributeurs de la MCB Bank :*** *rte Royale, 500 m après l'entrée principale du parc (en venant du parking). La banque est au carrefour, face à la station Shell.*

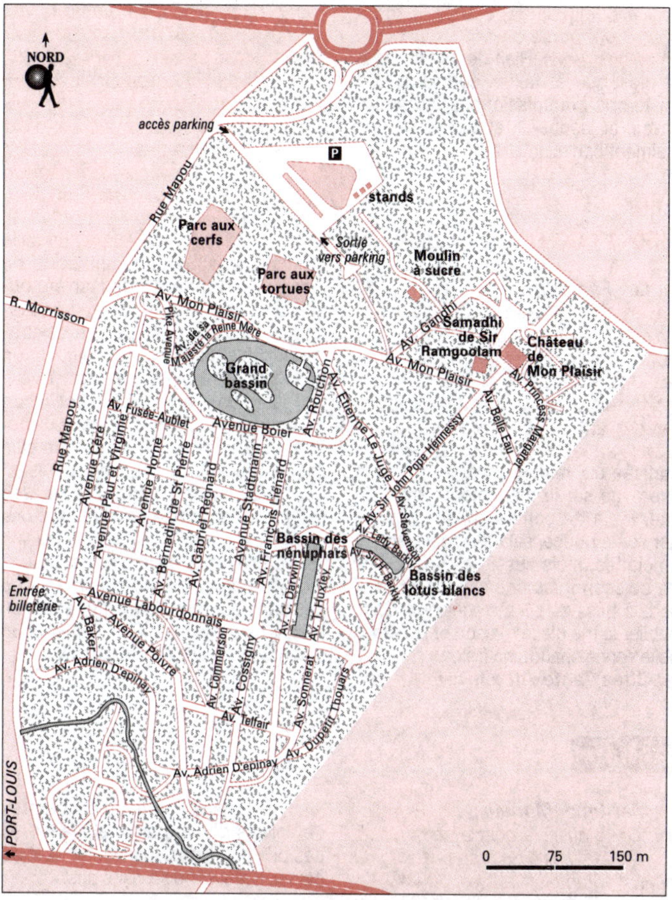

LE JARDIN DE PAMPLEMOUSSES

Où manger ? Où boire un verre dans le coin ?

Prix modérés (300-450 Rs / 7,50-11,50 €)

|●| ***Café Wiener Walz :*** *dans la petite rue parallèle à la route Royale (celle du jardin) qui fait face à l'entrée de l'église de* ***Pamplemousses.*** *☎ 243-84-65. Tlj 9h-17h.* Belle varangue avec d'agréables fauteuils en rotin protégés par des stores, parfait pour siroter un jus de fruits frais (orange et citron), se caler avec une salade, une crêpe salée ou sucrée, ou encore savourer une pâtisserie germanique (gâteau aux pommes, forêt-noire...). Omelettes et quelques petits plats comme un bon curry au poulet. Halte sympathique, sans prétention et revigorante.

|●| ***Restos sur la route Royale :*** *on*

trouve quelques restos sur la route Royale qui passe devant le jardin de Pamplemousses. Rien de particulier, si ce n'est que les taxis y sont la plupart du temps commissionnés, autant le savoir, et jusque-là, aucun ne nous a vraiment convaincus.

Chic (650-1 000 Rs / 11,50-25 €)

|●| ***Le Fangourin :*** *à l'entrée de* L'Aventure du Sucre, *dans une vieille maison avec varangue. Voir plus loin « Dans les environs de Pamplemousses ». ☎ 243-79-00. Tlj 12h-15h pour le déj, puis salon de thé 15h-17h (carte des desserts slt). Conseillé de réserver la table avt la visite du musée.* Salle climatisée ou, mieux, agréable terrasse avec vue sur le magnifique jardin du site. Plein de petites choses à manger sur le pouce, salades copieuses et omelettes, mais aussi des spécialités de poisson (plus chères) et des desserts à base de sucres spéciaux. Sans oublier le thé glacé maison et la citronnelle servie chaude ou froide.

|●| ***Chez Tante Athalie :*** *rte Royale, village Mon Goût,* ***Pamplemousses.*** *☎ 243-92-66. 5770-97-92. De Pamplemousses, passer devant le jardin en le laissant sur la gauche ; à 500 m, au T, prendre à gauche sur 2 km, puis emprunter l'allée sur la gauche (c'est indiqué), à la sortie de Mon Goût ; c'est tt au bout, sur la gauche de la maison coloniale en ruine. Lun-sam, midi slt, 12h-14h30. Fermé dim. Menu 530 Rs (choix de poisson ou viande).* La salle de resto se situe dans une sorte de grand hangar arrangé de manière originale et chaleureuse, avec de généreuses tables en bois. Cette sympathique table d'hôtes est entourée d'un beau jardin avec pelouse, sur laquelle est garée une remarquable collection de voitures anciennes (noter la traction avant fabriquée en Angleterre et la Jaguar rouge !). Un lieu bien séduisant pour un déjeuner au vert, sur la terrasse extérieure, accompagné du chant des cardinaux. Dans l'assiette, une cuisine créole classique mais bien maîtrisée : fricassée de poulet au cumin, cari de poissons aux bringelles (aubergines), rougail de poissons... Bon accueil et un agréable moment en perspective.

Achats

Maritime Models : *rte Royale ; dans le minuscule centre commercial situé juste en face du grand parking du jardin de Pamplemousses. ☎ 243-93-47. • maritime-models.com • Lun-sam 9h-17h.* Un fabricant de maquettes de voiliers d'une grande élégance, et des prix qui le positionnent en haut du panier. L'atelier ne se visite pas.

Comment visiter le jardin ?

– ***Bureau d'infos :*** *☎ 243-94-01.*

– ***Parking :*** *si vous êtes en voiture, sachez qu'on ne peut pas se garer près de l'entrée principale ; un grand parking* ***gratuit*** *est situé sur le flanc gauche du jardin, à env 300 m du grand portail. Une petite entrée au fond du parking permet d'accéder directement au jardin. Pratique.* Ne vous faites pas avoir par ceux qui, au milieu de la route, vous font garer dans des rues adjacentes au jardin en vous demandant une poignée de roupies.

– ***Horaires et durée de la visite :*** *tlj 8h30-17h30.* Évidemment, la visite est plus agréable tôt le matin, avec le chant des oiseaux, ou à partir de 15h30. Évitez si possible les heures les plus chaudes. Compter env 2h de visite, en prenant tout son temps.

– ***Entrée payante :*** *200 Rs (jusqu'à la prochaine augmentation) ; gratuit moins de 5 ans, pour les Mauriciens dim et j. fériés (donc plus de monde ces jours-là).*

- ***Plan du jardin :*** un plan est théoriquement disponible gratuitement à la caisse (quand il n'y a pas rupture de stock).
- ***Trois solutions de visite :*** soit vous déambulez à votre guise, découvrant ici et là, au gré de la balade, certains joyaux du parc et passant assurément à côté de certains autres (surtout sans plan) ; soit vous achetez un livret très complet intitulé *SSR Botanic Garden* *(250 Rs),* qui comprend une carte bien détaillée ; soit vous optez pour un guide, ce que nous vous conseillons.
- ***Les guides :*** *ils sont badgés, se tiennent près de la caisse et demandent env 50 Rs/pers jusqu'à 5 pers, 40 Rs à partir de 6 pers pour une visite de 45 mn à 1h ; gratuit moins de 12 ans.* Si vous voulez voir les choses les plus importantes, cela vous évitera bien du temps perdu. Ils vous feront découvrir la flore avec passion, et certains ne sont pas avares en anecdotes. D'autres font ça à la va-vite, c'est selon ! Libre à vous, ensuite, de poursuivre la flânerie à votre rythme.
- ***Conseil :*** pensez à prendre de l'eau. En fonction des saisons et de l'heure de votre visite, les moustiques peuvent être particulièrement virulents. Mettez un pantalon et prévoyez des manches longues pour éviter les piqûres, et apportez un répulsif.

Par ici la visite

Voici quelques jalons qui vous aideront dans votre balade. En reliant ces points les uns aux autres, vous découvrirez avec les yeux ou le nez, tout au long du parcours, des centaines d'essences bizarres, majestueuses, étonnantes, inconnues en Europe : arbres à muscade, à miel, palmiers de Rodrigues et du voyageur, bouquets de bambous, baobabs, lataniers de l'île Ronde, banian de 400 ans, fromagers (l'écorce du fromager était utilisée pour fabriquer les boîtes de fromage), sapotilliers (dont la gomme donne le chewing du même nom), arbres à pain. Curieux arbre aux quatre-épices *(Pimenta Dioica),* qui rappelle quatre senteurs : clou de girofle, poivre, cannelle et muscade ! Au Moyen Âge, la muscade valait plus cher que l'or. Une seule noix de muscade permettait de conserver 10 kg de viande ! Quant à l'« encrier », sa sève noire donne l'encre de Chine. Vacoas de l'île Rodrigues, arbres à cannelle, poivriers, lotus dont on fait le papier (papier Lotus !), filaos, badamiers, tecomas, litchis, arbres à saucisses, appelées « cacahuètes pour éléphants »...
Avant d'entreprendre la visite, notez que le jardin, dont on pouvait déplorer le gros manque d'entretien ces dernières années, semble reprendre quelques couleurs, même si ce n'est pas encore nickel. Évidemment, le lundi après le week-end, plein de détritus jonchent le sol (tout le monde vient y pique-niquer le dimanche !), heureusement vite enlevés.

La grille d'entrée : en fer forgé, très belle, majestueuse et accueillante. Elle aurait remporté un premier prix à une exposition internationale en Angleterre en 1862.

Le château de Mon Plaisir : le terme de « château » est sacrément exagéré, mais cette élégante demeure de style colonial, élevée au XIXe s par les Anglais, n'a rien à voir avec la villa *Mon Plaisir* que fit édifier Mahé de La Bourdonnais près de la grille d'entrée et qui est aujourd'hui détruite. Le château de Mon Plaisir accueille les bureaux administratifs et certaines cérémonies officielles. Néanmoins, on peut visiter une petite salle avec une exposition d'intéressantes photos en noir et blanc dédiée à Seewoosagur Ramgoolam, le « père de la nation mauricienne », présentant les différentes étapes de sa carrière. *Attention !* elle ferme plus tôt que le parc.

Le Samadhi de Sir Seewoosagur Ramgoolam : face au château de Mon Plaisir, il s'agit d'un monument en pierre, bas, de forme carrée, entouré de grilles blanches. Là fut incinéré le corps de l'ancien Premier ministre de Maurice, de 1968 à 1982. Partant de ce monument funéraire, une série d'arbres plantés par des visiteurs de marque, comme Nelson Mandela, la famille Gandhi ou François

Mitterrand. Sur le devant du monument, un curieux arbre agrémenté d'une plante parasite au tronc évoquant une pelote de ficelle emmêlée. Étonnant.

L'avenue Poivre, qui part en oblique sur la droite, est bordée de hauts et superbes palmiers, aux cylindres parfaitement ronds, parfaitement droits. On les appelle les palmiers royaux. Ils sont originaires de Cuba.

L'avenue Telfair : *au croisement avec l'av. Poivre.* Bordée d'exceptionnels palmiers-talipots, qui se caractérisent par leurs feuilles énormes en forme d'éventail. Une colonne commémorative a été érigée en 1860 en l'honneur des créateurs du parc.

LA FLEUR DE L'ÂGE ET L'ÂGE DE LA FLEUR

Les palmiers-talipots de l'avenue Telfair sont originaires du sud de l'Inde et de Ceylan. Signe particulier : ils ne fleurissent qu'à 60 ans, de manière incroyable, puis meurent juste après. Pas de chance, la dernière floraison a eu lieu en 2001. Mais on compte une quinzaine de palmiers et on peut encore espérer quelques floraisons.

L'avenue Paul-et-Virginie : rien de particulier en soi, si ce n'est qu'elle est agréable, bordée de palmiers-bambous, de genévriers, de noyers d'Inde et, non loin, de *mahoganis.* Tout au bout, côté parc aux cerfs, un piédestal qui devait accueillir la statue de Paul et Virginie. Elle ne fut jamais réalisée.

Le grand bassin : autrefois marécage, il entoure maintenant une végétation luxuriante, accueillant des nichées d'oiseaux tout en voix. De petits ponts mènent à de petits kiosques sur de petites îles.

Le bassin des nénuphars : en poursuivant le périple, on tombe fatalement sur ce beau bassin rectangulaire bordé d'acajous, où évoluent les *Victoria Amazonica,* ces nénuphars géants de la forêt amazonienne, qui souffrent malheureusement du mauvais entretien. Cette incroyable plante aquatique, au diamètre atteignant presque 1,50 m, est lisse sur la surface et fermée par un rebord, ressemblant ainsi à un immense moule à tarte. Le dessous est hérissé d'épines minuscules par milliers, qui lui servent de défenses. La beauté naturelle, l'équilibre et la simplicité de cette plante en font l'une des plus nobles qui soient. Pas étonnant que son découvreur lui ait donné le nom d'une reine. Si on est attentif, on s'aperçoit que plusieurs branches immergées dans les eaux du bassin partent d'un cœur commun qui donne naissance à une seule fleur. À la beauté de la plante s'ajoute sa fragilité. Sa floraison dure 24h et passe doucement du blanc le matin au rose l'après-midi, avant de s'éteindre en mauve le lendemain matin. Aux abords du bassin, il n'est pas rare d'observer hérons et poules d'eau qui se posent sur la délicate plante.

Sur l'***avenue Charles-Darwin,*** qui longe le bassin des nénuphars, on trouve d'énormes *mahoganis,* connus sous le nom d'acajous en français. Ils furent plantés il y a plus d'un siècle.

Le bassin des lotus blancs : tout aussi spectaculaire que celui des nénuphars, dans un autre genre. Les jolies fleurs blanches se dressent au sommet de fines tiges verticales qui, à un certain niveau d'évolution, ressemblent étrangement à un pommeau de douche. Noter que les feuilles sont imperméables. L'eau glisse dessus comme sur une toile cirée. Non loin, on trouve les aréquiers qui produisent un fruit dont la noix centrale est le bétel, un excitant très prisé par les Indiens (Inde) comme par les Amérindiens (Amérique du Sud). On mélange le bétel à de la chaux et on entoure cette pâte d'une feuille de vigne pour qu'elle puisse être mâchée.

Le parc aux tortues : en marge du grand bassin. On y voit quelques très vieux spécimens importés des Seychelles au XIXe s en vue de la protection de l'espèce. Elles sont énormes et superbes. Elles ont aussi quelques copines originaires de Madagascar.

Le parc aux cerfs : les cerfs de Java furent introduits en 1639 par les Hollandais. Comme vous n'aurez sans doute pas la chance d'en apercevoir à l'état sauvage, en voici quelques spécimens à portée de main.

Non loin de là, près de la sortie qui donne sur le parking, un vieux ***moulin à sucre.*** Il fonctionnait avec des bœufs pour entraîner le mécanisme qui broyait les cannes. On peut encore voir les bacs de décantation du jus.
– Si votre véhicule est garé sur le parking, il y a une sortie directe au niveau de celui-ci.

À voir à l'extérieur du jardin

Le cimetière de Pamplemousses : *dans le village de Pamplemousses, sur le côté de l'église qui fait face à la grille principale.* Ce cimetière abrite de nombreuses tombes et sépultures, dont celle d'Émeline Autard de Bragard, « la créole enchanteresse », muse de Baudelaire, morte en mer.

L'église de Pamplemousses : elle date du XVIIIe s. Modeste et discrète, avec son appareillage de pierres volcaniques et sa jolie charpente. Elle fait partie de la légende de *Paul et Virginie* depuis que ces lignes furent écrites par Bernardin de Saint-Pierre à la fin de son roman : « On l'enterra [Virginie] près de l'église de Pamplemousses, sur son côté occidental, au pied d'une touffe de bambous... » En réalité, aucune Virginie n'a jamais été enterrée à cet endroit ! Cela n'empêche pas les touristes curieux de venir jusqu'ici pour chercher en vain la tombe de l'héroïne du livre... Devant l'église, statue à la mémoire de Mahé de La Bourdonnais (1699-1753).

DANS LES ENVIRONS DE PAMPLEMOUSSES

L'Aventure du Sucre : *Beau Plan,* ***Pamplemousses.*** *☎ 243-79-00. • aventuredusucre.com • Accès par la M2, entre Port-Louis et Grand Baie, panneau au niveau du rond-point de Pamplemousses, à 1 km de l'entrée du jardin de Pamplemousses (bien fléché). Tlj 9h-17h. Entrée du musée : 380 Rs ; enfant et étudiant : 190 Rs ; gratuit moins de 6 ans. Compter 2h de visite. Pour les passionnés, le beau catalogue (250 Rs) reprend les points essentiels de la visite. Petit livret (10 Rs) pour les 8-13 ans. Visite libre. Pour ceux qui déjeuneront au resto* Le Fangourin, *cocktail offert sur présentation du guide de l'année.*

On pénètre ici dans l'ancienne usine de sucre de Beau Plan, fermée en 1999 et reconvertie en musée. Elle s'étend sur pas moins de 5 000 m². Avec le musée du *Blue Penny* et le *Aapravasi Ghat* à Port-Louis, c'est assurément LA visite culturelle de Maurice par excellence, qui permet de découvrir toute l'histoire de l'île et d'en comprendre les différentes étapes. Grâce à sa très belle muséographie vivante et moderne, qui alterne théorie et travaux pratiques, on y découvre comment le sucre a façonné l'île, ses paysages, son économie, son peuplement ; bref, son histoire. C'est cette mémoire collective, cette identité mauricienne, par-delà les clivages communautaires et religieux, que le musée entend mettre en lumière. L'idée est que tous les habitants sont des enfants d'immigrés, qui, par leurs talents conjugués, ont contribué à bâtir Maurice.

NOSTRADAMUS S'EST SUCRÉ

C'est Nostradamus qui décrivit le premier l'une des plus grandes vertus du sucre, dès 1555. On connaissait la conservation des chairs par le sel. Il mit en avant la conservation des fruits par le sucre, notamment dans son trop sérieux, essentiel et néanmoins méconnu Traité des confitures.

Le musée est conçu avec le sucre comme fil rouge. On le retrouve dans l'histoire, l'économie, l'agronomie et la culture. Chaque section est résumée par un panneau ***« La leçon »*** qui reprend en quelques lignes les points les plus importants.

– ***En introduction,*** quelques images superbes sur l'île. Puis une alcôve, intitulée *« Pour un goût sucré »,* résume l'épopée du sucre à travers les âges, avant de pénétrer véritablement au cœur de l'histoire de l'île. En deux mots : l'Orient maîtrise la fabrication du sucre bien avant l'Occident. En Occident, il est rare et cher. À tel point qu'en 1574, au palais des Doges de Venise, alors qu'il était encore une denrée extrêmement précieuse, 1 286 chefs-d'œuvre réalisés en sucre furent présentés au roi de France en visite. Le sucre sera ensuite distribué chez les apothicaires pour ses vertus curatives. Il se démocratisera avec l'arrivée du chocolat et du café (dont il équilibre l'amertume).

– ***Histoire de l'île Maurice :*** le fabuleux travail de recherche rend justement la partie historique tout à fait passionnante. Sur des panneaux pédagogiques, on passe en revue toutes les grandes étapes de l'épopée mauricienne et de son peuplement : les tentatives d'établissement des premiers colons depuis les Hollandais, les difficultés de la vie au quotidien (famines, mortalité, absence de femmes), puis l'installation définitive des Français avec la création de l'Isle de France et le travail titanesque accompli par La Bourdonnais. Vient ensuite la traite des esclaves africains (films sur l'esclavage), la description de leur terrible statut de « biens mobiliers » jusqu'à l'abolition.

On poursuit en toute logique par la colonisation anglaise : rôle de la Compagnie des Indes, développement de la colonie, présentation des personnages principaux qui ont façonné Maurice. Puis la mise en place du système de l'engagisme, qui provoquera une immigration indienne importante. Les conditions de vie, ainsi que l'indépendance sont évoquées à travers des coupures de presse.

– ***La canne à sucre :*** on entre ici dans la partie technique de l'histoire du sucre. Les gros tuyaux de toutes les couleurs (mais pas n'importe lesquelles, elles ont toutes une signification) qui courent du sol au plafond donnent le ton. À travers les impressionnantes machines aux engrenages tentaculaires encore en activité il y a peu, on apprend le procédé de fabrication du sucre, comment la canne devient jus (le fangourin, premier jus de la canne), puis cristal. Quant à la fibre de la canne, la bagasse, elle est brûlée, et sa combustion fournit près de 25 % de l'électricité de l'île. Schéma de fabrication du sucre (extraction, broyage, vapeur, etc.). À l'étage, les étapes d'évaporation et de cristallisation. Gros décanteurs, filtres à boues, labo du petit chimiste. On traverse même des appareils à cuire coupés en deux. Grosses centrifugeuses (pour refroidir les molécules !), malaxeurs... Une carte montre la progression de la culture de la canne à sucre, qui a rapidement pris le pas sur la forêt endémique.

– Plus loin, le ***Pavillon de la canne*** présente les différents sols, les types de canne. Évocation des ***routes du sucre,*** petite loco (qui se met en marche quand on répond bien à trois questions), barge de transports... Enfin, quelques éléments pour mieux comprendre que la canne permet de produire non seulement du sucre, mais aussi des engrais, de l'électricité, du bioéthanol et du rhum, auquel un pavillon est consacré. Son histoire et les procédés de fabrication sont très bien expliqués.

> **TOUT SUCRE**
>
> *Lors de la visite de* L'Aventure du Sucre, *on est mis en présence du fangourin, terme provenant du mot « frangourinier » qui désigne un cylindre réalisé à la main jusqu'au XXe s et qui servait à écraser la canne pour en extraire le jus. Par extension, c'est ainsi qu'aujourd'hui on nomme le jus de canne.*

– À voir également, avant la sortie, l'espace d'expositions temporaires avec une ***expo annuelle*** sur différents sujets en rapport avec les thèmes du musée.

– ***Spécial enfants :*** les plus jeunes sont accompagnés dans leur découverte par deux personnages de dessin animé (Raj, le martin, et Floryse, la mangouste).

– À la sortie, le ***Village Boutik*** permet d'acheter quelques souvenirs originaux, réalisés spécialement par des artisans du coin. Ils mettent en valeur les produits et objets d'antan, comme le *katora* du temps « lontan », qui sert de conditionnement au sucre. C'est aussi l'occasion de goûter à la canne à sucre et aux 12 différents sucres naturels de l'île. On ne savait pas qu'il pouvait y en avoir autant, avec des goûts si distincts ! Chacun possède sa propre valeur nutritionnelle et une saveur personnelle. Essayez, vous serez étonné ! On termine par une dégustation gratuite de plusieurs rhums dont trois uniques en leur genre, réalisés à base de sucres spéciaux (Golden Bakery, Muscovado et Mélasse), ainsi que quelques vieux rhums. Vraiment intéressant.

L'aventure peut aussi se poursuivre sur le plan culinaire au *Fangourin,* le ***resto du site,*** dont on ne dit que du bien plus haut (voir « Où manger ? Où boire un verre dans le coin ? »).

LA ROUTE DE PAMPLEMOUSSES À POSTE-DE-FLACQ

C'est l'une des plus belles routes de l'île Maurice. Elle part de Pamplemousses et rejoint ***Poste-de-Flacq*** sur la côte est, en passant par l'intérieur (et non par le littoral). De Pamplemousses, prendre vers l'est, direction Mont Goût et Grande Rosalie. La route traverse un paysage vallonné, composé de collines plantées de champs de canne à sucre. À Grande Rosalie, beau château de Villebargue sur la droite, l'une des dernières grandes maisons créoles du XVIIIe s (ne se visite pas). Bifurquer sur la droite un peu plus loin, juste avant Villebague (petit panneau indiquant La Nicolière sur la droite).

La route passe devant le ***lac de La Nicolière,*** une réserve d'eau douce, et grimpe ensuite sur un versant de montagne verdoyante. L'air est plus frais que sur la côte, les nuages sont plus nombreux et la végétation devient boisée. Les pins de Chine apparaissent. On trouve aussi des papyrus, arbres qu'on reconnaît facilement à leur écorce qui se déchire comme du papier.

Au carrefour de ***Salazie*** commence la redescente vers la plaine côtière. De là-haut, vue superbe. On aperçoit au loin la mer, avec le lagon bleu turquoise et la plaine littorale, très verte, ponctuée de hameaux et de villages éparpillés. En chemin, la route passe par Bon Accueil et rejoint Poste-de-Flacq, puis les plages tranquilles de Belle Mare, encore assez méconnues. Chuuuutt !...

LA CÔTE NORD-OUEST ET NORD, DE POINTE AUX PIMENTS À ROCHES NOIRES

Voici la côte nord-ouest de Maurice. Même si l'endroit est très touristique, les plages ne sont jamais bondées et l'atmosphère est fort sympathique. De Pointe aux Piments jusqu'à Cap Malheureux, c'est une succession de plages, séparées par des bancs de rochers noirs. Les trois points forts de la côte sur le

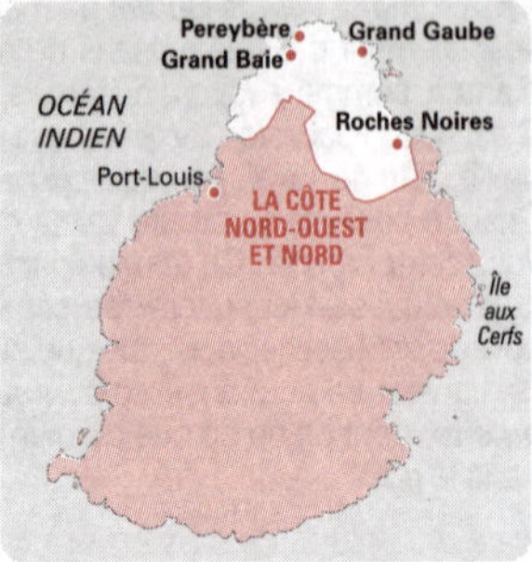

plan de la concentration touristique sont sans conteste Trou aux Biches, Grand Baie et Pereybère. Deux bons tiers des touristes de l'île sont logés là. La plupart d'entre eux ne décollent jamais de leur serviette. Tant mieux, ça fait plus de place ailleurs pour les autres. Entre les deux, c'est un chapelet continu d'hôtels de toutes catégories, de plages immenses mais pas toujours très larges, bordées de plantations de filaos et fermées au loin par une barrière de corail. Bref, les vacances avec coups de soleil, vendeurs de *samoussas* et paréos.

Sur cette partie de la côte, on ne regarde que la mer. À l'intérieur des terres, pas grand-chose à voir. Relief zéro. Des champs de canne qui succèdent à des champs de canne et, à l'horizon, des champs de canne. Pour mieux cultiver le sol, les agriculteurs en dégagent les énormes rochers de lave noire, qu'ils rassemblent ici et là entre deux champs. Ces monticules, parfois de forme pyramidale, ressemblent à des ruines aztèques. On les appelle d'ailleurs les pyramides créoles.

Transports sur cette côte

➢ ***En bus :*** sur la route côtière, les bus passent fréquemment. Il y a des arrêts à peu près partout et le ticket coûte trois fois rien. Très peu de bus après 18h.

➢ ***En voiture, à scooter ou à vélo :*** la plupart des agences de voyages de Grand Baie et quelques hôtels proposent des locations.

➢ ***En taxi :*** à plusieurs, c'est un bon moyen pour explorer une partie de l'île. Le meilleur côtoie le pire, et le bouche à oreille marche bien pour se refiler les bons chauffeurs.

LA BAIE DU TOMBEAU

Sur la route qui va vers Triolet en partant de Port-Louis (après avoir quitté la M2), tourner à gauche en direction de la baie du Tombeau. À environ 2 km se trouve un parking. De là, un chemin mène à une plage quasi déserte (sauf le week-end), sans complexe hôtelier. Ce n'est peut-être pas le coin idéal pour se baigner (pas de sable fin mais de gros galets), mais c'est un petit endroit tranquille pour se poser.

POINTE AUX PIMENTS

• Carte *p. 65*

Un morceau de côte bordé de roches noires et qui est resté préservé, surtout entre Pointe aux Piments et Trou aux Biches. Pas vraiment un village, mais un coin au calme. Pas vraiment de plages non plus, ou alors petites et

artificielles, créées par les hôtels de luxe. Amis des langues de sable, cap plus au nord. La seule vraie plage avec une mince bande de sable est celle de Balaclava, qui se trouve à 3 km au sud.

Où dormir ?

De plus chic à beaucoup plus chic (plus de 3 200 Rs / 80 €)

Villas Mon Plaisir (carte Région de Trou aux Biches, **11**) **:** ☎ *261-74-71.* • *villasmonplaisir.com* • *Tt au bout du village de Pointe aux Piments, sur le côté gauche de la route en venant du sud. Doubles 4 400-6 000 Rs en ½ pens (obligatoire) selon saison.* Un hôtel-resto situé dans un endroit très tranquille, avec son petit bout de plage populaire (mais caillouteuse), juste en face. Il propose une cinquantaine de chambres à la déco moderne, climatisées, disposées autour d'un jardin tropical avec la piscine au milieu. Celles du 1er étage, prolongées par un balcon, disposent pour certaines de la vue sur la mer. L'ensemble est mignon, tranquille et familial. Belle piscine et beau jardin. Le soir, buffet ou service à table selon les jours. Devant l'hôtel, jolie terrasse en bois pour l'apéro. Diverses activités nautiques gratuites : prêt de masque et tuba, kayak, planche à voile, bateau à fond de verre. Juste à côté, club de plongée *Mon Plaisir Dive Centre.* Une adresse à privilégier en famille.

Récif Attitude (carte Région de Trou aux Biches, **12**) **:** *rte Royale.* ☎ *261-04-44.* • *recif-hotel-mauritius.com* • *Doubles 120-230 € selon catégorie (jardin ou mer) et saison. (réception).* Hôtel de charme face à la mer abritant 70 chambres (standard ou *deluxe*), décorées avec goût. Les standard ne sont pas toujours très grandes, mais toutes bénéficient d'une terrasse ou d'un balcon, et d'une vue sur mer ou sur jardin. AC, coffre, minibar... Plusieurs petits salons agréables disséminés dans l'hôtel pour se poser au calme. Pas mal de bois lazuré blanc un peu partout, qui donne un caractère chaleureux à l'ensemble. Jolie petite piscine tout en longueur surplombant la mer, mais un peu modeste compte tenu de la taille de l'établissement. Baignade pas très aisée juste devant (cailloux). 2 restaurants (cuisine correcte, sans plus), un spa (payant), un sauna et un hammam (gratuit). Plusieurs activités gratuites sur place (kayak, bateau à fond de verre, etc.).

À voir

L'aquarium (carte Région de Trou aux Biches) **:** *rte côtière, entre Pointe aux Piments et Trou aux Biches.* ☎ *261-45-61.* • *mauritiusaquarium.com* • *Lun-sam 9h30-17h, dim et j. fériés 10h-16h. Les requins sont nourris tlj à 11h et 15h. Entrée : 300 Rs ; réduc.* Inséré dans un petit jardin, voici le seul aquarium de Maurice, qui accueille une belle variété de la faune de l'océan Indien. Si ce n'est pas le plus grand et le plus moderne que l'on connaisse, saluons cette initiative qui permet de découvrir les fonds marins pour ceux dont la mer n'est pas la tasse de thé. En tout, une vingtaine d'aquariums bien entretenus, qui abritent des poissons-pierres qui se confondent avec la roche, des murènes ou cette curieuse anguille ruban, mais aussi des poissons papillons, clowns, chirurgiens, soldats, scorpions et on en passe... L'ensemble est modeste en taille, et les aquariums sont un peu hauts pour les jeunes enfants, mais la visite reste intéressante. Dans le plus grand aquarium, tout en longueur et ouvert sur le dessus, on s'amuse à voir les grosses tortues vertes barboter, accompagnées par quelques petits requins. Une visite qui vous encouragera peut-être à aller rencontrer toute cette faune dans son élément naturel. Tout au fond, petit café en plein air.

À faire

Plongée

■ ***Mon Plaisir Dive Centre*** *(carte Région de Trou aux Biches,* ***11****)* **:** *tt au bout du village de Pointe aux Piments, sur le côté gauche de la route en venant du sud, accolé à l'hôtel* Villas Mon Plaisir. ☎ *5906-46-87.* ● *monplaisir diving@gmail.com* ● Un club récent tenu par un jeune plongeur dynamique. Baptêmes, formations et explorations.

TROU AUX BICHES ET MONT-CHOISY

● Carte *p. 65*

Voici un coin qui collectionne bien des atouts : exposition nord-ouest idéale, lagon, plages et filaos. Trou aux Biches s'étale sur plusieurs kilomètres, alternant maisons et hôtels. Pas vraiment de centre, pas de boutiques en série le long du petit port aux barques multicolores, qui garde son cachet malgré les projets immobiliers qui ne cessent de modifier peu à peu l'aspect de ce secteur. C'est aussi un coin prisé des retraités européens, qui y passent volontiers l'hiver. La plage, très longue mais pas très large, ondule sagement, épargnée à certains endroits de l'appétit immobilier par une forêt de filaos. Les hôtels chers squattent le littoral, mais on y accède par un bout qui est public.
Plus au nord, l'anse de Mont-Choisy. C'est l'une des plus belles plages de l'île, en arc de cercle, large, au sable blond planté de filaos qui permirent de fixer le sol. En fin de semaine, c'est le grand rendez-vous des familles qui viennent pique-niquer, jouer dans l'eau, faire la sieste, bref, être ensemble.

Arriver – Quitter

➢ ***En bus :*** entre **Port-Louis** et Trou aux Biches, liaisons ttes les 15-20 mn env, 5h-19h30. Bus pour ***Grand Baie*** également.

Adresses utiles

■ ***Poste de police*** *(carte Région de Trou aux Biches,* ***1****)* **:** *au croisement de la route Triolet / Trou aux Biches et Pointe aux Piments.*

✉ @ ***Poste*** *(carte Région de Trou aux Biches)* **:** *dans la rue qui mène à la plage publique en face du poste de police. Lun-ven 8h15-16h, sam 8h15-11h45.* Vente de timbres.

■ ***Cabines téléphoniques à pièces et à carte :*** *en face du poste de police.* Vente de cartes à l'épicerie *Chez Popo* (voir ci-après).

■ ***Distributeur MCB*** *(carte Région de Trou aux Biches,* ***2****)* **:** *en face du poste de police, à côté de la poste.*

■ ***Shibani Finance*** *(carte Région de Trou aux Biches,* ***3****)* **:** *à* ***Mont-Choisy,*** *sur la gauche en venant du sud, après le resto* Le Pescatore. *Lun-sam 8h-17h30, dim et j. fériés 8h-12h.* Bureau de change.

Épicerie Chez Popo *(carte Région de Trou aux Biches,* ***4****)* **:** *rte Royale, à 500 m à gauche après le croisement du poste de police en allant vers le sud. Lun-sam 7h30-19h30, dim et j. fériés 7h30-12h30. Également un supermarché à* ***Mont-Choisy, Choisy Royal,*** *dans une ruelle à droite après l'hôtel* Coral Azur *en venant de Trou aux Biches.* À cheval entre la grosse

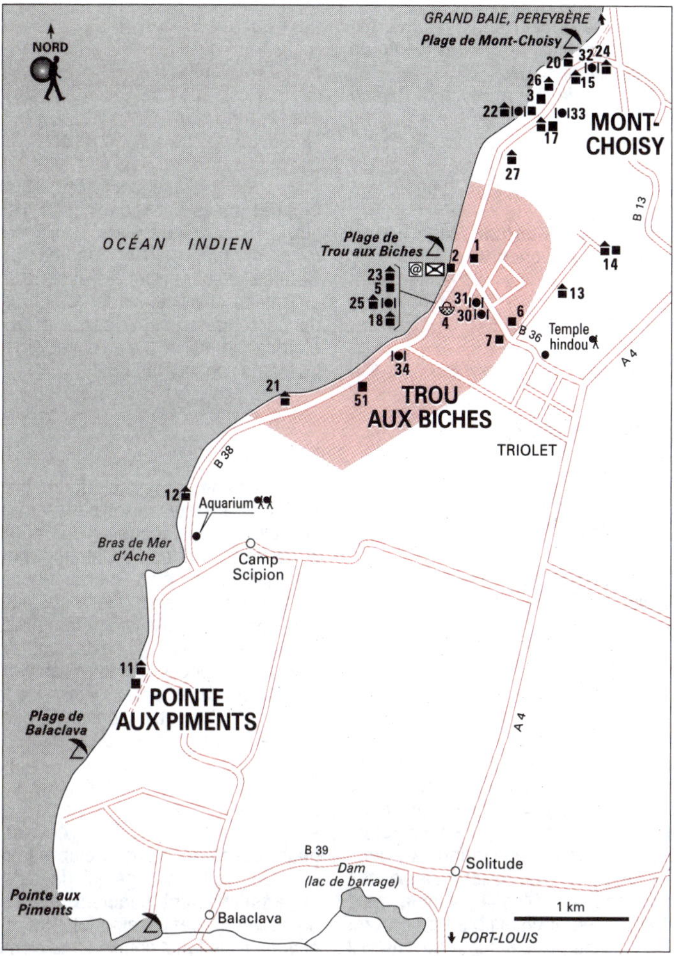

LA RÉGION DE TROU AUX BICHES : de Pointe aux Piments à Mont-Choisy

Adresses utiles

- **1** Poste de police
- **2** Distributeur MCB
- **3** Shibani Finance
- **4** Épicerie Chez Popo
- **5** Pharmacie Ducasse
- **6** Pharmacie Centrale
- **7** Flambeau Travel.com

Où dormir ?

- **11** Villas Mon Plaisir
- **12** Récif Attitude
- **13** Appartements Anandi
- **14** La Sorellina
- **15** Villas Mont-Choisy
- **17** Studios Blue Water Divers
- **18** Rapsodie Bungalows
- **20** Mont Choisy Beach Villas et Mont Choisy Beach Resort
- **21** Veranda Pointe aux Biches
- **22** Bois d'Oiseaux
- **23** Résidence C'est Ici
- **24** Hôtel des 2 Mondes
- **25** Le Sakoa Boutik Hotel
- **26** Mont Choisy Coral Azur Beach Resort
- **27** Casuarina Hotel

Où manger ?

- **22** Le Pescatore
- **30** La Marmite Mauricienne
- **31** Assiette du Nord
- **32** Chez Stéphanie Snack et resto
- **33** La Méditerranée
- **34** 1974

À faire

- **11** Mon Plaisir Dive Centre
- **14** La Sorellina
- **17** Blue Water Divers
- **22** Blue Safari
- **51** Atlantis Dive Center

épicerie et le petit supermarché. On y trouve pas mal de choses. Vente de cartes téléphoniques.

■ ***Pharmacie Ducasse*** *(carte Région de Trou aux Biches,* ***5****) : sur la gauche en venant du sud, un peu avt l'intersection pour Triolet. ☎ 265-65-38. 📱 5423-62-17 (urgences). Lun-sam 8h30-19h, dim 8h30-12h30.*

■ ***Pharmacie Centrale*** *(carte Région de Trou aux Biches,* ***6****) : à Trou aux Biches, prendre à droite au poste de police vers Triolet et c'est à 300 m, sur la gauche. ☎ 265-57-03. Lun-sam 8h-20h, dim 8h-14h.*

■ ***Flambeau Travel.com*** *(carte Région de Trou aux Biches,* ***7****) : à Trou aux Biches, prendre à droite au poste de police vers Triolet et c'est à 300 m, sur la droite. 📱 5254-39-94. • flambeau travel.com • Lun-sam 9h-12h, 16h-18h30. Compter env 1 200 Rs pour l'îlot Gabriel et 1 000 Rs pour l'île aux Cerfs (déj compris).* Une agence sérieuse qui propose toutes sortes d'excursions (île aux Cerfs, île aux Bénitiers, îlot Gabriel, route du thé...). Prix raisonnables. Comme toujours pour les excursions en bateau, bien demander le nombre de personnes maxi à bord, le type d'embarcation, et bien vérifier si les transferts sont compris.

Où dormir ?

Prix moyens (1 200-2 000 Rs / 30-50 €)

⌂ ***Appartements Anandi*** *(carte Région de Trou aux Biches,* ***13****) : 163, morcellement Jhuboo. ☎ 265-53-10. 📱 5706-24-04. • nishan32@hotmail.com • mauritiusliving.moonfruit.com • Env 1 400-1 600 Rs pour 2 pers en appart de 2 chambres selon saison ; 1 600-1 800 Rs pour 4 pers.* 📶 Un petit édifice moderne, dans laquelle ont été aménagés 5 appartements en plus de celui de la propriétaire, Mme Veda, qui vit sur place et qui est adorable. Carrelage clair, bon confort (AC dans les chambres, terrasse), cuisine très bien équipée. Mobilier simple mais fonctionnel, et ensemble très propre. Toute petite piscine sur le devant. S'il est complet, la propriétaire saura vous conseiller d'autres chambres à louer à proximité.

⌂ ***La Sorellina*** *(carte Région de Trou aux Biches,* ***14****) : morcellement Jhuboo. 📱 5759-42-23 (Viviane) ou 5758-23-22 (Thierry). • lasorellina.net • Du poste de police, direction Triolet, puis 1re à gauche (à l'angle de la pharmacie) ; aller jusqu'au bout de la rue et prendre à droite, la maison est au fond (container devant la porte). Compter 2 200-2400 Rs pour 2 selon saison, petit déj compris.* 📶 Thierry et Viviane, en plus de proposer des croisières en voilier (voir plus loin la rubrique « À faire »), ont aménagé un grand studio bien agréable dans leur maison parfaitement au calme, pour accueillir des hôtes (frigo, micro-ondes...). Ceux-ci ont à leur disposition un salon et une généreuse varangue, ainsi que la chouette petite piscine dans le jardin. Tranquillité totale. Leurs chiens et chats sont très placides, et l'accueil est formidable.

⌂ ***Studios Blue Water Divers*** *(carte Région de Trou aux Biches,* ***17****) : rte Royale, juste au-dessus du club de plongée Blue Waters Diving, à* ***Mont-Choisy.*** *☎ 265-67-00. • bluewaterdi vingcenter.com • 2 studios 2 pers 30 € et 1 appart 4 pers 45 €.* 📶 Les plongeurs qui fréquentent le club seront ravis de pouvoir se loger ici, dans des apparts vraiment spacieux et bien équipés (clim et cuisinette). Pas de charme mais fonctionnels et au calme car légèrement en retrait de la route. L'un d'entre eux donne sur l'arrière. Pas besoin d'être plongeurs pour loger ici, tout le monde est le bienvenu.

Chic (2 000-3 200 Rs / 50-80 €)

⌂ ***Rapsodie Bungalows*** *(carte Région de Trou aux Biches,* ***18****) : rte Royale, à* ***Trou aux Biches.*** *Résas auprès de Patrice Curé : 📱 5928-46-81. • euzen.patrice@gmail.com • À 500 m après le poste de police, sur la droite de la route Royale quand on vient du nord.*

Résa conseillée. Apparts 70-80 € la nuit selon saison (5 nuits min). Une grande maison aux toit et volets bleus, merveilleusement bien située juste devant la plage, comprenant 2 appartements, l'un au rez-de-chaussée, l'autre à l'étage. Terrasse agréablement aménagée, BBQ, intérieur spacieux et accueillant avec 2 chambres climatisées, salle de bains (douche), salon, balcon et terrasse. Vraiment très bien : d'ailleurs, les habitués reviennent d'une année sur l'autre. Accès direct sur la belle plage de Trou aux Biches. Supérette *Chez Popo* pratiquement en face, bien utile.

Mont Choisy Beach Villas *(carte Région de Trou aux Biches,* ***20****)* **:** *à* ***Mont-Choisy,*** *rte Royale, côté gauche en venant du sud. ☎ 204-55-00 ou 265-63-56. • memoris.mu • Studio 60 € pour 2 (sans petit déj) et appart (2 chambres) env 85 €.* Un ensemble résidentiel de taille raisonnable (6 appartements et 8 studios), situé en bord de mer, avec des logements très bien équipés et climatisés (cuisine, petit salon, TV, BBQ, service de lingerie...). Certes, il n'y a pas de plage directement devant, mais c'est toujours agréable d'être face à la mer, et en contrepartie, la piscine a des dimensions respectables et est agrémentée d'une petite pelouse. Et les vraies plages sont à deux pas. Un petit havre de paix, au calme.

Mont Choisy Beach Resort *(carte Région de Trou aux Biches,* ***20****)* **:** *à* ***Mont-Choisy,*** *rte Royale, côté gauche en venant du sud, un peu après le Beach Villas. ☎ 265-85-00. • monchoisy.com • Studios 70-250 € selon vue et saison.* Un beau bâtiment moderne abrite cet ensemble résidentiel de taille raisonnable, perpendiculaire à la mer (donc pas de vue), avec 35 studios à la déco tendance et très bien équipés. Ensemble dans les tons gris et blanc, de très bonne tenue. Seuls les studios situés au bout (il y en a 7) profitent d'une vue directe sur la mer. Clim, ventilo, cuisinette... et studios communicants pour les familles. Belle piscine à débordement face au large. Accès direct à la plage, certes, mais on ne peut pas se baigner juste devant ; la belle plage de Mont-Choisy est à 100 m.

Villas Mont-Choisy *(carte Région de Trou aux Biches,* ***15****)* **:** *à* ***Mont-Choisy.*** *☎ 265-59-34. Rte côtière, sur la droite en venant du sud. Studios 2 pers 2 000-2 400 Rs et apparts 4 pers 3 000-3 600 Rs selon saison, petit déj inclus.* Une bonne quinzaine de logements équipés d'une cuisinette. Piscine de taille honorable, avec un bout de pelouse. Le tout donne sur le jardin et... le petit parking. Chambres avec terrasse ou balcon à l'étage. Évitez les bungalows proches de la route. C'est propre, spacieux et calme, rythmé par quelques palmiers. Barbecue à disposition. Spa (payant). L'avantage, c'est qu'il suffit de traverser la route pour rejoindre la belle plage de Mont-Choisy, à 200 m de là. Au final, un bon équilibre entre le confort et le prix (souvent négociable). Sur demande, une cuisinière peut préparer vos repas.

Plus chic (3 200-4 800 Rs / 80-120 €)

Veranda Pointe aux Biches *(carte Région de Trou aux Biches,* ***21****)* **:** *rte Royale. ☎ 265-59-01 ou 266-97-00 (résa). • veranda-resorts.com • Chambres env 100-150 € en ½ pens pour 2 pers selon période. (réception et resto).* Un hôtel de charme, à réserver exclusivement via un tour-opérateur (prix très variables selon promos). Une grosse centaine de chambres réparties dans de charmantes bâtisses au toit de chaume, qui pour la plupart font face à la mer. L'ensemble est aménagé comme une sorte de petit village niché dans un beau jardin. Ambiance assez zen dans l'entrée, avec zone de sable, paillotes et fauteuils. Zénitude que l'on retrouve dans les chambres, soignées et confortables. Nombreuses familiales et miniclub pour les enfants, mais l'hôtel conviendra aussi aux couples recherchant la sérénité. Très belle piscine bordée par un bar soigné donnant sur la mer. 2 restos (dont un gastronomique) face aux flots bleus. Spa. Location de vélos.

Bois d'Oiseaux *(carte Région de Trou aux Biches,* ***22****)* **:** *rte Royale, à 50 m du resto Le Pescatore.*

☎ 265-53-41. • *boisdoiseaux.com* • *Bungalows jusqu'à 4 pers 80-150 € selon saison et vue ; d'autres pour 7 pers 135-185 € ; villas 6-8 pers, pied dans l'eau pour certaines, avec petite piscine et jardin privés 290-420 €/j.* Dominique et Philippe louent une dizaine de bungalows ventilés et climatisés, avec 2 ou 3 chambres, salon, cuisine, téléphone (appels locaux), terrasse ou balcon. Joliment aménagés, les logements sont bien meublés, fonctionnels et confortables. Petite piscine commune à tous les bungalows, entourée de transats thermomoulés (très années 1970). Également 2 villas (6 et 8 personnes). Éviter le seul hébergement donnant directement sur la route (bruyant). L'ensemble est soigneusement tenu, charmant et intime. Accès direct à l'eau par un passage privé, mais la baignade n'est pas aisée à cause des cailloux. Belle plage publique à deux pas. En cas de besoin, les propriétaires habitent sur place. Ne fait pas resto.

Résidence C'est Ici (carte Région de Trou aux Biches, **23**) : *rte Royale, immédiatement à droite de la pharmacie Ducasse.* ☎ *265-52-31.* • *cest-ici.com* • *Souvent complet, résa conseillée. Plusieurs types d'hébergements : studios, apparts ou encore bungalows 2-4 pers. Compter 75-90 € pour 2 et 110-130 € pour 4, sans petit déj (et 15 €/pers en plus) ; villa 6 pers donnant sur la plage 360 €/j. ; pas de petit déj, mais cuisine à disposition. (réception et jardin).* Autour d'un jardin spacieux, ombragé et agréable, un petit complexe aux logements indépendants et climatisés. En tout, 5 structures comprenant chacune 2 à 4 chambres, bien séparées par des espaces verts. Rien à redire sur le confort, sur la déco, et encore moins sur l'emplacement. Ménage fait tous les jours. Sur la plage, qui prolonge le jardin, des tables et bancs pour profiter des soirées barbecue (à disposition des clients) et quelques transats. Possibilité de commander ses repas.

Hôtel des 2 Mondes (carte Région de Trou aux Biches, **24**) : *rte Royale, à* **Mont-Choisy.** ☎ *265-77-77.* • *hoteldes2mondes.com* • *À 100 m de la plage de Mont-Choisy, juste avt le croisement vers Pointe aux Canonniers, sur la droite en venant du sud. Compter 90-125 € pour 2 selon saison, avec petit déj ; 115-160 € pour 2 en ½ pens.* Un ensemble hôtelier dont les chambres sont disséminées dans des petits édifices agréables, sur un étage, posés au milieu d'un agréable jardin. Très bien équipées (AC, coffre, minibar...). Confort moderne, déco colorée, mais c'est impeccable. Pas de baignade possible juste devant, mais la plage est à 200 m. Bar et restaurant, piscine mouchoir de poche (dommage), salle de jeux et de gym, spa avec massage et jacuzzi... Club de plongée sur place.

Beaucoup plus chic (plus de 4 800 Rs / 120 €)

Le Sakoa Boutik Hotel (carte Région de Trou aux Biches, **25**) : *rte Royale, à* **Trou aux Biches.** *Au niveau de la pharmacie Ducasse.* ☎ *265-52-44.* • *lesakoa.com* • *Compter 160-260 € pour 2 selon vue et saison, petit déj inclus ; également des suites, plus chères (260-350 €) ; ½ pens 25 €/pers. Au resto (ouv aux non-résidents), env 1 000 Rs le menu (sans le vin).* Un ensemble de bungalows sur un étage, au toit de chaume, abritant une quinzaine de studios spacieux (kitchenette) dont 2 suites, meublés avec élégance et décorés avec goût. Les chambres les plus chères ont vue sur la mer. Demander impérativement (à la réservation) un bungalow loin de la route. Belle petite piscine encadrée de palmiers altiers dans le jardin soigné et devant la plage superbe (paillotes, chaises longues...). Bibliothèque en mezzanine, bar accueillant, dans une déco alliant roche et bois. Le tout est impeccable, propre et agréable. Resto à ne pas bouder pour sa vue sur la mer. Un coup de cœur pour le charme, la quiétude et le raffinement des lieux.

Mont Choisy Coral Azur Beach Resort (carte Région de Trou aux Biches, **26**) : *devant un petit bout de plage adorable et à 3 mn à pied en longeant la longue et belle anse de* **Mont-Choisy.** ☎ *265-60-70.* • *coralazur.com* • *Doubles standard 110-190 €*

selon saison, petit déj compris ; bien plus cher en fin d'année. Possibilité de ½ pens. (dans le lobby). Un hôtel-club dans un site séduisant avec 90 chambres réparties de part et d'autre de la réception. À l'intérieur, des chambres très colorées, confortables et spacieuses, avec balcon et terrasse. Agréable piscine, jardin soigné et ombragé en surplomb de la mer. Buffet tous les soirs et cuisine plutôt généreuse. On a bien aimé les paillotes sur la petite langue de sable, car il y a une vraie plage devant... Belle avancée verdoyante sur le côté, équipée de quelques transats. Nombreuses activités nautiques gratuites (ski nautique, tir à l'arc, kayak, tennis, miniclub...). Parfait pour les familles.

Casuarina Hotel *(carte Région de Trou aux Biches,* ***27****) : rte Royale, côté droit en venant du sud. ☎ 204-50-00. • hotel-casuarina.com • Doubles 180-220 € en ½ pens, selon saison ; et bungalows pour 4-5 pers. Promos fréquentes sur Internet. (réception et resto).* Un vaste complexe hôtelier (une centaine de chambres), bien intégré dans le décor. La plage est de l'autre côté de la route (transats à disposition). À l'hôtel, on profite d'un grand jardin luxuriant, dans lequel sont disséminés de jolis bungalows au toit de chaume (2 chambres) et aux murs chaulés. Quelques transats et paillotes sont mis à disposition sur la plage même. Intérieur soigné et moderne, salles de bains impeccables, terrasses bien séparées, sans vis-à-vis, une ambiance familiale mais qui sait se tenir. Très bonnes prestations. Côté activités, gratuites pour la plupart : 2 piscines, salle de muscu, tennis, ping-pong et, sur la plage, kayak, ski nautique, dériveur, prêt de palmes-masque-tuba... Initiation à la plongée en piscine. Spa avec soins à la carte (payant). Accueil cordial et personnalisé.

Où manger ?

De très bon marché à prix modérés (moins de 450 Rs / 11,50 €)

– Goûtez aux petits plats vendus par les ***cuisiniers ambulants*** (gâteaux-piments, *samoussas, rotis* et... hamburgers), il y en a plusieurs sur la plage de Mont-Choisy. On vous recommande ***Salade tropicale chez Stéphanie,*** dans sa minuscule roulotte orange, qui propose sandwichs et quelques petits plats (voir également plus loin le resto du même nom), et ***Le Kiosque magique*** (roulotte peinte en vert et jaune). On trouve aussi quelques kiosques sur le parking de la plage publique de Trou aux Biches. Certains vendent noix de coco et ananas. Non seulement c'est bon, mais ça permet à des centaines de Mauriciens de vivre et de faire vivre leur famille, tout en ayant des contacts agréables avec les touristes. Si on reste plusieurs jours au même endroit, on prend rapidement ses petites habitudes.

La Marmite Mauricienne *(carte Région de Trou aux Biches,* ***30****) : un peu après le poste de police, sur la droite, en direction de Triolet (à env 200 m). ☎ 265-76-04. Tlj midi et soir.* Un bistrot sympathique, populaire et bon marché. On y retrouve tous les classiques de la cuisine mauricienne, des croquettes de crevettes aux poissons préparés. Bon petit bol renversé. Également des plats chinois et quelques pizzas. Rien de transcendant sur le plan culinaire, mais c'est copieux, pas cher et accueillant !

Assiette du Nord *(carte Région de Trou aux Biches,* ***31****) : à* ***Trou aux Biches.*** *☎ 265-70-40. À 200 m du petit carrefour, direction Triolet, sur la droite. Tlj midi et soir.* Un classique dans le secteur. Sous sa grande terrasse couverte, un grand bar et une salle de resto proposant une cuisine de très bonne tenue. Jolies assiettes, bonnes et bien remplies.

Chez Stéphanie Snack et resto *(carte Région de Trou aux Biches,* ***32****) : à* ***Mont-Choisy.*** *En arrivant du sud, au niveau de la plage de Mont-Choisy, prendre à droite dans la dernière ruelle avt que la route principale ne tourne à droite en angle droit. 5757-52-57. Tlj sf dim, midi et soir.* On passe un bon moment sur la terrasse de cette petite maison peinte en jaune et violet, pimpante comme tout. Les tables sont soignées, tout comme la cuisine familiale qu'on y déguste. On y trouve les grands classiques, bien tournés et servis par une gentille famille. Le soir, c'est le souriant Richard (mari de Stéphanie) qui est à l'accueil.

Prix moyens (450-650 Rs / 11,50-16,50 €)

|●| *La Méditerranée* *(carte Région de Trou aux Biches,* ***33****) :* ***Mont-Choisy.*** *☎ 265-75-39. Depuis Trou aux Biches, rue à droite avt le club de plongée* Blue Water Divers. *Fermé dim midi. Menu env 600 Rs, mais on peut aussi se contenter d'un plat (à partir de 350 Rs).* Ça vaut souvent le coup de s'écarter un peu de la route Royale ! Voilà un bail que Gigi (le chef proprio) accueille ses clients au calme mais avec enthousiasme. Vu le choix, on prend le temps de se décider avec un petit apéro. Spécialités de poisson, évidemment (celui à la sauce citron est extra, tout comme la salade de fruits de mer), mais aussi des viandes importées d'Australie. Mais c'est surtout pour le bon *vindaye* de poisson, le cari aux fruits de mer ou les fricassées que l'on vient ici.

|●| *1974* *(carte Région de Trou aux Biches,* ***34****) : rte Royale,* ***Trou aux Biches.*** *☎ 265-74-00. Ouv midi ven-sam (12h-14h30) et dim (12h-16h) ; soir mar-sam.* Dans une maison orange de bord de route, avec une minuscule terrasse coquette comme tout. Un resto directement branché sur l'Italie, tenu par un couple transalpin (Giulia et Antonio), qui propose une cuisine à base de pâtes fraîches, raviolis, pâtes aux oursins (extra !), *sauté di vongole,* mais aussi de bons poissons du jour. Tous les jours, des plats différents et bien frais.

Beaucoup plus chic (plus de 2 400 Rs / 60 €)

|●| Le Pescatore *(carte Région de Trou aux Biches,* ***22****) : rte Royale, à* ***Mont-Choisy.*** *☎ 265-63-37. Sur la gauche en arrivant du sud, à l'entrée de Mont-Choisy. Tlj midi et soir sf dim. Résa quasi obligatoire. 1er menu (intéressant) servi pour 2 pers autour de 4 500 Rs, et 2 autres à 2 600 et 4 200 Rs... par personne ! Attention, l'addition grimpe vite si on ajoute du vin.* Varangue directement sur la mer, décor néocolonial d'un grand raffinement. Les places en bord de rambarde, sur la mer, sont évidemment les plus recherchées (à réserver par téléphone !). Accueil et service élégants, chic et décontractés tout à la fois. Évidemment, c'est l'un des restos les plus chers de l'île ! Cuisine de très haute réputation, avec une large dominante de poissons, qui change au gré des saisons. La grande classe... qui se paie !

À voir

Le temple hindou de Triolet *(carte Région de Trou aux Biches) : sur la rte de Triolet, à env 2 km de Trou aux Biches. Prendre la route qui passe devant le poste de police : le temple de Maheswarnath Maudir se trouve sur le côté gauche. Tlj 6h-18h. On enlève ses chaussures à l'entrée.* Site religieux hindou élevé en 1891 et réunissant sur un même espace plusieurs temples colorés de différentes tailles, dans le style coloré qui caractérise cet art. Plusieurs divinités sont évidemment à l'honneur. C'est le site le plus vénéré de l'île avec celui de Grand Bassin. C'est en effet d'ici qu'un groupe de neuf personnes a effectué le premier pèlerinage à Grand Bassin en 1898. Cet épisode occupe une grande place dans l'histoire de l'indépendance mauricienne. Il faut dire qu'à cette époque, les travailleurs n'avaient pas la possibilité de se déplacer librement sur l'île, et encore moins de quitter leur travail pendant plusieurs jours. On peut observer sans problème les rites des prières, avec la discrétion et la mesure qui conviennent à ce type de lieu.

À faire

Plages

La plage de Trou aux Biches, assez étroite, est toujours agréable avec son espace délimité pour les baigneurs. Quand on arrive du parking, sur la gauche, on a de la place pour poser sa serviette, mais les bateaux rendent parfois la baignade difficile... Sur la droite, après la plage des hôtels, en marchant une dizaine de minutes, l'eau est superbe et limpide, et il y a moins de monde. Patrouilles de police régulières.

La plage de Trou aux Biches se poursuit plus au nord par celle de ***Mont-Choisy,*** plus large, plus généreuse et plantée de filaos, ces grands arbres frêles aux longs filaments. Les Mauriciens utilisent cet arbre en guise de sapin de Noël. C'est une superbe anse ourlée de sable blond, longue de plus de 1 km, aérée et propre (elle est nettoyée chaque jour), sans aucun hôtel qui s'interpose entre la plage et la végétation (on a eu la bonne idée de faire passer la route bien à l'arrière). L'eau est d'un beau vert translucide. Pour nous, c'est peut-être la plus belle plage de toute la côte nord-ouest. En plus, elle est exposée à l'ouest, idéal pour observer le coucher du soleil. En semaine, on y trouve un sympathique mélange de Mauriciens et de touristes. Les jeunes locaux jouent au foot, les touristes se prélassent, le *Club Med* voisin fait tournicoter ses clients en ski nautique ou en grosse bouée... À l'extrémité gauche de la plage, plusieurs statues hindoues, dont Ganesh, sont vénérées par les fidèles à la tombée du soir. Lumière superbe, atmosphère sereine. En fin de semaine, des centaines de Mauriciens déboulent en famille pour le pique-nique traditionnel. Musique, ballons, sieste, jeux dans l'eau... rhum. Ambiance bon enfant et plaisante. Une certaine douceur de vivre et une idée du bonheur bien séduisante.

Activités nautiques

Au niveau du parking de Trou aux Biches, un stand propose des activités nautiques à des prix intéressants, notamment pour le parasailing (parachute ascensionnel).

Plongée

■ ***Blue Water Divers*** *(carte Région de Trou aux Biches, **17**)* **:** *avt la plage de **Mont-Choisy,** sur la route côtière, côté droit en venant du sud (après le resto Le Pescatore).* ☎ *265-67-00 ou 265-71-86. • bluewaterdivingcenter.com • Centre ouv tlj 8h30-17h30 (16h30 sam-dim). Fermé 1er janv et 25 déc. Baptême env 2 600 Rs, plongée env 1 400-1 800 Rs sans ou avec l'équipement fourni. Également des forfaits. Ajouter la licence (200 Rs), valable 2 mois dans ts les clubs de l'île Maurice. Certificat médical recommandé (mais pas obligatoire, sf pour les formations) et brevets demandés. Réduc de 10 % sur présentation de ce guide pour 2 pers, hors forfaits.* Le centre, affilié CMAS et PADI, propose baptême, perfectionnement, passage de diplômes, formation en secourisme, plongées pour les enfants (à partir de 8 ans) et de nuit. Trois départs par jour. Et puis, bien sûr, des balades sous-marines extra, dans un climat de confiance total. Et hors de l'eau, toujours la même convivialité ! Hugues Vitry, fervent défenseur de la faune et de la flore sous-marines, et bon photographe, dirige son club depuis de nombreuses années, avec sérieux et gentillesse. Pour les baptêmes, on fait tout pour mettre en confiance le néophyte et lui faire découvrir le monde de la plongée. On nous prend par la main et on bat le rappelle des poissons qui viennent nous saluer. Possibilité d'hébergement à l'étage du bâtiment (voir « Où dormir ? »). Par ailleurs, le club propose l'observation des cachalots et baleines à bosse (en saison) et la plongée avec les requins. Excursion à la demande et en fonction de la météo.

■ ***Atlantis Dive Center*** *(carte Région de Trou aux Biches,* ***51****) : sur la gauche de la rte côtière en allant vers Pointe aux Piments. ☎ 265-71-72. 📱 5422-71-26. • atlantisdiving.info • Transport A/R gratuit de votre hôtel (dans la région nord) au club de plongée. 1re plongée 1 600 Rs, 1 400 Rs à partir de la 2e plongée (sur présentation de ce guide), assurance incluse ; baptême 2 500 Rs (2 200 Rs sur présentation de ce guide), comprenant un cours théorique sur vidéo, une initiation dans le lagon et une plongée sur la barrière de corail.* Vellin Bhurtun (prononcer Burton, c'est-à-dire « beurre-tonne », et non « bure-thon »), ancien infirmier-réanimateur (ça rassure !), anime ce club affilié PADI et CMAS. *Atlantis* propose initiations et sorties pour plongeurs confirmés sur épaves, coraux et tombants rocheux. Plongées de nuit, photo et vidéo sous-marines. D'une grande douceur, Vellin sécurise et prend en main les plus inquiets.

Plongée un peu spéciale

■ ***Blue Safari*** *(carte Région de Trou aux Biches,* ***22****) : bureau juste à côté du resto Pescatore, à* ***Mont-Choisy.*** *☎ 265-72-72. • blue-safari.com • Résa impérative, surtout en hte saison.*

– **En sous-marin :** *départs tlj ttes les heures (selon conditions météo), 8h30-16h30 (dernier départ en été) et 15h30 (en hiver). Selon saison, prévoir env 4 400 Rs/pers pour une plongée ; 2 700 Rs moins de 12 ans. Durée de la plongée : 45 mn env, mais prévoir 2h en tt.* Un petit tour en sous-marin, ça vous tente ? Bon, d'accord, c'est très cher, mais ce n'est pas tous les jours qu'on peut plonger à une telle profondeur, sans compter que tout le monde n'a pas ou plus les aptitudes physiques pour le faire. Ces 2 petits sous-marins, de 5 et 10 places, uniques dans l'océan Indien, plongent de l'autre côté du lagon jusqu'à 35 m de profondeur et évoluent entre les poissons, au pied d'un récif corallien, près d'une épave, etc. Évidemment, d'épaisses vitres permettent aux poissons d'observer les humains sans s'asphyxier, et ça marche aussi dans l'autre sens. Remarquez la modification chromatique du décor : à partir de - 10 m, la couleur rouge disparaît. Selon les conditions météo, la visibilité est plus ou moins bonne, mais là, c'est un peu la loterie : par temps gris, la visibilité est souvent bonne ; ce n'est pas toujours le cas par beau temps.

– **En scooter sous-marin (biplace) :** *5 800 Rs selon saison pour 2 pers et 4 400 Rs si vous voulez tenter l'aventure seul (avec ou sans moniteur). Durée de l'immersion : 30 mn, mais là encore, prévoir 2h en tt. Interdit aux moins de 12 ans, aux femmes enceintes et si vous avez un problème de santé, bien entendu.* Amateurs de sensations fortes, bienvenue ! Après un briefing complet et quelques appréhensions, vous enfourchez votre scooter, et vous voilà dirigeant vous-même l'engin, à 3 m de profondeur, parmi les poissons, la tête maintenue dans une bulle d'air. C'est finalement moins compliqué que ça en a l'air, très fun, sécurisé (vous êtes suivi en permanence par des plongeurs), et c'est surtout l'occasion de vivre une expérience unique au monde ! Les petits malins se prendront pour un certain agent 00 quelque chose.

Croisières en voilier

■ ***La Sorellina*** *(carte Région de Trou aux Biches,* ***14****) :* ***Trou aux Biches.*** *📱 5758-23-22. • lasorellina.net • Journée env 2 900 Rs/pers avec repas (punch, grillades) et snorkelling ou baptême de plongée (prévoir 1 700 Rs la plongée) ; loc du bateau en exclu 19 000 Rs la journée pour 2 pers ; sortie coucher de soleil.* Thierry, le skipper alsacien, vous accueille à bord de son voilier de 13,50 m. Il organise des sorties hors des sentiers marins battus. Réserver plusieurs jours à l'avance, car Thierry ne prend pas plus de 6 ou 7 personnes à la fois. Au programme, initiation à la navigation à la voile. Propose aussi une chambre d'hôtes (voir plus haut « Où dormir ? Prix moyens »).

LA POINTE AUX CANONNIERS

• Carte *p. 74-75*

Une sorte de presqu'île qui ferme à l'est le site de Grand Baie. Un coin calme où se nichent quelques hôtels de luxe, le *Club Med,* ainsi que des structures plus discrètes, souvent charmantes. La pointe est un peu ventée et ne possède pas de grande plage proprement dite, mais la plus proche est celle de Mont-Choisy, à seulement 3 km. C'est en tout cas un endroit indiqué pour loger dans le coin de Grand Baie en évitant la pleine ville.

Adresses utiles

Centre médical du Nord *(carte Grand Baie, B1,* ***7****)* **:** *rte Royale, côté gauche en venant de Grand Baie. ☎ 263-10-10. Tlj 24h/24. Pour une consultation, tél avt pour prendre rdv.* Une antenne de la *clinique du Nord.* Pour tous types d'urgence. Radiographie, échographie et analyses de sang sur place.

Supermarché : ***chez Momo Multistore,*** *sur la route Royale vers Grand Baie. Lun-sam 7h-19h, dim 7h-12h.*

Presse Book *(carte Grand Baie, B1,* ***8****)* **:** *rte Royale, 100 m après le rond-point sur la droite en allant vers Grand Baie. ☎ 269-02-44. Lun-sam 9h-18h.* Magazines français (avec un peu de retard), beaux livres, livres de poche, cartes et un peu de papeterie.

Où dormir ?

De chic à beaucoup plus chic (à partir de 2 000 Rs / 50 €)

Sous le Badamier *(carte Grand Baie, B1,* ***12****)* **:** *rte côtière. ☎ 263-43-91. 5905-60-36. • souslebadamier.com • Derrière un mur de végétation. Doubles 65-80 € selon taille et saison, petit déj compris. Compter 95-105 € pour 2 pers, ½ pens possible. Menu 600 Rs.* Un endroit intimiste, qui fait oublier que l'hôtel n'a pas de plage et que certaines chambres n'ont pas de vue ni de dégagement. C'est vrai que le lieu est assez confiné, comme recroquevillé sur lui-même, mais ça lui confère une certaine tranquillité. Voilages de couleur, ciels de lit en vacoas et déco de bon goût... Toutes les chambres ont un balcon ou une petite terrasse mais pas vraiment de vue, si ce n'est sur la cour ombragée par des badamiers et sa petite mare qui glougloute. Bon équipement (AC, ventilo, minibar, coffre...). Piscine de poche sur l'arrière, dans une courette fermée. D'autres chambres donnent sur un claustra. Accueil très sympathique de Frédérique et de Didier. Mentionnons enfin le resto ouvert à tous, où l'on sert une bonne cuisine franco-mauricienne.

Ocean Villas Hotel and Spa *(carte Grand Baie, B2,* ***13****)* **:** *rte Royale, entre la Pointe aux Canonniers et Grand Baie. ☎ 263-10-00. • ocean-villas.com • Compter 90-160 € pour 2 selon type d'hébergement, avec ½ pens.* De la chambre classique au bungalow en duplex ou triplex en passant par les chambres familiales, cette résidence hôtelière propose des hébergements plutôt confortables selon leur ancienneté (préférer les parties les plus récentes). Surtout, elle cache à l'arrière un jardin qui s'étend jusqu'à la mer. Les chambres les plus récentes, avec vue sur la mer (les plus chères), sont les plus agréables avec leur déco

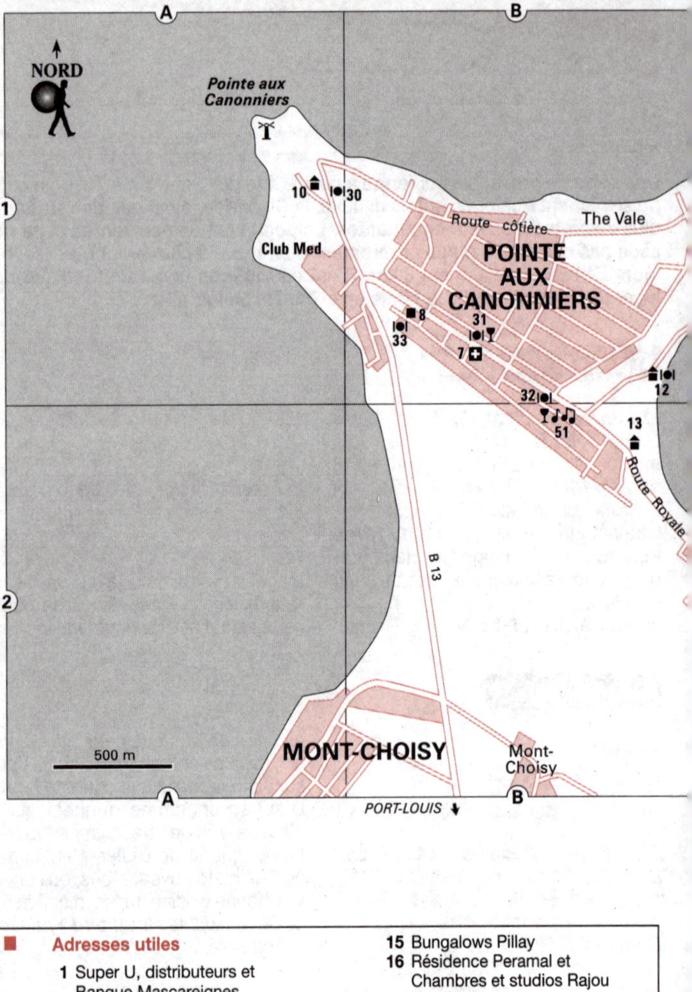

Adresses utiles

1 Super U, distributeurs et Banque Mascareignes
2 Location de voitures Peramal
3 Shibani Finance
5 Grand Baie Travel & Tours
6 Pharmacie Ducasse
7 Centre médical du Nord
8 Presse Book

Où dormir ?

10 Le Canonnier
12 Sous le Badamier
13 Ocean Villas Hotel and Spa
14 Hôtel 20° Sud
15 Bungalows Pillay
16 Résidence Peramal et Chambres et studios Rajou Veerapen
18 Eden Cove
19 Auberge Miko
21 Monalysa Saint-Honoré
22 Veranda Grand Baie

Où manger ?

30 Coffee Garden
31 Hangar Pub and Sport's Bar
32 La Toque Créole
33 Esprit Libre
34 Café Müller
35 Ti Kouloir et La Rougaille Créole

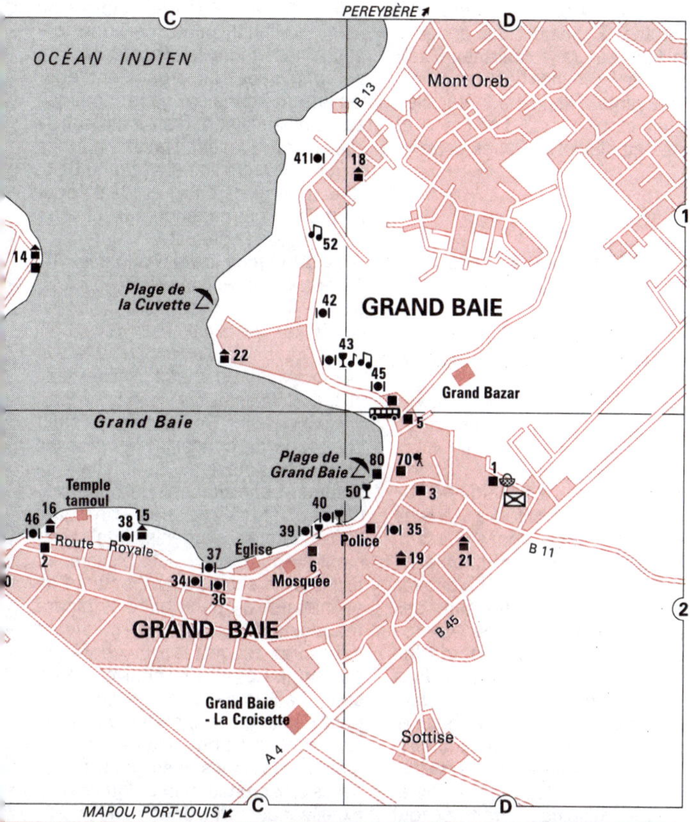

GRAND BAIE – POINTE AUX CANONNIERS

36 La Terrasse
37 Snack Nanda
38 Restaurant Coolen, chez Ram
39 The Beach House
40 La Plage des Canisses
41 Napoléon Bistro
42 Chez Luigi
43 The Grill
45 Palais de Chine
46 Le Capitaine

Où boire un verre ? Où sortir ? Où danser ?

31 Hangar Pub and Sport's Bar
39 The Beach House
40 La Plage des Canisses
43 Le Banana Beach Club et Le Zanzibar Night Club
50 Sunset Café et Trattoria
51 Les Enfants Terribles
52 Stardance

Achats

60 Le comptoir de Michel Abad

À voir

70 Chinese Heritage Center

À faire

14 Mascareignes Plongée
80 Centre Sport Nautique de Grand Baie

contemporaine. Bon équipement : AC, frigo et spa. Également des appartements familiaux (avec cuisine). Éviter les logements proches de la réception, plus bruyants. Plage honnête avec paillotes et transats. 3 piscines et activités nautiques gratuites certains jours.

Très chic et charme

Hôtel 20° Sud *(carte Grand Baie, C1, **14**) : rte côtière. ☎ 263-50-00. • 20degressud.com • Dans la partie est de la Pointe aux Canonniers, face à la baie de Grand Baie. Compter 290-400 € pour 2 en ½ pens selon confort et saison (sf fêtes de fin d'année) ; également des suites (plus chères) avec vue sur l'océan, et piscine privée ou jacuzzi. 10 % de réduc si résa plus de 3 mois à l'avance.* Ce boutique-hôtel allie modernité du confort et sens de la tradition (meubles signés Flamant, évoquant les demeures coloniales, salles de bains dotées de baignoires à l'ancienne). On pénètre dans ces espaces privilégiés par une superbe et haute porte en bois, copie d'un modèle du XVIIIe s. Réparties dans un ensemble de bungalows, savant mélange de pierre, bois et chaume, les chambres, d'une blancheur immaculée, sont douillettes à souhait et baignées d'une douce atmosphère. Les 2 belles piscines, étroite et tout en longueur, recouvertes de schiste, donnent une classe indéniable au lieu. Et on ne vous raconte pas les suites... Mais plus que la déco, ce qui rend le *20° Sud* unique, c'est son atmosphère : chic et décontractée, classe mais pas guindée. On doit cela à Anne, ancienne hôtesse de l'air, et Michel, pilote de ligne, qui accueillent leurs hôtes de manière personnalisée. Ils organisent également une croisière gastronomique sur le plus vieux bateau à moteur de l'île, le *Lady Lisbeth.* Navette gratuite en journée entre l'hôtel et Grand Baie. Une adresse de choix et idéale pour un petit séjour en amoureux, si votre budget vous le permet.

Le Canonnier *(carte Grand Baie, A1, **10**) : Royal Rd, Pointe aux Canonniers. ☎ 209-70-00. • lecanonnier-hotel.com • À la pointe même. Doubles 175-220 €, petit déj compris ; superior vue mer et suites plus chères ; ½ pens proposée. Étonnantes promotions à certaines périodes.* On n'a pas vraiment l'habitude de conseiller les grosses structures hôtelières, où le client se résume à son numéro de chambre. Celle-ci, forte de ses (presque) 300 chambres, s'organise intelligemment autour d'une vaste piscine, au milieu d'un superbe jardin planté de palmiers et de deux banians gigantesques, et s'ouvre sur plusieurs adorables plagettes qui confèrent de l'intimité et du charme. Personnel adorable, très prévenant, et petit déjeuner de grandes qualité et diversité. Chambres claires et charmantes, décorées avec goût, même celles aux premiers prix, dotées d'un excellent confort (super matelas, AC, balcon ou terrasse, baignoire...). Bar animé le soir, billard, coins salon... Parmi les activités gratuites : mini-club, kayak, bateau à fond de verre, ski nautique, apnée sur la barrière de corail...

Où manger ? Où boire un verre ?

De très bon marché à prix modérés (moins de 450 Rs / 11,50 €)

Coffee Garden *(carte Grand Baie, A-B1, **30**) : à la pointe même. ☎ 263-22-70. Tlj 8h30-17h30.* Petit troquet avec un échantillon de terrasse où l'on peut faire halte pour profiter d'une crêpe, d'un petit déj, d'un croque-monsieur ou de l'un des plats du jour proposés chaque midi.

Prix moyens (450-650 Rs / 11,50-16,50 €)

La Toque Créole *(carte Grand Baie, B1-2, **32**) : sur la rue principale entre la Pointe aux Canonniers et Grand Baie,* *sur la droite.* ☎ *263-94-76. Tlj sf dim soir. Brunch dim 10h-15h.* On déjeune ou l'on dîne avec un égal bonheur sous une large varangue précédée d'une courette, devant une superbe maison créole, où des tables bien espacées en bois patiné permettent de profiter tout à son aise d'une cuisine raffinée. On sert ici une cuisine mauricienne de qualité, revisitée habilement et présentée avec élégance. Sous un kiosque, on vous prépare des *rotis,* galettes indiennes cuites à la braise. Un vrai régal et des tarifs super raisonnables.

Hangar Pub and Sport's Bar *(carte Grand Baie, B1,* ***31****) : en longeant la côte vers Grand Baie, face au Centre Médical du Nord.* ☎ *263-72-85. Tlj 11h-23h (plus tard pour le bar).* Tables en bois, écrans géants, hangar de tôle... Un cadre simple et brut de décoffrage pour déguster, plutôt le soir, pizzas au feu de bois (*regular* ou *large*), un burger de cerf, une entrecôte ou une souris d'agneau, toujours cuite au feu de bois. Copieux à défaut d'être raffiné.

Plus chic (à partir de 1 000 Rs / 25 €)

Esprit Libre *(carte Grand Baie, B1,* ***33****) : à 200 m du carrefour de la Pointe aux Canonniers, en allant vers Grand Baie. Prendre au panneau à droite et c'est au bout, à 200 m.* ☎ *269-11-59.* On aime bien la cuisine que l'on déguste sur cette terrasse au calme et à l'écart de la route, même si elle reste assez chère. Elle change avec les saisons mais ne varie pas en qualité. Filet de daurade coryphène sauce vanille, tagliatelles au marlin fumé, trilogie de nems... Influences asiatiques, clin d'œil à la tradition hexagonale et quelques références mauriciennes, évidemment. Le tout sans fausse note.

Où boire un verre ? Où sortir ? Où danser ?

Hangar Pub and Sport's Bar *(carte Grand Baie, B1,* ***31****) : voir plus haut « Où manger ? ».* Ce resto agréable est également un chouette lieu pour siffler une bonne bière.

Les Enfants Terribles *(carte Grand Baie, B2,* ***51****) : sur la rte principale. Ven et sam 22h30-5h.* Les *Enfants Terribles* se démarquent des autres bars-discothèques : salon lounge et terrasse sous la voûte étoilée. Musique assez éclectique et bons DJs. Un des lieux de nuit les plus vivants à Maurice, sans être trop cher pour autant.

À faire

■ **Blue Reef Ecotours :** ☎ *263-01-15.* 📱 *5771-29-28. • bluereefecotours.com • Contact par tél ou par son site essentiellement. Selon le type d'excursion, compter env 1 500-3 000 Rs/pers selon les excursions, tt compris.* Ancien garde princier à Monaco, passionné d'écotourisme et de Maurice, Lylian ne manque pas d'enthousiasme quand il s'agit de faire découvrir les aspects les plus méconnus de l'île. Tarifs assez élevés, mais il ne prend pas plus de 8 personnes à la fois. Découverte de l'île à la journée. Circuit terrestre combiné avec sortie en mer (îles de l'Est ou aux Bénitiers), journée sur l'île aux Bénitiers avec les dauphins, vers le Morne Brabant ; à l'île de la Passe, l'îlot Fouquet (île au phare)... Repas et transfert inclus. Passionné de reproduction corallienne, Lylian propose aussi des plongées didactiques avec masque et tuba. Également des randonnées (Pieter Both, Le Pouce, montagne Lion, journée cascade...).

■ **Mascareignes Plongée** *(carte Grand Baie, C1,* ***14****) : club de plongée de l'Hôtel 20° Sud, en face de l'entrée de l'hôtel, batterie Malartic.* ☎ *269-12-65.* 📱 *5750-86-97. • mascareignesplongee.com • Baptême env 2 600 Rs, plongée env 1 800 Rs. Certificat médical conseillé (hormis pour les baptêmes) et brevets demandés.* Un petit centre sérieux et compétent, tenu par Jean Lincoln. Très sympa, calme et rassurant, il a une connaissance impressionnante des poissons. Le centre est très bien équipé. Plongée au Nitrox également. Bref, vous voilà entre de bonnes mains.

GRAND BAIE

• Carte *p. 74-75*

Grand Baie porte bien son nom. La baie est large, très fermée sur elle-même, ce qui en fait un port de plaisance paisible et très prisé des voiliers qui se baladent dans l'océan Indien. Magnifique baie, donc, avec une eau très calme et lumineuse. Mais l'étroite plage qui la borde est assez peu accessible à cause de la présence de nombreux bateaux, ce qui ne rend pas ses eaux particulièrement fréquentables. Pour se baigner, mieux vaut se rendre à Pereybère ou à Mont-Choisy. Grand Baie est surtout l'épicentre touristique de l'île, avec les qualités (vie sociale, activités, transports, etc.) et les inconvénients que cela implique : développement architectural assez anarchique, bouchons, difficultés pour se garer... Et malheureusement, pas moyen de faire du lèche-vitrines aux heures où le soleil tape le moins : à partir de 17h30, tous les rideaux sont baissés. Le soir, en saison, si vous sortez au restaurant, pensez à réserver. Bref, si on visite Grand Baie, on ne réside pas vraiment dans la ville, mais plutôt aux environs.

Arriver – Quitter

➢ ***En bus*** *(carte Grand Baie)* **:** un express pour ***Port-Louis*** part tlj env ttes les 30 mn, 6h30-17h30, ttes les 45 mn le dim, jusqu'à 14h15, au pied du resto *La Jonque*. Relie la capitale en 30-45 mn env. Bus pour ***Cap Malheureux, Mont-Choisy*** et ***Trou aux Biches*** également.

Adresses et infos utiles

Pas d'office de tourisme, mais toutes les agences de voyages pourront vous renseigner sur tout et n'importe quoi.

Services

✉ ***Poste*** *(carte Grand Baie, D2)* **:** *dans la galerie marchande, à côté du* Super U*. Lun-ven 8h15-16h, sam 8h15-11h45.*

■ ***Change :*** ***Shibani Finance*** *(carte Grand Baie, D2, **3**), au début de la rue de la Salette, la rue qui va vers le* Super U*, sur la droite. ☎ 263-47-98. Lun-sam 8h-19h, dim et j. fériés 8h-12h30. Taux de change intéressant. D'autres bureaux de change face à la plage de Grand Baie, dont **Thomas Cook** (lun-sam 8h30-16h45, dim 8h30-12h30).*

■ ***Banques :*** *plusieurs distributeurs automatiques accessibles 24h/24, juste à droite de l'entrée du centre commercial* Super U *(carte Grand Baie, D2, **1**) et dans le centre commercial* Sunset Boulevard *(en bord de mer). La **Banque Mascareignes,** au même endroit, fait le change (lun-ven 9h-17h, sam 9h-13h).*

■ ***Grand Baie Travel & Tours*** *(carte Grand Baie, D1-2, **5**)* **:** *rte Royale, dans le centre de Grand Baie. ☎ 263-87-71. • gbtt.com • Lun-ven 9h-16h30, sam 8h30-12h30.* Location d'hébergements (studio, bungalow, maison privée) de Trou aux Biches à Grand Baie en passant par Mont-Choisy. Revend aussi diverses excursions : croisière aux îles du Nord, la côte ouest à la voile, etc.

Transports

■ ***Location de deux et quatre-roues :*** *dans certains hôtels ou dans les agences situées près de la plage publique. Prix assez voisins, en tt cas sur cette côte. Vélo env 200 Rs/j., scooter env 600 Rs et voitures à partir de 800-1 000 Rs.* Pour les scooters, casque fourni.

■ ***Location de voitures Peramal*** *(carte Grand Baie, C2,* ***2****)* **:** *bureau dans une maisonnette en pierre, presque en face du resto Le Capitaine. ☎ 263-81-09. 📱 5756-94-47. • residence-peramal.com • Lun-ven 8h-16h30, sam 8h-13h30. Loc de petites voitures env 800 Rs/j., assurance comprise, kilométrage illimité.* Une petite agence de confiance, tenue par les proprios de la *Résidence Peramal.*

Santé et police

■ ***Médecin :*** ***Dr Bob Couacaud,*** *rte Royale, à côté de la pharmacie Ducasse. ☎ 263-87-13. Sans rdv lun-ven 11h-12h, 14h-17h ; sam 9h-11h.*

■ ***Pharmacie Ducasse*** *(carte Grand Baie, C2,* ***6****)* **:** *sur la rte côtière, non loin de la mosquée. ☎ 263-84-03. Lun-sam 8h-20h, dim 8h-13h. Également une pharmacie au Super U et d'autres en ville.*

■ ***Clinique Darné*** *(carte Grand Baie, C2)* **:** *au centre commercial de la Croisette, à l'étage de la MCB Bank. ☎ 601-23-00. Urgences 24h/24.*

■ ***Police*** *(carte Grand Baie, D2)* **:** *kiosque ouv 24h/24, sur la rte principale. ☎ 263-85-58.*

Alimentation

Super U *(carte Grand Baie, D2,* ***1****)* **:** *rue de la Salette, perpendiculaire à la rte Royale. Lun-jeu 9h-20h30, ven-sam 9h-21h30, dim et j. fériés 9h-13h30.* Le plus grand supermarché de la région. Beaucoup de produits importés, donc assez chers, mais intéressant pour les produits locaux (épices, confitures, café, etc.). Galerie marchande tout autour, avec plusieurs guichets de retrait automatiques...

Où dormir ?

Beaucoup d'hôtels de charme sont situés autour et à quelques kilomètres au sud de Grand Baie, en direction de la Pointe aux Canonniers et de Trou aux Biches. À Grand Baie même, dans le centre, on trouve quelques hôtels fatigués, dont la grande majorité ont les mêmes défauts : banalité, taille des chambres réduite, décor minimaliste, bruit et atmosphère nulle. Et ils ne sont même pas bon marché.

Bon marché (moins de 800 Rs / 20 €)

Bungalows Pillay *(carte Grand Baie, C2,* ***15****)* **:** *Coolen Lane, après le temple hindou. ☎ 263-22-64 ou 📱 5254-19-54 (Rajini). • grandbay@intnet.mu • Immédiatement à droite du resto Coolen, prendre l'impasse qui mène à la mer ; c'est au bout à gauche. Compter 800 Rs le studio 2 pers et 1 000-1 200 Rs l'appart 4 pers.* Face à la mer : studios tout en longueur ou appartements de 2 chambres (pour 4 personnes). Pas de plage devant, mais vue sur la mer qui compense. C'est sommaire (surtout côté cuisine), avec ou sans clim, mais l'ensemble est propre et l'atmosphère familiale. Bon, conviendra surtout aux voyageurs au long cours qui cherchent à dépenser le minimum.

De prix modérés à prix moyens (800-2 000 Rs / 20-50 €)

Résidence Peramal *(carte Grand Baie, C2,* ***16****)* **:** *impasse Souvenir-Lane. ☎ 263-81-09. • residence-peramal.com • Quand on se dirige vers la Pointe aux Canonniers, prendre à droite le chemin qui longe la mer, juste à l'angle du resto*

Le Capitaine ; *c'est au bout. Résa conseillée longtemps à l'avance. Studios 30-35 € env selon type, apparts de 2 chambres (4 pers) 50 €, entretien compris. Clim en plus. CB acceptées (commission).* M. Krisnah Peramal, retraité de la police, loue avec son fils Arassen des studios pour 2 personnes et des appartements pour 3 ou 4 personnes dans un petit immeuble moderne, très en retrait de la route, donc tranquille. Impeccable. Vue directe sur la baie. Mais attention, pas de plage à proximité immédiate. Ensemble très propre, avec cuisine. Très bon rapport qualité-prix-vue-calme. Logements spacieux et fort bien équipés, tous avec petite terrasse. Minuscule bout de jardin devant. Le patron connaît bien la « montagne » mauricienne et propose des randonnées ainsi que des balades en bateau. Location de vélos et voitures à prix très intéressants (voir plus haut « Adresses utiles »). Propose aussi des sorties en mer sur un bateau rapide (îlots Gabriel et Bernache).

Chambres et studios Rajou Veerapen *(carte Grand Baie, C2,* ***16****) : impasse Souvenir-Lane. ☎ 269-08-49. 5777-53-90. • ballog@hotmail.com • C'est la maison juste avt la Résidence Peramal. Env 1 200 Rs la nuit en studio (2 pers) avec clim et autour de 1 600-1 800 Rs en appart (2 chambres, 4-6 pers).* Face à la mer, au bord d'un chemin tranquille, une maison blanche et bleue qui propose des logements sur 3 étages. Contrairement à beaucoup de maisons louées, l'accueillant M. Veerapen ou ses enfants sont présents et habitent sur place, ce qui est bien sympathique. Grands studios et appartements agréables et simples, tous avec cuisine bien équipée.

Eden Cove *(carte Grand Baie, D1,* ***18****) : rte Royale, impasse Tajoo, au nord de la ville, à Pereybère. C'est indiqué à droite en venant de Grand Baie. ☎ 263-43-45. 5255-77-77. • edencove-ilemaurice.com • Studio avec ventilo 1 000 Rs ; apparts 2-3 pers 1 200-1 400 Rs, 4 pers 2 000-2 200 Rs (clim en sus).* À l'écart de la route, donc tranquille, mais pas trop loin de la plage quand même. Petit établissement moderne de 2 étages comprenant 3 types de logements spacieux (surtout les appartements !), chacun avec kitchenette, salle de bains et balcon. Ils sont aménagés simplement mais entretenus scrupuleusement, avec balcon et vue sur le jardin, et équipés de TV. Lave-linge, lit bébé et téléphone local à disposition. Accueil charmant de Raju Mulliah et de sa femme. Sur demande, transfert à l'aéroport, repas et diverses excursions ; location de voitures, vélos et scooters.

Auberge Miko *(carte Grand Baie, D2,* ***19****) : morcellement Boucan. 5706-37-45. • aubergemiko-mauritius.com • À env 400 m du centre. Depuis la rte Royale, s'engager au niveau de la rue située à l'angle du poste de police, puis à droite (la rue la plus large), ensuite, 2e à gauche (route en mauvais état) ; c'est un peu plus loin à gauche. Une dizaine de studios 2 pers env 40 €, appart 4 pers avec 2 chambres 70 € ; petit déj non compris.* Un peu éloigné du bord de mer et du bruit. Les logements sont spacieux, avec clim, coffre, TV et terrasse. La déco est plutôt minimaliste et même un peu vieillotte, l'ensemble est correct (sans plus), avec 1 ou 2 lits, et le calme absolu (ménage quotidien sauf le dimanche). Le petit plus, c'est l'accueil de Lena et de Vivek, un couple finno-mauricien polyglotte qui distille une ambiance agréable.

Monalysa Saint-Honoré *(carte Grand Baie, D2,* ***21****) : morcellement Saint-Honoré, à quelques mn du centre de Grand Baie. ☎ 263-09-91 ou 62-36. • monalysatours.net • Un bouquet de studios 2 pers, tt équipés, 35 € et apparts 4 pers 65 €. Réduc de 5 % sur présentation du guide de l'année.* Petit immeuble fonctionnel plus que charmant, qui abrite des hébergements de qualité, nickel et fonctionnel. En revanche, ça manque de chaleur. Bon équipement (AC, ventilo, cuisine, coffre...) et calme total. Un tout petit bout de piscine sur le devant mais peu équipé. Vraiment pour faire trempette. On regrette en revanche l'accueil routinier et pas toujours agréable. Dommage.

Beaucoup plus chic (plus de 4 800 Rs / 120 €)

Veranda Grand Baie (carte Grand Baie, C1, **22**) : ☎ 209-80-00 ou 266-97-00. • veranda-resorts.com • *En arrivant du sud, prendre à gauche à la sortie de Grand Baie, juste avt la station* Total *(palmier géant) ; c'est au fond de l'impasse, sur la gauche. Selon saison et confort, doubles 180-310 €, petit déj compris. Compter 100-200 €/pers en ½ pens. Résa via les agences slt (souvent des prix plus intéressants). Formule tt inclus également. (réception et bar).* Une centaine de chambres confortables et joliment décorées dans un style moderno-créole assez épuré, toutes dotées de terrasse sur le jardin. Préférez les « confort », ce sont les meilleurs rapports qualité-prix de cet hôtel. Côté équipement : AC, coffre, ventilo, minibar... On a bien aimé les photos agrandies qui font office de tête de lit. Également quelques studios (appelés « bungalows ») de 1 ou 2 chambres, avec un coin salon et cuisinette. Ceux situés dans l'annexe, tout au fond, sont certes plus calmes mais dans un environnement moins agréable ; 2 d'entre eux, en revanche, surplombent la plage. Les couche-tôt éviteront les chambres autour de la piscine, à cause de l'animation. Double piscine et langue de sable étroite devant, juste pour faire trempette (zone aménagée). Mais la plage devant le *Yacht Club* (bien pour les enfants), ainsi que celle de la Cuvette se trouvent respectivement à 2 et 5 mn à pied. Miniclub. Activités gratuites : bateau à fond de verre avec snorkelling, tennis, planche à voile et kayak. Également un espace bien-être avec spa.

Où manger ?

Très bon marché (moins de 150 Rs /env 4 €)

Plusieurs solutions pour manger sur le pouce. Pourquoi ne pas pique-niquer le long de la plage dans le centre ? Les nombreux bancs n'attendent que vous.

Dans le centre, sur le grand parking face à la plage publique, ***vendeurs ambulants*** de *rotis,* gâteaux piments, beignets d'aubergines ou de pommes de terre, *dholl puri,* ainsi que de fruits pelés et de glaces. Vraiment très bons et à prix défiant toute concurrence.

Ti Kouloir (carte Grand Baie, D2, **35**) : *dans une petite rue parallèle au Sunset Boulevard, juste à gauche de* La Rougaille Créole. *5743-51-62. Tlj sf dim soir.* Pas vraiment un resto, mais un minuscule couloir, vraiment étroit (comme son nom l'indique), avec quelques modestes tables pour déguster d'excellents « bouchons » et boulettes, délicieux et frais, agrémentés de différentes manières (agneau gingembre, poisson, poulet-chevrette...). Populaire et vraiment pas cher ! Chouette petit lieu qu'on adopte bien vite.

Snack Nanda (carte Grand Baie, C2, **37**) : *route côtière, côté mer. 5767-22-62. Tlj sf dim.* Petit snack populaire, proposant chaque jour 3 ou 4 plats différents, pas chers du tout.

De bon marché à prix modérés (150-450 Rs / env 4-11,50 €)

Café Müller (carte Grand Baie, C2, **34**) : *rte Royale, sur la gauche en allant vers Trou aux Biches, un peu en retrait de la route. ☎ 263-52-30. Tlj sf dim, 8h-17h. Brunch sam 10h-14h, 450 Rs (à volonté).* Pour une petite faim, un brunch ou un goûter, voici une sympathique adresse. Excellents gâteaux maison, comme le *strudel* aux pommes, la spécialité, ou un excellent gâteau au chocolat, fait maison. Également des crêpes, des salades à composer soi-même sur une base à choisir parmi différentes couleurs (vert, rouge, orange...), et des petits plats cuisinés. Jolie déco cosy (bibliothèque, vaisselier avec service à thé...) dans cette mini-oasis et belle cour-terrasse noyée dans la verdure. Accueil vraiment sympathique et lieu très calme.

La Terrasse (carte Grand Baie, C2,

36) *: rte Royale, sur la gauche en allant vers Trou aux Biches, après l'église. ☎ 263-63-91. Tlj midi et soir (fermé dim midi et mar). Résa conseillée.* On aime bien la petite terrasse à l'étage, qui distille, le soir, une atmosphère intime et cosy. Dans les assiettes, une cuisine mauricienne et chinoise, à la qualité régulière, avec de vrais efforts au niveau de la présentation, et dans les verres, pourquoi ne pas se laisser tenter par un rhum arrangé, fort recommandable ?

|●| *Restaurant Coolen, chez Ram* *(carte Grand Baie, C2,* ***38****) : rte Royale, côté mer, tt près du temple tamoul. ☎ 263-85-69. Tlj midi et soir sf mer.* On vient ici pour la cuisine locale, copieuse et vraie. La même qui a été servie à Christophe Mahé (les photos font foi, tandis que Johnny n'a pris que l'apéro). Spécialités de fruits de mer et de poisson (dans une feuille de bananier notamment). Bon sauté de pieuvre à la mauricienne. Salle bien apprêtée et terrasse avec une poignée de tables mais vraiment au bord de route.

Prix moyens (450-650 Rs / 11,50-16,50 €)

Dans cette catégorie, quelques italiens. C'est comme ça ! On conseille fortement de réserver pour le soir. Pas mal de bonnes adresses sympa à Grand Baie, dont deux situées directement en bord de mer.

|●| *The Beach House* *(carte Grand Baie, C2,* ***39****) : rte Royale, côté mer. ☎ 263-25-99. Tlj sf lun, 11h30-22h30 (20h dim).* Ambiance détendue dans ce bar-resto juste en surplomb de la plage, tenu par des Sud-Africains. Les adresses vraiment en de bord de mer sont finalement assez rares à Grand Baie pour ne pas en profiter ! Ici, sous la grande terrasse ombragée, assis sur un banc ou accoudé aux tables de bois, face à la mer, on déguste une cuisine éclectique, pas mauricienne du tout, simple et bien faite. Rien de prétentieux. L'endroit est bien plaisant, même si la musique est parfois un peu forte et les TV bien envahissantes (les soirs de match, il faut parler avec les mains). Pour un burger, une pizza ou une bonne viande d'Afrique du Sud, c'est parfait. Voir aussi « Où boire un verre ? ».

|●| *La Plage des Canisses* *(carte Grand Baie, C2,* ***40****) : rte Royale, côté mer. ☎ 263-52-31. Tlj.* Bien agréable resto-bar situé directement en surplomb de la plagette, très tranquille à cet endroit-là. Carte éclectique où les plats de pâtes, pizzas, mais surtout les belles viandes et les poissons grillés sont en bonne place. Et pour les petites faims, excellentes salades. Des recettes simples mais toujours bien réalisées. On y prend également un verre avec plaisir.

|●| *Napoléon Bistro* *(carte Grand Baie, C1,* ***41****) : Around the World, entre Grand Baie et Pereybère, côté gauche en venant du sud. ☎ 263-32-51. Tlj sf dim.* Ici, on travaille les produits frais, sans esbroufe mais avec talent. Un bon resto, caché dans un petit jardin tropical très paisible. Petits plats style salades, tartares ou *bruschette* au déjeuner. Carte variée : tempura de crevettes, burger maison... Service souriant et ambiance zen. Atmosphère assez romantique le soir, avec plein de petites lumières partout.

|●| *Chez Luigi* *(carte Grand Baie, C1,* ***42****) : rte Royale ; à côté de la station Total. ☎ 269-11-25. Tlj sf lun, slt le soir 18h-22h30, plus sam midi.* Ambiance animée et plein à craquer presque tous les soirs. On dîne sous une sorte de grand hangar couvert d'un toit de tôle et séparé de la route par une haie de petits palmiers. On voit le cuistot préparer les pizzas au feu de bois réussies (faut dire que le patron est napolitain), que l'on peut aussi emporter, et des pâtes fraîches succulentes. Grandes tablées conviviales, tout en longueur, et rangées de bancs. Intéressante carte de vins italiens, servis au verre. Très bonne adresse.

|●| *La Rougaille Créole* *(carte Grand Baie, D2,* ***35****) : dans une petite rue parallèle au Sunset Boulevard. ☎ 263-84-49. Tlj.* À l'écart de l'agitation, quelques tables bien apprêtées, dans une salle chaleureuse aux murs orange, ouverte sur la ruelle. Pêche du jour d'une grande fraîcheur (délicieux poisson frais grillé), bonne rougaille de calamars, brochette du pêcheur.... Également des caris agréablement épicés. Qualité régulière et bon service, et ce depuis fort longtemps.

Palais de Chine (carte Grand Baie, D1, **45**) : *rte Royale, au niveau de la plage publique. ☎ 263-71-20. Tlj sf dim.* Terrasse à l'étage, qui domine la rue. Comme tout resto chinois qui se respecte, décor de stuc, laque rougeoyante, nappes rouge... Cuisine de qualité. Carte longue comme un menu... chinois. C'est surtout pour le crabe, qu'on choisit vivant (quand il y en a, et sur commande c'est mieux), ou pour le canard laqué que l'on vient ici.

Chic (650-1 000 Rs / 16,50-25 €)

Le Capitaine (carte Grand Baie, C2, **46**) : *rte côtière. ☎ 263-68-67. À l'entrée de Grand Baie en venant de la Pointe aux Canonniers. Plat env 700 Rs. Repas à partir de 1 500 Rs.* Cadre particulièrement agréable, notamment cette grande terrasse ouverte partiellement sur la baie. Nappes blanches et sièges confortables. Côté cuisine, honneur à la mer ! Et tout est fort bien réalisé (beau plateau de fruits de mer, ourites tièdes et poivrons, poisson en feuille de bananier...). Une adresse de référence, et ce depuis bien longtemps.

The Grill (carte Grand Baie, C-D1, **43**) : *au centre de la baie, au niveau de la station essence* Engen *et du* Banana Beach Club. *☎ 263-03-26. Service à partir de 19h. Fermé le midi et dim. Résa fortement conseillée.* Ce resto bénéficie d'une bonne réputation. Viandes grillées, mais aussi quelques poissons et plats de fruits de mer. Cuisine réussie à base de produits frais du jour et plutôt élaborée. Mention spéciale pour l'excellent bœuf *black Angus,* le *risotto de gambas* et le magret de canard (Afrique du Sud et Australie). À l'intérieur, cadre élégant et terrasse fermée plaisante, qui se prolonge par celle du *Banana Beach Club.*

Où manger dans les environs de Grand Baie ?

La Table du Château (hors plan par C2) : *à* **Mapou.** *☎ 266-71-72. Tlj sf dim, 12h-15h, et le soir mer-sam (résa vivement conseillée).* Voir plus loin, dans la rubrique « Dans les environs de Grand Baie », le texte que l'on consacre à cet excellent resto situé dans « Labourdonnais, Un Château dans la Nature ».

Où boire un cocktail ? Où sortir ?

The Beach House (carte Grand Baie, C2, **39**) : *rte Royale. ☎ 263-25-99. Tlj sf lun, 11h30-23h.* Ambiance détendue dans ce bar situé à l'étage du resto du même nom (voir « Où manger ? »), juste en surplomb de la plage. Belle vue, atmosphère agréable et excellents choix de cocktails. Soirées DJ en fin de semaine. On peut aussi se contenter d'une bonne bière en fin d'après-midi.

La Plage des Canisses (carte Grand Baie, C2, **40**) : *rte Royale, côté mer. Tlj.* La terrasse de ce resto propose d'agréables fauteuils pour prendre un petit verre face à la mer (voir aussi « Où manger ? »).

Sunset Café et Trattoria (carte Grand Baie, D2, **50**) : *☎ 263-96-02. Au bout de la galerie marchande* Sunset Boulevard, *juste au bord du ponton. Tlj 8h-23h.* Terrasse privilégiée donnant sur la baie, prix en conséquence, mais le coucher de soleil a son prix. On y vient pour une glace, pour un verre, mais aussi pour y grignoter un morceau.

Le Banana Beach Club et Le Zanzibar Night Club (carte Grand Baie, C-D1, **43**) : *en plein centre de Grand Baie, à côté de la station* Engen, *même maison que le resto* The Grill. *☎ 263-03-26. Ts les soirs jusqu'à 2h-3h.* C'est le café à la plage, ou plutôt la plage au café puisqu'on n'est pas devant la mer. Dans la cour, du gravier, quelques tables, des fauteuils sous les bananiers et un flamboyant. L'endroit est sympa comme tout, l'ambiance conviviale et la musique éclectique. Nombreux cocktails et pas mal de soirées organisées : DJs, concerts le week-end, matchs de foot sur grand écran, etc. En fin de soirée, on termine au ***Zanzibar*** *(ouv ven-sam slt, entrée payante)*, même maison, qui prolonge la courette. Bref, il y a le resto, le bar et la boîte.

🍷 ♫ Quelques bars-boîtes à Grand Baie, pour aller guincher. Souvent ouverts seulement le week-end. Le ***Zanzibar*** *(carte Grand Baie, C-D1,* ***43****)*, situé dans le prolongement du resto *The Grill* (voir plus haut), a bien la cote. Pas mal d'ambiance en fin de semaine au ***Stardance*** *(carte Grand Baie, C1,* ***52****)*, à la sortie nord de Grand Baie en direction de Pereybère.

Achats

Nombreuses galeries marchandes plutôt chic à Grand Baie. On y trouve de l'artisanat (souvent importé de Madagascar, de Thaïlande et d'Indonésie) et des vêtements (tant qu'à faire, choisissez les marques locales ; voir plus loin la rubrique « Achats » dans « Île Maurice utile »).

Le Comptoir de Michel Abad *(carte Grand Baie, C2,* ***60****) : rte Royale, à la sortie de Grand Baie en direction de Pointe aux Canonniers. ☎ 263-30-17. • michelabad.com • Lun-ven 10h-17h30, sam 10h-14h30. Fermé dim. Réduc de 10 % sur présentation de ce guide.* Nappes brodées superbes (mais chères !), pyjamas et robes pour enfants. Jolis cachemires. Ils brodent en 24h noms et prénoms.

Grand Bazar *(carte Grand Baie, D1) : prendre la rue Racket et la suivre sur 300 m env. Lun-sam 8h30-17h, dim 8h30-13h.* La déco (ringarde) est de style chinois, mais les commerçants sont... indiens. Ce marché de 200 échoppes vend de tout (artisanat, vêtements, chaussures), mais vraiment cher et très attrape-touristes. Bref, intérêt très limité.

Centre commercial Grand Baie – La Croisette *(carte Grand Baie, C2) : à la sortie de Grand Baie, vers l'intérieur des terres.* Difficile de louper cet énorme centre commercial ! On ne l'indique pas pour le fréquenter (on a les mêmes à la maison !), mais il fait la fierté de l'île. Bon, vu les prix proposés, pas étonnant que les Mauriciens s'y baladent en mangeant une glace, mais que les boutiques restent... vides. Une énigme ! Au pire, on pourra toujours acheter un tournevis chez *Monsieur Bricolage*.

À voir

Chinese Heritage Center *(carte Grand Baie, D2,* ***70****) : en plein centre de Grand Baie, au carrefour, au 2ᵉ étage du centre commercial Grand Baie Store. Lun-sam 9h30-17h. Entrée : 150 Rs ; réduc.* Un espace modeste, perdu en haut de ce petit centre commercial, qui présente l'histoire des Chinois à Maurice depuis leur arrivée sur l'île : conditions de vie, immigration, installation... Quelques photos et objets divers. Pas grand-chose, en vérité. Bon, si vous n'avez pas un oncle chinois, l'intérêt sera très limité.

À faire

Plages

Grand Baie *(carte Grand Baie) : face aux restos chinois.* Plage étroite et pas très pratique pour la baignade en raison du nombre de bateaux qui mouillent dans la baie.

La Cuvette *(carte Grand Baie)* : *pratiquement face à l'entrée de l'hôtel* Veranda Grand Baie. Belle plage aménagée, pas très grande, prisée des familles mauriciennes le week-end. Aussi bien pour les enfants que pour les grands, qui peuvent véritablement nager avec suffisamment de fond.

Activités nautiques, sorties en mer

Pour toutes les activités nautiques, il est possible de passer par l'une des multiples agences de Grand Baie. Nous en avons sélectionné quatre :

■ ***Centre Sport Nautique de Grand Baie*** *(carte Grand Baie, D2, **80**)* : *rte Royale, Centre commercial* Sunset Boulevard. ☎ *263-80-17.* 📱 *5729-12-19.* • *coralbellecruises.com* • *Tlj 8h-17h. Ttes sortes d'excursions et activités. Exemples : sortie en catamaran sur l'îlot Gabriel à la journée 1 500 Rs/pers (déj compris) ; sortie avec* Le Nessee *600 Rs/pers, incluant 30 mn de mise à l'eau (3 départs/j.).* Agence sérieuse installée depuis des années. C'est plutôt bien mené et agréablement encadré, même si on n'est pas tout seul. Plusieurs possibilités de balades et excursions aquatiques, de la marche sous l'eau *(undersea walk)* à la balade en bateau semi-submersible *Le Nessee,* unique à Maurice (le bateau leur appartient), en passant par le parachute ascensionnel – mais là, tout le monde propose la même chose.

■ ***Monalysa Tours*** : *rue de la Salette.* ☎ *263-09-91.* • *monalysatours.net* • *100 m avt le* Super U, *sur la gauche.* Agence qui propose, comme toutes les autres, des sorties en bateau à l'île aux Cerfs, à l'îlot Gabriel, et toutes sortes d'excursions en mer à la journée ou sur la terre ferme et la location de voitures.

■ ***Excursions Keiffel*** : *rue de la Salette.* 📱 *5780-65-82 ou 5776-35-24.* • *keiffeltour@intnet.mu* • *Offres promotionnelles régulières.* Ne paie vraiment pas de mine, situé dans une sorte de passage juste à droite du *Grand Baie Store.* Propose toutes les excursions nautiques possibles, bien encadrées. Location de voitures également. Bon service.

■ ***GBTT*** : *au carrefour de l'arrêt de bus.* ☎ *263-87-71.* • *gbtt.com* • Une des agences de Grand Baie, qui propose un grand nombre d'excursions, logements, etc.

– Reportez-vous également, plus haut, à la rubrique « À faire. Croisières en voilier » de Trou aux Biches ***(La Sorellina),*** et plus loin, au chapitre « Les îles au nord de Cap Malheureux », pour les sorties en mer dans le coin.

DANS LES ENVIRONS DE GRAND BAIE

Labourdonnais, Un Château dans la Nature *(hors carte Grand Baie par C2)* : *à* ***Mapou,*** *à env 10 km de Grand Baie.* ☎ *266-95-33.* • *chateaulabourdonnais.com* • *Suivre la M2 vers Port-Louis ; juste avt le 4e rond-point, prendre sur la gauche, direction Poudre d'Or-Hamlet ; entrée 800 m plus loin à gauche (panneau). Tlj 9h-17h. Entrée : 375 Rs ; enfant 200 Rs. Attention aux moustiques (porter des manches longues et un pantalon, et apporter un répulsif). La visite inclut la maison, les jardins et une dégustation. Sur place, excellent resto !*
Cette exploitation horticole et sucrière, une affaire de famille, a eu la bonne idée d'ouvrir les portes de son château au public. Le château fut habité jusqu'en 2006 par les descendants de l'entrepreneur Christian Wiehe, fondateur du domaine. En 1857, il fait construire cette élégante demeure de style néoclassique avec sa double varangue et ses colonnes. Joliment restauré, le château a retrouvé son lustre d'antan. Grâce au plan remis à l'entrée, essayez d'aborder la demeure de face, en empruntant la remarquable allée d'intendances, nom porté par ces arbres majestueux introduits à Maurice au XVIIIe s et venant d'Inde et de Ceylan, aux épaisses ramifications et aux généreuses racines qui serpentent au sol. Devant la demeure, belle balustrade en fer forgé précédée par un bassin. Dans certaines

pièces, un fond sonore recrée l'ambiance avec les voix d'enfants et d'adultes du temps où la maison était habitée.

– ***La visite :*** on découvre un intérieur très british côté ***salle à manger,*** aménagée dans le style victorien, avec sa table pouvant accueillir jusqu'à 25 convives et son lustre en cristal de Baccarat installé en 1962. Le précédent était tombé sur la table, ne cassant, ô miracle, qu'un seul verre. Noter l'admirable papier peint aux scènes champêtres, où cerfs et biches s'ébattent, réalisé en Alsace par le célèbre atelier Jean Zuber (1906). L'***office,*** attenant à la salle à manger, faisait la connexion avec la cuisine, située, par crainte des incendies, à l'extérieur de la maison. Dans celui-ci, de grands placards de bois : noter l'un d'entre eux qui est posé sur quatre coupelles contenant un mélange d'eau et de pétrole, pour éloigner les moustiques. Dans le ***godon*** (voir l'encadré), on rangeait la vaisselle. Parmi les porcelaines et la verrerie, admirer la carafe à quatre becs (mais peu visible car placée tout en haut), pour servir quatre vins ou boissons différentes à partir d'un même contenant !

LE GODON

Toutes les grandes demeures bourgeoises avaient leur godon. Ce terme est la déformation des mots « Go down ! »*, qui signifie* « Allez en bas ! »*. Cet ordre signifiait aux employés que ce que l'on cherchait était en bas, dans l'office du sous-sol. Cet office devint tout simplement le godon, prononcé avec un* « on » *à la française.*

Voir également le magnifique plancher en marqueterie (mélange de chêne, teck et bois de natte), ainsi que les vitres travaillées des portes-fenêtres de la varangue. Au rez-de-chaussée, salon aux meubles en palissandre, sombre, puis le bureau de style Napoléon III et la mignonne table de jeu. C'est beau, bourgeois et super guindé.

– À l'étage, on trouve les ***chambres.*** Pour les personnes à mobilité réduite, un ordinateur au rez-de-chaussée permet cette visite en 3D. Dans la chambre du maître de maison, lit à baldaquin et grande armoire à glace. Sur la table de nuit, on déposait un verre d'eau dans une soucoupe. Les vibrations du moulin faisaient bouger l'eau ; quand le bruit s'arrêtait, le proprio savait qu'il y avait un problème au moulin et qu'il devait se lever pour aller le régler ; astucieux !

– ***La partie histoire :*** toujours à l'étage, plusieurs petites pièces traitent différents thèmes : restauration de la demeure (petit film), bref aperçu historique de Maurice, les origines du domaine, l'histoire de la famille et présentation des produits sucrés réalisés sur place. Documents, gravures, vieux objets ayant appartenu à la famille, photos de famille, instruments de mesures et panneaux informatifs illustrent les différents thèmes.

– ***Le parc et les vergers :*** on se balade dans le parc avec grand plaisir. Un petit verger présente les principaux arbres fruitiers du domaine, qui donnent un aperçu de tous les bons fruits à partir desquels on réalise les confitures, jus et pâtes de fruits. Admirer le *rain tree* dont les feuilles se recroquevillent quand il pleut. À deux pas, petit parc aux tortues ; n'oubliez pas de saluer les tortues géantes et surtout Jérémy, qui a plus de 100 ans !

– ***La pépinière :*** *à l'extérieur du domaine. Pour y accéder, prendre l'allée située env 200 m juste avt l'arrivée au château en venant du rond-point.* Ceux qui veulent aller plus loin dans la connaissance du domaine pourront aller y jeter un œil.

|●| *La Table du Château :* *ouv tlj sf dim, 12h-15h, et le soir mer-sam (résa vivement conseillée).* ☎ *266-71-72. Plats 350-600 Rs ; compter env 1 200 Rs à midi pour un repas complet ; le soir, un peu plus. Le midi, certains plats sont proposés en portion medium ou large.* Installé sous un espace élégant, entièrement ouvert sur le jardin et avec vue sur le château, on conclut avec bonheur la visite du domaine par un déjeuner de grande qualité. Le chef italien, Fabio, au talent avéré, est un vrai passionné. Il concocte des plats goûteux, mélangeant sans complexe les viandes braisées et les légumes tropicaux, en grande partie produits sur le domaine, le tout présenté avec grand soin. La souris d'agneau à la purée d'arouilles fréquente la pêche du jour avec sa fricassée de calebasses au thym et aux brèdes. Une cuisine éclectique, qui marie les origines tout en gardant sa ligne : la qualité.

La terrasse du resto (voir ci-avant) permet de passer un agréable moment en sirotant un jus (maison) à l'ombre de la varangue.

La boutique : *à côté du restaurant.* On y trouve des copies de certains objets qui étaient dans la maison, mais également de la broderie et de l'artisanat fabriqué à Maurice, Rodrigues et Madagascar. Enfin, toutes sortes de rhums et confitures élaborés dans la propriété.

PEREYBÈRE

• Carte *p. 88-89*

À 2 minutes au nord de Grand Baie, petit village un peu moins touristique, plus familial et disposant de son lot de locations bon marché. Belle plage publique vivante et populaire, où des dizaines de familles mauriciennes pique-niquent en fin de semaine. On ne vient pas à Pereybère pour le calme, mais c'est l'un des endroits où les contacts avec les Mauriciens sont les plus faciles, les plus directs. Bref, le village a conservé le caractère populaire et chaleureux qu'a un peu perdu Grand Baie.
Sur la plage de Pereybère, observez et participez au boka (un jeu de cartes très populaire à Maurice) au *Fire Place,* sous les filaos.

Arriver – Quitter

➢ ***En bus :*** liaisons avec ***Grand Baie*** tlj ttes les 10 mn aux heures de pointe, 6h30-17h30. Liaisons avec ***Port-Louis*** ttes les heures en moyenne, avec le *Port Louis Express.*

Adresses utiles

■ ***Distributeur automatique :*** *à la* ***Mauritius Commercial Bank*** *(carte Pereybère,* ***1****), au début du village sur la droite en venant de Grand Baie. Également sur le parking du supermarché* Winner's.

■ ***Change Express*** *(carte Pereybère,* ***2****) : face à la plage publique. Lun-ven 8h30-17h, sam 8h30-14h. Fermé dim et j. fériés.*

■ ***Cabines téléphoniques :*** *devant la plage publique.* À pièces et à carte.

■ ***Pharmacie Pereybère*** *(carte Pereybère,* ***5****) : sur la route principale. ☎ 263-57-88. Lun-sam 8h-19h, dim 8h-13h.*

Station de taxis : *en face de la plage.*

■ ***Location de deux-roues :*** *dans différentes agences de voyages, au centre du village. Compter env 200 Rs la journée pour un vélo et env 600 Rs pour un scooter.* Caution demandée. La plupart des loueurs d'appartements pourront aussi vous aider à louer une bécane fiable.

■ ***Agence Top Travel Tours :*** *rte Royale, face à la plage. ☎ 263-42-25. • toptravelandtours@yahoo.com •* Propose des randonnées, ainsi que des excursions terrestres et maritimes dans toute l'île, à des prix raisonnables. Prévoir son pique-nique.

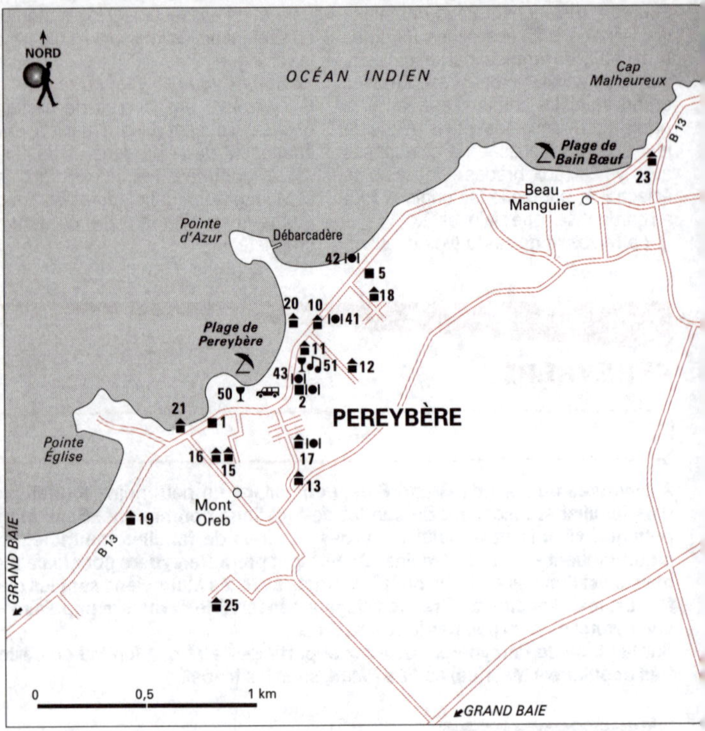

■ **Adresses utiles**

1 Mauritius Commercial Bank
2 Change Express
5 Pharmacie Pereybère

Où dormir ?

10 Chez Stephen
11 Villa Malyra
12 Sabina Villa, Baleau Villa et Les Bougainvilliers
13 Cœur de Paradis Villa
15 Blooms
16 Le Capricorne Villas
17 Flowers of Paradise Hotel
18 Casa Florida Hotel and Spa
19 Bleu de Toi
20 Le Beach Club
21 Hibiscus Beach Resort and Spa

Où dormir ?

À Pereybère, il existe pas mal de petits logements en appartement avec les propriétaires qui habitent sur place, à cheval entre la maison d'hôtes et l'hôtel de poche. Également des petits immeubles indépendants et quelques hôtels, dont certains pas dénués de charme. Le tout est d'éviter le bord de route.

De bon marché à prix modérés (moins de 1 200 Rs / 30 €)

Chez Stephen (*carte Pereybère*, **10**) **:** *rte Royale. ☎ 263-88-58 (boutique) ou 263-61-91 (domicile). Infos*

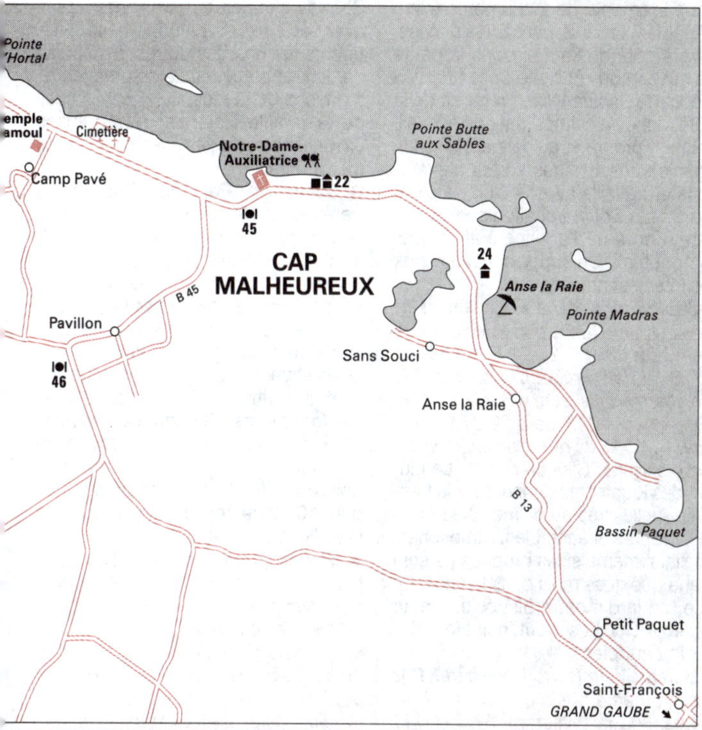

PEREYBÈRE – CAP MALHEUREUX

22 Kuxville Beach Cottage
23 Coin de Mire Attitude
24 Paradise Cove Boutique Hotel
25 Villa Coco Beach B & B

Où manger ?

2 Ric et Cath Snack
41 Wangthaï
42 Comme chez Nous
43 Le Bénitier
45 Coin de Mire
46 Amigo

Où boire un verre ? Où sortir ?

50 Palm Beach Café
51 Julle's Club

À faire

22 École de kite Sindbad

à l'épicerie du même nom, logements à proximité. Studios 2 pers à partir de 800 Rs, maison 4 pers et une autre 6 pers 1 000-1 200 Rs. Résa obligatoire en hte saison. Ici, les routards sont les bienvenus. Le patron, Stephen, tient l'épicerie. Il loue des logements très calmes et avenants, avec vue sur le jardin, très en retrait de la route Royale. D'un rapport qualité-prix épatant, ils ont une cuisine bien équipée et la clim dans certaines chambres. En tout, une villa idéale pour 6 personnes, un appartement pour 4 à l'étage et 2 studios, tous avec ventilo et AC. Le propriétaire habite sur place.

***Villa Malyra** (carte Pereybère, **11**) : bureau sur la rte Royale, en plein centre. ☎ 263-91-69 📱 5932-83-85. • malyratours.com • Compter 1 000-1 600 Rs pour 2-4 pers selon saison et logement.* 3 studios spacieux et

3 appartements de 2 chambres (clim, TV câblée) répartis dans 2 résidences, l'une à côté de l'autre, dans la petite rue qui part de l'épicerie *Chez Stephen* (à côté de *Sabina Villa*). En retrait de la route, donc au calme. Très bon accueil, vraiment propre et au calme. L'agence organise aussi toutes sortes d'excursions et travaille avec le club de plongée *Ocean Spirit*. Location de voitures juste à côté de l'agence *Malyra* (prix compétitifs). Un rapport qualité-prix très intéressant.

Sabina Villa *(carte Pereybère,* ***12****) : dans la même ruelle que* Malyra Tours. *☎ 263-89-03. 5725-71-05 ou 06-46-91-15-61 (en France). • sabinavilla.pereybere@gmail.com • Studios 2 pers et petits apparts 4 pers 22-31 € selon taille, 10-15 % de réduc en moyenne et basse saisons. Clim en sus.* La plupart des logements donnent sur la tranquille ruelle, très au calme. Bien équipés, propres et agréables. Atmosphère familiale, même si les proprios ne sont là que quelques mois dans l'année. En face, un jardin est à disposition pour l'apéro. BBQ. Et surtout, point fort, des prix imbattables !

Baleau Villa *(carte Pereybère,* ***12****) : dans la même ruelle que* Sabina Villa *et* Les Bougainvilliers. *5797-11-11 ou 5257-11-55. • baleauvilla@yahoo.com • Apparts 2-4 pers env 30-40 € selon type de logement.* Petit édifice de 2 étages, agréable et discret, précédé par un bout de pelouse soigné et quelques arbres. Un bouquet d'appartements coquets et impeccables, avec balcon ou terrasse et clim. Tranquilles, sympas et parfaitement équipés. Une bonne petite adresse au rapport qualité-prix intéressant.

Les Bougainvilliers *(carte Pereybère,* ***12****) : dans la même ruelle que* Sabina Villa *et* Baleau Villa. *☎ 269-16-32. 5440-93-00. • lesbougainvilliers.org • À env 400 m du centre de Pereybère en allant vers Cap Malheureux, dans une ruelle sur la droite et au bout. Studios et apparts 2 pers à partir de 25 € et 4 pers env 35 € selon confort (clim comprise) ; possibilité de prendre des repas.* Bâtiment à l'architecture tarabiscotée, proposant une quinzaine de logements, studios ou apparts, avec beaucoup de fleurs dans le jardin. Studios simplement aménagés, tous avec cuisine et balcon, assez différents les uns des autres. En choisir un dans la partie refaite de préférence, à gauche de la réception. Bon accueil de la famille Rajanah. Nombreuses excursions possibles avec l'agence du même nom.

Cœur de Paradis Villa *(carte Pereybère,* ***13****) : Beach Lane ; à env 300 m, sur la gauche. ☎ 282-19-38. • camille2894@hotmail.com • Apparts 2-4 pers 30-35 €, tte l'année.* On ne peut louper ces 3 petits édifices de 2 étages, chacun peint d'une couleur crue : orange fluo, vert pomme acide et vanille. Bon équipement (clim, ventilo, coffre...). Cuisine dans tous les logements. Balcon ou terrasse et petite piscine commune pour faire trempette, mais pas très aménagée, dommage. Également une grande villa pour 10-12 personnes. Bon accueil de Camille et son mari.

Blooms *(carte Pereybère,* ***15****) : Paradizo Lane. ☎ 263-88-40. • bloomsmauritius.com • À env 200 m de la rte Royale. En venant de Grand Baie, juste avt le resto* Café Pereybère, *tourner à droite, puis 1re à droite, puis à gauche et c'est un peu plus loin sur la droite. Studio 2 pers env 1 200 Rs tte l'année.* Dans un quartier résidentiel et calme. Une maison moderne et agréable, de style vaguement méditerranéen, jaune et bleu fort. Pas d'étage, un bout de jardin verdoyant tout autour de la maison et un patio autour duquel s'ordonnent 7 chambres pour 2 personnes avec AC, à la décoration colorée. Chacune donne directement dans le jardin, avec un bout de terrasse privée. Pas de petit déj ni de repas (cuisine dans les studios). Le propriétaire habite la maison en face. Excellent rapport qualité-prix.

De prix moyens à chic (1 200-3 200 Rs / 30-80 €)

Le Capricorne Villas *(carte Pereybère,* ***16****) : impasse Jolicœur. ☎ 263-52-13. 5800-76-67. • lecapricornevillas.com • Venant de Grand Baie, prendre à droite après les distributeurs de la* MCB *; c'est à env*

300 m. Studio 2 pers env 1 200 Rs, duplex 4 pers env 2 000 Rs ; petit déj en sus. (réception). Un complexe à taille humaine (env 20 logements), dans 4 petits édifices colorés, sur 2 étages, situés à 3 mn à pied de la plage et organisés autour d'une petite piscine. Logements confortables et tranquilles à défaut d'être véritablement charmants, avec cuisine bien équipée, clim. Les salles de bains manquent de volume, mais c'est le seul bémol. Accueil aux petits soins et ambiance décontractée. Bon rapport qualité-prix au final. Possibilité de louer une voiture sur place.

Flowers of Paradise Hotel *(carte Pereybère,* ***17****) : prendre la rue à droite après le Café Pereybère, c'est à 100 m sur la gauche. 5934-53-20. • hotel-paradise-mauritius.mu • Doubles 90-110 € selon saison, petit déj compris ; ½ pens intéressante. Également des chambres familiales. Au resto ouv aux non-résidents, compter 800 Rs le repas complet ; plats env 500-800 Rs. Réduc de 20 % sur le prix de la chambre sur présentation de ce guide.* Petit hôtel à la façade orange, offrant 17 chambres, chacune portant un nom de fleurs. Toutes ont une terrasse sur le jardinet et peuvent communiquer entre elles, intéressant pour les familles. L'ensemble n'est pas bien grand, et on est un peu à touche-touche, c'est le seul bémol. Déco fleurie et salle de bains à l'italienne. Toute petite piscine et jacuzzi. Calme appréciable. Le restaurant sert des plats simples le midi, un peu plus élaborés le soir. Une table de qualité, indéniablement. Soirées à thème les vendredi et samedi, généralement jazz.

Casa Florida Hotel and Spa *(carte Pereybère,* ***18****) : Mont Oreb Lane. ☎ 263-73-71. • casaflorida.net • Dans la rue à droite en venant de Grand Baie, juste avt la pharmacie (panneau). Compter 2 200-2 600 Rs pour 2 selon standing et taille, petit déj compris ; apparts 4 pers (2 chambres) 3 600 Rs. Possibilité de pens complète ou ½ pens.* Ensemble de petits bâtiments rose saumon, un peu datés dans la conception mais bien entretenus, surélevés d'un étage et abritant différents types de chambres, studios et appartements, avec clim et balcon ou terrasse. Le tout au milieu d'un grand jardin tranquille. Ça fait un peu villages-vacances à petit prix, sans grand luxe mais au bon rapport qualité-prix. Les types A et D sont pour 2 personnes. Les plus sympas, de catégorie C, disposent de 2 chambres et sont situés près de la jolie piscine. Un endroit très prisé des familles. Sur place, tennis.

De plus chic à beaucoup plus chic (plus de 3 200 Rs / 80 €)

Bleu de Toi *(carte Pereybère,* ***19****) : rte Royale. ☎ 269-17-61. • bleudetoi.mu • À env 500 m de Pereybère en venant de Grand Baie, prendre l'allée sur la droite de la rte principale (fléché). Doubles env 75-130 € selon saison, petit déj compris.* Une adresse intime et de charme, dans une villa résidentielle, avec seulement 8 chambres, pas trop loin de la plage et aménagée avec beaucoup de style et de goût. Ambiance et déco zen, sans tomber dans le magazine déco. Excellent accueil de Robin, un Sud-Africain fort sympathique (parlant français). Certaines chambres avec terrasse ouvrent sur le jardin à la végétation luxuriante. Très bon confort général. Piscine dans le beau jardin paisible et généreuse varangue pour profiter du beau petit déj, copieux et varié. Les chambres à l'étage sont un peu plus lumineuses. BBQ organisé 1 ou 2 fois par semaine. Location de vélos et scooters.

Le Beach Club *(carte Pereybère,* ***20****) : juste sur la droite de la plage de Pereybère. ☎ 263-51-04. • lebeachclub.com • Studios 2 pers 100-170 € et apparts 4 pers à partir de 150 € selon position, vue, taille et saison (hors promos). Min 2 nuits.* Une quinzaine de bungalows dans un espace assez étriqué et sans jardin (c'est l'inconvénient). On est serrés certes, mais le lieu est tranquille, l'architecture assez habile, tous les apparts (avec cuisine) possèdent une terrasse de poche, et, surtout, on est directement en bord de mer, à quelques mètres de la plage de Pereybère, très familiale. Parfait si on veut être proche de l'océan et de l'animation du village. Également une villa pour 6-8 personnes. Bon équipement et accueil souriant.

Hibiscus Beach Resort and Spa (carte Pereybère, **21**) : *à l'entrée du village, sur la gauche en venant de Grand Baie. ☎ 263-85-54. • hibiscushotel.com • Compter 140 € la double avec le petit déj et env 160 € pour 2 pers en ½ pens ; suites plus chères. (réception et resto).* Un ensemble d'une cinquantaine de chambres, littéralement enfoui sous une végétation tropicale luxuriante et un cadre bucolique. On est accueilli dans le hall d'entrée par un bouddha apparemment heureux. Ensemble d'une cinquantaine de chambres, distribuées dans 5 petits édifices indépendants, sur 2 étages. Toutes les chambres et salles de bains sont spacieuses et de très bon niveau d'équipement, mais essayez d'en avoir une avec vue directe sur la mer (sans supplément). Toutes disposent d'une terrasse ou d'un balcon. Bien entendu, le confort est au rendez-vous (clim, coffre, frigo, grand lit, etc.). Piscine face à la mer ; pas vraiment de plage devant, mais il y en a à deux pas, de chaque côté de l'hôtel. En revanche, accès à l'eau possible grâce à un ponton et une échelle. Pratique. Jacuzzi juste à côté, face à la mer. Une adresse au charme certain.

Où dormir dans les environs de Pereybère ?

Villa Coco Beach B & B (carte Pereybère, **25**) : *impasse Tourterelle, Morcellement Swan. 5987-66-71. • villacocobeach.com • Double 65 € (tte l'année), petit déj compris, et studio 3 pers 75 € (sans petit déj).* Certes un peu éloignée des plages (compter 20 mn à pied), cette jolie maison abrite 2 chambres très coquettes, impeccables et soignées (voilages, peignoir, coffre, AC), chacune avec une jolie salle de bains. Pas bien grandes mais vraiment confortables. Studio dans le jardinet, au bord de la petite piscine, avec cuisine et BBQ. Bon accueil de Véronique, niçoise d'origine.

Où manger ?

De bon marché à prix modérés (150-450 Rs / 4-11,50 €)

Sur la plage, toujours quelques camions qui proposent sandwichs, *samoussas* ou kebabs. Parfait pour se nourrir sans quitter sa serviette de vue.

Ric et Cath Snack (carte Pereybère, **2**) : *rte Royale, en plein centre, de l'autre côté de la plage. 5741-43-74. Tlj 7h-22h (12h dim).* Sympathique snack avec sa petite terrasse très vite prise d'assaut aux heures des repas bien que située en bord de route. Bons petits plats maison style *vindaye*, rougail-saucisse, caris... Service souriant.

Wangthaï (carte Pereybère, **41**) : *rte Royale, à 200 m de la plage publique ; à l'étage. ☎ 263-40-50. Fermé lun et mar midi.* Bonne note générale pour cette adresse qui se caractérise par sa constance. Grande salle ventilée à la déco soignée, et terrasse surplombant la rue. Délicieuse cuisine thaïe : excellent *pad thaï* et canard « énervé » bien réalisé, préparé dans les règles de l'art. Plats végétariens. Service de qualité.

Comme chez Nous (carte Pereybère, **42**) : *face à la pharmacie, au 1er étage. 5497-50-53. Tlj sf dim. Formule unique midi et soir 330 Rs.* Pour ceux qui veulent s'éloigner un peu de la plage et de ses restos. Déco colorée et cuisine locale, simple et correctement exécutée. Le menu se compose d'une viande en cari ou rougail (selon les jours), servie avec riz, salade et lentilles. Souvent un petit rhum offert à la fin du repas.

Le Bénitier (carte Pereybère, **43**) : *en plein centre, juste face à la plage, côté route. 5754-38-43. Tlj.* Salle plutôt coquette, ouverte sur la rue. Carte métissée (chinoise, mauricienne, créole), globalement réussie et servie dans le cadre de plusieurs menus à prix raisonnables.

Voir également plus haut « Où manger dans les environs de Grand Baie ? ».

LA CÔTE NORD-OUEST ET NORD

Où boire un verre ? Où sortir ?

🍸 ***Palm Beach Café*** *(carte Pereybère, **50**) : juste à gauche de la plage de Pereybère.* ☎ *263-58-21. Tlj sf mer soir et jeu soir.* Une jolie terrasse juste en surplomb de la plage, très agréable pour boire un verre entre deux bains. Sert aussi paninis, sandwichs et quelques petits plats.

🍸 ♫ ***Julie's Club*** *(carte Pereybère, **51**) : rte Royale, de l'autre côté de la plage.* ☎ *263-53-82. Tlj sf lun, 18h-2h.* Un lieu animé, surtout en fin de semaine, quand l'orchestre bat la cadence. Karaoké, musique live (artistes locaux), DJs résidents, qui passent aussi bien du rock que du jazz, du séga, du reggae... *Happy hours,* matchs sur grand écran. Quelques tables en terrasse.

À voir. À faire

Plages

Outre les plages où s'étirent les grands hôtels, la ***plage publique*** au cœur du village est vraiment très agréable. Un espace délimité pour les baigneurs permet d'éviter les bateaux, et l'eau est limpide, sur fond de sable blanc. Du coup, la plage est très fréquentée en semaine et bondée le week-end. Ceux qui préfèrent la solitude passeront leur chemin ou tenteront leur chance en marchant un peu vers la droite en regardant la mer. En se mouillant les pieds, on peut trouver des coins plus tranquilles, mais il n'y a pas d'ombre ! Sinon, notamment le dimanche, vous vivrez un authentique extrait de réalité sociale mauricienne. Les familles s'installent sous les filaos, déjeunent, roupillent, picolent un peu, jouent aux boules, écoutent de la musique. Et c'est ça que l'on vient chercher ici. Atmosphère bienveillante et bonhomme. Sur la plage même, des centaines de baigneurs de toutes les couleurs de peau, qui se mêlent dans la bonne humeur. Extra ! Vendeurs de paréos, d'ananas et de coca (c'est une boisson locale). Toilettes et douches extérieures.

Sur la gauche de la plage publique, la ***plage de Casita.*** Bien qu'elle soit publique, elle n'est véritablement accessible que par les rochers (porter des chaussures). La plagette est tranquille et plutôt jolie.

Sorties en mer

➢ De nombreuses excursions pour l'***îlot Gabriel*** et l'***île Plate*** partent de Grand Baie ou de Pereybère. Pour l'île d'Ambre et l'îlot Bernache, les départs se font plus facilement de Grand Gaube ou Poudre d'Or. Voir les adresses indiquées dans les villes correspondantes.

➢ Pour une petite sortie avec ***plongée masque et tuba,*** *Patrice Louis (📱 5499-95-61)* vous emmène sur son bateau à fond de verre. Compter env 500 Rs/pers pour 1h et 700 Rs pour 2h. Sympa. Départ de la plage de Pereybère. De nombreux pêcheurs proposent le même service.

CAP MALHEUREUX

• Carte *p. 88-89*

Après Pereybère, voilà la pointe nord-est de Maurice, un endroit moins commercialisé, plus paisible. La route côtière *(Royal Road)* longe quelques

beaux lagons. Entre les filaos, on aperçoit, en point de mire, l'île du même nom. Pas véritablement de plage sur le chemin entre Pereybère et Cap Malheureux, mais des coins de sable, des brèches pour faire trempette, des petits abris pour les barques. La mer offre ici d'exceptionnelles couleurs, des dégradés de vert, turquoise et bleu. Les pêcheurs partent tôt le matin et reviennent vers 14h ; leur retour vaut le coup d'œil, surtout lorsqu'ils installent leur moteur sur leur vélo. Ensuite, ils sont disponibles pour des promenades sur le lagon.

UNE VICTOIRE VITE EFFACÉE

C'est près de l'église de Cap Malheureux que le 6 novembre 1810, la flotte anglaise débarqua pour prendre définitivement le contrôle de l'île, lavant ainsi sa sévère déconvenue de Grand Port, quelques mois auparavant. La seule victoire navale française contre les Anglais fut vite oubliée, noyée dans un océan de défaites.

UN PEU D'HISTOIRE

Le nom de Cap Malheureux viendrait d'un passage dangereux pour les navires, qui provoqua par le passé le naufrage de quantité de vaisseaux. Certains naufrages furent toutefois volontaires...

Infos utiles

À Cap Malheureux, on trouve une ***poste,*** un petit ***supermarché.*** Côté restos, pas grand-chose à se mettre sous la dent.

Où dormir à Cap Malheureux et dans les environs ?

De chic à plus chic (2 000-4 800 Rs / 50-120 €)

☗ ***Kuxville Beach Cottage*** *(carte Pereybère,* ***22****) : rte Royale. ☎ 262-79-13 ou 88-36. • kuxville.com • En allant vers le nord, env 300 m exactement après l'église de Cap Malheureux. Accueil sur place 8h-13h (fermé dim). Plusieurs types d'hébergements, ts avec cuisine, clim et bien équipés, petit déj inclus. Apparts 2 pers, sans ou avec vue sur mer, 50-125 € selon confort et saison ; apparts côté mer 4 pers 95-125 € ; de l'autre côté de la route, un ensemble de bungalows (Serendip Ecolodges) 4 pers (2 adultes et 2 enfants) 70-95 € ; quelques maisons 6 pers, côté mer, 185-290 € selon saison. Formules en ½ pens sur demande.* Wifi. Un ensemble de qualité, quel que soit le type d'hébergement choisi. Les logements les plus chers, ensoleillés et peu nombreux, ont une grande terrasse face à une pelouse qui descend jusqu'au lagon et à une petite plage de sable. Les moins chers, de l'autre côté de la route, sont plus récents et bénéficient d'une jolie piscine et d'un jardin à défaut de la mer. Tous sont fort agréables. Également une très bonne école de kitesurf, *Sindbad,* tenue par le patron du lieu (voir « À faire »).

☗ ***Coin de Mire Attitude*** *(carte Pereybère,* ***23****) : rte Royale. ☎ 204-99-00. • coindemire-hotel-mauritius.com • Au niveau de la plage publique de Bain Bœuf. Compter 70-90 €/pers en ½ pens selon saison et confort. CB acceptées. Ordinateur. Wifi (réception).* En bord de route (mais tranquille le soir), l'hôtel fait face à une mer superbe (chaussée à traverser). L'établissement propose une centaine de chambres (dont des familiales) à la déco soignée, tendance zen mais sans prétention, dans les tons taupe. Certaines donnent sur une piscine. Les chambres s'organisent tout en longueur, le long d'un joli jardin. L'ensemble est agréable, et côté confort, rien ne manque : 2 piscines, centre de remise en forme *Spa Attitude*, tennis, massages. Miniclub et location de vélos.

Spécial folie

Paradise Cove Boutique Hotel (carte Pereybère, **24**) : *Anse la Raie, à 2 km de Cap Malheureux. ☎ 204-40-00. • paradisecovehotel.com • Compter 190-225 € en formule petit déj et 210-300 € pour 2 en ½ pens.* Oublions les tarifs, les clients réservent généralement par le biais d'une agence (donc tarifs plus intéressants qu'en direct). Ambiance zen pour ce boutique-hôtel avec des voilages de-ci de-là créant une atmosphère vaporeuse, du mobilier en osier, 2 vastes piscines dont une à débordement face à l'océan, tennis, une plage adorable, artificielle et privée, et une cascade dans un repli de côte noyé sous la végétation, des pontons avec toit de chaume au-dessus de l'eau... Chambres aux tonalités contemporaines, et bungalows somptueux qui regardent tous vers le large. Grand salon ouvert, avec meubles de bois sombre, billard. Large ponton de bois autour de la piscine, que quelques palmiers percent élégamment. Des petits kiosques surplombent la mer, et le soir, des tables y sont dressées. La classe ! Spa (payant) et salle de gym. Une plage s'ouvre sur une sorte de lagon privé, aux eaux très calmes. On est ici définitivement loin de tout. Si Baudelaire avait connu ce havre, on l'aurait bien vu inventer un vers du genre « luxe, calme et... » vous savez quoi. Location de vélos.

Où manger ?

Coin de Mire (carte Pereybère, **45**) : *rte Royale, face à l'église. ☎ 262-80-70. Tlj. Prix moyens.* Salles de resto en rez-de-chaussée, ouverte sur la rue. Une halte toute simple, à fréquenter juste après la messe, puisqu'il n'y a qu'à traverser la route pour s'attabler. Plats classiques mauriciens, pas vraiment donnés.

Amigo (carte Pereybère, **46**) : *à Pavillon, un faubourg aux blocs HLM jaunes, face à la petite gare routière. ☎ 262-62-48. Tlj sf dim, 11h30-15h, 18h30-23h. Plus chic.* Au 1er étage d'une maison, une petite salle de resto chaleureuse et proprette. Aux murs, on a conservé quelques graffitis de l'ancienne décoration. Une adresse un peu loin de la côte mais qui garde néanmoins la cote auprès des touristes comme des locaux. Serviettes en tissu pour le service, et dans l'assiette, de bonnes spécialités de poisson.

À voir

Le village : c'est un petit bout de village, juste quelques maisons et un cimetière marin touchant, en face d'un temple tamoul. Sa curiosité, c'est bien sûr sa charmante **église Notre-Dame-Auxiliatrice** au toit rouge, face au lagon. Voilà l'image d'Épinal de Maurice, l'une des cartes postales les plus vendues. Presque sereine toute la semaine, se contentant de regarder d'un œil aimable le retour des pêcheurs, l'église connaît le dimanche un vrai débordement. Grande affluence pour la grand-messe (à 9h30 en principe, vérifier sur place) ou le samedi à 18h. Parfois, il y a autant de monde dehors que dedans. Vaut le détour, mais vu le monde, privilégier la visite en semaine.

À faire

Plages

La plage publique (carte Pereybère) : *au centre du village, derrière l'église.* Face au *Coin de Mire*, elle draine en fin de semaine une foule de

LA CÔTE NORD-OUEST ET NORD

bienheureux qui goûtent aux joies du farniente, première activité des Mauriciens le week-end. Populaire donc, à défaut d'être la plus belle, mais multicouleurs locales.

La plage de Bain Bœuf (carte Pereybère) **:** *un peu avt Cap Malheureux, en face du Coin de Mire Hotel.* Plage étroite mais sympa avec sa rangée de filaos. On venait autrefois y nettoyer les bœufs. On peut y faire trempette mais on ne s'y baigne pas vraiment à cause des quelques rochers.

La plage d'Anse la Raie (carte Pereybère) **:** *quelques km après Cap Malheureux, sur la route de Grand Baie.* Enclavée, elle est bordée de gazon et de filaos à n'en plus finir. De l'ombre donc et beaucoup de monde le week-end. Mais on s'y râpe aussi les pieds sur les rochers, et ce ne sont pas les fonds les plus clairs de Maurice !

■ ***École de kite Sindbad*** *(carte Pereybère,* ***22****) : au Kuxville Beach Cottage (voir « Où dormir... ? »), rte Royale.* 5255-18-50. • sindbad.com • Formations tous niveaux et location de matériel. C'est Nico qui officie et vous emmène naviguer dans des coins magnifiques.

LES ÎLES AU NORD DE CAP MALHEUREUX

• Carte *p. 97*

On compte sept îlots au nord de la pointe de Maurice. Dans l'ordre depuis la côte :

– ***Coin de Mire :*** c'est l'îlot le plus reconnaissable, avec ses hautes falaises, et le plus proche de la côte (environ 4 km de Cap Malheureux, 6 km de Pereybère). On ne débarque pas au Coin de Mire, dont les abords sont difficiles et qui a été transformé en réserve naturelle. En revanche, certains clubs de plongée viennent par ici, car les fonds sont superbes.

– Un peu plus au nord, à 12 km de Cap Malheureux (18 km de Pereybère), il y a l'***île Plate*** et l'***îlot Gabriel,*** séparés par un lagon de 200 m environ. Des excursions sont organisées par les agences ainsi que par tous les hôtels. Passé le Coin de Mire, on est en pleine mer avec une bonne houle au programme (selon météo). À choisir, préférez l'***île Plate*** pour sa plus grande « tranquillité ». Il y a rarement plus de cinq ou six bateaux sur cette île car la plupart des embarcations ne peuvent y accéder à marée basse. Mais attention, la sortie n'est à entreprendre que par temps calme. À ne pas faire si la mer est agitée, car la passe pour l'île Plate est difficile à négocier en cas de houle. Il y a déjà eu des accidents graves ! Sortie d'une journée (compter 3h de navigation aller-retour depuis Grand Baie ou Pereybère, et 3 ou 4h sur place, ou 1h depuis Cap Malheureux). Certaines agences proposent un départ depuis Grand Baie. Choisir d'y aller en catamaran ou trimaran, c'est plus sympa qu'en bateau à moteur.

Pour la petite histoire, les bateaux s'arrêtaient sur ces deux îlets, sortes d'Ellis Island de Maurice, avant d'entrer sur l'île par Vieux Grand Port au sud. Sur l'île Gabriel, on enterrait les morts, et sur l'île Plate, les malades étaient mis en quarantaine pour ne pas propager de virus sur l'île jusqu'au milieu du XIXe s. On retrouve encore des vestiges de l'ancien hôpital. Lire *La Quarantaine,* de Le Clézio, qui dépeint toute cette atmosphère.

L'***îlot Gabriel*** est beaucoup plus fréquenté que l'île Plate : on se retrouve parfois à 20 ou 30 bateaux sur la même plage, avec les musiques des uns et des autres qui s'entremêlent. Ça limite le côté romantique. Une sortie cependant

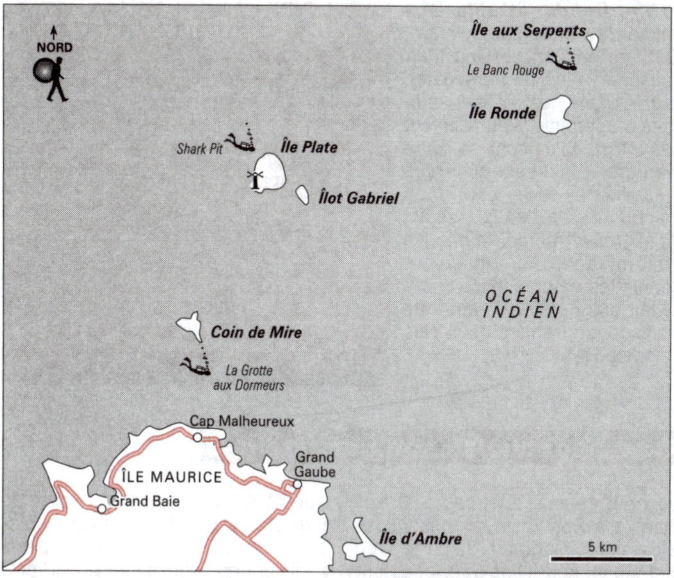

LES ÎLES AU NORD DE CAP MALHEUREUX

bien agréable : barbecue de poulet et poissons préparé sur le bateau (à l'îlot Gabriel) ou sur la plage (à l'île Plate), bronzette et plongée avec masque et tuba. Beau massif corallien dans le lagon et faune pas farouche (balistes, poissons-clowns, etc.). Sur les deux îlots, les abords des plages sont parfois assez sales malheureusement, avec des bouteilles en plastique et quelques autres cochonneries. Certains prestataires veillent à conserver les lieux propres en partant. D'autres non.
Bien faire attention à ne pas mettre les pieds ou les palmes sur les coraux : ça les casse. Un autre conseil, et on insiste : n'oubliez pas la crème solaire et le T-shirt, même dans l'eau. Les coups de soleil que l'on attrape le dos semi-immergé et tourné vers le soleil sont sournois et ne pardonnent pas !
– ***L'île d'Ambre et l'îlot Bernache :*** entre Grand Gaube et Poudre d'Or, l'île d'Ambre est une petite île à l'intérieur du lagon. Les bateaux partent de Grand Baie (2h), de Pereybère (1h30), de Grand Gaube (30 mn) ou de Poudre d'Or (20 mn). La traversée du lagon est parfois délicate à marée basse. Ce sont en général des bateaux à fond de verre (pour apprécier le lagon) ou des barques de pêche qui font le trajet. On longe toute la côte, dépassant Cap Malheureux, et on s'aperçoit que les cases en bord de mer n'ont rien de malheureux ; bien au contraire, heureux ceux qui vivent là, les pieds dans l'eau. Sur l'île d'Ambre, pas de plages de sable blanc bordées de cocotiers et des fonds ressemblant à des aquariums. L'île est entièrement cernée par la mangrove, composée de mangliers, sorte d'arbres à racines énormes qui s'enfoncent dans le sable, une forêt, des bancs de sable et de l'ombre sous les filaos.
Juste à côté, l'***îlot Bernache*** est un minuscule bout d'île où il fait bon se poser. C'est d'ailleurs l'objectif de l'excursion. Celui-ci est bordé de petites langues de sable blanc.
– Possibilité aussi de faire du kayak de mer (voir plus loin *Yemaya Adventures* ou *Isa Mauritius* dans la rubrique « À faire » à Grand Gaube).

– ***L'île Ronde et l'île aux Serpents :*** bien plus au nord, à 15 km environ de Cap Malheureux (24 km de Pereybère). Leur éloignement et leur difficulté d'approche les préservent des intrus. Elles sont de toute manière classées réserves naturelles et on ne peut donc y accoster. De beaux oiseaux y ont trouvé refuge. Même les ornithologues les observent depuis les embarcations, pour éviter qu'un rat ne débarque malencontreusement de la cale du bateau !

ÇA NE TOURNE PAS ROND

Les noms attribués aux îlots du Nord ont parfois de quoi dérouter. Ainsi, curieusement, c'est l'île aux Serpents qui est ronde, et elle n'abrite pas de serpents, mangés par les oiseaux. En revanche, l'île Ronde abrite des serpents. Les pêcheurs disent même qu'on y trouve une espèce de boa unique au monde... Mais le comble, c'est qu'elle n'est pas ronde ! Ces abus de langage seraient dus à une erreur des cartographes : ils auraient tout bonnement interverti les deux îles. Et jusqu'à maintenant, personne n'a eu l'idée de rétablir les noms justes.

Comment choisir son prestataire ?

De nombreuses agences à Grand Baie et à Pereybère proposent les excursions. Compter, selon le type de bateau, pour l'***îlot Gabriel*** autour de 1 200 Rs/pers et pour l'***île Plate*** 1 500 Rs, repas et boissons compris. Vous croiserez certainement des pêcheurs qui vous proposeront de vous y emmener avec leurs embarcations, pour moins cher en principe. Sachez que vous vous embarquez alors à vos risques et périls. Primo, ils ne sont généralement pas assurés et ne possèdent pas assez de gilets de sauvetage. Secundo, c'est interdit (ils ne paient pas de patente) et les garde-côtes sont vigilants, car il y a déjà eu des accidents ! Le pêcheur risque une grosse amende, qui se transforme d'ailleurs souvent en bakchich... N'écoutez pas les rabatteurs des bacs à sable. Ils vous racontent n'importe quoi. Avant d'embarquer, vérifiez bien :

– l'inscription PC *(Permit Commercial)*, qui doit figurer sur la coque du bateau ; cela signifie que l'embarcation est contrôlée régulièrement par le ministère du Tourisme et que le propriétaire est habilité à emmener des passagers ;

– le chiffre mentionné après les inscriptions BY ou AY, qui correspond au nombre de passagers autorisés à bord ;

– les gilets de sauvetage, qui doivent être en nombre suffisant ;

– que le prestataire vous pose des questions comme « Savez-vous nager ? » est la moindre des choses. Pour certains, l'excursion est devenue tellement routinière que les principes de base ne sont plus respectés. Or, il y a des accidents !

Enfin, ne pas sortir lorsque la mer est agitée et assurez-vous qu'il y a un abri contre le soleil sur l'embarcation (et surtout, que vous ne serez pas trop nombreux, car quoi qu'il en soit, tout le monde ne peut pas s'abriter).

GRAND GAUBE

Nous voici déjà sur la côte est, beaucoup plus sauvage et battue par les vents. Peu de possibilités d'hébergement dans le coin, et Grand Gaube est le premier village que l'on rencontre après avoir passé Cap Malheureux et

la pointe nord de l'île. Tout en longueur, sans véritable centre, ce village authentique et reculé n'a à offrir que la nonchalance de ses habitants. Et ce n'est pas si mal. On fabrique ici des barques, en *jack fruit,* de manière artisanale. En bord de mer, bancs, kiosques et allées serpentant sous les arbres.

Où dormir ?

Beaucoup plus chic (plus de 4 800 Rs / 120 €)

Veranda Paul et Virginie Hotel et Spa : *rte Royale.* ☎ *288-02-15.* • *veranda-resorts.com* • *En venant du nord, sur la gauche de la rte Royale, au centre du village, env 300 m après le terrain de foot, côté mer. Selon saison, 4 000-6 000 Rs pour 2 pers en ½ pens (chambre confort). (espaces communs).* Cet hôtel du bout du monde a de bons atouts : ambiance familiale et relaxante, intimité et calme (les chambres sont à l'écart du bar), service impeccable, personnel attentionné. Ensemble très agréable, composé de structures aérées, sur 2 étages, avec un beau jardin et des parties communes soignées. Les chambres, spacieuses et sous les toits de chaume, disposent de toutes les commodités (clim, coffre, minibar...), d'un balcon ou d'une terrasse avec large vue sur la mer. Beau bar sous une paillote élégante, au mobilier colonial. Sur le devant, petite plage et 2 piscines, et pour les sportifs sont gratuitement proposés kayak, planche à voile, embarcations à pédales, tennis, aquagym. Kiosque romantique au bout de la jetée. Côté activités : balade en bateau à fond de verre, snorkelling...

À faire

Excursions

■ ***Isa Mauritius :*** *5788-88-78.* • *isa-mauritius.com* • Isa la Bretonne organise des excursions en petit comité, à la carte, avec des partenaires mauriciens sérieux : sorties en mer, sorties baleines (juin-octobre), excursion à l'îlot Gabriel en catamaran et toutes les excursions classiques. Elle propose aussi des réservations de logement, la location de voitures, ainsi qu'un service de « mariage sur la plage » avec toute l'organisation que cela induit (de l'aide aux formalités à la robe de mariée)... Isa est également équipée pour convoyer les personnes à mobilité réduite.

■ ***Yemaya Adventures :*** *à Kalodyne, Grand Gaube.* *5752-00-46.* • *yemayaadventures.com* • *Selon la randonnée ou la sortie en mer, compter 750-2 500 Rs/pers, ½ journée ou journée.* Sportif et écolo passionné, Patrick Haberland a choisi le carburant le moins polluant pour partir à la découverte de son île : l'huile de coude ! C'est à la force des mollets ou des bras (en fonction de l'option kayak, rando ou VTT) qu'il vous guidera dans la mangrove, dans le lit de belles rivières ou sur de petites routes jolies comme tout. Excursions limitées à 10 personnes pour préserver la convivialité de l'atmosphère. Une vraie leçon d'écotourisme.

■ ***Big John Mauritius :*** *au débarcadère de Grand Gaube.* *5496-66-63.* • *obrian24hr@hotmail.com* • *Compter env 1 500 Rs pour l'excursion à la journée sur l'îlot Bernache.* Une bonne excursion en comité assez restreint (une dizaine de personnes max), avec barbecue sur la plage de cet adorable et minuscule îlot. Plongée sur l'îlot Bernache et balade dans la mangrove à l'île d'Ambre.

DE GRAND GAUBE À ROCHES NOIRES

GOODLANDS

Au sud de Grand Gaube, dans l'intérieur des terres. Ville qu'on pourrait qualifier au choix de quelconque ou de typique, les deux adjectifs pouvant être appliqués. Avec près de 50 000 habitants, Goodlands grouille de monde, surtout les jours de marché aux fruits et légumes les mercredi et samedi, ou de marché au tissu les mardi et vendredi. Goodlands abrite l'une des plus grandes entreprises de maquettes de bateaux. Plusieurs banques avec distributeurs automatiques dans la rue principale.

Les ateliers de Historic Marine : *dans la zone industrielle de Goodlands, presque en face de la station* Shell. *☎ 283-94-04/05. • historic-marine.com • Traverser le bourg en venant de Cap Malheureux. Lun-ven 8h30-17h, w-e 9h-12h. Petite visite guidée gratuite.* On le dit tout net, les prix sont élevés, mais la qualité du travail et la variété de maquettes sont indiscutables. Pour un petit souvenir, premiers modèles à partir de 20 € (pour les petites barques à voile) ; ensuite, on grimpe vite à 75 € pour de belles demi-coques. Même prix pour les premières petites maquettes, dont les tarifs grimpent ensuite en fonction de la taille et de la difficulté. Pour voir toute la gamme proposée, passer avant 14h (après, les maquettes sont souvent exposées dans les hôtels). Aucun bois local n'est utilisé, pour éviter les craquements une fois le bateau bien en vue sur une commode européenne. Ils utilisent entre autres du teck, de l'acajou, et proposent pas loin de 150 modèles. On peut aussi se faire construire le bateau désiré en apportant plan ou modèle ! À l'arrière, dans l'atelier, on voit les ouvriers travailler *(lun-ven slt)*. Chaque ouvrier travaille sur « son » bateau, sauf pour les gréements qui sont réalisés par des femmes, ainsi que les finitions. Ils expédient les maquettes partout dans le monde.

POUDRE D'OR

Malgré le nom évocateur dû au sable doré (pas plus doré qu'ailleurs) de cette partie de la côte, ce paisible village, verdoyant et attachant, n'a rien de spécial à offrir. Il doit sa seule gloire au ***naufrage du*** **Saint-Géran,** en août 1744, à 4 km au large de la côte de Poudre d'Or. Un monument très ordinaire a été élevé pour commémorer ce drame et le roman *Paul et Virginie*. Encore un monument pour rappeler le souvenir de ces personnages... de fiction ! Ces deux-là, on les retrouve tant et si bien partout sur l'île qu'on commence à croire qu'ils ont vraiment existé. Un joli coin en tout cas, ventilé par les alizés et agréable pour un pique-nique face au large.

Par la rue juste avant celle du monument dédié à Paul et Virginie, on accède au port de Poudre d'Or, qui consiste en quelques barques amarrées dans une crique cernée de mangrove. Le retour de pêche a lieu en début d'après-midi ; ensuite, les pêcheurs jouent aux dominos, sous le grand banian, tandis que d'autres réparent leur nasse ou tressent leur filet. La vie mauricienne dans toute sa belle torpeur. Au bout de l'allée de cocotiers se dresse la petite église dédiée à Marie Reine, entourée de champs de canne.

À faire

■ ***Le Grand Bleu Tour :*** *rue du Débarcadère, indiqué dans le village. ☎ 283-18-33. 📱 5903-16-09. • legrandbleutour.com • Compter 1 600 Rs la journée, 9h-16h30 env ; 1 400 Rs sur présentation du guide de l'année. Excursions sur résa.* Petite structure proposant des excursions sur l'île Bernache. 10 personnes max. Sur le chemin, plongée en apnée dans le lagon (matériel fourni), puis arrêt sur une adorable plage-lagon et déjeuner d'un barbecue de poisson. Patrick Karia, le patron, est adorable et s'intéresse à la nature et l'écologie. Au retour, on s'arrête sur la méconnue île d'Ambre, entourée de mangrove. Chouette balade romantique dans les sous-bois par un chemin bien entretenu. Vraiment agréable et étonnant. Au final, une très bonne prestation, intime et familiale.

ROCHES NOIRES

Bras d'Eau National Park : *à un peu moins de 4 km au sud de Roches Noires, par la route de l'intérieur. Visitor's Centre ouv lun-ven 8h-15h15, w-e 9h-16h. Entrée libre. Accès libre pour le site, ouv en permanence.* Une réserve naturelle d'environ 500 ha, créée au sein d'un boisement diversifié d'eucalyptus, d'araucarias, de filaos, etc. Intéressante pour l'avifaune qu'elle abrite. Avec beaucoup de patience et pas mal de chance, on peut y observer certaines espèces d'oiseaux rares comme le coq des bois, une espèce endémique. C'est un gobe-mouches aux ailes rouges, rien à voir donc avec notre gallinacé national ! Dans le très sommaire *Visitor's Centre,* quelques petits panneaux (en anglais seulement) sur la faune et la flore. En face, les vestiges de l'ancienne sucrerie. Après les ruines d'un puits, débute un sentier (7 km aller-retour) qui permet une balade ombragée jusqu'aux mares Mahogany, Chevrettes et Coq des Bois. Ça change de la plage ! Prévoir de bonnes chaussures, car le sentier est caillouteux. La mare Mahogany est un endroit sympa et frais pour pique-niquer (quelques tables). À voir également, les ruines d'un four à chaux.

La Maison d'Été : *Poste Lafayette,* **Flacq.** *☎ 410-50-39. • lamaisondete.com • À mi-chemin entre Roches Noires et Bras d'Eau, par la route côtière, sur la gauche en venant du nord. Chambres env 155-245 € selon confort, petit déj compris (et une autre, la Vigie, bien plus chère) ; 3 suites plus chères dans la Villa Océan, env 265 €. Réduc de 30 % en basse saison (juin-sept). Repas à La Table du Pêcheur 900 Rs et carte plus chère. Le dim midi, buffet mauricien 1 200 Rs, et le dim soir, c'est pizza !* Un établissement de poche avec une quinzaine de chambres disséminées parmi les cocotiers et des fontaines zen, dans un environnement sauvage. Toutes les chambres sont superbement décorées dans les tons blanc et rouge (notamment la Vigie, avec une grande terrasse). Les 8 bungalows au toit de chaume ne sont pas en reste. Jolies têtes de lit en bois lazuré blanc. Ajoutez 2 piscines à la grande élégance, 1 plage, des terrasses sablées avec paillotes, hamacs et gros coussins rouges pour s'affaler. Vue extra sur la barrière de corail. Et enfin, un très bon restaurant ouvert aux non-résidents. Sans oublier un salon de massage. Tout cela constitue un cocktail exotique plein de saveurs et l'un de nos coups de cœur dans la région ! Vélos à disposition, kayak, palmes-masque-tuba... Un billard également.

Jalsa Beach : *rte côtière, Poste Lafayette, sur la gauche en venant de Roches Noires. ☎ 402-73-00. • jalsabeach.com • Selon saison, doubles 165-260 € en ½ pens ; également des suites. (réception et bar).* Sur un coin de côte encore très sauvage, cet hôtel 4 étoiles, grande structure sur 3 niveaux, n'est pas d'une grande élégance architecturale, mais le beau jardin compense largement, tout comme la superbe piscine et le calme qui règne. Superbe petite langue de sable devant, et vue sur la mangrove. Une soixantaine de chambres avec balcon, face à la mer pour la plupart (demander à être proche de la piscine). Confort moderne, déco agréable et équipement complet (écran plat, DVD, mobilier contemporain...). Sauna et hammam (payant), bateau à fond de verre, kayak. Resto. Location de voitures, scooters.

LA CÔTE EST, DE POINTE LAFAYETTE À MAHÉBOURG

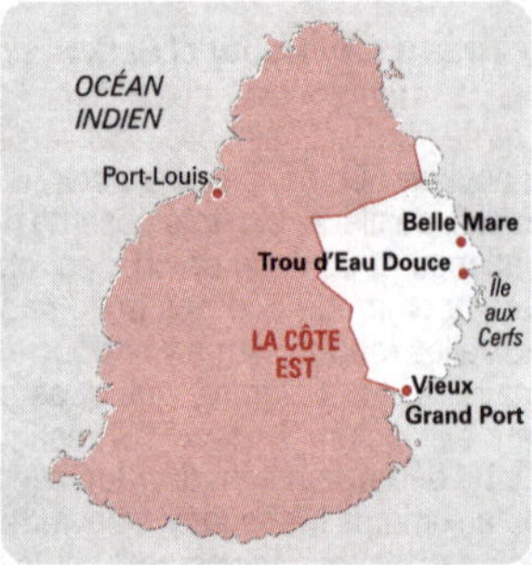

Restée très sauvage pendant de nombreuses années, la côte connaît un important développement touristique, notamment entre la pointe de Flacq et Trou d'Eau Douce. Un peu plus au nord, entre Roches Noires et Pointe Lafayette, le littoral est bordé de roches noires déchiquetées par la force des vagues et de quelques villas pied dans l'eau. Le coin est beau et franchement très tranquille, mais il y a peu de plages et de possibilités d'hébergement de ce côté-là. Ensuite, vers le sud, de superbes étendues de sable blanc se succèdent sur une dizaine de kilomètres, parsemées de quelques hôtels de luxe qui ont eu la bonne idée de ne pas dénaturer le site. Enfin, entre Grande Rivière Sud-Est et Vieux Grand Port s'égrènent des villages de pêcheurs. Sur cette partie de la côte et un peu plus au sud, le vent souffle presque toute l'année.

FLACQ

• Carte *p. 103*

Flacq est une commune englobant 36 villages, et son centre est... *Centre-de-Flacq,* à 10 km environ de la côte. C'est la ville la plus importante de l'est de l'île. Elle a connu ces dernières années une certaine expansion démographique et économique, conséquence notamment d'une activité textile toujours florissante, dopée par la création de la zone franche. C'est aujourd'hui un bourg populaire vivant, avec de nombreux bazars et échoppes, ses centaines de collégiens en uniforme, et les abords ombragés de sa rivière.

Infos utiles

– Nombreuses ***banques*** avec distributeurs automatiques à Centre-de-Flacq.
– ***Foire :*** *à* ***Centre-de-Flacq,*** *mer et dim tte la journée.* Fruits et légumes, épices, vannerie, vêtements, tissus... Grand marché animé, typique et dépaysant, avec des échoppes en enfilade sous des allées de tôles. De bonnes affaires à réaliser côté textile.

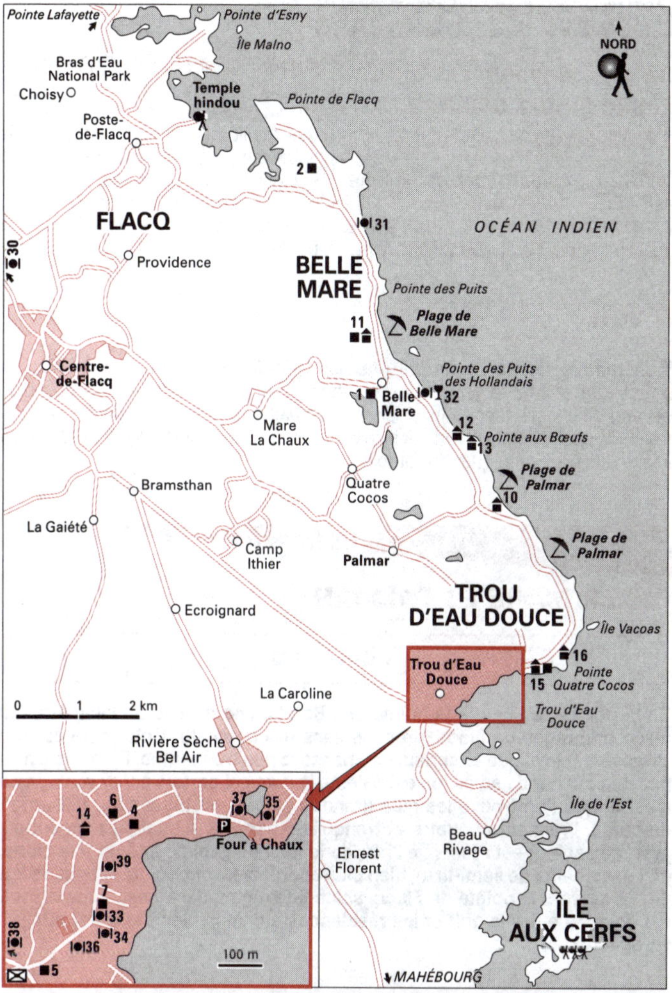

LA CÔTE EST, de la pointe de Flacq à Trou d'Eau Douce

Adresses utiles

1 Shibani Finance et Belle-Mare Pharmacie
2 Mauritius Commercial Bank
4 Thomas Cook *(zoom)*
5 Pharmacie *(zoom)*
6 Scooters des îles, Location de vélos et scooters *(zoom)*
7 Supermarché Magic Deal *(zoom)*

Où dormir ?

10 Surcouf Hotel and Spa
11 Emeraude Beach Attitude
12 Veranda Palmar Beach
13 La Palmeraie Boutique Hotel
14 Le Dodo *(zoom)*
15 Tropical Attitude
16 Silver Beach

Où manger ?

30 Chez Manuel
31 Symon's
32 Beach Rouge
33 Gilda's Restaurant *(zoom)*
34 Snack San Antonio *(zoom)*
35 Green Island Beach *(zoom)*
36 Sous le Manguier *(zoom)*
37 Le Four à Chaud *(zoom)*
38 Restaurant Le Café des Arts *(zoom)*
39 Chez Tino *(zoom)*

Où boire un verre ?

32 Beach Rouge

À faire

11 Dive Time Limited
15 Dive Passion Ltd

Où manger dans le coin ?

De prix moyens à chic (450-1 000 Rs / 11,50-25 €)

Chez Manuel (hors carte Côte est, **30**) : à **Saint-Julien.** ☎ 418-35-99. *Village situé à env 6 km à l'ouest de Centre-de-Flacq. Du centre-ville, prendre la direction de Port-Louis, puis c'est fléché. Tlj sf dim, midi et soir. Menus pour 2, 4 et même 10 pers !* L'un des meilleurs restos chinois de l'île. Immense salle avec nappes rouges et blanches, et un personnel qui s'affaire en tous sens. Préparation de crabe superbe, tout comme les fruits de mer. Et c'est copieux !

À voir

Le temple hindou Sagar Shiv Mandir (carte Côte est) : à **Poste-de-Flacq,** *sur un îlot au bout de la route.* On n'est presque pas étonné de trouver un temple dans cet endroit si isolé, tant le site inspire la spiritualité : un îlot balayé par les vents au milieu de criques et de mangroves, la barrière de corail au loin... Il n'y a rien d'autre à faire que de s'imprégner de l'ambiance.

BELLE MARE ET PALMAR

• Carte *p. 103*

De la pointe de Flacq à la pointe aux Bœufs, une dizaine de kilomètres de plage ombragée de filaos, presque sans discontinuité. Cette côte est tout simplement idyllique et curieusement assez peu fréquentée. Bien sûr, il n'y a pas de coucher de soleil (on est à l'est), le coin est parfois assez venté, mais c'est là que l'on trouve les plus grandes plages, protégées par la barrière de corail. Vraiment chouette et tranquillité parfaite. À quelques exceptions près, ce secteur est réservé à l'hôtellerie haut de gamme, même si quelques établissements de semi-luxe, bien plus abordables, ont pointé le bout de leur nez. Aller vers la pointe de Flacq, splendide région s'il en est, mais la route est coincée entre le golf et les résidences aux multiples étoiles et aux prix vertigineux.

Adresses et infos utiles

■ ***Bureaux de change et distributeur automatique :*** ***Shibani Finance*** *(carte Côte est,* ***1****), dans le centre de* ***Belle Mare,*** *à deux pas de la bifurcation entre Trou d'Eau Douce et la pointe de Flacq.* ☎ *415-20-25. Lun-ven 8h30-17h, sam 8h30-16h, dim et j. fériés 8h30-12h. Distributeur automatique à la* ***Mauritius Commercial Bank*** *(carte Côte est,* ***2****), à la pointe de Flacq, face aux hôtels prestigieux, ouv 24h/24. Attention, ce distributeur est souvent en panne !*

■ ***Belle-Mare Pharmacie*** (carte Côte est, **1**) : *dans le centre de* ***Belle Mare,*** *à côté de Shibani Finance.* ☎ *415-27-46. Lun-sam 8h-19h, dim 8h-14h.*

– ***Bus :*** entre ***Centre-de-Flacq*** et ***Trou d'Eau Douce.*** Attention, pas de bus entre Belle Mare et Centre-de-Flacq, ni entre Belle Mare et Trou d'Eau Douce. Taxi uniquement pour ces trajets.

Où dormir dans le coin ?

Plus chic (3 200-4 800 Rs / 80-120 €)

■ ***Surcouf Hotel and Spa*** *(carte Côte est,* ***10****) : Coastal Rd, devant la plage de* ***Belle Mare,*** *à la limite de Palmar. ☎ 415-18-00. • lesurcouf.mu • Doubles 80-100 €, petit déj compris ; 130-160 € pour 2 en ½ pens selon confort et saison ; également formule tt compris. (réception).* Une cinquantaine de chambres doubles, la plupart en front de mer, dans une structure à taille humaine et aux toits de chaume, proposant une formule parfaitement adaptée à ceux qui veulent profiter du lagon sans se ruiner dans les hôtels de luxe. Chambres pas très spacieuses mais fort bien équipées, colorées et de très bon confort, donnant sur une pelouse soignée, plantée de palmiers et descendant en pente douce vers le sable et le lagon. Douche à l'italienne. Piscine de taille honorable. Calme total.

Très chic (plus de 5 000 Rs / 125 €)

■ ***Emeraude Beach Attitude*** *(carte Côte est,* ***11****) : à la sortie nord de* ***Belle Mare,*** *sur le côté gauche de la route, en direction de la pointe de Flacq, donc pas côté mer. ☎ 401-14-00. • emeraudebeach-hotel-mauritius.com • Compter 100-150 € pour 2, petit déj inclus ; ½ pens 125-175 € ou formule « Otentik all inclusive » proposées. Promos Internet.* Un très joli hôtel, à taille humaine (une soixantaine de chambres), aux bungalows au toit de chaume, avec 2 piscines, spa et resto. 2 types de chambres à la déco contemporaine, clim, terrasse ou balcon et belles salles de bains. Les supérieures sont plus spacieuses et peuvent accueillir 2 enfants en plus des parents. Miniclub. Seul défaut : la superbe plage de Belle Mare est de l'autre côté de la route (faire attention en traversant). Centre de plongée à proximité (voir « À faire »).

■ ***Veranda Palmar Beach*** *(carte Côte est,* ***12****) : Coastal Rd,* ***Belle Mare.*** *☎ 402-35-00. • veranda-resorts.com • Selon saison, 130-190 € pour 2 avec petit déj, ou formule all inclusive possible via les agences de voyages. (réception).* Une bonne adresse de taille encore raisonnable (env 80 chambres), avec vue mer, piscine ou jardin. Chambres disposées en épi, dont certaines encadrent la sympathique piscine et le jardin planté de beaux palmiers. Éviter toutefois les plus proches du bassin (soirées organisées autour et musique jusque tard certains soirs). Personnel charmant et équipement de qualité. 2 restos, dans des styles complémentaires. Possibilité de prendre un repas dans un autre hôtel du groupe *Veranda* à Grand Baie, Trou aux Biches ou Grand Gaube, par exemple. Spa. Nombreuses activités incluses (kayak, bateau à fond de verre, *hobby cat*...).

■ ***La Palmeraie Boutique Hotel*** *(carte Côte est,* ***13****) : Coastal Rd,* ***Palmar.*** *☎ 401-85-00. • hotel-palmeraie.com • Selon saison et type de chambre, 130-180 € pour 2 avec petit déj ; également des formules ½ pens et tt inclus à prix intéressants.* Bienvenue à... Marrakech ! Ce séduisant hôtel d'une soixantaine de chambres offre, de par son architecture marocaine, le dépaysement dans le dépaysement (à moins que vous n'habitiez au Maroc !). Chambres de très grand confort, décorées avec goût et élégance : voilages de couleur, mobilier marocain, lit douillet, écran plat, lecteur DVD. 3 catégories de chambres, avec vue sur jardin ou mer. Éviter en revanche celles donnant sur l'arrivée des voitures à la réception (aucun intérêt). Petite plage adorable juste devant ou belle piscine à débordement qui encercle une partie du bar... Accueil soigné, services sans faille (spa, massages, sports nautiques gratuits), et même une école de kitesurf à proximité. Bref, rien ne manque à ce boutique-hôtel, cette nouvelle génération d'hôtels qui jouent à fond la carte du charme et de l'intimité.

Où manger ?

De prix moyens à chic (450-1 000 Rs / 11,50-25 €)

🍽 ***Symon's*** (*carte Côte est, **31***) **:** *rte Royale, pointe de Flacq,* ***Belle Mare.*** *☎ 415-11-35. Au bord de la route, sur la droite en venant du sud, 500 m avt l'intersection pour Poste-de-Flacq et la pointe de Flacq. Tlj 10h-22h. Prix moyens.* Pas mal de spécialités indiennes, chinoises, mauriciennes, de la mer, et plusieurs plats végétariens. La terrasse ventilée en bord de route et la salle climatisée sont très quelconques, mais le cari d'ourites au lait de coco n'a pas fait un pli. Rougail de crevettes fort réussi.

🍽 🍷 ***Beach Rouge*** (*resto du* Lux Hotel *; carte Côte est, **32***) **:** *rte Royale,* ***Belle Mare.*** *On y accède par le* Lux Hotel *lui-même (côté route) ou directement par la plage. ☎ 402-20-00. Midi et soir. Plus chic.* Il y a finalement peu de restos directement en bord de plage. Celui-ci allie plusieurs avantages. Il accepte les non-résidents, il est directement posé au bord d'une merveilleuse langue de sable blanc, son mobilier moderno-zen blanc (les canapés), bleu à midi et rouge le soir ne manque pas de chic, et la carte, bien qu'un peu apprêtée, propose des plats de qualité, vraiment goûteux. Si vous n'y allez pas pour le restaurant, allez-y pour prendre un verre en fin d'après-midi, au moment du coucher de soleil, affalé sur de gros coussins. Un moment divin. DJ le soir.

Où boire un verre ?

🍷 Boire un verre en fin d'après-midi, devant le lagon, sur les canapés du resto-bar-lounge ***Beach Rouge*** (*carte Côte est, **32** ; voir « Où manger ? »*) est un vrai plaisir.

À faire

■ ***Dive Time Limited*** (*carte Côte est, **11***) **:** *entrée à côté de l'hôtel* Emeraude Beach Attitude, *à* ***Belle Mare.*** *📱 5256-77-37. • divetimemauritius.com • Centre ouv tlj 9h-17h. Baptême env 3 500 Rs (2 800 Rs sur présentation du guide de l'année). Plongée d'exploration env 1 800-2 000 Rs sans ou avec l'équipement fourni (1 500 Rs sur présentation du guide de l'année) ; également des forfaits 5 et 10 plongées qu'on peut utiliser à plusieurs.* Ce centre affilié PADI propose des formations et emmène les plongeurs de tous niveaux à « la passe » (17 m de profondeur), un des sites favoris de Dev Koosul. Quand il y a trop de vent, il préfère aller plus au nord. En tout, il évolue sur une quinzaine de sites. Pour les baptêmes, on commence par une plongée en piscine à l'hôtel *Emeraude Beach Attitude.*

TROU D'EAU DOUCE

• Carte *p. 103*

Gros village agréable et très étendu en bord de route. Le lieu est connu parce qu'il est le point de départ pour l'île aux Cerfs. Les belles plages se situent au

nord du village, en direction de Belle Mare. Certaines parties sont squattées par les hôtels de luxe, mais il reste tout de même plusieurs kilomètres de côte accessible. La plage change souvent de nom, mais peu importe, c'est la même, toujours belle et bordée de filaos.

Arriver – Quitter

➢ ***En bus :*** liaisons tlj, ttes les 20-30 mn env, 6h-18h, entre ***Centre-de-Flacq*** et ***Palmar,*** via Trou d'Eau Douce. À Centre-de-Flacq, bus pour les principales villes de l'île. Pas de bus en revanche entre Trou d'Eau Douce et Belle Mare.

Adresses utiles

✉ ***Poste*** *(zoom Trou d'Eau Douce)* **:** *dans le centre du village.*

■ ***Bureau de change :*** *chez* ***Thomas Cook*** *(zoom Trou d'Eau Douce, **4**). Lun-sam 8h30-16h30.*

■ ***Pharmacie*** *(zoom Trou d'Eau Douce, **5**)* **:** *en plein centre. ☎ 480-12-91. Lun-sam 8h-19h, dim 8h-13h.*

■ ***Scooters des îles, Location de vélos et scooters*** *(zoom Trou d'Eau Douce, **6**)* **:** *dans le centre, dans une ruelle sur la droite, tt près du Dodo. 📱 5778-41-82. ● jovany_dubillon@yahoo.com ● Env 350 Rs/j. pour un vélo ; env 900 Rs/j. pour un scooter, caution demandée et permis exigé.*

■ ***Supermarché Magic Deal*** *(zoom Trou d'Eau Douce, **7**)* **:** *en plein centre. Lun-sam 8h-19h30, dim 8h-13h.*

Où dormir ?

De bon marché à prix modérés (moins de 1 200 Rs / 30 €)

🏠 ***Le Dodo*** *(zoom Trou d'Eau Douce, **14**)* **:** *en plein centre du village, sur la gauche de la rte Royale en allant vers le nord (panneau). ☎ 480-00-34. 📱 5763-57-03. ● christa0307@hotmail.com ● En retrait de la route, un peu en hauteur. Studios 2-3 pers env 1 000-1 200 Rs selon vue et confort, avec cuisine, douche, w-c et ventilo (2 avec clim, un peu plus chers).* Quelques studios ou vastes appartements sans charme mais fonctionnels, dans un petit édifice cubique de 3 étages, à 100 m en retrait de la route. Certains appartements possèdent une vaste terrasse aux rambardes turquoise. Ceux des 2e et 3e étages ont vue sur la mer. Éviter en revanche les 2 minuscules chambres sur l'arrière, sans intérêt. De quoi faire de bons gros dodos. Accueil gentil.

Plus chic (3 200-4 800 Rs / 80-120 €)

🏠 ***Silver Beach*** *(carte Côte est, **16**)* **:** *Coastal Rd, devant la plage. ☎ 480-26-00. ● silverbeach.mu ● Chambres env 150-160 € en tt inclus selon saison. wifi (réception).* Encore une belle adresse dans la catégorie semi-luxe, où le nombre de chambres (environ 65) n'est pas écrasant. On bénéficie d'un service de qualité et on s'y sent vite à l'aise. 2 structures distinctes : un édifice de 2 étages, tout en longueur et perpendiculaire à la plage, pas d'un charme débordant, assez massif, offrant des chambres à la tenue impeccable, avec balcon donnant sur le jardin, la piscine et la mer. Et sur l'arrière, une série de bungalows (l'option la moins chère) accolés les uns aux autres, sur 2 niveaux, ouvrant sur le jardin, tous avec petite terrasse privée (jardin tropical fort bien tenu). Tout est très propre, de bon confort, et la pelouse commune surplombant légèrement le lagon permet d'embrasser un superbe panorama. Activités gratuites : kayak, snorkelling, bateau à fond de verre...

🏠 ***Tropical Attitude*** *(carte Côte est,* ***15****)* **:** *Coastal Rd, juste au nord de Trou d'Eau Douce, en bord de mer. ☎ 480-13-00. • tropical-hotel-mauritius.com • Double env 3 000 Rs, petit déj compris, et formule tt inclus env 5 200 Rs pour 2.* *(réception).* Une soixantaine de chambres sur 2 niveaux, équipées de manière moderne et simple à la fois, toutes face à la mer (préférer celles à l'étage). Un hôtel de qualité, au tarif correspondant parfaitement à la prestation (AC, bateau à fond de verre, excursion à l'île aux Cerfs gratuite...). Jolie piscine.

Où dormir dans les environs ?

Plus chic (3 200-4 800 Rs / 80-120 €)

🏠 |●| ***Otentic*** **:** *à env 7 km au sud de Trou d'Eau Douce ; fléché sur la gauche de la route principale 1 km après le pont de Grande Rivière Sud-Est, à env 400 m après le cimetière de Deux-Frères. 📱 5941-48-88. • otentic.mu • Compter 6 000 Rs pour une tente pouvant accueillir 5 pers (2 adultes et 3 enfants). Réduc à partir de 2 nuits ; plus cher pdt les fêtes de fin d'année. Excellent petit déj inclus, très complet. Repas-buffet 600 Rs.* Cet écolodge, tenu par l'adorable et cool Julien, propose dans un environnement préservé un mode d'hébergement tout à fait original, un style de vie au plus près de la nature et de la culture mauricienne, sans jamais sacrifier au confort. Il s'agit de grandes tentes (15 m² habitables et on tient debout), prolongées par une généreuse terrasse de bois et avec une vraie salle de bains à l'arrière. C'est l'exemple type du *glamping* (mix de « glamour » et « camping » !). Ici, on tente de diminuer l'empreinte écologique : panneaux solaires, tri des déchets, utilisation d'objets recyclés, comme l'ameublement des tentes sur pilotis, équipées d'un vrai lit, d'une salle de bains en bois de récup' (lavabos posés sur des vieilles portes) et de cagettes de légumes en guise d'étagères. Idéal pour les familles, dont les enfants profiteront de la petite piscine. Remarquable resto sur place (chacun peut participer à l'élaboration des repas, préparés par la délicieuse Christelle). Kayak pour pagayer tranquillement jusqu'à la cascade (en 15 mn environ, quand il n'y a personne !) et VTT à dispo. Autre bonne nouvelle : bateau-navette gratuit et quotidien jusqu'à l'île aux Cerfs. Départ à 9h30, retour vers 13h, pile-poil quand il n'y a encore personne. Génial, non ? Cette formule est ouverte aux non-résidents *(950 Rs, repas compris).* Décidément, on aime bien ce lieu pas comme les autres. Et pour les marcheurs, on vous indiquera une colline pour randonner tout seul. Sinon, plusieurs randonnées guidées sont proposées sur place (payantes). Nombreuses autres activités pour les clients.

Où manger ?

De bon marché à prix modérés (150-450 Rs / 4-11,50 €)

|●| ***Gilda's Restaurant*** *(zoom Trou d'Eau Douce,* ***33****)* **:** *dans le centre, à proximité de la pompe à essence. 📱 5428-04-98. Tlj sf mar, 9h-22h.* On aime bien la petite terrasse de bois avec sa vue dégagée. Quant à la carte, on y trouve un peu de tout : pizzas, pâtes, poisson en sauce... et *mine frit*. Simple, pas cher et accueil gentil comme tout.

|●| ***Snack San Antonio*** *(zoom Trou d'Eau Douce,* ***34****)* **:** *dans la rue qui part à gauche au niveau de l'église. ☎ 480-11-52. Ts les midis (et certains soirs) sf mar.* À l'étage d'une maison

rose, quelques modestes tables sur le balcon, pour un plat de *mine frit* ou un curry à une poignée de roupies.

Prix moyens (450-650 Rs / 11,50-16,50 €)

Green Island Beach *(zoom Trou d'Eau Douce,* ***35****) : rte Royale. ☎ 480-07-35. À l'entrée de Trou d'Eau Douce en venant du nord, sur la droite, et à deux pas du petit parking au niveau du four à chaux. Tlj sf lun.* Ce resto-café à la façade vert pomme, avec une microterrasse (surplombant la route), propose une cuisine d'excellent niveau pour un rapport qualité-prix épatant (chinoise, mauricienne et méditerranéenne mais aussi quelques influences thaïes). Copieux et bien présenté. Le midi ou le soir, un plaisir égal.

Chez Tino *(zoom Trou d'Eau Douce,* ***39****) : rte Royale. ☎ 480-27-69. Pour trouver l'escalier qui mène aux salles de resto au 1er étage, traverser le garage et suivre les poissons-lunes-lampions ! Tlj, tte la journée, sf dim soir.* Terrasse agréable en surplomb de la mer, avec forcément une super vue. Les caris et les poissons grillés sont délicieux et servis avec le sourire. Essayez de réserver une table au bord de la terrasse. À noter, le sympathique menu, d'un très bon rapport qualité-prix.

Chic (650-1 000 Rs / 16,50-25 €)

Le Four à Chaud *(zoom Trou d'Eau Douce,* ***37****) : rte Royale, juste en face du petit parking du centre. ☎ 480-10-36. Tlj sf sam midi. Résa recommandée.* Salle au 1er étage de cette bâtisse en pierre et au toit de chaume, en surplomb de la route principale. Grande terrasse avec vue sur la mer. Excellente cuisine, mauricienne principalement (spécialités de fruits de mer), raffinée et copieuse (carpaccio de thon rouge, cari de cerf...), servie avec prestance. Belle sélection de vins.

Sous le Manguier *(zoom Trou d'Eau Douce,* ***36****) : rte Royale. 📱 5748-73-47. Presque en face de l'église. Ouv le soir sur résa (appeler le mat) avec menu unique à 750 Rs.* À leur table d'hôtes, située sur la terrasse au 1er étage de leur maison, Marie-Line et José proposent un repas mauricien traditionnel de qualité, comprenant un ti-punch et un verre de vin que l'on déguste assemblés autour d'une même table.

Coup de folie

Restaurant Le Café des Arts – Fondation Maniglier *(hors zoom Trou d'Eau Douce,* ***38****) : Victoria Rd. ☎ 480-02-20. Au centre, prendre la route juste à droite de la poste (en venant du nord), faire env 150 m, puis 1re à gauche et c'est indiqué. Ouv le soir et slt sur résa, min 24h avt. Menu-carte 3 ou 4 plats, env 70-90 €, digestif inclus mais pas les boissons.* Dans le romantique cadre de la Petite Victoria, une ancienne sucrerie de 1840 admirablement restaurée, plantée au milieu d'une vaste pelouse où trône un vénérable banian, on déguste une cuisine gastronomique qui varie selon l'inspiration du jour. Le tout au milieu des toiles de Maniglier, qui fut, entre autres, la dernière élève de Matisse. Remarquable carte de vins. Accueil personnalisé de Jocelyn et de son épouse. Une adresse pour le plaisir des yeux et du palais.

À faire

■ **Dive Passion Ltd** *(carte Côte est,* ***15****) : rte Royale, au niveau de l'hôtel* Tropical Attitude, *à* ***Trou d'Eau Douce*** *et également à* ***Belle Mare****, à l'*Hôtel Résidence. *📱 5856-55-27 (Ben). • divepassionmauritius.com • Compter env 2 000 Rs la plongée d'exploration (assurance non incluse).* Un club sérieux proposant formations et explorations.

■ **Dive Time Limited** *(carte Côte est,* ***11****) :* un autre club de qualité. On en parle plus haut à Belle Mare.

DANS LES ENVIRONS DE TROU D'EAU DOUCE

Le Domaine de l'Étoile : *de Trou d'Eau Douce, gagner Bel Air, prendre vers Flacq, puis suivre la route de Montagne Blanche (B27) ; c'est indiqué env 7 km plus loin sur la gauche (panneau à l'entrée d'une mauvaise piste). 5729-10-50. • terrocean.mu • Résa conseillée. Compter 500-5 500 Rs pour 1 ou 2 pers selon les activités choisies et la durée. Quelques exemples : 500 Rs/pers pour la marche libre ; 2 000 Rs/pers pour une balade guidée à cheval de 1h30 ; et 2 000 Rs/pers pour le parcours en tyrolienne sur le site.* Ce vaste domaine isolé (6 000 ha) propose plusieurs activités à la demi-journée ou à la journée : parcours de randos, circuit de 3,3 km en tyrolienne (sept parcours), balades à cheval... Le tout encadré par des équipes compétentes ! On peut ensuite se balader dans le parc avec ou sans guide et découvrir les animaux en liberté : cerfs, singes, sangliers, pailles-en-queue, chauves-souris... mais pas de garantie de les apercevoir à coup sûr. Au retour, déjeuner possible au restaurant l'*Étoile* *(ouv le midi slt, buffet mauricien 700 Rs),* dans un *lodge* romantique.

L'ÎLE AUX CERFS

L'île est située à environ 15-25 mn du village de Trou d'Eau Douce (en fonction des embarcations). On y va en bateau à travers la mangrove et il n'y a pas de voiture. Elle doit son succès à la beauté de son lagon et à ses longues plages de sable blanc, superbes. C'est l'excursion la plus courue de Maurice : plusieurs centaines de personnes y débarquent tous les jours ! Et comme la concession et les restos de l'île aux Cerfs dépendent du fameux hôtel *Touessrok,* on comprend mieux que le marketing joue bien son rôle. L'excursion se fait en général à la journée. Même si un golf a envahi une partie de l'île, on peut tout de même explorer les superbes plages. Le vrai problème de l'île aux Cerfs est le côté kermesse autour du débarcadère d'arrivée. Mieux vaut le savoir, pour éviter les désillusions. Mais en lisant attentivement nos conseils et le mode d'emploi de l'île, vous pourrez y passer un moment délicieux. On peut en effet rejoindre sans problème quelques plages isolées en longeant la côte (on ne peut pas traverser l'île de part en part), la plupart des touristes restant agglutinés autour du débarcadère. Dès qu'on s'éloigne un peu, on se retrouve rapidement seul !

– ***Conseils et avertissement :*** l'endroit est beau, mais si vous voulez en profiter, il faut y aller tôt (premiers bateaux vers 9h30), et repartir avant 13h-14h. Là, c'est vraiment le pied. Ainsi vous serez étonnamment seul sur le site, avant l'arrivée de la plupart des bateaux, barques de pêcheurs et catamarans qui déferlent à partir de 12h. Après, l'atmosphère change du tout au tout et ça ressemble à la Côte d'Azur au mois d'août. On ne peut plus nager paisiblement dans le lagon et la plage principale est envahie par les bananes gonflables et autres engins à moteur. À partir de 15h30, pour revenir, c'est la cohue sur le ponton. D'ailleurs, les bateaux qui traversent le font parfois dans des conditions de sécurité limite. Évitez aussi d'y aller le week-end : quand les Mauriciens s'ajoutent aux touristes, ça fait encore plus de monde.

Comment y aller ?

Très facile. Toutes les agences de tourisme de l'île Maurice proposent cette excursion, généralement à un tarif voisin.

➢ ***Depuis ailleurs que Trou d'Eau Douce :*** si vous n'êtes pas véhiculé, le passage par une agence est quasi obligatoire. Bien évidemment, les tarifs augmentent avec l'éloignement, mais partir avec une agence proche de son hôtel s'avère bien pratique, d'autant qu'on peut toujours négocier un peu. De manière générale, les agences vendent l'excursion avec le repas sur place inclus, et la visite de la cascade (bof !). Bien demander sur quel type de bateau vous partez et les heures de retour. Dans la mesure où il y a un transfert, vous êtes un peu coincé par les horaires du minibus.

➢ ***Depuis Trou d'Eau Douce :*** dans le village et tout le long de la route près du centre, vous serez sollicité par les rabatteurs des nombreuses compagnies et d'innombrables pêcheurs qui vous proposent l'excursion (attention, bien vérifier que le bateau a le droit de prendre des touristes et qu'il y a des gilets à bord !). Plusieurs formules possibles. La plupart pratiquent des prix assez voisins, mais il est prudent de comparer. En partant de Trou d'Eau Douce, inutile de réserver la veille, se présenter le matin suffit.

– ***Prix :*** tarifs moyens depuis Trou d'Eau Douce. Pour un simple A/R, compter autour de 400-450 Rs/pers selon le type de bateau. Pour l'A/R + un petit tour à la cascade (aucun intérêt !), compter env 700-800 Rs/pers. La même chose plus le repas sur place (barbecue sur le bateau ou sur la place), compter env 1 200 Rs – plus cher avec gambas ou langoustes.

– ***Horaires :*** de manière générale, les bateaux partent pour l'île à partir de 9h-9h30. Les retours s'effectuent l'après-midi, en principe toutes les heures à partir de 15h et jusqu'à 16h-16h30.

– ***Les prestataires :*** les agences ont des petits bureaux au centre de Trou d'Eau Douce qui vendent des billets. ***Vicky*** *(📱 5754-55-97 ; • bateauxvicky@yahoo.com •),* au rez-de-chaussée du resto *Le Four à Chaud (zoom Trou d'Eau Douce, **37**),* réduc de 10 % accordée aux lecteurs sur présentation de ce guide. Également ***Robin de Mer*** *(📱 5751-69-64 ou 5939-94-61),* situé juste un peu plus loin mais côté mer, sont jusqu'à présent 2 agences sérieuses, mais il y en a plein d'autres, plus ou moins racoleuses. Toutes proposent depuis l'île aux Cerfs un A/R en bateau rapide pour admirer la cascade de Grande Rivière (aucun intérêt, déjà dit). Autre formule : réserver auprès d'***Otentic*** (voir « Où dormir dans les environs de Trou d'Eau Douce ? »), *📱 5941-48-88. • otentic.mu •,* qui propose un départ à 9h30, avec retour à 13h, incluant le déjeuner-buffet au *lodge*.

Mises en garde

– Si vous n'avez pas de véhicule, préférez acheter l'excursion avec le transfert plutôt que de prendre un taxi.

– Sachez que la traversée en *speed-boat* est, par définition, très rapide et peut réserver quelques frayeurs aux âmes sensibles qui ne s'y attendent pas. Nous, on préfère les bateaux plus lents (5-10 mn de plus seulement !), qui permettent de mieux apprécier la traversée de la jolie mangrove.

Où manger ?

2 restos et un snack sur place. Si le repas n'est pas compris dans l'excursion, mieux vaut apporter son pique-nique, à condition de s'éloigner du lagon-piscine et trouver un coin tranquille. C'est d'ailleurs ce que font les Mauriciens. À noter que certains vendeurs avec glacières sont parfois insistants auprès des touristes.

|●| ***Resto Masala :*** *au niveau du débarcadère. Tlj, le midi slt. Prix moyens.* Lieu agréable si l'on fait abstraction de l'animation débridée du débarcadère. Ce resto organise ses tables sous de petits kiosques surélevés, reliés entre eux par des passerelles de bois. Cuisine honorable. Essentiellement des plats indiens (poulet tandoori, cari de crevettes,

etc.), plutôt régulière en qualité malgré le caractère éminemment touristique du lieu, et des prix dans la moyenne.

À voir. À faire

– ***Le lagon-piscine,*** sur la gauche des débarcadères, surpeuplé à partir de 11h, à la pente très douce, ravit les petits et les grands. À noter que si le canal de séparation entre l'île aux Cerfs et l'îlot Mangénie (situé juste à 100 m) est ensablé (ce qui arrive régulièrement), il se peut que les eaux soient stagnantes et donc peu attirantes (aucun problème quand le canal est dragué). Au bord du lagon et du débarcadère, quelques boutiques de souvenirs qui soulagent le portefeuille.

Les autres plages de l'île : n'hésitez surtout pas à suivre le sentier qui se poursuit au-delà du lagon-piscine. En s'éloignant un peu, on se retrouve rapidement tout seul sur des bouts de plages de rêve, même aux « heures de pointe ». Tant mieux ! Attention toutefois, parfois quelques oursins dans l'eau. Il est donc conseillé de se baigner avec des chaussures en plastique, et équipé d'un masque et tuba.
– Sur les plages, des rabatteurs vous proposeront différentes activités pas données, notamment une balade en bateau vers la cascade de Grande Rivière Sud-Est (parfois incluse dans le forfait journée), située au sud de l'île aux Cerfs mais dont l'accès est impossible depuis la terre ferme. En fait, vu l'affluence et le nombre d'embarcations, chaque bateau fait un petit tour, un demi-tour et puis s'en va (on ne voit guère l'intérêt).

– ***Autres activités :*** depuis le lagon, au niveau du débarcadère, on vous proposera un tour en parachute ascensionnel, un tour en bouée banane ou encore une balade en bateau rapide et plein d'autres activités intellectuelles.

RETOUR SUR LA CÔTE EST

POINTE DU DIABLE

En continuant vers le sud, on passe devant le site de la célèbre bataille navale de la baie de Vieux Grand Port, livrée en août 1810. Quelques canons pointés vers le large immortalisent la seule victoire jamais remportée par la flotte napoléonienne sur la *Royal Navy.* Peu d'intérêt en soi. Cela dit, si vous avez envie de vous dégourdir les jambes, la vue est belle.

Où dormir ? Où manger chic dans le coin ?

La Case du Pêcheur : *Anse Bambou,* ***Bambous Virieux.*** *5252-22-46.* • *lacasedupecheur.mu* • *Un peu après Pointe du Diable, sur le littoral. Ouv tlj à midi ; le soir sur résa slt. Double 2 300 Rs avec clim et sdb, petit déj compris. En ½ pens, compter env 3 700 Rs pour 2 pers. Menus à partir de 500 Rs.* Ce lopin de terre aurait accueilli le campement du gouverneur pendant la bataille de 1810. Aujourd'hui, l'atmosphère est plus au farniente qu'à l'abordage, et les gourmands dégustent, les pieds dans l'eau, poissons et fruits de mer pêchés dans le vivier attenant (*barachois* en créole). Ceux qui apprécient la sérénité craqueront sans doute pour les petites chambres rustiques mais coquettes et soignées, en pierre et bois (lits en rondins), dispersées dans un chapelet de bungalows créoles flanqués de balcons sur pilotis (pas de TV), autour d'un jardin de sable parsemé de milliers de coquillages. On est au bord de l'eau, mais pas vraiment d'accès à la mer par ici (mangrove). La petite piscine compense un peu.

VIEUX GRAND PORT

Fermant la baie de Grand Port, ce village au nord de Mahébourg n'est remarquable que pour son rôle historique. En venant de Trou d'Eau Douce, un panneau indique juste avant le pont Molino un monument en bord de mer. Il commémore le débarquement des Hollandais le 20 septembre 1598. « *Dutch Sailors First Landing* », mentionne la colonne de pierre noire élevée en 1948. Le village possède encore, à la sortie nord, quelques ruines d'un fort militaire construit par les Hollandais et agrandi plus tard par les Français.

LE JOUR DE GLOIRE EST ENFIN ARRIVÉ !

Célèbre pour le débarquement des Hollandais, le 20 septembre 1598, Vieux Grand Port est surtout connu comme le lieu de l'unique bataille navale jamais remportée par la flotte napoléonienne sur les Anglais (1810)... ce qui lui valut une inscription sur l'Arc de Triomphe parisien !

À voir

Frederik Hendrik Museum : *lun-mar et jeu-sam 9h-16h ; dim 9h-12h. Fermé mer. GRATUIT.* Le minuscule musée se trouve sur le site du premier fort hollandais, remplacé à partir de 1753 par les baraquements de la garnison française. Y sont exposés une poignée d'objets découverts lors des fouilles, comme des pipes en terre cuite, des boutons d'uniforme en argent ou en cuivre, quelques pièces de monnaie et des vestiges de nourriture (cerf, chèvres, tortues). En sortant, petit tour de rigueur dans le jardin parsemé de ruines du fort, dont les allées descendent en pente douce jusqu'au rivage.

LA VALLÉE DE FERNEY

Peu après Vieux Grand Port, en direction de Mahébourg. ☎ 634-04-40. 📱 5499-09-70. • cieletnature.com • Visite libre 9h-15h (navette ttes les 30 mn jusqu'au début du sentier, à 3 km de l'accueil) ou guidée sur résa la veille (2 départs/j. à 10h et à 14h). La randonnée dure 1h30-2h. Plusieurs formules (chères !) : balade seule, sans repas ni guide, 520 Rs ; 750 Rs avec un guide. Balade avec juste un plat au resto : env 920 Rs sans guide, 1 200 Rs avec. Prévoir bonnes chaussures, crème solaire, eau et crème antimoustiques. Déconseillée aux moins de 5 ans, car le circuit se fait en boucle, difficile de faire demi-tour (il est toutefois possible de signer une décharge). Possibilité de faire le tour en 4x4 (moins écolo) : 1 300-1 900 Rs/pers sans ou avec le déj. Au resto, la Caze Farata, *menu 550 Rs (sur résa).*

Pour préserver ce superbe patrimoine, le propriétaire des terres, en partenariat avec le gouvernement et la *MWF (Mauritian Wildlife Foundation)*, a créé une zone de conservation forestière de 200 ha. Le but : recréer tout l'écosystème d'une faune adaptée particulièrement à cette flore. Le fait de rendre la vallée accessible au public permet de faire prendre conscience à la population et surtout aux enfants de la biodiversité de l'île et de la nécessité de sa préservation. Il reste à Maurice moins de 2 % de forêt primaire (dont la vallée de Ferney). Formidable, assurément...

On y a découvert des essences indigènes supposées disparues depuis des lustres ! Une petite exposition présente ces invités de dernière minute, comme le bois clou, la crécerelle (seulement 4 au démarrage du projet, elles sont environ 400 désormais), la grosse cateau verte, le pigeon des Mares... Autant d'espèces que les visiteurs peuvent aller admirer sur le terrain. La balade à pied permet la

rencontre avec une nature mauricienne que les chercheurs s'efforcent de débarrasser des plantes parasites. Elle est enrichie des excellents commentaires de guides passionnés.
De retour au point de départ, visiter la petite expo sur le café, importé sur l'île par les Français en 1721. Torréfié à Maurice, il a un goût prononcé original. La plantation se trouve à droite en sortant.
|●| Possibilité de se restaurer sur place, dans un *lodge* charmant dont la terrasse surplombe un enclos aux tortues. Le chef travaille le gibier à merveille (cerf à la chinoise, vindaye de cerf...). On peut bien sûr y goûter le café de la vallée de Ferney.

LA CÔTE SUD-EST : MAHÉBOURG, BLUE BAY ET LA POINTE D'ESNY

Voici le coin de l'île qui nous plaît le plus. Bien que ce soit l'une des régions les plus accessibles depuis l'aéroport, le développement touristique ne s'y est pas fait de la même manière qu'au nord. Ici, on séjourne au calme, presque en secret... L'une des particularités de la côte sud-est est d'être copieusement exposée au vent, le climat y est donc moins clément qu'ailleurs mais le ciel bien plus bleu (il peut pleuvoir au nord et faire grand beau par ici). Pendant les grosses chaleurs, cela rend le farniente sur la plage de Blue Bay des plus agréable, mais que la brise ne vous fasse pas oublier la puissance du roi des astres !

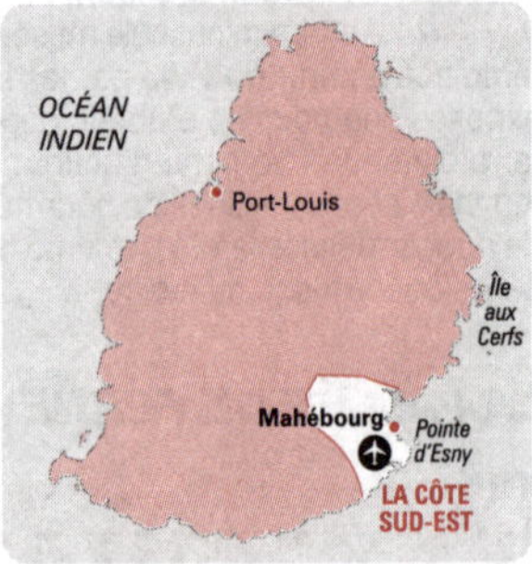

MAHÉBOURG

• Mahébourg (plan I) *p. 115* • Mahébourg – La pointe d'Esny et Blue Bay (plan II) *p. 125*

Située à l'extrémité sud-est de l'île, la ville se niche au fond de la vaste baie de Grand Port. Son activité est en partie due à la proximité de l'aéroport de Plaisance, à une dizaine de kilomètres du centre. Une ville du littoral encore authentique, vivante, animée et douce à la fois, à la population éclectique, citadine, et pourtant à deux pas de lagons fantastiques. Ce qui n'empêche pas la ville de se moderniser : en témoignent une promenade en front de mer (le *waterfront*) et un petit centre commercial, *London Way,* en allant vers la pointe d'Esny.

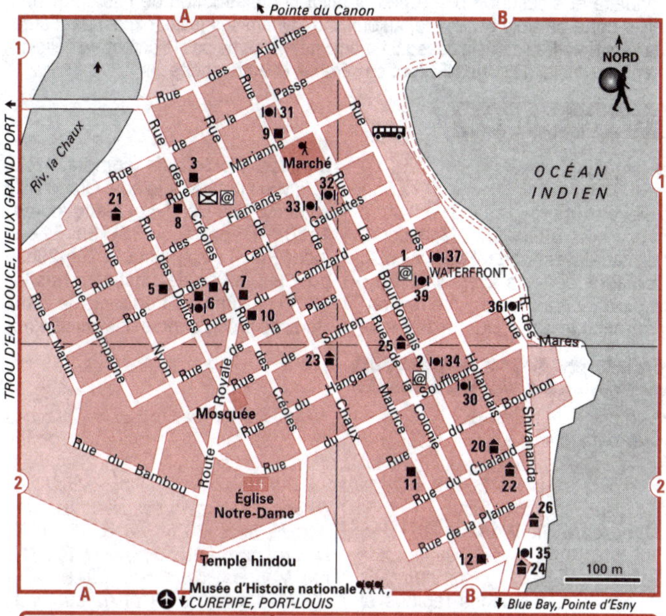

MAHÉBOURG (plan I)

Adresses utiles

- @ 1 Cybercafé SkyWorks
- @ 2 Cybersurf
- 3 Mahébourg Police Station
- 4 HSBC
- 5 Mauritius Commercial Bank
- 6 Banque des Mascareignes
- 7 SBM
- 8 Pharmacie et médecins
- 9 Orange
- 10 Emtel
- 11 Dr Pac Soo
- 12 Colony Car Rental

Où dormir ?

- 20 Les Aigrettes
- 21 Tyvabro
- 22 Orient Guesthouse
- 23 Le Saladier
- 24 Coco Villa
- 25 Nice Place Guesthouse
- 26 Chill Pill Guesthouse

Où manger ?

- 6 China Delice
- 30 L'Ajoupa
- 31 Le Coin Casse-Croûte
- 32 Pyramid
- 33 Salut les Copains
- 34 Chez François
- 35 Bonic & Clyde
- 36 La Vielle Rouge
- 37 Les Copains d'Abord
- 39 Saveurs de Shin

UN PEU D'HISTOIRE

Les Hollandais débarquèrent en 1598 dans la baie de Vieux Grand Port, mais ils ne se fixèrent pas, laissant la place aux marins et aux colons français. Au début du XVIIIe s, la première capitale de l'île fut Mahébourg. Mais en 1732, celle-ci perdit son titre au profit de Port-Louis, dont la baie est mieux abritée des vents. Mahébourg, quadrillée comme une ville coloniale par les urbanistes français, porte en souvenir le nom de Mahé de La Bourdonnais, le gouverneur français des Isles de France et de Bourbon, entre 1735 et 1746, qui marqua de manière importante le développement de l'île. Au fil du temps, Mahébourg se figea dans un rôle secondaire et s'assoupit peu à peu. Il fallut la construction de l'aéroport pour réveiller cette paisible bourgade, aujourd'hui dynamisée (sans excès) par l'autoroute vers Port-Louis. Mais ce regain d'activité n'entame pas le caractère délicieusement provincial de cette ville tout en sérénité et authenticité.

Arriver – Quitter

En bus

Gare routière *(plan I, B1)* **:** *dans le centre, à côté du marché.* Mahébourg est un carrefour important pour les bus.
➢ Liaisons directes avec ***Blue Bay, Curepipe*** (durée : env 1h ; correspondance ensuite pour Quatre-Bornes), ***Souillac, Port-Louis*** (compter 1h20, puis vous pouvez rejoindre Grand Baie et Trou d'Eau Douce) et ***Flacq*** (durée : 1h30). Départs 4h30-19h15 env (pour Port-Louis), jusqu'à 20h-20h30 pour les autres destinations, ttes les 15-30 mn (moins fréquents le dim). Horaires précis auprès des chauffeurs.

Adresses et infos utiles

– Pas d'office de tourisme.

✉ @ ***Poste*** *(plan I, A1)* **:** *rue Marianne, quasi à l'angle de la rue des Créoles, en face du poste de police. Lun-ven 8h15-15h15, sam 8h15-11h15.*

@ ***Cybercafé SkyWorks*** *(plan I, B1,* ***1****)* **:** *rue de la Place, quasi à l'angle de la rue La Bourdonnais. Lun-sam 9h-19h, dim 9h-17h.* Connexions rapides et bon marché. On peut même y brancher son ordinateur portable (câble de connexion fourni, mais venir avec son propre chargeur) et faire réparer son ordi.

@ ***Cybersurf*** *(plan I, B2,* ***2****)* **:** *rue La Bourdonnais. Lun-sam 9h-17h.* Forfaits mensuels très avantageux pour les gros consommateurs. On peut aussi y louer des VTT.

■ ***Mahébourg Police Station*** *(plan I, A1,* ***3****)* **:** *entrée rue Marianne, à l'angle de la rue des Créoles.* ☎ *631-50-26, 76-01 et 74-34. Ouv 24h/24.*

■ ***Police touristique :*** ☎ *213-17-40.*

■ ***Banques et change :*** *la plupart des banques sont installées sur la rte Royale. En général, ouv lun-ven 9h-17h (15h15 pour la* ***MCB****), sam 9h-13h ; distributeurs automatiques. À l'angle de la rue des Cent-Gaulettes et de rue des Créoles, on trouve la* ***HSBC*** *(Hong Kong Shanghai Bank ; plan I, A1,* ***4****). Dans la rue des Cent-Gaulettes, un peu plus loin, se situent la* ***Mauritius Commercial Bank*** *(plan I, A1,* ***5****) et la* ***Banque des Mascareignes*** *(plan I, A1,* ***6****). De retour sur la route Royale, on poursuit jusqu'à la* ***SBM*** *(plan I, A1,* ***7****).*

■ ***Pharmacies et médecins*** *(plan I, A1,* ***8****)* **:** ***pharmacie*** *sur la rue des Créoles, face au poste de police et à la poste.* ☎ *631-96-21. Lun-sam 9h15-18h, dim 9h15-12h15. Le* ***Dr Jagarnath*** *a son cabinet juste derrière.* 📱 *5883-25-65 ou 5788-11-18.* ***Dr Christian Pac Soo*** *(plan I, B2,* ***11****)* **:** *rue Maurice.* ☎ *631-52-89.* 📱 *5772-92-49 (urgences). Consultations tlj 8h15-17h30 (11h30 dim et j. fériés).* Le Dr Pac Soo est un généraliste formé en France. Il assure les urgences et surtout les visites à domicile (ou dans les hôtels) jusqu'à Pointe d'Esny et Blue Bay. Une autre ***pharmacie*** au supermarché *London Way (plan II,* ***1****).* Voir plus bas. Mêmes horaires.

■ ***Orange*** *(plan I, A1,* ***9****)* **:** *rue Marianne, en face du marché. Lun-ven 9h-16h, sam 9h-12h.* On peut y acheter une carte SIM à glisser dans un téléphone préalablement débloqué. Présenter une pièce d'identité.

■ ***Emtel*** *(plan I, A1,* ***10****)* **:** *à l'angle de la rue des Créoles et de la rue du Camizard. Lun-sam 9h-17h30 (13h30 jeu).* Achat de cartes SIM et recharges. Pièce d'identité demandée.

London Way *(plan II,* ***1****)* **:** *à la sortie de Mahébourg sur la rte de Blue Bay, sur la droite (immanquable). Supermarché ouv lun-sam 8h30-19h (19h30 ven et 20h sam), dim 8h30-12h30.* À côté, 2 distributeurs automatiques, une pharmacie et même une boutique *Yves Rocher* !

■ ***Excursions en minibus :*** ***Man Ramdhayan,*** 📱 *5251-25-31 ou 5786-09-34.* • *manramdhayan@yahoo.fr* •

Man propose des virées à la journée (9h-17h) partout sur l'île. Excursions à la carte, tarifs (très raisonnables) selon distance et nombre de participants. Il peut passer prendre les gens à leur hôtel. Ce sont les circuits touristiques classiques (Terres de Couleurs, parc de La Vanille, shopping à Floréal, Pamplemousses, domaine Les Pailles...). Attention, sorties randos proposées vers la montagne du Lion et celle du Pouce, mais sans assurance. Man est aimable et connaît bien son île, qu'il aime faire découvrir.

– ***Location de voitures, motos et vélos :*** contrairement à Grand Baie où les loueurs sont légion, à Mahébourg il faut les chercher. Cela dit, toutes les grandes compagnies possèdent un comptoir à l'aéroport (tout proche). Voir aussi les adresses à la pointe d'Esny.

■ ***Colony Car Rental*** *(plan I, B2,* ***12****) : rue de la Colonie, au sud de la ville. ☎ 631-70-62. 📱 5252-02-00. • colonyrental@hotmail.com • Suivre le panneau face à Coco Villa. Voiture env 1 200 Rs.* Kilométrage illimité, assurances comprises. Possibilité de livraison et remise à l'aéroport (gratuit). Peu de voitures, pensez à réserver à l'avance. Loue aussi des scooters. Accueil extra.

Où dormir ?

Prix modérés (800-1 200 Rs / 20-30 €)

🏠 ***Les Aigrettes*** *(plan I, B2,* ***20****) : rue Chaland. ☎ 631-90-94. • hotellesaigrettes.com • Doubles sans ou avec sdb 800-1 600 Rs, bon petit déj inclus ; également une quadruple. Dîner sur demande.* Hôtel familial simple, bien tenu et correctement équipé (clim parfois, TV systématique). Confort rudimentaire, mais il y a quand même une petite piscine. Bon accueil.

🏠 ***Tyvabro*** *(plan I, A1,* ***21****) : 10, rue Marianne. ☎ 631-96-74. 📱 5254-19-75. • tyvabro.com • Au nord-ouest de la ville, près de la rivière de la Chaux. Double 1 200 Rs, petit déj inclus.* 📶 Tyvabro est une maison d'hôtes qui repose pour beaucoup sur la personnalité de M. Jaun Bocus, amoureux de la Bretagne (d'où le nom, et on est d'ailleurs accueilli par quelques mots en breton...), chauffeur de taxi intarissable sur les richesses de son île et jardinier à ses heures. La terrasse, avec vue panoramique unique sur la rivière et la ville, est recouverte de plantes et de fleurs qu'il entretient scrupuleusement. Quelques hamacs sur la dernière terrasse. Parties communes un poil encombrées, mais les 8 chambres, modestes, à la déco disparate, sont impeccablement tenues et parfaitement équipées (sanitaires privés, clim, coffre-fort). Petit déj excellent. Comme l'accueil de toute la famille Bocus, du reste.

🏠 ***Orient Guesthouse*** *(Pensionnat Orient ; plan I, B2,* ***22****) : rue des Hollandais. ☎ 631-21-11. • orient@intnet.mu • Double 800 Rs avec petit déj ; familiales 4-6 pers à partir de 1 000 Rs.* Hôtel très apprécié des voyageurs en transit à l'aéroport. Les chambres se révèlent simples (avec tout de même ventilo, salle d'eau et TV) et propres mais plutôt mal agencées. Celles du 2ᵉ étage sont claires et profitent de la vue sur mer, avec en prime un petit balcon. Au rez-de-chaussée, cuisine à dispo, bien équipée. Bon rapport qualité-prix. Transfert aéroport possible (payant).

🏠 ***Nice Place Guesthouse*** *(plan I, B1-2,* ***25****) : rue La Bourdonnais. ☎ 631-94-19. 📱 5780-90-05. • niceplace.orange.mu • Doubles avec sdb 700-1 200 Rs.* 📶 En plein centre-ville, dans une bâtisse d'angle, moderne et sans grand charme. *Guesthouse* proprette, d'une dizaine de chambres, avec cuisine et même une terrasse avec vue sur mer (1 seule). Déco dépareillée, carrelage au sol. Pas pour un long séjour mais l'idéal avant de reprendre l'avion.

🏠 ***Le Saladier*** *(plan I, A2,* ***23****) : voir coordonnées plus loin. Doubles avec sdb 1 000-1 200 Rs selon saison.* Propose des chambres simples pour petits budgets.

De prix moyens à chic (1 200-3 200 Rs / 30-80 €)

Chill Pill Guesthouse *(plan I, B2, **26**)* : *6, rue Shivananda. 5787-40-00 ou 5257-73-00. • chillpillmauritius.com • Doubles et bungalows 2 800-3 400 Rs, petit déj compris.* Une de nos adresses préférées dans cette catégorie. 8 chambres d'un bon confort, certaines avec clim et balcon, TV, minibar, coffre-fort, café et thé à disposition, suites familiales ou bungalows plus simples, toutefois fonctionnels. Propre et stratégiquement situé pour qui souhaite séjourner en ville : à 5 mn des commerces et déjà pied dans l'eau, en face du superbe lagon. Nos préférés sont les bungalows au fond du jardin, face à la mer, et les chambres avec terrasse au-dessus de l'accueil. Pour compenser l'absence de plage, on peut profiter d'une toute petite piscine dans le jardin. L'auberge ne manque pas d'arguments.

Le Saladier *(plan I, A2, **23**)* : *rue de la Chaux. ☎ 631-97-58. 5754-98-31. • aubergelesaladier.com • Doubles 1 600-2 800 Rs selon confort et saison, familiales 2 800-3 200 Rs, petit déj compris ; également des chambres « Prix modérés » (voir plus haut).* Une petite *guesthouse* intime, retranchée dans une rue calme (sauf pour l'appel à la prière du muezzin !), dont les quelques chambres et le studio s'organisent autour d'un patio fleuri. L'ensemble bien tenu, à la déco très simple, ne lésine pas sur le confort très convenable (bons matelas, clim, salle d'eau, w-c, TV et frigo). Accueil sympa. Un coup de bol pour *Le Saladier* !

Coco Villa *(plan I, B2, **24**)* : *rue Shivananda. ☎ 631-23-46. • mahecocovilla.net • Juste à l'entrée de Mahébourg, sur la droite en venant de Blue Bay. Doubles 1 500-1 800 Rs selon confort, petit déj non compris ; prix négociables à partir de 7 nuits et en basse saison.* Cette petite résidence blanche, parme et bleue, sans prétention, vaut le coup pour une étape. Prolongée par un agréable jardinet devant la mer, elle rassemble une quinzaine de chambres correctes. Certaines sont dotées d'une cuisine. Pas de plage, mais une bien jolie vue sur l'océan pour tout le monde (sauf 3 apparts réservés aux très courts séjours). Accueil souriant. Loue aussi des vélos.

Nativ Lodge *(plan II, **23**)* : *Tombeau Lane. ☎ 631-10-58. 5716-30-08. • nativlodge-spa.com • Le long de la rivière La Chaux. Tourner à droite en venant du centre, juste avt le parc du musée, puis suivre le fléchage sur env 300 m (petites pancartes très discrètes). Compter 3 000-3 500 Rs pour 2 en ½ pens. (parties communes.)* À deux pas du centre-ville, dans un quartier résidentiel, l'hôtel est composé de 8 *lodges* (dont 4 de luxe avec piscine(tte) privée) répartis en pleine verdure : un vrai bain de fraîcheur, plus dédié aux amoureux qu'aux familles nombreuses. Le complexe est bourré de charme et tenu par un couple de La Réunion et de la métropole adorable. Chambres spacieuses, parfaitement équipées, décorées dans un style rustique-chic (murs de pierre, matières brutes), excellente literie, terrasse privative et AC. Service spa. Mais l'originalité réside surtout dans l'espace commun dédié à la restauration et aux nombreuses activités : soirées latino, cours de salsa, de zumba, de cuisine... Sans oublier les cours de pêche à la « gaulette » (on vous laisse découvrir) ou encore les échappées en mer à bord de pirogues qui viennent vous chercher directement sur place. On apprécie aussi la quiétude des lieux, le clapotis de l'eau qui serpente le long du jardin et la fraîcheur ambiante. Et pour limiter le nombre de moustiques qui, eux aussi, apprécient ce genre d'environnement, le *lodge* a opté pour une démoustication écologique !

Où dormir dans les environs ?

Titli Guesthouse *(hors plan II, **19**)* : *à 10 mn en voiture au nord de Mahébourg, à la sortie du village de **Rivière des Créoles**, à gauche, bien indiqué (panneau noir et mauve). Mieux vaut être motorisé. ☎ 423-80-77 ou*

631-34-63. Nuitée 800 Rs/pers. Petit déj et repas en sus sur résa. Dans une maison moderne, au bord d'une rivière (accès protégé), le long d'un jardin d'arbres fruitiers (mais de la route aussi !), 3 hébergements de tailles différentes. Tous disposent d'une kitchenette, de la clim, de ventilo, d'une terrasse et d'un petit salon. *Ravnal* pour un couple, *Ferney* pour 4 personnes, mais notre préféré, *Créolia,* à l'étage (pour 4 également), dispose d'une grande terrasse protégée, privée et fermée. Jolie déco, très colorée et fraîche. Propre et accueil souriant. Une bonne base pour sillonner les environs.

Où manger ?

Très bon marché (moins de 150 Rs / 4 €)

L'Ajoupa (plan I, B2, **30**) : *rue du Souffleur, juste avt le croisement de la rue La Bourdonnais.* *5290-12-68. Tlj sf mar, midi et soir, dim slt 18h30-22h.* Morghen, le jovial proprio, vous accueille avec le sourire, derrière son bar ou ses quelques tables, dans une ambiance ethnique et colorée (et le fantôme de Bob !). On choisit sur la grande ardoise des spécialités mauriciennes (croque-monsieur marlin, bol renversé, *mine frit* ou bouilli, etc.). Tout est fait maison. Terrasse couverte, petit coin fumeurs. Et si vous avez vos playlists sur vos ordis ou téléphones portables, n'hésitez pas à vous connecter à l'ordi de Morghen ! Ce sont les clients qui donnent le ton. Ambiance jeune et chaleureuse.

Le Coin Casse-Croûte (plan I, A1, **31**) : *rue de la Passe, à l'angle de la rue de Maurice. Tlj jusqu'à 18h (14h dim).* On se félicite d'avoir poussé la porte de ce qui compte parmi les meilleurs snacks de la ville ! Laissez-vous tenter par un *mine foon* et un bol renversé ou l'un des quelques plats copieux et très bien exécutés, servis dans le cadre modeste de la petite salle. Petite terrasse à l'avant pour se poser. Accueil familial souriant. Également vente à emporter.

Pyramid (plan I, A-B1, **32**) : *rue La Bourdonnais, juste à côté du marché couvert.* ☎ *631-97-31. Ouv le midi slt, tlj sf dim.* On vient dans cette cantine populaire pour le *byriani poulet,* LA spécialité maison. Sans doute l'un des meilleurs de la ville et... le moins cher ! Ils préparent aussi des *byrianis* de poisson, délicieux, mais sur commande la veille uniquement.

Salut les Copains (plan I, A1, **33**) : *rue de Maurice, près du marché couvert. Tlj 8h30-18h. Fermé le soir sf en fin d'année.* Un café bien sympa et sans prétention, tenu par un patron cool et jovial. Une bonne cuisine locale à consommer sur place dans la petite salle aux murs colorés et ouverte sur la rue, ou à l'étage : *mine, byriani,* salades et plats complets. Également plats à emporter et de vrais cafés expresso !

Chez François (plan I, B2, **34**) : *rue La Bourdonnais. Repérable à sa façade vert pomme. Tlj sf dim soir.* Une adresse pour routards en quête d'aventure culinaire. Dans ce petit resto, on sert une spécialité introuvable ailleurs : les *mangoacks,* espèces de coquilles Saint-Jacques de rivière pêchées dans le coin, arrosées d'une sauce à base de cannelle et de clous de girofle (un peu épicée). Plutôt bon, malgré un aspect noirâtre peu engageant. Sinon, classiques *mine frit* et *mine foon* à prix imbattables.

Bon marché (150-300 Rs / 4-7,50 €)

Bonie & Clyde (plan I, B2, **35**) : *rue Shivananda, entre Coco Villa et Chill Pill Guesthouse. Ouv tlj à midi et ferme quand il n'y a plus rien.* Petit snack mauricien simple et sans chichis. À la carte, très peu de choix, mais tout est frais : poisson poêlé, poulet sauté aux oignons, cari d'ourites... 2 tables en terrasse et à peine plus à l'intérieur.

China Delice (plan I, A1, **6**) : *rue des Cent-Gaulettes.* ☎ *631-77-31. Au-dessus de la Banque des Mascareignes. Tlj sf jeu, 11h30-15h, 18h-21h.* Allez, courage, grimpez les petits escaliers sur la gauche de la banque et osez franchir le pas de cette porte si discrète. Vous ne serez pas déçu mais étonné de voir autant d'habitués attablés et quelques rares touristes qui se sont donné discrètement le mot. Salle pas très grande et impersonnelle mais nickel et tamisée par des stores. Sur la carte, les grands classiques chinois, à consommer sur place ou à emporter. *Mine,* bols renversés, beignets, viandes et fruits de mer à toutes les sauces. Un excellent rapport qualité-quantité-prix.

De prix modérés à prix moyens (300-650 Rs / 7,50-16,50 €)

I●I ***Saveurs de Shin*** *(plan I, B1,* ***39****) : rue Suffren. ☎ 631-36-68. Tlj sf mar.* Cadre pas bien élégant, mais jolie terrasse éclairée en soirée, pour une cuisine chinoise vraiment fameuse qui décline, en portions pantagruéliques, les grands classiques et des spécialités à base de fruits de mer. Si la carte est longue comme le bras, sachez que les riz et *mine frits,* servis partout en ville, s'ils ne sont pas toujours « faits maison », font ici réellement la différence ! Appréciez aussi toutes les viandes et fruits de mer version *« sizzling »* (cuits sur le caquelon, servis encore crépitants), sans oublier quelques plats aux sauces et goûts uniques (testez la sauce XO/Teo Chong !). Attention, cette bonne adresse est courue, il peut être prudent de réserver en soirée.

I●I ***La Vielle Rouge*** *(plan I, B1,* ***36****) : à l'angle des rues du Hangar et des Mares, en face de la maison des pêcheurs. ☎ 631-39-80. Tlj 10h-23h.* La vielle rouge, c'est un poisson local (sorte de mérou) à la chair savoureuse, servi sur commande dans ce très bon resto de quartier. Spécialisé dans les poissons et fruits de mer, il est d'ailleurs plébiscité depuis belle lurette par les habitués. Bonnes crevettes à l'ail, délicieux gratins de crabe ou encore un goûteux capitaine et, pour finir, l'ananas flambé... le tout arrosé par les cocktails maison ! Extra frais. Salle joliment aménagée, avec son bar en « céramique bouddhiste », ses canapés zébrés et ses murs en pierre. Terrasse bien agréable. Clientèle d'habitués.

Chic (650-1 000 Rs / 16,50-25 €)

I●I ***Les Copains d'Abord*** *(plan I, B1,* ***37****) : rue Shivananda. ☎ 631-97-28. Tlj midi et soir. CB refusées.* Sur le front de mer avec terrasse et vue imprenable sur les eaux turquoise du lagon, un cadre néocolonial soigné, une cuisine mauricienne correcte (cerf, cochon marron et volailles du domaine, poissons et fruits de mer de la criée), mais un accueil inégal.

Où acheter une maquette de bateau ?

Maquettes Constance *(plan II,* ***40****) : en sortant de Mahébourg, sur la route de Blue Bay, un bâtiment jaune et bleu que l'on ne peut pas louper. ☎ 631-76-11. 5770-67-67. • mt.constance@intnet.mu • Lun-ven 9h-17h30, sam et j. fériés 9h-12h30. Réduc de 10 % aux porteurs du guide de l'année qui paient en espèces et venus sans intermédiaire ; comme Tony n'entre pas dans le jeu des chauffeurs de taxi, il est souvent dénigré ! À bon entendeur...* Le jovial Tony dirige sa petite entreprise familiale avec passion et précision. Ses artisans, qui travaillent pour la plupart chez eux, cisèlent les maquettes de bateaux et même d'avions avec un soin extrême. Belles finitions. De plus, Tony est d'une grande intégrité dans son travail. Prix raisonnables pour la qualité. Nous rappelons que pour les grosses pièces, quel que soit l'emballage, une taxe importante est perçue par les compagnies aériennes. Mini-atelier jouxtant le magasin, qui permet de voir comment les maquettes sont assemblées, mais il n'y a pas toujours quelqu'un, les artisans effectuent en effet l'essentiel de leurs tâches à domicile.

À voir. À faire

Le marché (plan I, A1) : *face à la gare routière. Ts les mat 6h-14h env.* Dans une halle récente mais bien intégrée, un petit marché haut en couleur, dont la plupart des étals sont regroupés dans une cour intérieure protégée du soleil par de grandes voiles tendues. Très photogénique. On y vient pour les kaléidoscopes multicolores des paniers de fruits et de légumes, mais aussi pour les odeurs, un peu fortes, des épices et du poisson séché. Dans la rue Marianne, nombreux camelots, vendeurs ambulants de beignets, *samoussas* et autres *dholl puri*. Des en-cas bienvenus entre deux achats.

Le musée d'Histoire nationale (plan II) : *rte Royale ; en arrivant en ville depuis l'aéroport, sur le côté gauche. Tlj sf mar, 9h-16h (12h dim et j. fériés). Fermé 1er et 2 janv. Visite guidée à la demande. Audioguide... en créole ! GRATUIT.* Dans une belle demeure coloniale du XVIIIe s, au fond d'un luxuriant jardin ayant appartenu à une grande famille de l'île. Cet excellent musée présente sur deux niveaux toute l'histoire de l'île Maurice, en insistant sur les épisodes les plus marquants.

Au rez-de-chaussée

– La grande *salle de gauche* évoque l'arrivée des premiers colons hollandais (à partir de 1598), illustrée par de belles cartes et des lithographies de bateaux. À noter, sur la droite, le portrait de Maurice de Nassau, alors roi des Hollandais, à qui l'île doit son nom. Plusieurs peintures de dodo, une tortue et un cerf empaillés témoignent des bouleversements écologiques causés par l'arrivée de l'homme à Maurice.

– *La salle du fond* est consacrée à la période française (1715-1810). Y figurent en bonne place les portraits des « illustres » (Pierre Poivre, le vicomte de Souillac, le chevalier de Ternay, le gouverneur Mahé de La Bourdonnais, qui développa Port-Louis...). Également une poignée de meubles d'époque, un piano et deux chaises à porteurs. Une section aborde enfin la question de l'esclavage, douloureuse, avant de proposer quelques épisodes plus anecdotiques comme le naufrage du *Saint-Géran* survenu en 1744 (fragments de l'épave et cloche du navire). Rappelons que cette tragédie inspira l'écrivain Bernardin de Saint-Pierre pour son roman *Paul et Virginie.*

– Dans la *salle de droite,* « Les guerres franco-anglaises » permettent de souligner le rôle primordial joué par les corsaires, ces marins formidables mais incontrôlables qui harcelaient sans relâche les vaisseaux de ligne et les navires de commerce ennemis. Un pistolet exposé aurait même appartenu au plus fameux d'entre eux, le légendaire Malouin Surcouf, surnommé « le roi des corsaires ». Une section détaille évidemment le plus célèbre épisode militaire de l'île : la bataille de Vieux Grand Port en 1810. Canons, fragments d'épaves et cartes illustrent l'unique victoire jamais remportée par la flotte napoléonienne sur l'Anglais. Pour l'anecdote, les deux capitaines ennemis furent blessés pendant la bataille et soignés ensemble dans cette maison.

Au 1er étage

Salle consacrée à la période anglaise (jusqu'à leur départ en 1968) et aux expositions temporaires. De nombreuses gravures, peintures, lithos et photos d'époque illustrent les réformes initiées par les Britanniques : développement du sucre, abolition de l'esclavage, construction du chemin de fer, etc.

– **Espace artisanal :** *dans l'enceinte du musée. Tlj sf mar, 10h-15h.* Plusieurs cases colorées abritent une boutique et sept ateliers de créations locales pour valoriser l'artisanat mauricien (sacs, coquillages, vêtements, objets en bois et noix de coco, peintures).

La foire : *« le grand déballage », comme on dit ici, a lieu ts les lun 10h-16h ou 17h (selon fréquentation) à quelques pâtés de maisons au nord de la gare routière, près du terrain de foot.* Un peu plus petit que le marché de Quatre-Bornes, il a l'avantage d'être beaucoup plus aéré, ce qui rend la flânerie possible et agréable. On se faufile entre les étals de babioles, on contourne les vendeurs de glaces ambulants pour s'attarder devant les commerçants qui étalent saris, tee-shirts, shorts, nappes et petites robes brodées de Madagascar (mais peu d'artisanat), et des écharpes en cachemire made in India, le tout à des prix démocratiques. Pas ou peu d'arnaques de touristes (contrairement au marché central de Port-Louis). Le marchandage ne vous fera pas gagner grand-chose, mais n'hésitez pas à faire un premier repérage avant d'acheter : pour un même produit, les prix peuvent varier du simple au double d'un stand à l'autre. Profitez-en ensuite pour renouveler votre garde-robe et acheter vos cadeaux...

DANS LES ENVIRONS DE MAHÉBOURG

La biscuiterie H. Rault *(hors plan I par A1)* : *à **Ville Noire.*** ☎ *631-95-59.* • *biscuitmanioc.com* • *À env 5 mn en voiture de Mahébourg. Au nord de la rte Royale, traverser la rivière de la Chaux pour parvenir à Ville Noire, ancien repaire de sorciers ; suivre ensuite le fléchage de l'usine. Lun-ven 9h-15h, mais préférable de téléphoner avt. Visite guidée 175 Rs, dégustation comprise ; dégustation seule 90 Rs ; réduc enfants.*

Voilà un biscuit unique en son genre. « Unique au monde », assure M. Sénèque, le représentant de la famille propriétaire de cette adorable fabrique artisanale. La recette de ces biscuits à la farine de manioc n'est jamais sortie de la famille Sénèque-Rault depuis son invention par Hilarion Rault, fils d'un colon breton venu de Saint-Brieuc à l'île Maurice au XIXe s, qui voulait recréer les galettes bretonnes de son enfance avec des ingrédients locaux.

La fabrication ne semble pas avoir changé depuis cette date, malgré la présence de machines... qui mériteraient d'ailleurs de figurer dans un musée, eu égard à leur grand âge ! Chaque jour, pas moins de 20 000 gâteaux sont élaborés à partir de ces fameuses racines de manioc cultivées à Maurice. Dans les champs à côté de la fabrique, on peut d'ailleurs voir une plantation de manioc. Les racines sont d'abord lavées, épluchées, pressées pour enlever le jus, puis broyées. La farine obtenue est alors accommodée en fonction des saveurs désirées. Elle sert de base à une pâte répartie dans les moules qui cuisent à même une immense plaque chauffée au feu de feuilles de canne ou de l'arbre du voyageur. Dernière étape : l'emballage exécuté à la main, paquet après paquet.

La visite se termine par la dégustation de ces étonnants gâteaux secs assez farineux mais plutôt bons, sans conservateur ni gluten, colorant ou saveur artificielle. On distingue sept variétés de biscuits (beurre, coco, vanille, chocolat, cannelle, anis, lait) et deux de galettes (coco ou – les préférés de Maman Sénèque, véritable « bec à bonbon » – au sésame). Boissons chaudes ou jus également servis pour un vrai goûter dans un cadre bucolique. Vente sur place.

➢ ***Petite balade dans l'intérieur des terres :*** *être véhiculé. Compter 1h grand max.* Si vous avez l'âme vagabonde, la route de Mahébourg à Riche en Eau est l'une des plus jolies du Sud. Les arbres qui la bordent forment une voûte ombragée. La route traverse un beau paysage de champs de canne à sucre, avec des collines dans le lointain. À ***Riche en Eau,*** importante sucrerie dans un paysage verdoyant (la région est riche en eau... comme son nom l'indique). En continuant jusqu'à Saint-Hubert, puis Le Val, on pourra rattraper une petite route privée ouverte de 6h à 17h (précises) pour rejoindre le ***hameau de Cluny.*** En partie en mauvais état, elle monte en lacet sur une colline, puis redescend dans la plaine sucrière au sud, en offrant de belles échappées. Possibilité de revenir à Mahébourg en passant par les villages d'Eau Bleue, Mare Chicose et Riche en Eau.

➢ Plus facile d'accès (bus et stop), la ***route vers Trou d'Eau Douce*** offre de beaux paysages de monts surplombant les champs de canne, et quelques villages aux maisons parfois décorées (fresque, autel catholique ou hindou...).

LA POINTE D'ESNY ET BLUE BAY

• Mahébourg – La pointe d'Esny et Blue Bay (plan II) *p. 125*

À quelques kilomètres au sud de Mahébourg, la côte, de la pointe d'Esny à Blue Bay, est bordée de plages parmi les plus belles de l'île. Malheureusement, le long de la route côtière, une rangée de villas cossues dissimule le rivage. On y accède pourtant par de discrets sentiers, que nous vous indiquons plus loin (« À voir. À faire. Plages »). Seule la plage de Blue Bay ne se dérobe pas à la vue et affiche ses eaux turquoise.

Adresses utiles

■ ***J.H. Arnulphy & Cie*** *(plan II,* ***10****) : rte Royale,* ***pointe d'Esny.*** *☎ 631-98-06. • henri-vacances.com • Voitures à partir de 1 450 Rs/j.* Une petite agence tenue par Henri, le propriétaire de la maison d'hôtes (voir « Où dormir ? *Chez Henri* ») et de la *guesthouse C Nous*. Loue quelques véhicules climatisés. Assurance et franchise comprises.

■ Voir aussi plus loin, dans « Où dormir ? », nos adresses ***Pingouinvillas*** *(☎ 637-88-85. 📱 5916-86-67. • locationdevoiture-ilemaurice.com • ; bien se faire confirmer la résa)* et ***Chantauvent*** *(• clairesaileshltd.com •)* qui possèdent leur agence et louent également des véhicules. Tarifs équivalents.

■ ***Allocar*** *(plan II,* ***2****) : rte Royale, cité La Chaux, à la sortie de* ***Mahébourg.*** *☎ 631-18-10. 📱 5255-17-01. • allocarltd@intnet.mu • Petite boutique en bord de route, sur le côté gauche en arrivant de Mahébourg. Lun-sam 7h-18h, dim 7h-12h (mais joignable 24h/24). Voitures avec clim à partir de 1 200 Rs/j. en hte saison, plus cher ensuite selon la taille du véhicule.* Kilométrage illimité, assurances comprises, mais bien vérifier l'état de la voiture avant de la prendre. Impossible de racheter la franchise, alors gare aux pépins, elle est de 30 000 Rs. S'il n'y a personne, adressez-vous au resto d'en face, *La Belle Créole,* même maison.

■ ***Sorties en pirogue :*** *contacter William, de* ***La Case Mama*** *(plan II,* ***13****). ☎ 631-70-73. 📱 5786-13-74. • lacasemama@yahoo.fr •* Un sacré personnage ! Propose aussi un tour pirogue plus rando sur la Montagne du Lion pour les bons marcheurs.

Où dormir ?

Plusieurs pensions nichées dans la verdure, donnant parfois directement sur la plage. On se réveille tôt le matin, le soleil sur la ligne d'horizon (on est à l'est). On peut être surpris au début par le bruit occasionné par les décollages d'avions car Blue Bay se trouve en bout de piste de l'aéroport, mais on se laisse vite gagner par la sérénité du paysage... Comme on y est un peu loin de tout, il est conseillé de louer un scooter ou un vélo pour être vraiment indépendant.

Attention aux locations : de plus en plus de vols sont signalés. Soyez vigilant et, comme toujours, ne laissez rien de valeur à la portée des indélicats.

Prix moyens (1 200-2 000 Rs / 30-50 €)

🏠 ***Chez Henri*** *(plan II,* ***10****) :* ***pointe d'Esny,*** *sur la droite en arrivant de Mahébourg. ☎ 631-98-06. • henri-vacances.com • Double env 1 800 Rs, petit déj compris ; supplément pour* *la clim dans la journée. Propose aussi un forfait avec services annexes (loc de voitures, vélos, excursions, etc.).* Située sur la route côtière mais côté terre, cette villa ne donne pas sur la plage. Tant mieux ! Elle pratique par conséquent des prix serrés, qui sont une aubaine si on tient compte de la qualité de la maison : 3 chambres spacieuses, décorées avec goût (quelques tableaux, meubles choisis), tout confort (TV, ventilo, clim, coffre et kitchenette) et bien entretenues. Sans compter l'accueil chaleureux d'Henri et de sa femme, qui met immédiatement à l'aise. Une bonne adresse, d'autant que le petit jardin fleuri est idéal pour prendre le frais en fin de journée, avec sa petite piscine. Chapeau, Henri !

C Nous Guesthouse *(plan II,* ***11****) : rte côtière, à la sortie de* ***Mahébourg,*** *sur la droite après le supermarché* London Way. *5723-23-33. Chambre 1 500 Rs avec clim et sdb ; appart 2 000 Rs ; petit déj en sus.* Henri (voir ci-avant) a construit lui-même ces 4 chambres et même un appartement au dernier étage (2 chambres) avec sa terrasse donnant sur la mer, l'ancien barachois et la mangrove. Certes, il n'y a pas de plage à proximité, mais de toutes les chambres, et même de la salle de bains, on profite d'une splendide vue sur l'océan (qui dit mieux ?). En plus d'un agencement étudié, d'une déco soignée et chaleureuse, toutes les chambres possèdent un frigo, un micro-ondes et un coin cuisine (le supermarché se trouve juste à côté). Sans oublier le *Bistrot* à l'étage en dessous, où l'on sert le déj et le dîner, concoctés par Henri, du mardi au samedi jusqu'à 21h30. Les viandes d'Afrique du Sud sont extra. La route en bas est passante, mais le rapport qualité-prix de cette *guesthouse* demeure attractif.

Pingouinvillas *(plan II,* ***15****) : 94 A, rue Dorades, derrière la plage de* ***Blue Bay.*** *637-30-51. 5758-38-37. • pingouinvillas.com • Avt Blue Bay, prendre la route à droite en direction de l'aéroport, c'est la 2e à gauche ; le petit immeuble est sur la gauche. Résa conseillée. Pour 2 pers, 1 800-2 000 Rs en studio, 2 250-2 400 Rs en appart (1-6 pers). Petit déj et repas possibles, en sus.* Dans un quartier résidentiel et calme, l'immeuble moderne, tout en hauteur, est composé de studios (chambre séparée, clim, balcon ou terrasse ; celui du dernier étage possède même une vue sur les montagnes et la mer au loin) et de grands appartements carrelés, nickel. Déco minimaliste, mais confort suffisant. Une bonne option pour les familles et les séjours prolongés ; d'ailleurs, pas mal d'habitués en ont fait leur pied-à-terre. M. Ramjan, le propriétaire, possède aussi une agence de location de voitures basée à l'aéroport (voir coordonnées plus haut dans « Adresses utiles »), mais peut tout à fait organiser une mise à dispo directement à la villa.

La Case Mama *(plan II,* ***13****) : à gauche après* Noix de Coco *en venant de Mahébourg, en face de* Chez Henri, *sigle jaune avec un dodo et « Rooms » pour signaler l'impasse en venant de Blue Bay ; tt au fond, chemin de gauche. 631-70-73. 5786-13-74. • williambayon@yahoo.fr • lacasemama@yahoo.fr • Doubles 1 600-2 000 Rs.* 4 chambres, simples et rustiques, à la déco dépareillée, avec douche, toilettes et ventilo, le tout sous le vaste toit de chaume. On vient surtout pour la situation, unique, les pieds dans le sable blanc de la plage d'Esny. Le rêve ! Esprit communautaire (les portes n'ont pas de clé), l'idéal pour les windsurfeurs et les aventuriers de tout poil. Grande tablée sous le badamier, petites loupiotes qui clignotent, le tout géré par William, un personnage haut en couleur, qui n'a pas la langue dans sa poche. Quand il n'est pas sur sa pirogue, il crapahute sur la Montagne du Lion ou prépare une cuisine simple mais authentique pour ses hôtes. De bon conseil pour les sorties originales dans le coin. Roots et sympa.

Chic (2 000-3 200 Rs / 50-80 €)

Noix de Coco *(plan II,* ***13****) :* ***pointe d'Esny,*** *sur la gauche en direction de Blue Bay. 631-99-87. • mauritiusguesthouse.com • Réception ouv lun-ven 8h-16h, sam 8h-12h. Doubles 2 000-2 500 Rs selon vue, taille et*

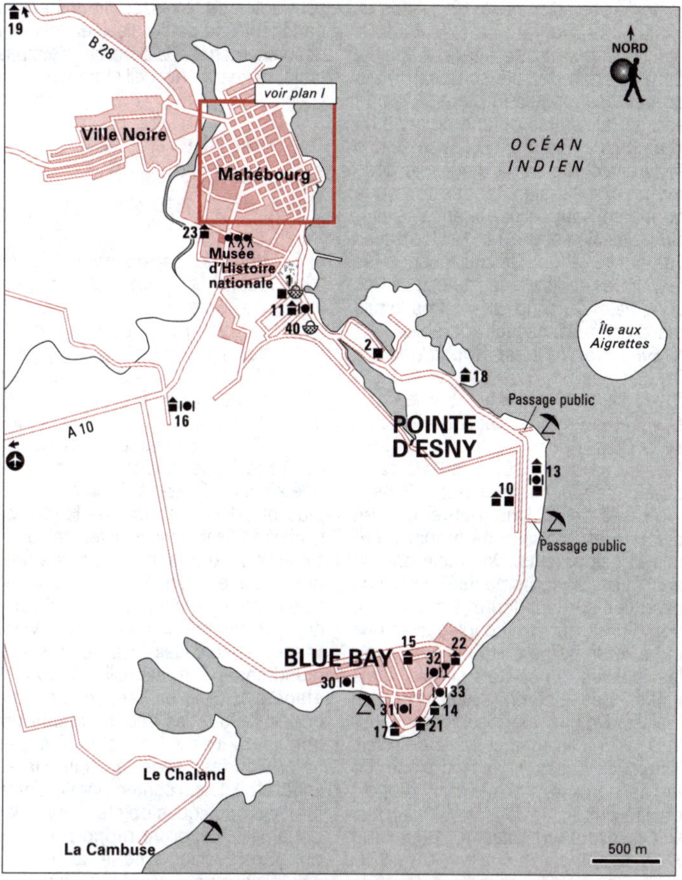

MAHÉBOURG – La pointe d'Esny et Blue Bay (plan II)

Adresses utiles

- 1 London Way
- 2 Allocar
- 10 J.H. Arnulphy & Cie

Où dormir ?

- 10 Chez Henri
- 11 C Nous Guesthouse
- 13 Noix de Coco et La Case Mama
- 14 Chantauvent
- 15 Pingouinvillas
- 16 Le Jardin de Beauvallon
- 17 Blue Lagoon Beach Hotel
- 18 Preskil Beach Resort
- 19 Titli Guesthouse
- 21 Blue Beryl Guest House
- 22 La Villa du Lagon
- 23 Nativ Lodge

Où manger ?

- 16 Restaurant Le Jardin de Beauvallon
- 30 Mary Mine
- 31 Le Bougainville
- 32 Le Blue Bamboo
- 33 Chez Maryse

Où acheter une maquette de bateau ?

- 40 Maquettes Constance

saison, petit déj compris. Repas 560 Rs (sans la boisson) à partir de 4 convives. Une structure à taille humaine, dont le jardin déroule son petit ruban de pelouse jusqu'à la plage. La maison ne rassemble qu'une poignée de chambres à l'étage (5 seulement et une seule avec vue sur la mer), à la déco rustique, très bien tenues (ménage quotidien), qui se partagent une cuisine, un salon et un grand balcon avec vue sur le lagon. Ce qui favorise les rencontres et distille une ambiance très conviviale. Du coup, on y retrouve pas mal d'habitués. Accueil adorable.

Blue Beryl Guest House *(plan II,* **21***) : Coastal Rd,* **Blue Bay.** *☎ 631-98-62. 5766-46-48. • blueberyl.com • Quasi au bout de la route côtière, juste avt le* Blue Lagoon, *sur la gauche. Doubles ou studios 2 000-3 200 Rs selon taille et saison, petit déj inclus. ½ pens intéressante.* Une petite maison discrète et familiale, gérée par Jérémie et ses parents. Dans une bâtisse aux murs blanc immaculé, 4 studios avec vue sur le lagon et 2 chambres, dont l'une peut être couplée avec une autre toute petite à lits jumeaux pour les familles, au confort simple, mais nickel. Les 2 studios avec terrasse jouissent d'une vue incomparable sur le lagon, du lever au coucher de soleil. Magique ! Accès direct à la plage. En fin de compte, un très bon rapport qualité-prix.

Chantauvent *(plan II,* **14***) :* **Blue Bay,** *directement sur la plage. ☎ 631-96-14. • chantauvent.com • Doubles ou studios 2 100-4 300 Rs selon confort et saison, petit déj inclus. Possibilité de repas le soir. (dans les parties communes).* Elle chante au vent, cette villa créole face à la mer, dont la grande terrasse reçoit la bise comme une bénédiction aux heures les plus chaudes... Bon, l'ensemble mériterait une petite rénovation, et les chambres ne sont pas immenses (l'une est vraiment petite), mais toutes donnent sur la varangue (où se prend aussi le petit déj) et la mer ; certaines disposent d'un coin cuisine et d'un balcon face à la grande bleue. Enfin, des studios, chambres doubles (et simples) sont également loués à l'arrière, de l'autre côté de la route. Sans vue, ils sont dotés de terrasses ombragées et partagent une petite piscine. Joliment décorés, même si la propreté n'est pas toujours au top. Accueil charmant.

De plus chic à beaucoup plus chic (plus de 3 200 Rs / 80 €)

La Villa du Lagon *(plan II,* **22***) : 22B Coastal Rd,* **pointe d'Esny.** *À la limite de Blue Bay. 5499-31-01. • villadulagon.jimdo.com • Pas de pancarte, appelez avt d'arriver. Studio 85 € pour 2, villa 3 chambres en étage (avec 2 sdb) 120-180 € et villa 4 chambres en étage (avec 4 sdb) 140-260 €.* Bienvenue chez Cécilia et Frédéric, les sympathiques propriétaires de *Chazal* à Chamouny (voir plus loin). Ils ont concrétisé le rêve de la maison de vacances, avec balcon et terrasse face à la mer. Seul le studio donne sur le jardin. Accès direct (c'est rare dans le coin !) à la plage d'Esny, rien que pour vous ou presque. Villas vastes, spacieuses, avec coin salon, grand canapé et télé. Clim à tous les étages. L'idéal en famille ou entre copains. Tous les hébergements ont une kitchenette très bien équipée (micro-ondes, lave-vaisselle, lave-linge, etc.). Déco contemporaine, épurée, avec quelques objets et meubles de famille. Excellent rapport qualité-prix. Se réveiller avec le soleil dans son lit, vous vous en souviendrez !

Le Jardin de Beauvallon *(plan II,* **16***) : à* **Beauvallon.** *☎ 631-28-05. • lejardindebeauvallon.com • Sur la gauche en arrivant de Mahébourg, juste avt le croisement avec la route de Blue Bay (panneau). Doubles 2 500-3 100 Rs selon confort, petit déj compris. Repas 480 Rs pour les résidents.* Comment ne pas succomber au charme de cette belle maison coloniale du XVIIIe s, isolée au cœur d'un parc soigné où l'on distingue le disque argenté d'une piscine ? Dans le jardin, 4 bungalows en bois conçus pour 2-3 personnes, à la chambre toutefois un peu exiguë. Les amoureux, quant à eux, choisiront sans hésiter le pavillon, un *lodge* indépendant avec un lit à baldaquin, très cosy, défendu par une porte indonésienne sculptée du plus bel effet. Navette à disposition pour Blue Bay et la pointe d'Esny. Excellent restaurant sur place (voir plus loin « Où manger ? »).

Blue Lagoon Beach Hotel *(plan II, **17**) :* **Blue Bay.** ☎ *631-90-46.* • *bluelagoonbeachhotel.com* • *Doubles standard 4 000-8 000 Rs selon période, petit déj inclus. ½ pens possible.* *(parties communes et piscine).* Un de ces gros complexes dont les brochures touristiques raffolent, idéalement situé sur le lagon. Ses bâtiments de style balnéaire enveloppent la vaste piscine et le jardin, dont les derniers arpents effleurent un bout de plage bien agréable. Tout confort (AC, TV, téléphone, clim...), avec une déco au goût du jour pour les chambres les plus récentes, plus tristounette et rustique pour les moins chères. Le vrai plus : tennis et sports nautiques gratuits (sauf la plongée bouteille), spa, sauna et toutes sortes d'activités dont les soirées thématiques (souvent musicales)... organisées 6 jours sur 7 et dont profitent les chambres donnant sur la piscine ! Compte tenu de la faible différence de prix, préférer les chambres *deluxe* pour leur vue côté mer et le calme assuré... en dehors des horaires de décollage des avions (l'aéroport est dans l'axe !), mais ça reste correct.

Spécial folie

Preskil Beach Resort *(plan II, **18**) :* *à la **pointe Jérôme,** un peu avt la pointe d'Esny, dans le virage, sur la gauche.* ☎ *604-10-00 et 10-30.* • *lepreskil.com* • *Env 190-325 €/pers en ½ pens (plus cher en fin d'année) selon vue, confort et saison ; nombreuses promos, mais il est dans ts les cas plus intéressant de réserver dans les agences pour ce type d'établissement.* Le *Preskil* a fait fort. Pour mériter son nom, cet établissement de grand standing a colonisé une petite langue de terre entièrement privée. La longue et jolie plage fait face à l'île aux Aigrettes. Le *resort* compte 2 piscines, plusieurs restaurants (dont un *steak house* ouvert le soir seulement, bien réputé), 200 chambres tout confort et décorées avec goût, dispersées dans différents bâtiments et cottages d'inspiration créole, et une foultitude d'activités (spa, plongée, fitness, tennis, dériveurs, kayaks, club enfants, soirées à thème...). Accueil attentionné. L'hôtel possède une annexe de charme, *L'Astroea,* plus petite et légèrement moins chère mais qui n'accepte pas les enfants, hélas.

Où dormir dans les environs ?

Le Tibambari : *Le Bouchon,* ***Plaine-Magnien.*** ☎ *637-96-43.* • *tibambari.com* • *De Mahébourg, direction l'aéroport, puis Le Chaland ; bifurquer ensuite à droite vers Le Bouchon, c'est indiqué ; continuer tt droit jusqu'à la mer ; l'accès se fait par le rivage à gauche, par le chemin à gauche encore après les toilettes publiques ; être véhiculé. Double 2 200 Rs avec sdb, petit déj compris. Dîner sur résa 600 Rs/pers. CB refusées. Transfert aéroport sur demande (gratuit pour plusieurs nuits réservées).* Routards amoureux de la nature et en quête de tranquillité, voilà des chambres d'hôtes tout indiquées (ventilo, clim et même moustiquaire aux fenêtres). Nichée dans un petit village à l'extrême sud-est de l'île, au bord du littoral, cette maison récente, spacieuse et lumineuse est tenue par Lisbeth et Éric, un adorable couple helvético-mauricien. Pas de plage, mais un tapis herbeux sur lequel passe un sentier qui mène d'un côté à la plage de la Cambuse, de l'autre au pont naturel et au Souffleur, deux belles balades de la région. Toute la famille vous montrera aussi les bons coins pour nager. Des 4 grandes chambres, 2 ont vue sur la mer du balcon, malgré une maison devant la leur. Immense salle à manger avec coin bar, qui contribue à la convivialité du lieu, et terrasse très sympa.

Où manger ?

Très bon marché (moins de 150 Rs / 4 €)

🍽 ***Mary Mine*** *(plan II,* ***30****) : devant la plage de* ***Blue Bay,*** *petite case verte sur le parking. Tlj jusqu'à 14h env.* Marylin prépare elle-même ses nouilles pour des *mine* bons et pas chers, à avaler entre deux brasses (pas trop coulées quand même) dans le lagon.

De prix modérés à prix moyens (300-650 Rs / 7,50-16,50 €)

🍽 ***Restaurant Le Jardin de Beauvallon*** *(plan II,* ***16****) : à* ***Beauvallon.*** *☎ 631-28-05. Sur la gauche en arrivant de Mahébourg, juste avt le croisement avec la route de Blue Bay (panneau). Tlj 11h30-15h, 18h30-22h. Résa indispensable le soir (on peut venir vous chercher à votre hôtel gratuitement si vous logez à la pointe d'Esny ou à Blue Bay). CB acceptées.* Quelque chose à annoncer ? C'est ici qu'il faut venir, dans cette superbe demeure coloniale du XVIIIe s dont la salle à manger cossue s'ouvre sur une varangue et un jardin soigné. À la carte, une cuisine métisse de bon goût mêlant des spécialités traditionnelles, comme les 7 caris et la salade de palmistes, à quelques plats d'inspiration européenne (pizza... au marlin !). Tables nappées, lumières tamisées et service irréprochable. Romantique en diable ! À noter que la piscine est accessible aux non-résidents qui viennent déjeuner. Animation musicale le vendredi soir.

🍽 ***Chez Maryse*** *(plan II,* ***33****) : à côté de la police, sur le chemin de la plage de* ***Blue Bay,*** *à droite, dans un petit renfoncement. 📱 597-88-211. Tlj midi et soir.* Bien cachée sous sa paillote en tôle, aux tables colorées, Maryse vous accueille avec le sourire et sa carte de spécialités mauriciennes. Le carpaccio de thon, le poisson à la créole (pas épicé) ou le bœuf aux petits oignons ravigotent, comme le reste des petits plats faits maison (un peu d'attente). Rhum arrangé pour patienter. Simple et sans chichis. Clientèle de fidèles et de touristes sous le charme.

🍽 ***Le Bougainville*** *(plan II,* ***31****) :* ***Blue Bay,*** *en face du Blue Lagoon Beach Hotel, dans le virage. ☎ 631-82-99. Tlj midi et soir. Résa vivement conseillée le soir.* Cette grande case créole est plébiscitée par les touristes du secteur. Il faut bien avouer que l'adresse est idéalement située à deux pas de la plage, et sa terrasse franchement agréable le soir, lorsque les bougies font danser les nappes colorées. À la carte, toute la panoplie des spécialités mauriciennes classiques, assorties de quelques salades et pizzas. Portions pas démesurément copieuses, mais honnête cuisine dans l'ensemble.

🍽 🍷 ***Le Blue Bamboo*** *(plan II,* ***32****) : Coastal Rd,* ***pointe d'Esny.*** *☎ 631-58-01. Sur le côté de route opposé à la mer. Résa conseillée.* 📶 Les clients se pressent au *Blue Bamboo* à la fois pour l'agréable terrasse arrière, ceinte de hauts bambous qui crissent dans le vent, et pour la carte de pizzas cuites au feu de bois. Ajoutez à cela de belles portions, un complément de plats mauriciens généreusement servis et une bonne ambiance générale. L'accueil manque sans doute un peu de chaleur, mais le service est rapide.

À voir. À faire

Plages

⛱ ***La pointe d'Esny :*** notre préférée. Sauvage, elle sinue en silence au bord du lagon, pratiquement déserte, même le week-end. Seulement voilà, sur plusieurs kilomètres, le littoral est caché par des dizaines de villas entourées de murs et de haies, serrées les unes contre les autres, face à la plage. Fort heureusement, des panneaux signalent désormais les deux accès publics. Les adeptes du snorkelling découvriront de très beaux poissons au niveau de l'hôtel *Astroea,* spot accessible à partir du 1er accès public, environ 300 m avant l'hôtel *Preskil* en venant de Mahébourg. Attention, la plage n'est pas du tout ombragée.

Face à la pointe d'Esny, l'***île aux Aigrettes,*** plantée au milieu de ce lagon-piscine (voir plus loin « Excursions à l'île aux Aigrettes »).

Blue Bay : plus au sud-est, c'est une petite baie très fermée qui doit son nom à une couleur bleue très belle, très lumineuse, due à un bas-fond assez rare dans un lagon. Pas d'oursins au niveau de la plage. Attention aux courants, toutefois moins forts qu'à la pointe d'Esny. Blue Bay a un seul inconvénient : on subit le bruit du décollage des avions, heureusement peu nombreux.

– De la plage publique, on aperçoit l'***île aux Deux Cocos,*** petit caillou posé sur la mer et chasse gardée d'un groupe hôtelier de luxe.

Le parc marin et le jardin de corail : cet espace protégé tant vanté par les brochures était, il y a encore peu de temps, magnifique. Malheureusement, il subit bien des dégâts. Et pour cause, le nombre de bateaux à moteur sillonnant le parc, soi-disant protégé, n'a cessé d'augmenter. En cause aussi, les crèmes solaires des plongeurs (mieux vaut enfiler un T-shirt pour se protéger des coups de soleil) et les couches de sédiments liées à des travaux effectués sur la côte qui recouvrent les coraux et les étouffent. L'un des plus beaux exemples de biodiversité dépérit de façon accélérée, et en grande partie en raison de l'activité humaine. Il suffirait simplement de préconiser des déplacements en canoë au lieu du bateau à moteur, de sensibiliser les professionnels et les plongeurs, toujours susceptibles de provoquer des dommages aux coraux avec leurs palmes, de mettre en place une véritable politique de développement durable... À quand un sanctuaire, le temps de régénérer la faune et la flore ?

Activités en mer

On peut à peu près tout faire, ou presque, à partir de la pointe d'Esny et de Blue Bay. Mais nous ne conseillons plus les sorties dans le parc marin, dit « protégé » (lire ci-avant) à bord de bateau à moteur. Cela ne ferait qu'aggraver une situation déjà préoccupante pour la faune et la flore.
En revanche, il est possible de partir en excursion vers les îles du Sud-Est, ou même de pousser jusqu'à l'île aux Cerfs. C'est d'ailleurs une excellente option. Partir de la pointe d'Esny permet de combiner la visite de l'île (voir plus haut « La côte est, de Pointe Lafayette à Mahébourg. L'île aux Cerfs ») avec une belle balade en bateau. Sur le trajet, cabotage d'île en île (et arrêt snorkelling) : île de la Passe, îlot Flamants, cascade de Grande Rivière Sud-Est. De nombreux pêcheurs, semi-professionnels et professionnels, proposent toutes sortes d'activités à la carte... mais gare aux sorties en mer non couvertes par les assurances. Quelques adresses :

■ ***Totof :*** *plage de **Blue Bay.** ☎ 637-63-42. 📱 5751-17-72. • boatotof@yahoo.com • Rens sur la plage face à la jetée. Excursions à la journée 1 500-2 000 Rs/pers selon repas et excursion. Propose aussi des petites croisières sur le Totof Cruise.* Jocelyn propose des sorties à la journée. Il peut vous conduire à l'île de la Passe, un ancien poste de garnison français, ou à l'île aux Cerfs. Mais attention, avec son autre bateau (20 places, w-c à bord), ça peut vite devenir l'usine.

■ ***Dodo Bato :*** *bateau à côté du ponton, sur la plage de **Blue Bay.** 📱 5753-50-11. Prévoir env 1 200-1 500 Rs/pers pour une journée en mer selon repas.* Mio possède un bateau à fond de verre et un hors-bord. Il vous conduit aux îles Sauvages avec pique-nique. C'est un joyeux drille, qui saura agrémenter la journée de sa bonne humeur et de sa philosophie hédoniste. Attention, son punch est redoutable !

■ ***Jean-Claude Farla :*** *☎ 631-70-90. 📱 5423-13-22. Compter 60 €/pers pour la journée de navigation et BBQ à l'îlot Margerie ; 30 € pour 3h de pirogue à voile, avec en-cas à bord.* Jean-Claude Farla propose notamment d'intéressantes excursions vers l'île aux Cerfs. Les départs s'effectuent depuis le débarcadère pour l'île aux Aigrettes (à Pointe Jérôme) entre 9h et 10h. Il embarque entre 6 et 9 personnes. Également des sorties plongée, ski nautique, *hobby cat* pirogue à voile... Très pro.

■ ***Marche sous l'eau :*** *départ de l'hôtel* Preskil. *Contacter Leevam. 📱 5767-32-54 ou 5751-49-04. Sortie env 2 000 Rs. Résa 1 ou 2 j. à l'avance.* Eh non, la découverte des fonds marins n'est plus réservée aux seuls plongeurs confirmés ! Un scaphandre sur la tête, une ceinture de plomb autour de la taille et de bonnes chaussures aux pieds pour ne pas s'esquinter les arpions, on se laisse glisser tout doucement jusqu'aux fonds sableux. Et là, entre 3 et 5 m sous l'eau, on se balade pendant 25 mn dans l'univers onirique des poissons multicolores et des roches aux formes fantasmagoriques. Une belle expérience accessible à tous. Organise aussi des sorties en mer à la journée à bord de bateaux rapides.

Excursions à l'île aux Aigrettes

➢ *Plusieurs visites quotidiennes (9h-16h lun-sam), sur résa (la veille de préférence) : ☎ 631-23-96. 📱 5258-81-39. • mauritian-wildlife.org • Compter env 800 Rs/pers ; réduc enfants. Durée 1h30, traversée comprise.* À quelques encablures de Mahébourg s'épanouit le sanctuaire des derniers vestiges de la forêt côtière mauricienne, posé comme un nénuphar au milieu des eaux turquoise de la baie sur un rocher calcaire. Protégée pour sa faune et sa flore, c'est aujourd'hui une réserve naturelle interdite au public. Il est toutefois possible d'y effectuer une visite guidée par un spécialiste de l'écosystème mauricien et organisée par la *Mauritian Wildlife Foundation.* Les efforts de cette association ont permis d'éliminer les espèces végétales exotiques qui parasitaient les essences endémiques, afin de recréer petit à petit l'écosystème d'origine mis à mal depuis l'arrivée de l'homme. Quelques espèces rares ont également été réintroduites, comme des tortues géantes, le pigeon rose et le cardinal mauricien, rescapés de l'extinction. N'oubliez pas d'apporter chapeau, crème antimoustiques, crème solaire, eau et une bonne paire de chaussures.

DANS LES ENVIRONS DE BLUE BAY

⛱ **La plage de la Cambuse :** *après l'aéroport, prendre la direction Le Chaland ; avt l'hôtel* Shandrani, *tourner à droite dans un chemin caillouteux (accessible aux voitures de tourisme) et le suivre jusqu'au bout ; la plage jouxte l'école de plongée de la police.* On débouche sur une magnifique et longue plage de sable blond, ombragée par quelques acacias. La barrière de corail, assez proche, rend la mer plus houleuse qu'ailleurs. Malgré le panneau « Baignade dangereuse » en raison des courants un peu forts, les familles mauriciennes y viennent en nombre le week-end et pendant les vacances pour se baigner. Faites comme elles, privilégiez le côté gauche, moins agité, mais prudence tout de même, surtout avec des enfants. Une plage idéale en tout cas pour pique-niquer. Peu de monde en semaine. Sur place, vendeurs de noix de coco et toilettes. Comme partout, ne pas laisser ses affaires sur la plage sans surveillance.

LE SUD, DE MAHÉBOURG AU MORNE BRABANT

Une bien jolie route que celle qui serpente dans les terres, de Mahébourg à Souillac, avant de rejoindre le Morne Brabant. La végétation y est dense et l'atmosphère plus douce. Ensuite, la côte révèle des coins sauvages et de belles étendues de sable. On y aperçoit tour à tour un lagon paisible, puis de fortes vagues venant s'échouer sur de sombres roches noires et luisantes. Le sud de l'île est peu peuplé et loin des clichés sur Maurice (sauf en de rares endroits).

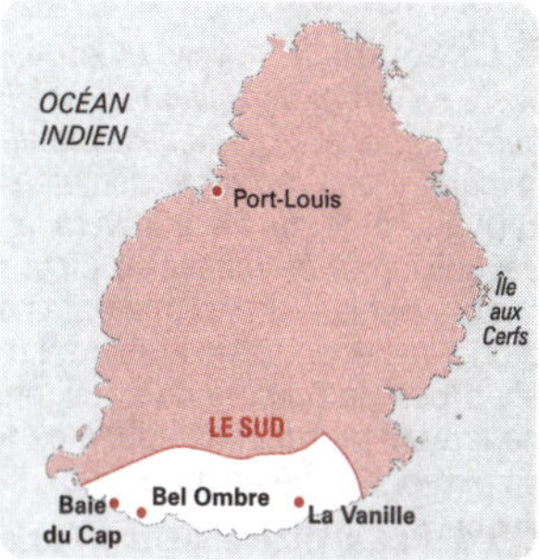

DE MAHÉBOURG À SOUILLAC

Où dormir ? Où manger ?

Beaucoup plus chic

Lodge L'Andréa : *à* ***Rivière des Anguilles,*** *Union Ducray. ☎ 5471-05-55 ou 5449-15-55. • relaisdeslodges.com • Non loin du domaine de Saint-Aubin en direction de Souillac, fléché sur la gauche depuis l'A9 ; une route mène jusqu'à l'usine sucrière avt de se transformer en piste à travers les champs de canne. Doubles 3 000-3 600 Rs en ½ pens. Repas sur résa, ouv aux non-résidents, env 450 Rs. (réception).* Environnement forestier pour *L'Andréa* et ses 10 bungalows cubiques, aux noms de poissons locaux, juchés sur une petite falaise. Étonnamment, ils sont construits avec une façade en verre dévoilant la côte rocheuse. C'est donc de son lit (et même de sa douche) qu'on admire le littoral... Très lumineux mais un peu froid peut-être. De la salle de resto ou de la piscine, belle vue sur la mer, là encore. Clim. Possibilité de balades guidées (incluses) ou location de quad (mais là, on n'est pas fan).

L'Auberge de Saint-Aubin : *au domaine de Saint-Aubin, près de* ***Rivière des Anguilles.*** *☎ 676-30-89. • saintaubin.mu • Compter 2 100 Rs/pers en ½ pens, avec une activité offerte.* Soigneusement restaurée et meublée avec un goût très sûr, la vieille habitation créole jouxtant le domaine abrite 3 belles chambres d'hôtes (dont 2 familiales). Le parquet ancien, les lits à baldaquin (2 chambres sur 3), les beaux volumes et la varangue courant le long de la maison entretiennent une atmosphère d'antan, renforcée par les paysages de plantations qui environnent le domaine. De l'authentique mais tout confort, en témoignent la clim, les jolies salles de bains et la piscine. Un cocon douillet hors des sentiers battus, idéal pour les familles ou les amoureux. Juste en face, un agréable restaurant (voir ci-après).

Restaurant Le Saint-Aubin : *au domaine de Saint-Aubin, près de* ***Rivière des Anguilles.*** *☎ 626-15-13. Tlj 9h-17h. Plats 350-700 Rs.* Très belle maison coloniale du début du XIXe s, avec une élégante salle à manger à l'ancienne et une véranda avec son carrelage à damiers où sont servis les repas. De là, on profite d'une agréable vue sur le jardin pour savourer, par exemple, une salade de palmiste et marlin fumé, un poulet vanille (un régal !) ou créole, un vindaye de cerf et, enfin, un « banane-ananas » caramélisé. Les légumes et fruits sont cultivés sur le domaine. Service attentif et souriant.

À voir

Le Souffleur : *à env 15 km au sud de Mahébourg, en direction de Souillac. Juste à l'entrée du village* ***L'Escalier,*** *pile-poil après le poste de police, c'est indiqué à gauche. Piste accessible tlj 6h-18h (après, des grilles bloquent l'entrée de la piste).* Pénétrez sur le domaine de l'usine de canne à sucre *Omnicane.* Suivez la petite route qui file à travers les champs de canne sur environ 5 km, avant de devenir une très mauvaise piste jusqu'au site. Au passage, admirez un remarquable banian, d'une quarantaine de mètres de haut, qui entoure la cheminée d'une ancienne usine à sucre. La vue est fantastique sur la côte sauvage. Ici, il n'y a pas de barrière de corail et l'océan déferle sur la falaise. Le spectacle est nettement plus féerique par gros temps. Dommage toutefois qu'on y ait construit un parapet en béton assez laid.

La Vanille Nature Park : *bien indiqué depuis le village de* ***Rivière des Anguilles,*** *à env 2 km. ☎ 626-25-03. • lavanille-reserve.com • Tlj 8h30-17h. Entrée : 490 Rs ; réduc enfants. Visite guidée comprise (à la demande). Crème antimoustiques en vente à la boutique, si vous avez oublié la vôtre !*
Un nom bien curieux... pour un site qui abrite une ***ferme aux crocodiles*** ! Car ce vaste parc, aussi beau que surprenant, rassemble entre autres plus de 2 000 sauriens aux dents étincelantes. Brrr... Et pourtant, les bébés dans les couveuses sont si mignons que vous leur chatouilleriez bien le menton. On vous proposera même de vous prendre en photo avec l'un de ces bébés, moyennant supplément, bien entendu ! Élevés autant pour la protection de l'espèce que pour leur chair, ces crocodiles du Nil importés de Madagascar passent leur journée à bayer aux corneilles au bord de bassins luxuriants (en réalité, ils ventilent !). Pour les voir s'animer un peu, rendez-vous tous les jours sauf les lundi et vendredi à 11h30, heure des festins.
Impressionnant, mais même les accrocrocos resteront baba en découvrant les autres stars du lieu : les ***tortues géantes Aldabra*** des Seychelles et ***Radiata*** de Madagascar. On en compte plus de 800, qui évoluent tranquillement (c'est le moins qu'on puisse dire !) dans une vaste savane reconstituée. La réserve possède même le plus grand nombre de tortues Aldabra en captivité au monde. Vous pourrez d'ailleurs assister à leur repas tous les jours à 11h et à 13h (sauf les mercredi et les dimanche). Les gamins peuvent s'asseoir dessus pour une photo ; mais attention tout de même à ne pas se faire mordre ! *La Vanille* propose également aux visiteurs de découvrir « l'envers du décor » et sa « nursery » à travers son programme de conservation des tortues géantes Aldabra.
Au sein de cet espace a été aménagé un parc aux cerfs de Java. D'ailleurs, ne soyez pas surpris, Chamarel, une de leurs adorables copines biches, découverte dans le village du même nom, se balade librement à travers le parc.
Après la pause, retour dans la jungle où les sentiers ombragés conduisent ici à une volière de chauves-souris qu'on peut nourrir, là aux bassins de carpes japonaises, plus loin aux crapauds buffles (qui ne manquent pas de coffre !) à l'aquarium, à l'enclos des singes avec leur piscine... chauffée, ou encore aux petits musées qui présentent la faune et la flore mauriciennes. À 10h30 et 14h30, vous pourrez même faire copain-copain avec Oscar, l'iguane de la maison !

Les fans passeront par le ***musée des Fossiles*** qui expose « 100 millions d'années sous la mer » à travers une centaine d'ammonites de Madagascar, ainsi que des œuvres d'art s'y rapportant. Également une section sur l'histoire des mammifères marins de Maurice : squelettes de baleines, mais aussi des phoques et des dugongs. Les plus petits s'arrêteront certainement dans la miniferme.
Mais la vraie cerise sur le gâteau, c'est le superbe ***insectarium*** qui abrite la collection exceptionnelle de Jacques Siedlecki. Il a mis 30 ans à réunir 23 000 insectes et papillons. Ils y sont tous : phasmes, scarabées, ou cette punaise à tête d'homme de Malaisie !
Bref, cette *Vanille,* c'est un cocktail merveilleux pour petits et grands.
À noter aussi, la belle boutique à l'entrée, qui propose toutes sortes d'objets d'artisanat mauricien et des articles de maroquinerie en peau de croco pour les adeptes !

Le Crocodile Affamé : *dernière commande à 16h. Snack env 250 Rs, plats 300-700 Rs.* Camouflé dans la verdure, un agréable resto-terrasse en surplomb du parc, qui propose du croco à toutes les sauces, au gingembre, au curry ou aigre-doux. Les méfiants peuvent se contenter de tester les beignets de croco. Le goût de la chair de crocodile se situe entre le poulet et le poisson : ça varie selon l'âge de la bestiole ! Également de la cuisine mauricienne et française pour ceux qui ne seraient pas tentés par le croco.

Le domaine de Saint-Aubin : *près de* ***Rivière des Anguilles.*** *☎ 626-18-19. • saintaubin.mu • Fléché depuis l'A9. Tlj 9h-17h. Visite seule : 500 Rs ; réduc enfants. Le tarif comprend la visite guidée de l'usine de sucre, le parcours botanique, la Maison de la vanille, le jardin d'épices, la miniferme, la Maison du rhum (+ dégustation). Visite + déj au restaurant 1 300 Rs. Billet combiné possible (2 000 Rs) avec le domaine de Bois Chéri et celui des Aubineaux (voir plus loin). Taxe incluse ; ½ tarif moins de 12 ans. Notez que ces prix sont susceptibles d'augmenter en cours d'année.*
Le domaine de Saint-Aubin abrite une belle maison coloniale, datant de 1819, qui fut déplacée et reconstruite planche par planche en 1870, l'usine sucrière toute proche gênant la tranquillité des lieux. C'est aujourd'hui un site de visite intéressant, une agréable table d'hôtes, où l'on goûte à une cuisine mauricienne « typique », et un hébergement de charme (en face, dans l'annexe)...
Après le repas, la visite du domaine constitue la meilleure des balades digestives... car elle commence par la distillerie ! En fonction de l'heure, on assiste au broyage de la canne, on se fait expliquer le fonctionnement des alambics et des cuves à fermentation, on assiste à la projection d'un petit film, puis on file au bar pour tout goûter : rhum blanc, rhum à la vanille et rhum épicé. Bien réchauffé, on enchaîne avec l'écomusée et l'usine sucrière. On entreprend ensuite le parcours botanique, la visite de la serre d'anthuriums et de la Maison de la vanille (ou comment tout savoir sur la culture de cette plante délicate, de la fécondation manuelle à sa commercialisation). Visites guidées possibles. Miniferme.
Sur place, vente de rhum, de liqueurs et de gousses de vanille du domaine.

SOUILLAC

Un gentil village, au sommet de belles falaises noires. Il tient son nom de François de Souillac, gouverneur de l'île à la fin du XVIIIe s. Il est aujourd'hui jumelé avec... la ville de Souillac (Lot). Ici, la mer est tumultueuse et rugissante. Il est donc difficile de s'y baigner.

Arriver – Quitter

Gare routière : *dans le centre.* Gare importante.

➢ Bus pour ***Curepipe, Mahébourg*** et ***Baie du Cap.***

Où manger dans les environs ?

Chez Rosy : *sur le parking de* ***Gris-Gris.*** *☎ 625-41-79. Tlj 11h30-16h. Compter 450-650 Rs.* Terrasse colorée pour déjeuner à l'ombre des parasols. Cuisine proposée très correcte, qu'elle soit mauricienne ou chinoise. Accueil souriant.

À voir

Le jardin de Telfair : *sur la route de Gris-Gris, presque en face de la gare routière.* Agréable parc municipal qui surplombe la mer bouillonnante, où il est plaisant de pique-niquer à l'ombre des kiosques d'une autre époque. Il porte le nom du Dr Charles Telfair, secrétaire d'un des gouverneurs anglais de l'île au début du XIXe s, personnage-clé de l'industrie sucrière.

LE SUD

Le musée Robert-Edward-Hart : *à 700 m de la rue principale, sur la droite de la route de Gris-Gris ; un peu après le jardin de Telfair. ☎ 625-61-01. Tlj sf mar, dim et j. fériés, 9h-16h (12h sam). GRATUIT.* La petite maison de pierre volcanique et de corail, où habita le poète mauricien Robert Edward-Hart jusqu'à sa mort en 1954, a malheureusement été démolie. Reconstruite en 2003 quasiment à l'identique et au même endroit, « la Nef » fut, selon Georges Duhamel, une retraite marine à la fois austère et délicieuse. Les trois pièces fidèlement reconstituées rassemblent quelques objets personnels (sa machine à écrire), une poignée de documents et même le masque mortuaire de l'écrivain francophone, considéré comme l'un des principaux auteurs de l'océan Indien. Vue saisissante depuis la véranda, d'où l'on peut imaginer qu'il écrivit : « Tous les songes d'Asie, tous les parfums d'Afrique, toute la poésie chimérique me viennent ce soir avec la brise de la mer Indienne. »

DANS LES ENVIRONS DE SOUILLAC

Gris-Gris et la Roche qui Pleure : *à l'est de Souillac. En venant de Rivière des Anguilles, prendre la rue à gauche juste avt la gare routière ; panneau ; au bout, en arrivant au parking, suivre la petite route à gauche (carrossable) qui conduit à un bois de filaos.* Derrière le rideau d'arbres, on découvre le paysage superbe formé par cette côte sauvage, où les falaises de roches volcaniques noires subissent les assauts féroces de l'océan. Un vrai coin de Bretagne ! La Roche qui Pleure, c'est une saillie rocheuse énorme dans laquelle la mer s'engouffre en passant par un puits. En se retirant, l'eau ruisselle et la roche pleure... à marée haute tout du moins. Mais le coin a été pollué par une décharge de gravats. En attendant que le lieu ne retrouve son attrait naturel, on peut se balader aux alentours, sur les buttes herbeuses pelées par le vent. Entre la Roche qui Pleure et le parking s'étend une plage de sable fin où les baignades sont fortement déconseillées.

DE SOUILLAC AU MORNE BRABANT

Un joli coin plutôt sauvage, peu peuplé (la population y est majoritairement créole), avec seulement quelques poignées de maisons distribuées ici et

là. Mais plusieurs complexes hôteliers de luxe (et même un golf...) se sont implantés dans le secteur de Saint-Félix – Bel Ombre. D'autres projets sont à l'étude, notamment du côté de Baie du Cap. Les promoteurs ont-ils l'intention de grignoter tout le littoral ?

RIAMBEL

Ne pas se fier à la « pomponnette », c'est bien connu. Cette jolie plage publique est, en effet, déconseillée pour la baignade en raison des forts courants mais agréable pour le pique-nique. Quelle vue !

SAINT-FÉLIX

Village de l'arrière-pays, Saint-Félix a longtemps abrité la plus ancienne sucrerie de l'île, fermée depuis 2006.

Très belle et longue plage publique à Saint-Félix, bien ombragée car bordée de filaos et aménagée (snacks, toilettes, grand parking). Idéale en famille.

CHAMOUNY

Au nord de Saint-Félix et de Chemin Grenier.

Chazal : *au nord du village. ☎ 622-72-34. 5422-31-17. • chazalecotourismmauritius.com • Au milieu de Chamouny, prendre une route sur la gauche dans le grand virage, fléché ; on traverse une propriété sucrière. Activités tyroliennes env 2 300 Rs ; descente de la rivière à pied et à la nage (à partir de 14 ans) 2 000 Rs ; randonnées dans la réserve de Cerf de Java entre 1h et 4h de marche (même prix) 1 400 Rs. Pour ttes les activités, déj compris ; tarifs moins chers sans le repas. Réduc enfants. Durée des activités : 2h30-3h. 2 sessions/j. : à 9h et 12h30. Résa obligatoire, 1 j. à l'avance. Prévoir de bonnes chaussures et une crème antimoustiques. Déj sur demande env 600 Rs.* Dans le cœur vert du sud de l'île, parcours de tyroliennes suspendues de part en part de la Rivière des Galets, ainsi qu'un circuit pédestre (pour ceux qui auraient le vertige) guidé, incluant une baignade revigorante sous les cascades. Déjeuner typiquement mauricien au cœur des montagnes, à l'ombre des palmistes. Après l'effort, repos conseillé dans le coin salon-bar aménagé dans une case à l'écart avant de piquer une tête dans le bassin juste devant, alimenté par une source vivifiante. Au resto, les légumes sont du potager maison (la fierté de Cécilia !) et les poulets élevés dans les montagnes.
Tentes : *100-120 €/nuit. ½ pens quasi obligatoire.* Une poignée de tentes circulaires, installées sur les hauteurs, accueillent les visiteurs qui souhaitent prolonger l'expérience nature. Toilettes en dur, toit en toile et vrai lit. Du camping confortable ! Une belle expérience entre amis ou en famille, mais prix un peu musclés.

Dans les environs de Chamouny

La vallée des Couleurs : *à* ***Mare aux Anguilles,*** *non loin de Chamouny, en remontant vers l'intérieur des terres. ☎ 5471-86-66 (infos) et 5292-88-41 (résas). • lavalleedescouleurs.com • Tlj 9h-17h. Entrée : 300 Rs ; réduc enfants et gratuit moins de 6 ans.* Le site, magnifique, est jalonné sur tout le parcours de belles cascades (baignade et pique-nique possibles) et points de vue sur la vallée et le lagon, au loin. Mais le clou, ce sont bien sûr les couleurs de la terre mauricienne, qui se juxtaposent sans se mélanger selon un phénomène géologique très particulier, présent aussi aux Terres de Chamarel. Sauf qu'ici, on a découvert pas moins de 23 variations (7 à Chamarel) sur un espace auquel on a donné la forme de l'île.

Plusieurs activités (payantes) : tyroliennes (dont une qui mesure 1,5 km, ce qui en fait la 3e plus longue au monde !), pêche, voiturettes, et quads (mais là, on est carrément moins fan). À noter aussi, un musée géologique sur l'histoire du site, une miniferme et un resto semi-gastronomique et de cuisine fusion.

LA BAIE DU JACOTET

Minuscule village avec un petit cimetière marin à Rivière des Galets chahuté par les intempéries, au centre d'un véritable jardin d'Éden. Les surfeurs se retrouvent à l'embouchure de la rivière, mais attention, la baignade y est dangereuse, comme à la baie du Jacotet. Les courants y sont importants et le corail affleure sur le littoral.

UN COMMANDANT QUI VAUT TRIPETTES

C'est dans la baie du Jacotet qu'eut lieu, en 1810, l'une des innombrables batailles entre Anglais et Français. Au cours de cette attaque surprise, le commandant français fut fait prisonnier, puis échangé contre menues victuailles : cochonnailles, cabris et autres volailles !

BEL OMBRE

Le littoral a été réhabilité et il accueille désormais plusieurs grands et beaux complexes touristiques pour nantis. Il faut bien avouer que le coin est superbe. La baignade, rendue autrefois impossible en raison des rejets de la sucrerie et des algues qui avaient par conséquent proliféré, se fait aujourd'hui dans d'excellentes conditions : la plage et l'eau ont été assainies, la blondeur du sable et le dégradé turquoise du lagon ont retrouvé leur place dans la palette des couleurs. Magnifique !

Sachez enfin qu'en logeant ici, il faut vraiment avoir envie de s'isoler du reste du monde. Il n'y a pas âme qui vive, ambiance un peu surréaliste. Mais qui veut vraiment s'échapper de ces hôtels où tout, absolument tout, est proposé aux résidents ? On trouve à proximité un golf 18 trous et la *réserve naturelle Frederica,* vaste domaine vallonné où l'on s'adonne aux joies de la marche ou celles plus discutables du quad en guettant les cerfs, cochons marron et autres chauves-souris.

Plage publique dans le village (après les hôtels et le *C Beach Club*), étroite langue de sable, bordée d'un tapis herbeux. Le coin est plutôt prisé des kitesurfeurs, mais les familles viennent y pique-niquer et s'y baigner.

BAIE DU CAP

Le village authentique et rustique est à l'image de l'île Maurice. C'est ici qu'accosta en 1803 le *Cumberland,* navire anglais sur la route du retour d'Australie. Des maisons en tôle, certaines colorées, et quelques jardins fleuris. Plage sauvage à Pointe Corail, tout de suite après Baie du Cap. Juste à la sortie du village, le rocher de Macondé. Quelques marches permettent d'accéder à un petit promontoire. Aussitôt après, la route serpente au pied de hautes falaises noires, avant de filer vers le désormais tout proche Morne Brabant. Longues langues de sable blanc, criques et eaux turquoise : la route est toujours sublime.

Si vous venez de Chamarel par la mauvaise route qui rejoint Baie du Cap, suspendez 2 mn votre trajet à Choisy pour apercevoir un étonnant *temple tamoul* jaune vif adossé à un fond de végétation au vert intense.

DU MORNE BRABANT À FLIC EN FLAC

Ce secteur du littoral est moins touché par l'affluence touristique que la partie nord-ouest de l'île. Ceux qui recherchent le calme séjourneront de préférence dans la région. Les autres en feront un excellent but de balade à la journée, qu'on peut agrémenter d'un petit tour vers l'intérieur à Chamarel et Grand Bassin.

LE MORNE BRABANT

Site superbe, classé au Patrimoine mondial de l'Unesco, péninsule paradisiaque, sorte de pain de sucre veillant sur le coin sud-ouest de l'île, le Morne dresse ses parois abruptes à 245 m d'altitude. En saison sèche, ne soyez pas surpris de voir la montagne racornie, des flancs arides, des herbes jaunies, des arbres dénudés et effeuillés, dans un paysage de brousse africaine. C'est normal, car le Morne Brabant tourne le dos aux nuages et les pluies ont du mal à arriver jusqu'ici, ce qui explique cette sécheresse. Cette roche altière est entourée d'une mince bande de plage que l'on peut considérer comme la plus somptueuse de l'île grâce à la couleur de ses eaux.

Les hôtels de luxe ont squatté presque tout le littoral et la plage publique. Pour accéder aux portions « privées » de la sublime plage, il faut s'acquitter d'un droit d'entrée très élevé auprès des hôtels qui, en outre, demandent souvent qu'un repas – hors de prix – soit pris sur place. Un vrai scandale ! Du coup, on conseille plutôt d'aller profiter de la mer et de l'air du temps sur la plage publique, aujourd'hui complètement morcelée par la construction de nouveaux hôtels, mais on vous indique les différents accès.

MORNE ET TRISTE

C'est au sommet du Morne que venaient se réfugier les esclaves noirs qu'on appelait « marrons » pour avoir échappé à leur maître. L'accès très difficile du lieu leur conférait une certaine sécurité. En 1834, alors que des soldats venaient leur annoncer la bonne nouvelle de l'abolition de l'esclavage, prenant peur et craignant de se faire prendre, ils choisirent de se jeter dans la mer du haut de la falaise. Tragique méprise !

Adresse utile

■ ***Mauritius Commercial Bank :*** *dans le centre commercial de* L'Harmonie. *Lun-jeu 9h-15h15, ven 9h-17h.* Distributeur de billets et change.

Où dormir ? Où manger ?

Ne cherchez pas de *guesthouse,* il n'y en a pas ! Ici, au pied du Morne sauvage et protecteur (il abrite sacrément du vent), l'un des plus beaux paysages de l'île, vous ne trouverez que des hôtels de chaînes prestigieuses : *Paradis, Dinarobin, Saint-Régis...* Parmi eux, l'hôtel de la chaîne *Lux* porte bien son nom tout en restant l'un des plus accessibles pour un coup de...

... folie

🏠 |●| ***Lux Hôtel Le Morne :*** **Le Morne Brabant.** ☎ *698-22-22 ou 27-27.* • *luxresorts.com* • *Compter 220-540 €/pers en ½ pens (tarif public ; prix en agence souvent plus intéressants et très régulièrement belles offres sur Internet) ; également des suites « prestige », encore plus chères. Restos ouv aux non-résidents sur résa.* Difficile d'imaginer cadre plus enchanteur pour cet hôtel dont les pavillons s'étirent le long des eaux translucides. Chambres hyper confortables avec vue (de près ou de loin) sur le lagon et toutes dotées de terrasse privée avec sofas et transats. Multiples détails qui font basculer du confort au luxe : lecteur DVD dans les chambres, avec prêt de films, salle de bains XXL, spa, tennis, salle de sport, 3 piscines joliment intégrées (dont une réservée exclusivement aux adultes), épais transats sur sable blond et 3 excellents restos dont un pied dans l'eau, point de chute romantique pour admirer le coucher de soleil. À disposition, toute la journée, glaces maison et cafés torréfiés sur place. Club de plongée (voir plus loin), possibilités de balades à cheval (mêmes prix qu'au haras tout proche) et d'excursions. Personnel aussi serviable qu'efficace. Romantique en diable. Que c'est bon, le... *Lux* !

|●| ***EAST :*** *au* Lux Hôtel Le Morne. ☎ *698-22-22 ou 27-27.* • *luxresorts.com* • *Plats 400-700 Rs.* Un excellent restaurant qui fait la part belle aux caris, plats thaïs et autres spécialités... de l'est du globe. Cadre cosy, l'idéal pour un repas en amoureux. Petite terrasse, au bord de la mer, au centre du *Lux Le Morne.* Mais ça marche aussi en famille avec toutes ces saveurs aigres-douces. Poissons, *tiger prawns,* et autres viandes délicatement relevées. Un régal. Gardez un peu de place pour les desserts, pas mal non plus.

À voir

Le Monument de la Route de l'Esclave : *avt la zone des hôtels, au pied de la falaise, sur la gauche ; l'entrée du site grillagé est assez discrète. GRATUIT.* Une stèle, grand bloc gris d'où semble émerger un homme, et des allées en étoile, toutes terminées par une pierre sculptée. Elles sont signées d'un artiste dont le pays d'origine a contribué au peuplement de Maurice dans des conditions de vie difficiles, proches de l'esclavage. Chacune évoque les esclaves marrons : la porte de la liberté (avec les chaînes encore aux poignets), l'esclave fouetté, la maternité comme une renaissance, mais aussi l'anonymat de ceux qui sont morts ici, avec des prénoms en graffiti. Ou encore des traits presque indistincts, comme un souvenir qui s'efface ou surgit. Chaque pierre symbolise en fait une pierre tombale, au bout d'une petite allée qui fait penser à une longue tombe, commune. Au centre, l'esclave émerge en se confondant avec la roche grise, comme une liberté cachée dans le Morne Brabant. L'ensemble rayonne telle une étoile contre l'oubli. Petit à petit, on se laisse gagner par l'émotion.

LE SUD-OUEST

➢ En longeant la côte, on peut faire le ***tour de la presqu'île*** du Morne en voiture pour rattraper la route du Sud qui mène à Baie du Cap. Belle végétation tout le long, très variée.

À faire

Plages

La plage publique du Morne Brabant est déserte en semaine et bondée le week-end pour le pique-nique rituel des familles mauriciennes.

Les accès à la plage publique : *une fois passé le centre commercial de* L'Harmonie, *suivre la route jusqu'à l'hôtel* Dinarobin *; la principale section de plage publique commence juste après.* Longue de 500 m, elle est frangée par un bois de filaos large de 50 m. Un vrai goût de paradis : grande quiétude, coins ombragés, sable blond très clair, eau transparente (même si ce n'est pas en face que l'on verra de beaux coraux). Pas trop de vent, elle est idéale en famille.

Emba Filao : *sur la plage.* Un banal snack de plage ou presque, car celui-ci, en gestion indépendante, est propriété du très chic hôtel *Lux Le Morne* voisin. Plats simples à base de produits fournis par l'hôtel : *samoussas, mine frits,* bols renversés, poissons grillés. Aucun souci de fraîcheur. Également des glaces. À emporter ou à consommer sur place... face au lagon, sur des tables abritées de parasols. Souvent bondé le week-end. Pour le coup, un grand luxe vraiment pas cher.

➢ *Un autre accès à la plage publique se trouve après l'hôtel* Saint-Régis. Beaucoup plus ramassé que le précédent, ce petit bout de plage est là encore précédé d'un espace planté de filaos. Pas désagréable. Au large, le lagon offre parmi les plus belles observations de coraux de l'île. Mais attention, si la baignade ne présente pas de danger majeur, elle n'est pas surveillée, et les courants sont parfois assez forts. Mieux vaut se faire accompagner par un pêcheur si on s'adonne au snorkelling.

➢ *Encore un accès à la pointe sud-ouest du Morne, juste avt l'*Indian Resort. C'est là que se retrouvent les kitesurfeurs car les vents et les courants y sont plus forts.

➢ *Le dernier accès se trouve après le nouveau et immense complexe hôtelier* RIU, *au bout de la route.* Particulièrement venté, c'est là que les véliplanchistes et les kitesurfeurs se sont installés. Mais qui sait, le nouveau complexe donnera-t-il facilement accès à la plage ? À suivre.

Sorties en mer

■ ***Benitier Boat*** *(Jerry Hippolyte) :* ☎ *451-55-89.* 📱 *5724-28-71. Prévoir 2 500-3 500 Rs selon la balade pour 3 pers ; le prix augmente en fonction du nombre de participants. La sortie dure en général 2-3h. Téléphoner avt pour convenir d'un lieu de rdv : Jerry peut venir vous chercher sur l'une des plages du Morne ou simplement vous donner rdv sur la 2e plage, près du centre de plongée* Easydive *et de l'hôtel* Lux. Sur son bateau de pêche bleu et blanc, impeccablement entretenu et doté d'un toit parasol, Jerry propose des sorties dans ou hors lagon à des prix plus ou moins négociables mais toujours raisonnables. Au choix, balades, snorkelling ou pêche au large du Morne, son secteur. Joie et bonne humeur garanties !

Randos et balades

■ ***Yanature Adventures :*** 📱 *5785-61-77.* • *trekkingilemaurice.com* • Le Morne est l'un des plus beaux points de vue de toute l'île, mais ce panorama à couper le souffle se mérite ! Yan, guide expérimenté, entraîne, commentaires à l'appui, ses équipiers dans une rando version découverte (accessible à tous) ou plus sportive... le tout dans un environnement de carte postale. Il propose aussi des randonnées dans le parc des Gorges de la Rivière Noire, un coin de nature préservé et méconnu, là encore de toute beauté.

■ ***Le Haras du Morne :*** *entre les hôtels* Dinarobin *et* Lux, *sur la gauche.* ☎ *450-41-42.* 📱 *5705-16-44.* • *harasdumorne.com* • Propose des balades à cheval le long de la plage et dans les environs. Excellents guides. Pas donné, mais bon rapport qualité-prix.

– ***Balade à vélo :*** pas de loueur de vélos au Morne ni à La Gaulette, mais il est possible de s'en procurer auprès des hôtels. Une balade courte et sympa : le tour du Morne en suivant la route, qui se prolonge par un chemin avant de rejoindre la route et le village du Morne. On longe d'abord la côte, en suivant du regard les kitesurfeurs, avant de traverser la forêt. Si on fait abstraction des déchets qui jalonnent le sentier, la balade est bien agréable et facile, même pour les enfants.

Plongée

■ ***Centre de plongée Easydive :*** *attenant au* Lux Hôtel Le Morne. 📱 *5252-50-74.* • *easydivemauritius.com* • ♿ *Tlj sf dim, 8h30-17h. Env 4 200 Rs la plongée-découverte, 1 900 Rs la plongée. Équipé pour pers handicapées et enfants à partir de 10 ans.* Tarifs 5 étoiles, comme tout ce qui caractérise désormais le Morne. Plongées accompagnées d'un moniteur PADI et CMAS, avec, à la clé, les murènes à la grotte « cathédrale », ou les requins et les raies dans la passe Saint-Jacques.

Kitesurf

Le Morne est l'une des zones à Maurice qui se prêtent le plus à la pratique du kitesurf, en particulier de juin à septembre, quand les alizés soufflent. Le reste de l'année, la pratique de ce sport est plus aléatoire. Se renseigner avant de se déplacer.

■ ***Cabrinha Club :*** *sur la plage publique, juste à côté de la buvette* Emba Filao *et de l'hôtel* Lux. 📱 *5721-56-61 (Terry). Prévoir env 3 200 Rs les 2h de cours.* Travaille en partenariat avec l'hôtel *Lux*.

■ ***NKS – Nomad Kite School :*** *sur la dernière plage, au bout de la route.* 📱 *5757-98-54.* • *ecole-kitesurf-maurice.com* • *Compter autour de 3 000 Rs les 2h de leçon ; également un forfait 10h.* Loue également du matériel pour les kitesurfeurs autonomes (sur présentation du certificat d'autonomie).

LA GAULETTE

Ce paisible village, au nord du Morne Brabant, s'étire langoureusement entre la route principale et la mer. Ici, pas de plage mais une anse vaseuse et romantique au crépuscule, donc pas de touristes classiques, mais pas mal de kitesurfeurs. Et lorsque les pêcheurs ne taquinent pas la carangue, ils papotent dans le village, à l'ombre des arbres, ou baladent les touristes à l'île aux Bénitiers, à quelques encablures de la côte.

Arriver – Quitter

➢ ***En bus :*** arrêts le long de la route principale vers ***Flic en Flac*** dans un sens et vers ***Le Morne Brabant*** dans l'autre.

Adresses utiles

La Gaulette Supermarket : *lun-sam 8h-19h30 (20h sam), dim 8h-12h30.* Supermarché avec galerie marchande.

Cabines téléphoniques : *près du Cocotier Snack.*

Où dormir ?

Chambres Ropsen Chunwan *(Ropsen Tour Operator) : rte Royale. ☎ 451-57-63. 5255-55-46. • kitesuraccommodation.com • À droite en venant du nord, après les principaux commerces. Compter 1 000-1 400 Rs pour 2 selon vue ; appart 4 pers (2 chambres) 2 000 Rs et villa 6-8 pers 125 €/j. CB acceptées.* Ropsen loue 3 studios et 1 appartement à l'étage de sa grande maison blanche. Propres et fonctionnels (cuisine, balcon ou terrasse...), ces logements s'avèrent très agréables lorsqu'ils donnent sur la mer (moins côté rue), et tous sont d'un très bon rapport qualité-prix. Ropsen loue également 3 villas sur les hauteurs de La Gaulette. Comme il possède aussi son agence de voyages, on peut demander le transfert à l'aéroport, ainsi que louer vélos et voitures. Bref, de quoi satisfaire tout le monde et tous les budgets.

The Rusty Pelican : *en venant du Morne, à droite après le supermarché, à droite deux fois et sur votre gauche. 5978-91-40. • rusty-pelican.com • Doubles 55-60 €.* Dans un lotissement, un peu en dehors de l'animation. Dans une grande maison, avec son jardin sous la verdure, et sa piscine. 2 chambres pour 2 personnes au rez-de-chaussée, avec cuisine équipée pour chaque chambre, grand salon, et à l'étage, une familiale (4 personnes), même confort et cuisine. La familiale peut être séparée en 2 doubles, cuisine à partager dans ce cas-là. Très belle déco contemporaine, espaces vastes et aérés, avec livres, matériel de snorkelling, clim, et tout le nécessaire pour se prélasser au calme. Fruits frais et gâteaux maison au petit déj. Très propre. Gentil accueil.

Où manger ?

Cocotier Snack : *près de La Gaulette Supermarket. Tlj jusqu'à 21h. Bon marché.* Pour les cocotiers, on repassera ! Mais ce boui-boui aux toiles cirées de rigueur propose un *mine frit* du jour impeccable et de délicieux beignets d'aubergine à manger sur le pouce.

Chez Meilee : *en sortant de La Gaulette Supermarket, à gauche vers le nord, au 1er arrêt de bus, à côté du resto Frizzy. ☎ 421-62-18. Ouv surtout le soir.* Une petite adresse sans prétention, où Meilee sert avec le sourire entre les tables à touche-touche de sa terrasse au vent. Salle en paille tressée à l'intérieur. Classiques *mine frit,* bols renversés mais aussi calamars à la créole ou autres spécialités de la mer.

À faire

Excursions à l'île aux Bénitiers

➢ Cet îlot arboré, à quelques encablures de la côte, doit son nom à ce gros et beau coquillage converti par les missionnaires en bénitier. Il appartient à un particulier (propriétaire d'une sucrerie sur l'île), mais l'estran, ce bandeau de sable qui en fait le tour, reste public... et magnifique ! Alors, voilà, les pêcheurs et opérateurs improvisés ont flairé le filon et rivalisent d'arguments pour vous emmener, le temps d'un déjeuner-barbecue, profiter du lagon aux eaux translucides qu'on surnomme ici « l'aquarium ». L'image paraît idyllique. Elle l'est moins en réalité, lorsqu'en fin de matinée affluent les catamarans, hors-bord et autres bateaux de pêcheurs, chargés des heureux touristes que nous sommes.

Quand arrive l'heure du pique-nique et que chaque groupe occupe son emplacement avec sa table bâchée préinstallée, on oscille entre la rigolade et la déception. À l'heure de pointe, difficile de jouer les Robinson, le lagon s'apparente à un grand centre nautique en plein air. Passe encore. Mais difficile de passer l'éponge sur l'état dans lequel tout ce beau monde laisse l'île une fois le pique-nique terminé. Car si certains prennent soin de ce joyau, d'autres, bien moins scrupuleux et très peu concernés, laissent choir détritus et sacs plastique, sans cas de conscience. Alors quelques conseils pour profiter pleinement et durablement de ce joli coin de paradis : venir à contretemps (certains pêcheurs – voir ci-après – organisent des sorties snorkelling très tôt le matin, suivies d'un déjeuner) et repartir quand la foule débarque, ne rien laisser sur le sable ou dans les broussailles, opter pour une salade et du marlin fumé. Cela évitera d'encourager le braconnage de la langouste, systématiquement proposée au menu moyennant une bonne poignée de roupies supplémentaires, alors que sa pêche en chasse sous-marine est désormais interdite à Maurice (les casiers restent autorisés).

Sorties en mer

■ **Kissen :** *☎ 451-51-56. 📱 5758-98-49. • kissenjeewajee@hotmail.com • Sortie dauphins 1 200 Rs/pers ou journée complète 2 000 Rs/pers.* Sérieux et très respectueux des dauphins, Kissen cherche des solutions pour gêner le moins possible les mammifères et échapper à l'armada de bateaux. Pour la journée complète, l'excursion prévoit du snorkelling (prêt de matériel) et un délicieux pique-nique sur l'île aux Bénitiers.

LE SUD-OUEST

EXCURSIONS VERS L'INTÉRIEUR

La partie sud-ouest de l'île propose quelques belles escapades très nature, changeant un peu du bord de mer. Une même route vous guide naturellement vers les terres colorées de Chamarel, Plaine Champagne et Grand Bassin. Une balade fort agréable d'une demi-journée ou plus si affinités.

CHAMAREL ET LES TERRES DE COULEURS

Un peu après La Gaulette, à la hauteur du patelin de Grande Case Noyale, une route perpendiculaire à la route côtière indique Chamarel. Elle serpente à travers la forêt et les champs de canne, puis escalade courageusement les flancs escarpés de la montagne. La grimpette à vitesse réduite permet de profiter à plein du festival de vues formidables sur la plaine en contrebas et le littoral, avant d'atteindre le village qui borde les plantations de caféiers. D'ailleurs, on vous encourage vivement à goûter le café de Chamarel. Il détient à juste titre une excellente réputation.

En revanche, si vous dormez sur place, prévoyez soit de réserver le repas chez votre hôte, soit de faire des provisions avant, car le soir, tout est fermé. Il vous faudra aller vers La Gaulette au plus proche.

Où dormir ?

De bon marché à prix modérés (moins de 1 200 Rs / 32 €)

🏠 **Les Palmiers :** *rte Royale, à Chamarel. ☎ 483-43-64. • shanaya108@hotmail.co.uk • À env 700 m avt l'entrée des Terres de Couleurs en venant du nord, des drapeaux flottent à l'entrée de cette grande maison rose (avec une véranda), posée sur une butte au-dessus de la route. Double 800 Rs, petit déj en sus ; appart*

1 200 Rs (2 chambres). Dîner sur résa : env 350 Rs le plat. L'aimable et souriante Mme Beehary loue un appartement (2 chambres, cuisine) et des chambres toutes simples, très rustiques, qui se partagent un salon et une grande terrasse équipée d'un coin cuisine. Certaines profitent de jolis points de vue sur la montagne. Un bon rapport qualité-prix dans l'arrière-pays mauricien. Loue également des appartements à La Gaulette. Table d'hôtes, moins chère pour les hôtes (voir plus loin « Où manger ? Où boire un verre ? »).

De chic à plus chic (2 000-4 800 Rs / 50-120 €)

Coteau Fleurie : *devant l'entrée de Terres de Couleurs, à Chamarel. ☎ 483-47-57. 5728-53-15. • coteaufleurie.com • Double env 100 €, petit déj inclus.* Sur les hauteurs, dans un jardin bien entretenu par les propriétaires, Geneviève et Gérard. Belle demeure réaménagée dans un style créole, avec piscine (protégée) au milieu d'une étendue d'arbres fruitiers (entre autres), où chiens et chats s'ébattent en liberté. À l'intérieur, 3 chambres vastes, toutes avec salle de douche. Parquet, lits *king size* ou *twins*. Accès à la véranda pour le petit déj, où les confitures maison de Geneviève ravissent les hôtes (demandez-lui sa recette de confiture d'hibiscus).

La Vieille Cheminée : *à Chamarel. ☎ 483-42-49. 5725-55-46. • escapades@lavieillecheminee.com • Compter 3 900 Rs pour 2 ; 6 400 Rs pour 4, petit déj en sus ; gratuit moins de 6 ans. Dîner sur commande au moins la veille 490 Rs ou panier pique-nique 390 Rs.* La vieille cheminée est celle que l'on aperçoit, tout en brique, en arrivant dans cet ancien domaine sucrier. Le chemin sinue jusque sur les hauteurs, où se situe le bureau d'accueil. Dans la nature, à flanc de colline, 5 magnifiques maisons créoles (2 pour 2 personnes, 2 pour 4 et 1 pour 6), d'excellent confort, spacieuses et à la déco gentiment rustique personnalisée. Mobilier de charme, sanitaires modernes, cuisine et vastes salles de séjour ouvrant sur la traditionnelle varangue, sans oublier la petite piscine commune à la vue panoramique. En bref, une ode au bon goût et à la douceur de vivre, où la magie opère forcément... Sans parler de l'excellent rapport qualité-prix. Une petite épicerie et des jeux pour enfants complètent le tableau. De plus, des efforts ont été faits pour diminuer l'impact environnemental. Sur réservation, possibilité de balades à cheval (que vous croiserez sur la propriété) et à pied dans le domaine et jusqu'aux Terres de Couleurs. Organise également des excursions pour les non-résidents. Prévoir une lotion antimoustiques (en vente aussi sur place).

Très chic et charme

Lakaz Chamarel Exclusive Lodge : *Piton Canot, à Chamarel. ☎ 483-42-40 ou 43-22. • lakazchamarel.com • Juste avt d'arriver à Chamarel par la route de Grande Case Noyale, prendre à droite un chemin au niveau d'un kiosque vert, juste après le resto* Le Chamarel. *Cases 210-250 € ou suites avec piscine 345-460 € pour 2 pers en ½ pens selon saison (plus cher pdt les fêtes de fin d'année). Également une « formule Lakaz »,* all inclusive *(navette jusqu'à la plage du Morne tlj sf dim et j. fériés).* C'est d'abord une histoire d'amour avec un lieu, un jardin secret (très grand, le jardin) que les proprios ont ciselé au fil des ans avec l'envie de le partager. Imaginez un peu : un vallon luxuriant au creux duquel s'épanouit un étang. Devant, une maisonnette abrite une superbe chambre prolongée par une terrasse privée sur ponton. Plus loin, dispersés à flanc de colline, différents bungalows de grand confort, à la déco soignée, jamais standardisée, prolongés par des douches à ciel ouvert et aux allures de jardin zen (galets, plantes, statuettes...). Pour les uns, piscine privée ; pour les autres, *lodges* avec vue sur la mer (et piscine) ! On n'a encore rien dit des 2 piscines et du bâtiment commun très cosy, avec salon colonial, salle TV et une belle varangue, ni du spa ou de la salle de yoga. Il y a même un espace

LE SUD-OUEST

silence... Et en prime, excellente cuisine mauricienne servie aux résidents. Une adresse discrète et romantique en diable... à l'accueil chaleureux et au service impeccable.

Où manger ? Où boire un verre ?

De prix modérés à prix moyens (300-650 Rs / 7,50-16,50 €)

Le Palais de Barbizon : *à Chamarel, en direction de Sainte-Anne. ☎ 483-50-78. Tlj à midi ; le soir sur résa slt.* Pas de carte dans cet agréable resto de campagne très aéré, mais un menu du jour élaboré au gré du marché par la maîtresse de maison. Rien que du frais par conséquent, pour une cuisine familiale où figurent en bonne place les recettes de grand-maman : poissons en sauce, sanglier et une foule de légumes présentés façon tapas pour tout goûter, avec punch maison. Simple et généreux... comme l'accueil de monsieur. Notre meilleure adresse du coin dans cette gamme de prix.

Table d'hôtes Les Palmiers : *rte Royale, à Chamarel. ☎ 483-43-64. Resto accessible à midi aux non-résidents ; le soir, slt pour les pensionnaires (voir plus haut « Où dormir ? »).* La cuisine servie en terrasse est réalisée en fonction du marché et de la cueillette du jour (le vaste jardin potager se trouve derrière la maison). À l'intérieur, salle un peu tristounette. Mais l'accueil et la cuisine de la proprio vous feront oublier tout ça !

Plus chic (1 000-1 600 Rs / 25-40 €)

L'Alchimiste : *rte Royale, à Chamarel, dans l'enceinte de* La rhumerie de Chamarel. *Ferme à 16h.* Dans un cadre élégant de varangue noyée dans la verdure, où sont aussi cachées quelques tables en terrasse sous les portiques. Le chef, aussi à l'aise avec le poisson qu'avec le gibier (cerf, cochon), sert une cuisine de terroir et de saison. Les touches de rhum viennent relever quelques recettes bien enlevées. Présentation des plats originale et soignée, service avenant et, enfin, un baba au rhum (de Chamarel, bien sûr !). Pour vous dégourdir, reprenez la séance de dégustation où vous l'aviez laissée, ou filez à la boutique pour finir vos emplettes.

Varangue sur Morne : *sur la route de Plaine Champagne, à l'est de Chamarel. ☎ 483-59-10 ou 66-10. Tt le monde connaît l'adresse. Tlj jusqu'à 15h (16h pour le bar). Formule buffet intéressante.* On vient ici pour la vue spectaculaire sur la végétation luxuriante dégringolant jusqu'à la mer, un peu moins pour la cuisine, servie à de nombreux groupes à midi. On en oublierait presque aussi le cadre, qui lui non plus ne fait pas dans le banal : une immense salle d'inspiration chalet savoyard avec de vieux outils, des santons et quelques clichés d'hôtes de marque accrochés aux murs. La maison s'est même offert un petit musée, « Touche du bois », hébergé dans un bâtiment à demi dissimulé dans le beau jardin (entrée payante). Loue également des chalets et *lodges* pour budgets aisés. Un lieu multiple qui vaut le coup d'œil, idéal pour boire un verre en cours de balade.

Le Chamarel : *à l'entrée de Chamarel en arrivant de Grande Case Noyale, sur la droite. ☎ 483-69-37 ou 64-21. Tlj jusqu'à 15h (16h pour le bar).* Garez votre véhicule sur le parking (ne vous laissez pas rebuter par les autocars) et descendez quelques marches pour découvrir l'une des plus belles vues de Maurice. Le resto en terrasse, au toit de chaume et en pleine végétation, domine de 400 m le versant de la montagne et la mer. Vue idyllique, donc, pour une cuisine mauricienne correcte : chouchou farci aux légumes, rôti de canard aux litchis et gingembre, ou cari d'ourites. Quelques incursions françaises et une carte de desserts pas bâclée. Service délicat et pro, quoique un peu pousse-conso. Pour ceux qui ont un budget plus serré, venez plutôt y boire un verre ou siroter le fameux café de Chamarel. La vie (et la vue) sera tout aussi belle...

À voir. À faire

La rhumerie de Chamarel : *rte Royale, à Chamarel. ☎ 483-49-80. • rhumeriedechamarel.com • Tlj sf dim, Noël et 1er-3 janv, 9h-17h30. Période de récolte début juil-début déc. Visite guidée (ttes les 10 mn) et dégustation : 350 Rs.* En un parcours léché, vif et illustré par des machines en fonctionnement (en saison, sinon le lieu se transforme en « simple » musée, avec des vidéos explicatives), le visiteur saisit toutes les étapes de la fabrication du rhum agricole – récente sur l'île puisqu'elle est autorisée depuis 2003 –, conséquence du changement de politique sucrière. Ainsi, de la canne à sucre au liquide que l'on savoure nature ou arrangé, on suit les quatre étapes du broyage, de la fermentation, du chauffage au gaz puis de la distillation à la mise en bouteille. Vous serez incollable sur la bagasse, le fangourin ou la double distillation, spécifique à Chamarel. Contrôle des connaissances avec la dégustation, entre rhum blanc, parfait pour les cocktails, et rhums au caractère plus savoureux et plus âgés. Les plus réfractaires testeront les liqueurs. Boutique bien approvisionnée en produits maison, avec flacons particulièrement design, mais aussi divers objets artisanaux de belle facture. Restauration sur place (voir « Où manger ?... »).

Curious Corner : *rte de la Baie du Cap, en face de l'entrée de Terres de Couleurs, à Chamarel. ☎ 483-42-00. • curiouscornerofchamarel • Tlj 9h30-17h (visite guidée). Entrée : 275 Rs ; réduc enfants.* Dans une ancienne usine de litchis, une galerie d'illusion d'optique. De quoi passer des heures entre copains ou en famille. Petits et grands adorent. Accueillis dans la *Librairie du Dragon,* à nous de trouver le passage secret ! La porte passée, nous voici retournés cul par-dessus tête dans une cuisine. Pas facile de boire au robinet dans ces conditions... On découvre que Marilyn Monroe n'est pas celle qu'on croyait, on joue *La Lettre à Élise* avec de la lumière, et on termine par un labyrinthe à fous rires garantis ! Plein de gadgets pour se prendre en photo, avec les guides très sympas, jusque dans le petit jardin-buvette à la sortie, tout aussi ludique. Original et plutôt décalé.

Terres de Couleurs : *pas vraiment pratique d'y aller en transports en commun ; peu de bus et, de l'entrée, il y a encore 3 km de marche. Tlj 8h30-18h (17h30 fermeture des caisses). Entrée : 200 Rs ; réduc. Bien conserver son ticket, qui est redemandé une fois dans le site, juste avt d'accéder aux Terres de Couleurs proprement dites.*

Passé la barrière, la petite route bien goudronnée file dans les terres et fait un détour par la belle et très majestueuse cascade. Arrêt obligatoire pour grimper jusqu'à la terrasse panoramique. Elle surplombe les minces filets d'eau (plus importants entre décembre et avril), qui plongent d'une centaine de mètres dans un bassin au cœur d'une végétation dense et somptueuse. On reprend ensuite la voiture pour accéder aux fameuses terres.

Les Terres de Couleurs de Chamarel sont une sorte de grande clairière bombée et dénudée qui ondule gracieusement et présente sept variations de couleurs, oscillant de l'ocre au marron, du rouge au violacé. Une fois mélangées, elles finissent toujours par se séparer. Quoi d'étonnant à ce mystère de la nature quand on sait que Chamarel était un haut lieu de la sorcellerie ? D'un point de vue plus scientifique, les sept variations chromatiques sont dues à la présence de cendres volcaniques dégagées par l'érosion, qui contiennent des oxydes minéraux (principalement du fer et de l'aluminium). Le fer donne une gamme de couleurs allant de l'anthracite au rouge, l'aluminium offre une palette du bleu violacé au vert.

En fonction de la lumière, l'effet varie énormément. C'est pourquoi il est conseillé de venir tôt le matin. C'est aussi le seul moyen d'échapper à la foule ! Car le site, victime de son succès, est pris d'assaut en saison. Avec deux conséquences : la construction d'un resto franchement incongru ici et l'installation de barrières de sécurité pour protéger le sol. La terrasse en surplomb permet d'avoir une bonne vue d'ensemble. Enclos à tortues plus bas.

LA PLAINE CHAMPAGNE

C'est le « paysage d'antan », avant que l'homme n'y laisse sa marque au XVIIe s pour commettre ses faits et méfaits. Peu après Chamarel et en se dirigeant vers Grand Bassin, sur la gauche se dresse une église dédiée à sainte Anne, mère de Marie et sainte patronne de la Bretagne (parmi les premiers colons, les Bretons furent nombreux). À l'extérieur, sur un piédestal, la statue de la mère apprenant la lecture à sa fille. On traverse ensuite la région de la Plaine Champagne. Ce petit haut plateau (750 m) se trouve au cœur du parc national de Rivière Noire. Il concentre une bonne partie des plantations d'agrumes et abrite dans ses forêts des essences rares comme le colophane, le tatarnaka, le tambalacoque, le camphrier, le bois de natte... C'est également le refuge de nombreuses espèces d'oiseaux rares, certaines en voie d'extinction, comme la crécerelle « mangeur de poules », le merle cuisinier ou le pigeon des mares. Vous pourrez aussi y rencontrer des macaques, toujours contents de prendre les fruits ou les gâteaux secs qu'on leur tend. La plaine est encore peu accessible aux randonneurs.
Des efforts sont entrepris pour baliser les différents chemins qui sillonnent la région. Certains sont déjà plus ou moins accessibles, mais en attendant la mise en place systématique de bornes, il faudra se contenter de la traverser par la route, ce qui reste malgré tout une balade savoureuse qui propose deux beaux points de vue.
– ***Point de vue de Black River Gorges :*** à 6 ou 7 km après l'embranchement vers les Terres de Couleurs, en atteignant la Plaine Champagne, un panneau indique sur la gauche « View Point Black River Gorges » ; à 150 m de là, par un sentier, on accède à un splendide point de vue sur la vallée, la forêt tropicale et plusieurs chutes d'eau. Gorges impressionnantes par leur profondeur et la richesse de la végétation. Une vraie palette de peintre sous nos yeux ! Du grand spectacle à ne surtout pas manquer.
– ***Point de vue sur les chutes Alexandra :*** environ 4 km plus loin, une autre pancarte sur la droite indique une allée plantée de beaux arbres. Au bout, un petit sentier permet d'accéder au belvédère qui fait face aux chutes Alexandra, visibles sur l'autre versant de la montagne. La vue très dégagée porte loin, jusqu'au littoral. Par ailleurs, plusieurs tables disséminées sous les arbres font du site un agréable lieu de pique-nique, d'autant qu'on trouve souvent des vendeurs de boissons fraîches et fruits pressés sur le parking (jusqu'à 16h).

LE PÉTRIN

➢ **Black River Gorges National Park** *(le parc naturel de Rivière Noire)* **: centre d'info** *pour les randonnées dans le parc situé au carrefour des routes pour Grand Bassin et Chamarel/Vacoas. Lun-ven 7h-15h, sam 7h-10h45. Fermé dim. Attention, les gardes sont souvent en inspection dans le parc.* Carte des sentiers de randonnées en vente sur place et bons conseils. En profiter d'ailleurs pour se faire repréciser le parcours choisi, car le tracé des cartes n'est pas toujours si clair sur le terrain... Il serait quand même dommage de se retrouver dans... le pétrin ! Derrière le centre d'info, belle aire de pique-nique ombragée avec des tables. Même des toilettes. Pour plus de détails sur les randonnées, se reporter à la rubrique « Sports et loisirs » dans « Île Maurice : hommes, culture, environnement ».

GRAND BASSIN

À env 3 km du Pétrin. Pour s'y rendre : 2-3 bus/j., en principe, tôt le matin. Sinon, bus jusqu'au village de La Marie, puis stop.

Vous êtes ici à 702 m d'altitude, dans un paysage de collines fraîches et verdoyantes. Ce grand bassin est une vaste retenue d'eau naturelle pas toujours bien entretenue, qui remplit le cratère d'un ancien volcan. Sur ses rives en partie aménagées en promenades, en particulier au sud et à l'est, ont été érigés une immense statue de la déesse du Gange ainsi que plusieurs temples hindouistes (de béton) très colorés, ouverts aux pèlerins et aux visiteurs. Enlevez vos chaussures à l'entrée, c'est la règle, et portez une tenue assez couvrante.

Le plus important est le temple hindou Shiva *(Shiv Jyotir Lingum Temple).* Selon la croyance, 12 dieux Shiva se sont déjà manifestés en Inde, le 13e s'est illustré à Maurice, d'où la construction de ce temple en 1989. Depuis cette date, l'endroit est devenu un haut lieu de la ferveur populaire. Le temple abrite plusieurs autels dédiés aux divinités et aux déesses de l'hindouisme classique : Shiva, Vishnou, Durga, Kali, mais on trouve aussi un petit oratoire dédié aux huit planètes du système solaire et à Pluton. Enfin, depuis 2005, une imposante statue de Shiva (devant le parking) veille, du haut de ses 42 m (socle compris), aux destinées de ce haut lieu de pèlerinage (une autre est en cours de construction, qui représente Gautama et le tigre). Tout en ciment peint, elle est l'œuvre d'artistes indiens.

Avant de quitter Grand Bassin, n'oubliez surtout pas de grimper au sommet de Piton Grand Bassin. L'escalier est situé sur la rive sud du lac, juste avant le temple, et permet d'accéder à un belvédère offrant une très belle vue panoramique. À vos appareils photo ! Ici, la flore est luxuriante, et il n'est pas rare de croiser quelque singe chapardeur.

Le *Maha Shivaratree*

Si vous êtes dans le coin en février ou en mars (la date varie chaque année), vous pourrez assister à la grande fête du *Maha Shivaratree* ou à ses préparatifs, qui ont lieu plusieurs semaines à l'avance. L'histoire raconte que les eaux du Ganga Talao furent versées sur la tête de Shiva. Aussi sacrées que celles du Gange, puisque le grand fleuve découle directement de la toison capillaire du dieu. Celui-ci fit sacrifice de sa vie pour sauver l'humanité, et c'est ce geste que l'on vient honorer ce jour-là. *Maha Shivaratree* signifie « la nuit du Seigneur Shiva ». Les eaux du lac cristallisent la foi des hindous lors de la fête, à laquelle assiste près de la moitié de la population de l'île (les chiffres varient entre 350 000 et 500 000 personnes).

C'est l'une des plus importantes manifestations du calendrier hindou et de loin la plus grande fête de l'île Maurice ; elle s'étale sur 4 jours. De tous les coins de l'île, et même des pays voisins (La Réunion, Afrique du Sud), les hindous affluent en une procession de plusieurs jours, chacun portant son *kanwar,* sorte de chapiteau ou d'autel en bambou décoré de papiers rouges et blancs, de guirlandes, de morceaux de plastique brillant. L'image de Shiva est en bonne place partout. Le premier pèlerinage eut lieu en 1898, et depuis lors, tous les ans, les hindous ne manquent pas le rendez-vous. Notez qu'il y a tant de monde alors, à Grand Bassin et sur la route y menant (B88), qu'on ne peut y accéder qu'à pied. En voiture, on risque de rester coincé dans un embouteillage interminable, avançant au pas des pèlerins, et encore ! Mais bon, c'est

SACRÉ LAC

À la fin du XIXe s, un hindou eut une révélation selon laquelle l'eau du lac de Grand Bassin était en contact avec celle du Gange, le fleuve sacré de l'hindouisme. Depuis, Grand Bassin est appelé Ganga Talao, « le lac du Gange ». Il demeure, pour tous ces religieux, la représentation symbolique du fleuve et le lieu le plus sacré de l'île.

l'occasion d'appréhender un peu la religion hindoue et de voir les fidèles, en principe vêtus de blanc, multiplier les offrandes tout le long du chemin. À la suite de la longue marche, les pèlerins se baignent dans l'eau sacrée du bassin.

BOIS CHÉRI

Le domaine de Bois Chéri : *à env 5 km à l'est de Grand Bassin. ☎ 617-91-09. • saintaubin.mu • Tlj 9h-17h. 1re visite à 9h, puis ttes les 30 mn ; dernière visite conseillée à 16h15. En hiver (avr-sept), l'usine travaille le mer ; le reste de la sem, visite réduite : musée, film et explications sur l'emballage. Plusieurs formules ; visite de l'usine et du musée, plus dégustation 500 Rs ; réduc. Taxe incluse ; ½ tarif moins de 12 ans. Billet combiné possible avec le domaine de Saint-Aubin (voir plus haut) et le domaine des Aubineaux (voir plus loin) : 2 000 Rs. Prix susceptibles d'augmenter en cours d'année.*

En venant du nord et de l'intérieur de l'île, la route principale sort de la Plaine Champagne pour descendre vers la plaine littorale en traversant les vastes plantations de théiers jusqu'au bourg de Bois Chéri. L'usine, bien signalée, produit plus de la moitié du thé mauricien. On peut la visiter toute l'année, mais la meilleure période se situe entre octobre et mars (période de la récolte) ; d'avril à septembre, la fabrique tourne au ralenti, seulement 2 ou 3 jours par semaine. La récolte des feuilles de thé se fait sur place, dans les plantations du domaine (250 ha). On récolte jusqu'à 40 t de feuilles par jour. Les femmes se livrent à la cueillette dès 5h et jusqu'à 13h ou 14h.

Avant la visite de l'usine, petit détour par le ***musée*** pour tout connaître de l'histoire, de la fabrication et de l'usage du thé. Les différents panneaux, photos anciennes et documents sont présentés de façon fluide, aux côtés d'une poignée d'objets pittoresques comme une locomotive recyclée en chaudière, plusieurs machines à broyer et une maquette du *Cutty Sark*, clipper britannique qui servit au commerce du thé. Il s'agissait du trois-mâts le plus rapide de son époque. Au fait, saviez-vous qu'au début du XXe s, 300 millions de tasses de thé étaient bues chaque année dans le monde ?

– ***Le thé de Bois Chéri :*** principalement consommé sur l'île, les exportations ne dépassant guère 25 %. Cela dit, il connaît un certain succès, notamment en France, où l'on peut se le procurer dans les boutiques chic de Paris (comme *Mariage Frères*). Les thés (menthe, vanille, noix de coco, earl grey) sont aromatisés grâce à des essences. Celui à la vanille se vend partout dans l'île et se boit dans la plupart des hôtels et restos.

– ***L'usine de Bois Chéri :*** il est préférable de venir le matin, lorsqu'on apporte les sacs, contenant 10 kg de feuilles, au fur et à mesure de la cueillette pour une manipulation immédiate. Un guide vous entraînera alors dans les entrailles haletantes de l'usine, où d'impressionnantes machines avalent, mâchent et recrachent les feuilles dans un tonnerre de cliquetis métalliques et de sifflements chuintants. Vous serez bientôt incollable sur tout le processus, du flétrissage à l'étiquetage.

Chaque tige porte en moyenne quatre feuilles de taille différente. Les plus petites, les plus jeunes donc, sont aussi les plus tendres. Broyées finement, quasi réduites en poussière *(dust)*, elles sont utilisées pour les sachets. Ce sont elles qui possèdent le parfum le plus prononcé, il est donc inutile d'en mettre beaucoup. Pour un même goût, il faudra utiliser plus de grandes feuilles (*peckoe*, « grain » en anglais), qui seront alors conditionnées en vrac, plus pratiques. Contrairement à certaines idées reçues, un même thé n'est donc pas meilleur en vrac qu'en sachet, mais à chaque feuille son conditionnement.

Déshydratées, broyées, les feuilles sont ensuite mises à fermenter (pendant 1h30). De nouveau séchées (elles changent alors de couleur en passant du vert au noir), elles sont découpées puis triées. Avant d'être commercialisé, le thé est entreposé dans des silos pendant 1 mois pour qu'il prenne son parfum. Le thé vert, contrairement au noir, n'est pas fermenté. Les feuilles sont broyées finement, puis roulées et séchées.

– ***La dégustation*** se déroule au *Chalet*, un salon de thé panoramique perché au sommet d'une colline à 1 km de l'usine. Il faut y aller avec son propre véhicule. Le beau panorama englobe les collines de l'arrière-pays couvertes de plantations (joli camaïeu de vert), la plaine littorale et, au loin, l'océan Indien. On peut déguster tous les thés produits par la plantation (à la vanille, à la menthe, à la bergamote, au coco...).

Thés vendus par pack (pas possible de mixer les saveurs), et de bonnes tisanes dans la petite boutique attenante (certains parfums sont difficiles à trouver ailleurs).

Le Bois Chéri : *accès à droite de l'usine, par le chemin qui monte au Chalet ; route littéralement somptueuse. 5471-12-16. Ouv jusqu'à 17h. À la carte, plats env 300-800 Rs.* Sur les hauteurs. D'un côté, le lagon ; de l'autre, le lac ; au milieu, les champs de thé et la magnifique terrasse du restaurant en teck. Un décor de rêve pour une cuisine traditionnelle gentiment novatrice. Mais attention, si le thé n'est pas votre tasse, passez votre chemin. Car celui-ci, en provenance directe du domaine *(of course !)*, figure toujours en bonne place dans les préparations. Jugez plutôt : poulet ou fleurettes de calamars au thé vert et chutney de thés ou grosses crevettes au thé exotique, et, en dessert, sorbet... au thé vert. De quoi en perdre le sommeil... Salle lumineuse, tables joliment dressées et carte séduisante. Accueil toutefois inégal.

➢ De Grand Bassin via Bois Chéri, la route se poursuit vers l'A9 et permet de regagner la côte vers Souillac ou vers l'A10 pour rejoindre Mahébourg.

RIVIÈRE NOIRE

Au nord de Grande Case Noyale, sur la route côtière. Cette région, à l'embouchure de la rivière Noire, se révèle sauvage et belle. L'un de nos endroits préférés de l'île. Le village, très étendu, s'étire le long de la route côtière entre *Petite Rivière Noire* et *Grande Rivière Noire*. La plupart de nos adresses sont situées sur le secteur de Grande Rivière Noire. Le village est entouré de collines verdoyantes donnant sur la mer. Au large des côtes de Rivière Noire, on pêche, paraît-il, les plus gros marlins qui soient. C'est le coin le plus réputé pour cela.

Adresses utiles

■ **London Way :** *lieu-dit La Preneuse, à l'entrée de Rivière Noire.* Galerie marchande avec la ***Mauritius Commercial Bank,*** équipée d'un distributeur, une ***pharmacie*** au fond du parking *(lun-ven 7h30-19h, sam 8h30-19h30, dim 8h30-12h)* et un grand ***supermarché*** *(lun-jeu 8h30-19h, ven-sam 8h30-19h45, dim 8h30-12h30).*

■ **Le Ruisseau Créole :** *lieu-dit La Mivoie, au centre de Rivière Noire. Boutiques ouv tlj sf dim, 9h30 (ou 10h)-17h (ou 17h30).* Galerie commerciale huppée, où l'on trouve de nombreuses boutiques plutôt chic. Attention toutefois, de nombreux vêtements de marque vendus sur place sont en fait importés. Également une ***banque*** avec un distributeur.

Où dormir ?

Prix moyens (1 200-2 000 Rs / 30-50 €)

Appartement chez Marie-Josée Lolochon : *lieu-dit La Preneuse.* ☎ *483-68-91. 5725-26-67. Du London Way, prendre la direction du sud, puis tourner dans la 1re rue à droite ; au bout, tourner encore à droite (allée des Pêcheurs) ; c'est 50 m plus loin, au niveau du dos d'âne. Compter 40-50 € selon nombre de pers et durée.* Appartement impeccable, doté de

3 grandes chambres (une seule climatisée ; les autres seulement ventilées), d'un grand séjour avec coin cuisine et d'une petite vue sur la mer de la terrasse, le tout dans les tons jaunes et égayé par quelques bibelots. Attention, la maison est gardée par 2 chiens qui aboient beaucoup, même la nuit.

De plus chic à beaucoup plus chic (plus de 3 200 Rs / 80 €)

La Mariposa Resort : *allée des Pêcheurs, plage de La Preneuse. ☎ 483-50-48. 5728-05-06. • lamariposa.mu • Du supermarché* London Way, *prendre la direction du sud, puis tourner dans la 1re rue à droite ; au bout, tourner encore à droite (allée des Pêcheurs). Réception lun-ven 8h30-16h, sam-dim 8h30-11h30. Gardien 24h/24. Studios et apparts (2 adultes, 2 enfants) 85-135 € selon taille, vue et saison ; petit déj inclus. Repas sur demande 350 Rs/pers.* Ce petit complexe familial bien caché au bout d'une allée privée a tout mis en œuvre pour satisfaire ses hôtes : les jolis bâtiments d'architecture balnéo-créole encadrent un jardin charmant, où fontaine et fleurs ne cèdent la place que pour la petite piscine, le tout grand ouvert sur la plage avec vue dégagée sur les bateaux et le Morne. 16 chambres vastes, aux noms de fleurs, confortables (TV, clim, cuisine séparée...), mignonnes et toutes dotées d'un balcon ou d'une terrasse. 4 chambres ont une vue face à la mer (les autres sur le côté). Formidable pour l'apéro au coucher du soleil ! Et l'accueil ? Gentil comme tout, assuré par un jeune couple dynamique.

Les Lataniers Bleus : *rte Royale, La Mivoie. ☎ 483-65-41. • leslataniersbleus.com • En venant du nord, c'est 250 m après la station* Engen *(panneau). Résa indispensable, très longtemps à l'avance, pour les hébergements indépendants. Doubles 165-185 € vue sur mer ou jardin, petit déj compris ; bungalows complets à partir de 345 € pour 4 pers. Table d'hôtes pour les résidents slt, sur résa, env 20 €.* Imaginez un très grand jardin verdoyant, avec des hamacs, des maisons élégantes de style mauricien bordant la piscine (à l'arrière du jardin, bien cachée), et la mer, en pente douce, toute proche. Dans la 1re maison, 3 chambres ; 5 autres dans la demeure principale ; et un bungalow romantique juste en bord de plage avec 2 chambres encore. Tous les logements sont de bon confort, propres, spacieux, à la déco sobre et rustique. Une simplicité teintée de convivialité que l'on retrouve à table, lorsque les proprios accueillent leurs hôtes pour le dîner (excellente, la cuisine de Josette !) sous la varangue. Comble du bonheur : prendre son petit déj directement sur la plage (et chacun rapporte son plateau). Une belle adresse réputée et très prisée.

L'Acassia : *derrière le supermarché* London Way. *Appeler avt. ☎ 483-65-41. 525-85-408. • latableu@intet.mu • Compter 150-200 € pour 2-4 pers.* Josette, des *Lataniers Bleus*, loue 2 hébergements, avec kitchenette, clim, piscine, qui bénéficient d'une belle vue sur le lagon.

The Bay Hotel : *av. des Cocotiers, plage de La Preneuse. ☎ 483-65-25. • the-bay-hotel-mauritius.com • En venant du nord, prendre à droite au niveau de* Tutti Frutti. *Doubles standard env 150-165 € selon saison, excellent petit déj compris. Offres spéciales selon saison et durée du séjour. Attention, plus cher pdt les fêtes de fin d'année et durée min 5 nuits.* Ce boutique-hôtel ne manque pas d'atouts : ses 17 chambres s'ordonnent autour d'un élégant patio turquoise et marron. Plus ou moins grandes, elles sont toutes d'excellent confort et joliment meublées, dans des teintes gris, blanc et neige, très contemporaines. Un regret, seules 3 chambres de catégorie supérieure et 2 suites, dotées d'une terrasse et d'un jacuzzi, ont vue sur mer. Spa, piscine et bon resto *The Bay Restaurant* (voir « Où manger ? ») complètent un tableau presque idyllique. On aime l'atmosphère calme et reposante de ce petit hôtel de charme. Propose aussi des sorties en mer avec *Dream Dolphin*.

Marlin Creek Residence : *10, av. Colonel-Dean, dans le village de Rivière*

LE SUD-OUEST

Noire. ☎ 491-97-27. • ilemauricelocation.fr • En venant du nord, tourner à droite au niveau de la Quincaillerie de l'Ouest, *en direction du poste de police, puis au bout à gauche. Selon saison, doubles 70-110 €, bungalows 120-190 €, petit déj inclus ; plus cher en fin d'année. CB* MasterCard et Visa *acceptées.* La belle piscine tout en longueur (où l'on peut vraiment nager !) est flanquée d'un côté de bungalows pouvant accueillir 6 personnes, de l'autre d'un bâtiment sur 3 étages qui abrite des chambres spacieuses et design (salle de bains semi-ouvertes), très confortables, avec balcon, clim et ventilo. Pas mal de charme. Petite paillote au fond du jardin pour grignoter ou boire un verre. Hamac. Attention, la résidence se trouve près de l'embouchure de la rivière, donc malgré la proximité de la plage, on ne se baigne pas ici et il n'y a pas d'accès direct. En revanche, c'est l'endroit idéal pour les sports nautiques.

Où manger à Rivière Noire et sur la route de Tamarin ?

Plats à emporter

Attenant au supermarché *London Way,* sur la droite, une petite cafétéria propose des plats mauriciens, *mine frit,* salades, *akiens,* gâteaux, le tout très goûteux et pas cher. À emporter ou à manger sous la paillote, juste devant.

Chic (650-1 000 Rs / 16,50-25 €)

The Bay Restaurant : *resto du* Bay Hotel, *lieu-dit La Preneuse. Voir plus haut « Où dormir ? De plus chic à beaucoup plus chic ».* Pour sa bonne cuisine joliment présentée, servie les pieds dans l'eau, sur de jolies tables bien dressées. Élégant sans être guindé. Idéal à l'heure du déjeuner pour la vue, plébiscité le soir pour ses plats.

La Bonne Chute : *rte côtière, juste après la station* Engen, *à gauche en venant du sud, à la sortie de Rivière Noire. ☎ 483-65-52. 5257-79-81. Tlj midi et soir.* Ouvert en 1969, les chasseurs avaient l'habitude de venir y déguster leurs prises. On y goûte toujours du gibier, mais aussi une cuisine locale, du poisson (à la créole, aux aubergines, etc.) ou des plateaux de fruits de mer pour 2 *(1 800 Rs).*

Où boire un verre ?

Le Bali Kopy : *juste avt le* London Way, *en direction du Morne. Lun-sam 9h30-23h. Animations le mer soir.* Resto-bar-lounge avec petite piscine et terrasse, dans un cadre balinais composé de kiosques où l'on s'assoit par terre sur des coussins autour de tables basses. Un peu branchouille mais agréable pour siroter un verre en toute intimité ou lors d'une pause déjeuner (galettes, crêpes, salades, quelques plats plus exotiques). Sert également le petit déj et des snacks le soir.

À voir. À faire

La tour Martello : *chemin de La Preneuse. ☎ 471-01-78. Devant le parking de la plage. Tlj sf lun, 9h30-17h (13h dim) ; fermeture des caisses 30 mn avt. Visite guidée (25 mn) 80 Rs en sem, 60 Rs le w-e ; réduc.* Ce donjon trapu est le mieux préservé des cinq tours édifiées par les Anglais sur le littoral mauricien entre 1832 et 1834. À l'époque, l'armée britannique voulait abolir l'esclavage, contre l'avis des colons français, et craignait donc une intervention de l'ennemi héréditaire.

Conçues pour empêcher tout débarquement, elles se résument à une casemate solide, équipée d'une pièce d'artillerie lourde. La tour Martello, parfaitement restaurée, donne une petite idée du quotidien des 20 soldats de la garnison : cellier et réservoirs dans les soubassements, poudrière, pièce à vivre au 1er étage et la fameuse terrasse de tir sur le toit, où sommeille un vieux canon. De l'autre côté de la baie, en direction du Morne, on devine les vestiges d'une autre tour qui permettait d'obtenir un tir croisé efficace. Visite intéressante, étoffée de vitrines (sabres, boutons d'uniforme) et de quelques panneaux.

Sorties en mer

■ ***Dream Dolphin :*** *5748-04-30. • dream-dolphin.com • Départ de la tour Martello, à* ***La Preneuse.*** *2 options : soit la sortie dauphins à 1 600 Rs/pers, soit la journée (avec repas, demi-langouste, poulet, poissons, etc.) à 3 250 Rs.* Carine est une passionnée de dauphins. Et elle vous communiquera son amour à coup (et coût !) sûr. Pas une grosse usine, seulement 6-8 personnes par bateau et de vraies explications de Carine in situ. Les routards s'en souviennent encore !

■ ***Nasser :*** *5727-69-61. • nushmu@yahoo.com • Rdv à convenir par tél. Sorties en mer à partir de 1 200 Rs/pers la ½ journée ; 1 600 Rs la journée complète, repas compris. Ristourne accordée sur présentation de ce guide. Point de départ : sur la plage de La Preneuse, au niveau de la tour Martello.* Prestations classiques, à l'île aux Bénitiers par exemple. Nasser a développé sa petite entreprise, mais peu importe qui vous embarquera, son équipe est compétente et détendue.

La plage de La Preneuse : *plage publique dont l'accès se situe juste à côté de la tour Martello.* Elle n'est pas bien grande et le sable est plutôt grossier, mais elle reste jolie et familiale. On se baigne sous le regard hautain et lointain du fier Morne Brabant. Parfois, un panneau invite à la prudence.

TAMARIN

Au nord de Rivière Noire, Tamarin, qui compte, on s'en doute, beaucoup de tamariniers, est un petit village tranquille, à l'ambiance conviviale. Il se caractérise par une grande baie ouverte, bordée de mangrove, dans laquelle se jette la rivière du Rempart. Vaste plage incurvée où fourmillent de petits crabes, et qui ne ressemble en rien à celles du nord de l'île. Pas de sable blond et un seul grand hôtel à l'extrémité nord. La baignade y est agréable, avec toujours un peu de vagues du fait de l'absence de barrière de corail. Mais attention, elle peut être également dangereuse en raison de courants forts, en particulier les jours de météo instable et en hiver (austral). Une image différente de celle véhiculée habituellement à Maurice, mais une atmosphère singulière, paisible, authentique. De nombreuses familles mauriciennes s'y retrouvent d'ailleurs le week-end. Tamarin est aussi l'un des rendez-vous des surfeurs de l'île. C'est l'unique endroit où, en juillet-août, se forment des vagues impressionnantes qui font la joie des glisseurs. C'est également dans cette baie que viennent se reproduire les dauphins souffleurs et à long bec.

Adresse et infos utiles

Centre commercial Les Barachois – Place Cap Tamarin : *rte Royale. Avt Tamarin, sur la droite en venant de Flic en Flac.* Galerie commerciale où l'on trouve quelques boutiques et commerces, un restaurant-bar à vins très chic, un supermarché ***Shoprite*** *(lun-jeu 8h30-19h30, ven-sam 8h30-20h, dim 8h30-13h)*, un **distributeur,** une ***pharmacie*** *(lun-jeu 7h30-19h30, ven-sam 8h30-20h, dim 8h30-13h ; ☎ 483-83-45)* et un superbe point presse, ***Presse-Book*** *(lun-sam 9h-19h, dim et j. fériés 9h-12h)* : toute la presse internationale et un très large choix de livres pour adultes et enfants. Ils ont même le *Routard*, c'est vous dire s'ils sont bien !

– ***Tamarin Accueil :*** la communauté française se retrouve autour du blog • *tamarinaccueil.wordpress.com* • Une foule de tuyaux quand on arrive dans le coin !

Où dormir ?

Dans la rue qui mène à la plage, plusieurs chambres et appartements à louer. En général, pas le grand luxe, bien souvent même assez rudimentaires. Les petits budgets y trouveront cependant leur compte, d'autant que la plage publique n'est pas bien loin.

De bon marché à prix modérés (800-1 200 Rs / 20-30 €)

☗ ***Jayram Luximon :*** *av. Public-Beach. ☎ 483-84-42. 📱 5735-36-95. En venant de Rivière Noire, prendre la route de la plage à gauche avt l'église ; c'est la maison qui fait l'angle à gauche, en face de l'épicerie Étoile de Mer (devanture bleu et orange avec des lions). Appart env 1 200 Rs selon nombre de pers (5 max).* L'appartement donne l'impression d'une petite maison individuelle plantée sur le toit de la bâtisse. Confort très sommaire mais acceptable : chambre avec 2 lits, cuisine (avec un lit simple) et douche, vaste terrasse abritée. Et il y a même un lave-linge ! Déco d'un autre âge avec photos de chatons et petits napperons. Dans le jardin de la famille Luximon, un petit temple hindou et un magnifique manguier. Accueil aimable et discret.

☗ ***Sweet Beach Bungalow :*** *en venant de Rivière Noire, prendre la route de la plage, à gauche avt l'église ; c'est la maison aux stores jaunes, sur la droite (20 m après Étoile de Mer Store). ☎ 483-81-06. 📱 5753-67-21. • sweetbungalow.jimdo.com • Studios 2-4 pers env 1 200-2 000 Rs. Petit déj sur demande.* C'est comme à la maison : on est accueilli comme un cousin de passage et logé en studio avec cuisine. Au 1ᵉʳ étage, une chambre avec salle de bains et balcon, sur la rue passante, et 2 chambres plus calmes (dont une aveugle) avec salle de bains à partager. Mais notre préférée est au 2ᵉ étage : une chambre à coucher pas des plus spacieuse mais avec cuisine ouverte aménagée sur le toit-terrasse et barbecue. Hyper agréable. Déco minimaliste, néanmoins personnalisée de quelques bibelots. Accueil charmant. Et la plage n'est qu'à 100 m.

Beaucoup plus chic (plus de 4 800 Rs / 120 €)

☗ ***Hôtel Tamarin :*** *face à la plage publique. ☎ 483-69-27. • hoteltamarin.com • Doubles 120-190 € en ½ pens (pas obligatoire mais intéressante) selon saison. Min 5 nuits à Noël et en fin d'année.* 💻 📶 Un complexe un peu type motel, de couleur orange et vert, dont les bâtiments cubiques encadrent une grande piscine au milieu d'un jardin tropical. Plus de 70 chambres à la déco pop seventies bariolée, d'un bon confort (clim) et donnant sur une petite terrasse (ou un balcon pour celles de l'étage). Et quelques bungalows disséminés à l'arrière dans le luxuriant jardin. Beaucoup d'atouts : une orientation écolo avec une station de traitement des eaux, la plage publique (mer assez dangereuse toutefois) juste devant, le spa (nombreux soins et massages, à réserver à l'avance car tarifs très compétitifs), le miniclub pour enfants, l'école de surf UCPA, les excursions proposées, la location de vélos, une intéressante programmation de concerts en soirée et le resto (à la carte à midi, buffet thématique tous les soirs). Le tout encadré par une équipe pro et disponible. En somme, un hôtel-club très familial où l'on se serait bien vu séjourner plus longtemps !

Où manger ? Où prendre un en-cas ? Où déguster une bonne pâtisserie ?

Sur le pouce

Tabagie nationale : *sur la droite juste après* La Cosa Nostra, *devant l'arrêt de bus. Tlj sf dim, 9h30-21h30. Vente à emporter slt.* Toutes sortes de snacks à la fraîcheur indiscutable : *farata, rotis,* croquettes de poisson ou de poulet, pâtés-viande, *samoussas* (sauf samedi), gâteaux-piments, cakes et, pour les becs sucrés, quelques gourmandises à la banane, noix de coco, etc. Portions copieuses. Les habitués s'y pressent à la descente du bus.

La Kaz à pain : *dans la zone commerciale pl. Cap-Tamarin, juste en face du resto-bar à vins* Whatever. Ouverte sur l'extérieur, avec quelques tables en terrasse pour une grignote rapide, elle propose un bon choix de sandwichs baguettes, paninis et quiches. Mais surtout, d'excellentes pâtisseries maison réalisées par une ancienne de chez *Le Nôtre* : tartes aux fruits et gâteaux succulents qui n'ont rien à envier aux très chic antennes françaises et, de plus, très abordables.

De bon marché à prix moyens (150-650 Rs / 4-16,50 €)

La Cosa Nostra : *angle Royal Rd et Anthurium Rd. ☎ 483-61-69. Sur la rte de Rivière Noire, côté gauche, juste en arrivant sur Tamarin. Tlj sf lun, 10h-15h, 18h-22h. Résa souhaitable. Vente à emporter.* Ce resto peuplé d'habitués et d'expats est réputé pour sa paisible terrasse arrière avec mobilier en fer forgé et sa vertigineuse carte de pizzas cuites au four à bois ! À noter, la *Graciosa* qui totalise pas moins de 11 ingrédients. Proposées en deux tailles, les pizzas sont garnies de produits frais sur une pâte fine et croustillante. Un beau choix de salades composées et de pâtes pour compléter.

Chic (650-1 000 Rs / 16,50-25 €)

Restaurant de l'hôtel Tamarin : *entrée face à la plage publique. ☎ 483-69-27. Résa obligatoire. Plat env 300 Rs le midi ; buffet le soir 600 Rs.* Le restaurant de l'hôtel, au mobilier pop arty et aux couleurs pepsy, et avec sa terrasse ouverte sur la piscine, propose des snacks et des plats simples le midi, un buffet varié le soir qui met chaque fois une cuisine à l'honneur. Ambiance familiale.

Achats

Associated Textiles, The Home Shop : *dans la petite galerie commerciale* Cap Dal, *sur la gauche après le village de Tamarin en remontant vers Flic en Flac, avt le pont. ☎ 483-73-28. Lun-ven 9h30-17h30, sam 10h-16h.* Le fournisseur officiel de linge de maison des grands hôtels mauriciens, et dont les usines se situent au centre de l'île, entre Curepipe et Moka (zone industrielle de Saint-Pierre). Belle qualité, couleurs tendance et prix très compétitifs.

Un Monde à Part : *dans la zone commerciale, pl. Cap-Tamarin. ☎ 483-64-04.* Un monde en soi que cette boutique entièrement dédiée à l'artisanat malgache. Meubles coloniaux, objets décoratifs en rafia, statuettes en bois, cotonnades... Bons emballages pour le transport.

LE SUD-OUEST

À faire

Le *dolphin watching* : une activité sous surveillance

Ils évoluent, s'épanouissent et se reproduisent ici depuis des générations. « Ils », ce sont les dauphins souffleurs et à long bec, stars incontestées de la baie de Tamarin. Leur médiatisation débuta en 1998, lorsque Delphine Legay, biologiste française décédée depuis, décida leur observation scientifique, doublée d'un programme touristique et de sensibilisation auprès des Mauriciens eux-mêmes.
Des dauphins aux œufs d'or ! Pensez donc, ils sont là, à coup sûr, le long de la côte ouest entre Flic en Flac et le Morne, tous les matins pour se reposer, se remettre de leur chasse nocturne, s'occuper et jouer avec leurs petits. Qui n'a pas rêvé d'observer un jour cette espèce marine qu'on dit si intelligente ? Qui ne paierait pas une fortune pour nager avec ces mammifères sauvages, si différents et si sociables ?
Seulement voilà, la star souffre d'une surmédiatisation. Chaque matin, ce sont des dizaines de bateaux à moteur qui se donnent rendez-vous dans la baie de Tamarin et orchestrent un ballet continu autour des dauphins. On aperçoit un aileron quelque part, et toute cette flottille afflue à leur rencontre. Les dauphins changent de direction, et c'est à nouveau le déchaînement des hélices qui se fait entendre pour les suivre au plus près. Plus encore que le type d'embarcation (bateaux rapides et gros catamarans), ce sont bien le comportement du skipper et la méconnaissance de ces animaux qui posent problème (approche trop rapide, trop proche du dauphin et parfois trop tôt, lui barrant l'accès à la baie au moment de son retour de chasse, l'empêchant de se mettre à l'abri et de se reposer). Quant à certains touristes, trop contents sans doute, ils en oublient vite les quelques principes énoncés avant de plonger. Et on a vu certains se jeter bruyamment, tels des prédateurs, sur ces dauphins stressés et apeurés par un tel harcèlement.
Les associations ont tiré la sonnette d'alarme, dénonçant cette situation devenue dangereuse à double titre : le dauphin vit un stress, en raison du dérangement sonore et du risque de collision, qui nuit à sa reproduction, à son rythme biologique (le dauphin se repose le matin et ne se réveille généralement qu'en fin de matinée), au nourrissage des petits, et pourrait le pousser à déplacer son habitat principal. Les nageurs, eux, risquent des blessures physiques causées par les dauphins, puissants et imprévisibles, soucieux, lorsqu'ils se sentent menacés, de préserver leurs progénitures. Ils ne sont pas non plus à l'abri des bateaux.

Un choix responsable

Pour pallier ces préoccupations et continuer à profiter durablement de la présence des dauphins dans la baie, la MMCS *(Mauritius Marine Conservation Society)* a élaboré une charte, que certains propriétaires de bateaux affichent fièrement. Elle consiste principalement à maintenir une distance minimale de 50 m des dauphins, à les suivre et non pas chercher à les rencontrer frontalement, à ne pas les nourrir et à ne pas les toucher. Si ces règles de base commencent à être suivies, du moins dans la procédure d'approche des mammifères, reste le problème du nombre de bateaux (aucune réglementation n'existe pour en limiter le nombre) et de l'heure des sorties. Il faut absolument laisser les dauphins trouver refuge dans la baie et se reposer. Or les dauphins se réveillent vers 10h30-11h, en général.
Depuis, la charte a fait l'objet d'une loi de protection des dauphins, votée par le ministère du Tourisme le 1er novembre 2012. La loi confère un agrément aux équipages et implique les mêmes règles de comportement que celles édictées dans la charte de la MMCS. Seul souci, les garde-côtes sont trop peu nombreux pour surveiller les manœuvres en mer, et les contrevenants doivent être dénoncés ! Quelle est donc la réelle volonté politique en la matière, sachant qu'une telle mesure n'est que poudre aux yeux ?

Certains prestataires peu scrupuleux continuent de faire fi de cette loi en l'absence de mesures réellement dissuasives. Ils ne semblent pas avoir conscience non plus qu'à trop tirer sur la corde, les mammifères partiront se réfugier ailleurs, et c'est toute cette lucrative activité qui prendra l'eau. Un comportement adapté répond à l'intérêt de tout le monde.
Alors, en attendant, à chacun d'opérer un choix responsable, en privilégiant les prestataires les plus respectueux du milieu marin. N'hésitez pas à poser des questions précises à celui qui vous embarquera, en exprimant votre intérêt et votre vigilance sur les conditions dans lesquelles va s'effectuer la balade, et faites-nous part de vos expériences. Ou, mieux : choisissez le kayak pour observer tranquillement les dauphins qui nagent, sans chercher à les voir « les yeux dans les yeux », ce qui est en fait impossible, vu le ballet nautique qui se déroule en surface !

■ ***Sorties en mer :*** *résa la veille. 5734-07-50. Env 1 000 Rs la matinée, 1 600 Rs la journée.* Gino, un ancien pêcheur, propose d'aller observer les dauphins à bord de sa pirogue (bateau lent). Il est très respectueux de l'environnement et du bien-être des mammifères. La balade est combinée avec du snorkelling près de la barrière de corail pour la sortie matinée, avec l'île aux Bénitiers sur la journée.
Ne pas hésiter à contacter Carine de Dream Dolphin, une pro, amoureuse des dauphins. Très bon rapport qualité/prix (voir à Rivière Noire, plus haut).

■ ***DolSwim :*** *résa la veille. Rdv à côté de l'hôtel* Island Sports Club *à 7h15 (départ à 7h30). 5422-92-81. • dolswim.com • Compter de 1 500 Rs la sortie de 2h30 à 2 200 Rs la journée avec repas ; réduc enfants.* Cette agence, équipée de 8 gros bateaux à moteur pouvant accueillir jusqu'à 10 personnes, organise tous les jours des sorties en mer de 2h30 pour l'observation et la nage avec les dauphins. Très honnêtement, si on n'y est pas favorables, il faut admettre que l'équipe est sérieuse et semble respecter – un minimum – les quelques règles d'éthique et de sécurité des dauphins instaurées par le ministère du Tourisme. Toute sortie commence par l'énonciation de règles de comportement à l'intention des nageurs. Les plongées se font ensuite par groupe de 2, autour du guide-animateur. Organise également des excursions à la journée avec déjeuner sur l'île aux Bénitiers et des sorties haut de gamme d'observation des baleines et des cachalots au large *(5 000 Rs, avec langouste, vin, etc.)*, accessibles en principe toute l'année.

LE SUD-OUEST

DANS LES ENVIRONS DE TAMARIN

Tamarin Falls : magnifiques chutes au cœur d'un paysage luxuriant qui rappellerait presque La Réunion. Malgré leur nom, on ne peut y accéder que depuis Quatre-Bornes. Se reporter à cette ville.

FLIC EN FLAC

• Plan *p. 159*

L'origine de son nom proviendrait d'un mot hollandais qui, après déformation, aurait donné « Flic en Flac ». Peu importe, c'est original et ça sonne bien. La ville s'étale le long de la route côtière, au bord d'une très longue plage (2 à 3 km) tournée vers l'ouest. Cette plage est superbe et souvent peu fréquentée... sauf le week-end, où les Mauriciens descendent en famille de

Curepipe et de Rose Hill, et campent avec tentes, sonos et barbecues. Là, c'est carrément la cohue ! Flic en Flac reste malgré tout un endroit agréable en demi-saison, recherché par les amateurs de tourisme balnéaire. Les plongeurs pourront observer de nombreuses espèces de poissons.
La région, en pleine expansion, n'échappe malheureusement pas au modèle de développement touristique dont a été frappée Grand Baie. Face à la plage et à sa belle forêt de filaos, les hôtels et les « morcellements » (lotissements) poussent comme des champignons. Pas de style, bien entendu, ni matériaux nobles. Béton et architecture banale. Sur le littoral brille désormais une guirlande de restos touristiques... sans grand éclat.
La campagne et l'arrière-pays présentent un paysage de champs de canne, étendus sur les versants ouest des hauts plateaux du centre.

Arriver – Quitter

En bus : bus ttes les 15 mn env, à prendre à l'un des fréquents arrêts, le long de la route principale (côté mer), jusqu'à la station *Shell,* à la sortie de Flic en Flac.
➢ Bus direct pour ***Port-Louis*** et ***Quatre-Bornes,*** avec changement à Quatre-Bornes pour ***Curepipe*** (direct le dim).
➢ Pour ***Mahébourg*** et le sud, changement obligatoire à Quatre-Bornes.
➢ Également une liaison pour ***Baie du Cap*** par la côte.

Adresses utiles

✉ @ ***Poste*** *(plan A1)* ***:*** *en face du centre commercial* Pasadena, *derrière le poste de police. Lun-ven 8h15-16h, sam 8h15-11h45.* Également accès Internet (payant) et imprimante.
@ ***Cybercafé Pasadenet*** *(plan A1,* ***1*** *)* ***:*** *au sous-sol du centre commercial* Pasadena, *face aux caisses du supermarché* Spar. *Lun-sam 9h-12h, 13h-20h ; dim 9h-14h.* Petit et peu cher. Vend des cartes *EasyCall,* très intéressantes pour les appels internationaux depuis un poste fixe ou un portable équipé d'une carte SIM mauricienne.
■ ***Change :*** *dans la galerie marchande* Nenuphar, *la* ***Shibani Finance*** *(plan B1,* ***3*** *; lun-ven 8h30-17h, sam 8h30-16h, dim 8h30-12h) et au centre-ville* ***Thomas Cook*** *(plan B1,* ***6*** *; lun-sam 8h30-16h45, dim 8h30-12h30) proposent un taux de change des plus intéressant et sans commission.*
■ ***Distributeurs :*** *au centre commercial* Pasadena *(plan A1,* ***1*** *), distributeur* ***SBM.*** *Plusieurs autres distributeurs dans le centre commercial* Cascavelle, *dont celui de la* ***Mauritius Commercial Bank*** *(lun-jeu 9h-15h, ven 9h-16h).*
■ ***Police*** *(plan A1,* ***4*** *)* ***:*** *en face du centre commercial* Pasadena. ☎ *453-99-16 ou 17.*
✚ ***Médecin : Dr Leuteritz,*** *médecin urgentiste français, consulte au* ***Service d'aide médicale d'urgence*** *(SAMU), côte ouest (plan A-B1) : av. des Kestrels.* ☎ *453-89-22. Tlj sf dim, mais attention, horaires de consultations très restreints : lun-sam 9h30-10h30.* Il est aussi chirurgien esthétique !
■ ***Pharmacies :*** *au 1er étage du centre commercial* Pasadena *(plan A1,* ***1*** *). Tlj 8h30-19h (12h dim). Une autre plus excentrée, au centre commercial* Cascavelle *(lun-jeu 9h-19h30, ven-sam 9h-20h30, dim 9h-15h).*
■ ***Jo et Chris Blanchisserie*** *(plan A2,* ***5*** *)* ***:*** *complexe Les Sables Roses, rte Royale.* ☎ *453-50-08. Entrée de la boutique dans l'av. des Crécerelles, à l'angle du* Manisa Hotel. *Tlj sf dim, 9h-17h30 (12h mer et sam).* Travail impeccable et rapide. Fait également de petits travaux de couture. Bien moins cher que dans les hôtels.
Supermarché Spar (plan A1, **1**) ***:*** *au sous-sol du centre commercial* Pasadena. *Lun-sam 8h-20h, dim et j. fériés 8h-19h.* Bien approvisionné.

Centre commercial Cascavelle *(hors plan par B1)* **:** *excentré, derrière la station-service, en allant vers la route qui relie Tamarin à Port-Louis. Tlj sf dim, 10h-19h.* On y trouve, entre autres, une ***station-service,*** une ***pharmacie,*** une superbe librairie ***Bookcourt,*** une boutique de vêtements et accessoires ***Planète Routard*** et un supermarché ***Monoprix*** *(lun-jeu 9h-20h, ven-sam 9h-21h, dim 9h-17h),* eh oui ! même ici ! Également une ***pâtisserie*** (voir plus loin « Où manger une bonne pâtisserie ? »).

Où dormir ?

Flic en Flac regroupe encore des structures hôtelières aux tarifs raisonnables, contrairement à sa voisine, Wolmar, à 3 km au sud, qui accueille des hôtels de luxe.

De prix modérés à prix moyens (800-2 000 Rs / 20-50 €)

Résidence Padma *(plan B2,* ***22****)* **:** *av. des Perdrix, morcellement Safeland.* ☎ *453-51-49.* 📱 *5738-18-16. En France :* 📱 *06-99-70-89-29.* • *residence-padma.com* • *Compter 30 € pour 2, 60 € pour 2 chambres doubles communicantes, petit déj compris.* On est à 600 m de la plage, dans un secteur résidentiel sans charme, et les chambres n'ont pas de vue particulière bien que dégagée. Petite résidence d'une quinzaine d'appartements avec kitchenette équipée, rangements, clim, wifi. Hélas, propreté qui laisse à désirer, mais bon accueil. Souvent loué au long cours. En dépannage. Piscine.

Un peu plus chic (autour de 2 000 Rs / 50 €)

Escale Vacances *(plan A2,* ***23****)* **:** *rte Royale. Résas via la* Flic en Flac Tourist Agency, ☎ *453-93-89.* • *fftourist.com* • *Sur la gauche de la route côtière en allant vers le sud ; bien indiqué. Accueil 8h-18h (17h sam et 14h dim). Grands studios 2 000-2 500 Rs selon saison. Petit déj possible. Commission sur les CB.* Petite résidence de tourisme (12 studios seulement) bien conçue : chaque studio se compose d'une pièce à vivre au rez-de-chaussée (cuisine équipée, coin salon avec TV, ventilo et clim) et d'une chambre à l'étage. Fonctionnel et prestations correctes : ménage quotidien, parking privé, gardien, piscine, mais certains logements commencent à dater et l'entretien ne suit pas toujours. Pratique, ils organisent, via leur agence, des journées découvertes thématiques de l'île et louent des scooters et des voitures (tarifs dégressifs selon la durée).

Résidence Les Peupliers *(plan A-B1,* ***20****)* **:** *av. des Flamingos, en face du centre commercial* Pasadena. ☎ *453-92-13.* • *seafrontholidays@hotmail.com* • *Studios et apparts 2-4 pers 2 200-2 500 Rs.* Dans 2 immeubles en L, autour d'une petite piscine avec transats. À deux pas de la plage et du centre commercial, des studios et appartements tout équipés (salon, kitchenette, micro-ondes, clim), plutôt joliment décorés et spacieux. Parfait en famille ou entre amis. Gentil accueil.

Résidence Le Dattier *(plan B1,* ***26****)* **:** *av. des Vergers.* 📱 *5779-00-81 ou 5499-46-19.* • *plaurent@intnet.mu* • *Dans la rue perpendiculaire au parking du centre commercial* Pasadena *; à un peu moins de 100 m, sur la droite. Apparts de 2 et 3 chambres 2 000-2 800 Rs/j. selon saison, ménage compris 3 fois/sem.* *Le Dattier* se vit au long cours... On est chez soi dans cette résidence reconnaissable à ses toits bleus, et à l'architecture typique, dont les bâtiments entourent un jardin verdoyant et une vaste piscine. Les appartements sont lumineux (surtout ceux du 2e étage), dotés d'un balcon-terrasse vue piscine, vastes et bien équipés (cuisine, machines...). Tenue impeccable. Beaucoup de retraités y ont élu domicile durant leurs longs mois d'hiver.

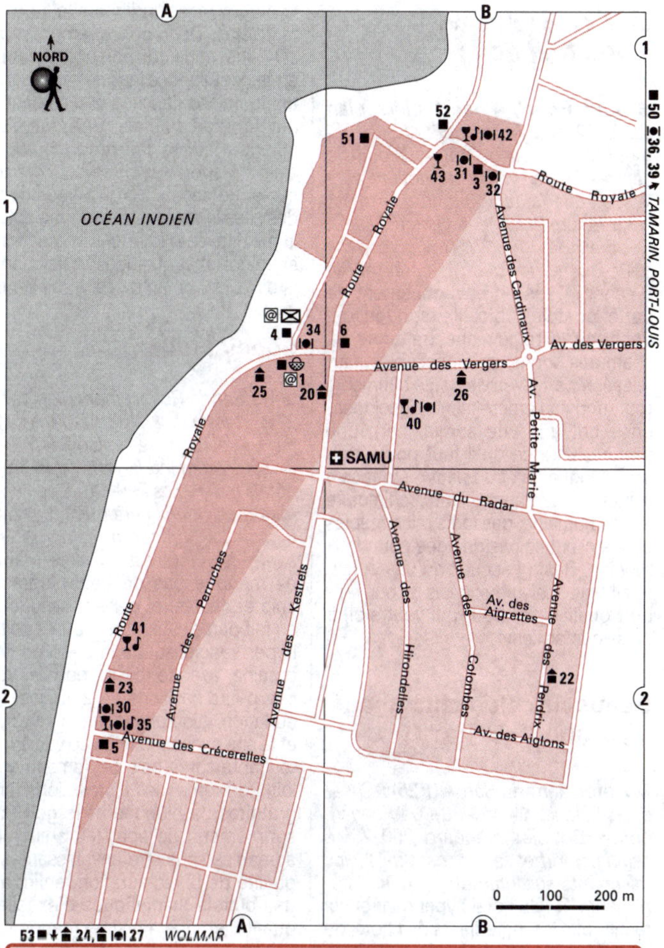

FLIC EN FLAC

Adresses utiles

- @ Internet à la poste
- @ 1 Centre commercial Pasadena (SBM, supermarché Spar, cybercafé Pasadenet, pharmacie)
- SAMU
- 3 Shibani Finance
- 4 Police
- 5 Jo et Chris Blanchisserie
- 6 Thomas Cook

Où dormir ?

- 20 Résidence Les Peupliers
- 22 Résidence Padma
- 23 Escale Vacances
- 24 Gold Beach Resort
- 25 Hôtel Aanari
- 26 Résidence Le Dattier
- 27 Sands Resort

Où manger ?

- 27 Sands Resort
- 30 Ah-Youn
- 31 La Banane Créole
- 32 Le Bois Noir
- 34 Le Récif Bleu
- 35 Twin's Garden
- 36 Domaine Anna

Où manger une bonne pâtisserie ?

- 39 Les Gourmandises d'Anne

Où boire un verre ? Où sortir ?

- 35 Twin's Garden
- 40 Kenzi Bar
- 41 Shotz-Shout
- 42 Sunset Garden
- 43 La Canne à Sucre

À faire

- 50 Abyss – Chez Christophe Pélicier
- 51 Exploration Sous-Marine
- 52 Centre de plongée Ti-Cabo
- 53 Sun Divers, hôtel La Pirogue

De plus chic à beaucoup plus chic (plus de 3 200 Rs / 80 €)

Gold Beach Resort *(hors plan par A2,* ***24****) : à* ***Wolmar.*** *☎ 453-82-35. • goldgrouphotels.com • Depuis le centre-ville, suivre la rte côtière vers le sud ; à la fourche, prendre à droite, l'entrée jouxte le* Pearl Beach Resort. *Doubles 5 800-6 500 Rs en ½ pens pour 2 pers ; un peu plus cher en fin d'année.* Dans un environnement de carte postale, voici l'exception qui confirme la règle : une trentaine de chambres sobres et impeccables, carrelées, réparties en de petits bâtiments tout ronds à l'arrière (seules quelques-unes ont une vue sur la mer), une piscine juste ce qu'il faut pour quelques longueurs et un petit resto face à la mer. La différence ? Une architecture à taille humaine, des tarifs raisonnables et une clientèle pas guindée pour deux roupies. Reste l'accueil qu'on souhaiterait plus chaleureux, mais un bon rapport qualité-prix pour qui veut s'offrir un séjour farniente.

Beaucoup plus chic (plus de 4 800 Rs / 120 €)

Hôtel Aanari *(plan A1,* ***25****) : Pasadena Village. ☎ 453-90-00. • aanari.com • Doubles standard 200-250 € selon confort et saison, petit déj inclus (discounts sur Internet) ; ½ pens intéressante.* Un hôtel hyper central qui réunit tous les ingrédients de l'hôtel de luxe. Une cinquantaine de chambres réparties dans 2 bâtiments : d'un côté, les chambres classiques avec vue sur le parking à l'arrière (pas folichon) ou le patio intérieur ; de l'autre, les chambres luxe et familiales avec vue sur l'arrière ou le lagon. Certaines ont un balcon. Vaste terrasse individuelle pour les familiales. Déco sobre, empreinte de zénitude, et de très bon goût : meubles en teck et statues indonésiennes, petites fontaines dans les parties communes, confort optimal. Spa, jacuzzi et solarium sur le toit-terrasse, et une salle de sport avec vue panoramique sur la montagne. De quoi vous donner des ailes ! Plage juste de l'autre côté de la rue. Un resto (cuisines internationale et chinoise) et quelques tables dans le jardin, bien romantiques le soir venu.

Spécial folie

Sands Resort *(hors plan par A2,* ***27****) : à* ***Wolmar.*** *☎ 403-12-00. • sands.mu • Tt au bout de la plage de Wolmar (là où se termine la route des grands hôtels !). Doubles 290-610 € en ½ pens (tarif public ; prix nettement plus avantageux par agence et offres intéressantes sur Internet).* L'île Maurice ne manque pas de belles adresses chic et chères, et celle-ci assurément en fait partie. Chambres toutes *deluxe*, hyper spacieuses, à la déco contemporaine, avec terrasse, réparties dans des petits pavillons de 2 étages, face au lagon. Ajoutons le jardin verdoyant et le site exceptionnel avec vue époustouflante sur la baie de Tamarin et, au loin, le Morne ; les installations loisirs gratuites, la plongée et le golf (avec supplément), le spa, les animations agréables sans être envahissantes ; la qualité de la restauration, enfin, avec des buffets thématiques d'excellente qualité et une cuisine mauricienne savamment réinterprétée par un chef justement réputé. Pour couronner ce tableau déjà enchanteur, un accueil particulièrement attentionné (un peu trop, même !) et chaleureux, un service pro. La grande classe, quoi !

Où manger ?

Très bon marché (moins de 150 Rs / env 4 €)

– Sur la plage publique, on trouve plein de bonnes petites choses à grignoter, et même de quoi caler une plus grosse faim : kebabs poulet, *mine frit*, frites tout court, *samoussas*, glaces, fruits frais, etc. Le tout pour des sommes modiques.

De bon marché à prix modérés (150-450 Rs / env 4-11,50 €)

|●| *Le Récif Bleu* (*plan A1*, ***34***) **:** *rte Royale, juste devant la poste, en face de l'hôtel Aanari. Le midi slt, sf dim, 10h-16h.* Ce petit resto de femmes fait le plein au déjeuner pour ses assiettes de poissons grillés, ses *mines* et ses bols renversés. Et, sur commande, des caris de poisson ou poulet, des *camarons* en salade et de l'agneau grillé. Accueil adorable et service familial comme à la maison, mais attente parfois longue.

|●| *Ah-Youn* (*plan A2*, ***30***) **:** *rte Royale, le long de la plage, face au four à chaux (sorte de pyramide en pierre noire). ☎ 453-90-99. Tlj sf lun. Résa conseillée.* Tout le monde connaît *Ah-Youn* pour sa cuisine chinoise à prix doux, servie dans une grande salle aérée, avec terrasse, face à la plage. Un endroit populaire et souvent plein (l'attente et l'accueil s'en ressentent parfois).

|●| *La Banane Créole* (*ex-Papayou ; plan B1*, ***31***) **:** *Arcade Nenuphar. ☎ 453-98-26. À l'entrée de la ville à gauche en venant de Port-Louis, sous les arcades de la petite galerie marchande. Tlj sf dim. Résa conseillée. Pas d'alcool.* Dans ce resto à la façade turquoise et vert pomme, carte variée de spécialités mauriciennes, chinoises et européennes, sans oublier les pizzas (pas mauvaises du tout). Difficile de ne pas y trouver son compte, d'autant qu'on peut commander un plateau de fruits de mer, des *faratas* et même une paella en prévenant 48h à l'avance. En dessert, goûter les crêpes ou le *papayou* maison, une papaye confite chaude. Cuisine convenable, mais attention, comme tout est préparé à la minute, le service est longuet. Quelques tables en terrasse.

|●| *Le Bois Noir* (*plan B1*, ***32***) **:** *Arcade Nenuphar. ☎ 453-88-20. Dans la même galerie que La Banane Créole. Tlj sf jeu (en déc, ouv tlj).* Sa déco sans fard permet de se concentrer sur les classiques sino-mauriciens bien exécutés, de l'incontournable *mine frit* au plateau de fruits de mer dantesque et d'une grande fraîcheur (à commander de préférence avant), en passant par un beau choix de snacks. Une toute petite adresse simple et agréable, très fréquentée par les gens du coin. Service en terrasse (une poignée de tables) ou en salle, pas toujours rapide.

De prix moyens à chic (450-1 000 Rs / 11,50-25 €)

|●| *Twin's Garden* (*plan A2*, ***35***) **:** *rte Royale, sur le front de mer. ☎ 453-52-50. Tlj midi et soir, sf lun tte la journée et mar midi de début mars à mi-déc, sf lun midi et mar midi de mi-déc à fin fév. Résa indispensable. Menus 550-800 Rs. Ts les ven, buffet 600 Rs. Attention, prix indiqués hors taxe (+ 15 %).* Les jumeaux de Montpellier ont transposé là leur concept de resto lounge. Nicolas, aux fourneaux, élabore une cuisine fusion. Le buffet du vendredi, d'un bon rapport qualité-prix, permet d'en apprécier la diversité. En salle, sous la varangue ou dans le beau jardin, Julien veille au grain et se charge de la carte des vins. Les soirs de fin de semaine, le lieu tient plus de la salle de spectacle huppée que du resto romantique (voir plus loin « Où boire un verre ? Où sortir ? »).

|●| Également les ***restaurants du Sands Resort*** (*hors plan par A2*, ***27***) **:** *voir plus haut « Où dormir ? Spécial folie ». Déj au* ***Pink Pepper Corn*** *(menus 600-800 Rs), buffet thématique ts les soirs au* ***Tamarind Terrace*** *(800 Rs). Résa indispensable.* Cadre enchanteur au bord de l'eau !

Où manger une bonne pâtisserie ?

|●| *Les Gourmandises d'Anne* (*hors plan par B1*, ***39***) **:** *dans le centre commercial Cascavelle, à la sortie du village. Juste à côté de l'entrée du supermarché Monoprix et de Planète Routard. ☎ 452-90-74.* Une poignée de tables pour la dégustation sur place et une longue queue devant les vitrines réfrigérées où sont présentées les gâteries : bâtonnet coco-chocolat (délicieux), éclair au chocolat (fameux et pâte à chou impec'), puits d'amour (fondant), barquette amande-ananas (onctueuse et parfumée), tarte au citron (à se damner)... C'est simple, on a tout goûté. Tout validé !

Où manger dans les environs ?

De prix moyens à chic (450-1 000 Rs / 12-26 €)

Domaine Anna *(hors plan par B1,* **36***) : à 2 km de la sortie nord-est de Flic en Flac (fléché), bifurquer à gauche ; c'est au bout, à 1 km. ☎ 453-96-50. Tlj sf lun. Résa indispensable au moins 48h avt. Le soir, pensez à demander une table en terrasse.* Décor toujours superbe et verdoyant malgré les *resorts* en construction tout autour : petits lacs artificiels éclairés par des bougies, autour desquels on peut faire une balade hautement romantique le soir. Une fois bien installés sur la belle varangue au bord de l'eau ou, mieux, dans l'un des ravissants kiosques sur pilotis, les convives peuvent se concentrer sur la bonne cuisine de la maison : délicieux *camarons* (pêchés dans le barachois du domaine), poulet sauté au citron ou crevettes au porto et aux pousses de bambou, et plaques grésillantes de viande. Une valeur sûre et un excellent rapport qualité-prix, compte tenu du charme des lieux.

LE SUD-OUEST

Où boire un verre ? Où sortir ?

Kenzi Bar *(plan B1,* **40***) : de la rue principale, prendre la rue qui longe le centre commercial* Pasadena, *tourner aussitôt à gauche juste avt* Western Union *et la* Barclays, *puis 1re à droite. ☎ 494-41-33. Tlj sf lun, 18h-minuit.* Au rez-de-chaussée et dans la cour d'une maison qui en a vu d'autres, un bar convivial tenu par un Breton très sympa. Généralement, en fin de semaine, musique live et concerts à l'occasion de lancements d'albums. Tables basses et ambiance décontractée. Dégustation de rhums et de délicieux rhums arrangés (rhum vanille ou amande). Beau choix de bières.

La Canne à Sucre *(plan B1,* **43***) : rte Royale. Dans un petit renfoncement juste en face du club de plongée* Ticabo. *Le soir slt.* Quelques tables et un comptoir. Bar tenu par l'ancienne commissaire du district de Black River, Mme May Tonta, une figure locale. Rhums arrangés maison (ananas, litchis, coco, café). Faites votre choix.

Twin's Garden *(plan A2,* **35***) : voir coordonnées dans « Où manger ? ». Ouv jusqu'à 1h du mat.* Un des lieux les plus animés du village, surtout en fin de semaine (service d'ordre ces soirs-là). Tous les vendredis, à partir de 21h environ, en même temps que le buffet, spectacle de séga traditionnel et moderne. Le samedi, soirées live avec des spectacles africain, brésilien (danseurs de capoeira), latino (salsa, samba), cabaret, années 1960-1980...

Shotz-Shout *(plan A2,* **41***) : Coastal Rd. ☎ 453-55-57. Mar-jeu 19h30-0h30, ven-sam 21h30-0h30, puis boîte (slt ven-sam) jusqu'à 5-6h du mat. Fermé dim-lun. Entrée boîte gratuite.* Cadre aéré, bonne ambiance, bonne musique. Clientèle jeune et branchée.

Sunset Garden *(plan B1,* **42***) : Klondike Rd. ☎ 453-86-14. De la rte Royale, continuer tt droit au lieu de tourner à droite vers les arcades. Tlj sf mer tte la journée et dim midi. Musique live sam à partir de 20h.* Très agréable de venir pour boire un verre dans ce jardin, à deux pas de la plage. Le samedi soir, un DJ ou un groupe assure l'ambiance. Cuisine sino-mauricienne.

À faire

Plages

Plage publique, vaste, en demi-lune inversée. Une longue bande de sable blond protégée côté mer par la barrière de corail et côté route par la barrière de filaos. Ici, il y a de la place pour tout le monde. Fonds sous-marins assez pauvres dans cette zone, mais excellent site de baignade. Attention toutefois aux bateaux qui longent la côte au nord de la plage. Pas une zone d'ombre dans l'eau, hormis quelques oursins ! Les filles seules seront vigilantes : certains énergumènes sont un peu pénibles...

Plus vers le sud, après le *Manisa Hotel,* on atteint une bande de sable blanc toujours quasi déserte en semaine.

Plongée

■ ***Abyss – Chez Christophe Pélicier*** *(hors plan par B1,* ***50****) : av. des Mérous, morcellement Anna. ☎ 453-81-09. • abyss-mauritius.com • xtofabyss@gmail.com • ♿ En entrant dans Flic en Flac, tourner à droite derrière la station* Total, *puis tt de suite à gauche ; dans le bas de la descente, à la fourche, prendre à droite ; c'est la 2e maison à droite. Tlj sf dim. Résa conseillée assez longtemps à l'avance. Plongée 35 €, équipement fourni ; forfaits 5 et 10 plongées ; baptême 45 €.* Christophe, moniteur CMAS et PADI, est à la fois sérieux, compétent, professionnel, archi-expérimenté : il connaît parfaitement le milieu marin. Il faut dire qu'il a de qui tenir : son père est l'un des grands spécialistes de la faune sous-marine. Il a découvert plusieurs poissons endémiques de l'île, dont 3 portent son nom. Outre les baptêmes et les passages de niveau (même celui de « plongeur touristique » reconnu par la CMAS, obtenu au bout de 3 plongées), Christophe et Aishley proposent des plongées de nuit, des plongées avec les enfants (à partir de 8 ans) et les handicapés moteur. Grande pédagogie. Attention, ils sont limités en nombre de plongeurs. À vos agendas !

■ ***Exploration Sous-Marine*** *(plan B1,* ***51****) : centre CMAS-PADI attenant à la structure hôtelière* Villas Caroline *mais indépendant. ☎ 453-84-50. • exploration-sous-marine.com • Tlj sf dim et j. fériés, 8h30-16h. Sorties en mer 9h30-13h30. Prévoir env 1 600 Rs le baptême, 1 300 Rs la plongée avec l'équipement fourni ; petit supplément pour l'usage du Nitrox. Forfaits 5 et 10 plongées.* Sérieux, compétent et gentil. D'ailleurs, la longévité du club prouve la qualité des prestations. Pierre Szalay et Pascal Ava sont des passionnés. Plongées sur 5 récifs artificiels, à 15 mn de bateau, notamment le Tian Xiang (Pierre vous montrera les photos de la coulée !). Plongées d'exploration de jour et de nuit (une trentaine de spots proposés), à partir de 14 ans. Et excellentes connaissances en biologie marine.

■ ***Centre de plongée Ti-Cabo*** *(plan B1,* ***52****) : impasse débarcadère, rte Royale. ☎ 453-52-09. • dive-ticabo.com • Tlj 8h30-16h (13h dim). À partir de 1 200 Rs la plongée avec équipement, assurance en sus ; forfaits 5 et 10 plongées ; baptême 1 600 Rs, équipement compris.* Une petite équipe mauricienne indépendante, jeune et sympathique, qui propose des plongées initiation, sorties de nuit, safari et formations. Encadrement sérieux. Club affilié CMAS et PADI. Et petit bar pour finir en beauté au retour !

■ ***Sun Divers, hôtel La Pirogue*** *(hors plan par A2,* ***53****) : sur la plage de l'hôtel. ☎ 403-39-00. • sundiversmauritius.com • Tlj 8h-16h (12h dim). À partir de 1 700 Rs la plongée et 2 600 Rs le baptême.* Club affilié CMAS et PADI. Plusieurs plongées par jour, de 40 mn max chacune. Également des plongées de nuit et au Nitrox. Ils proposent aussi des formules. Un centre sérieux et une équipe compétente, mais c'est un peu l'usine en saison.

Randos et sports de plein air

■ ***ICAN :*** *pas de bureau en ville. Rens : 5749-80-42. • ican-tropic.com •* Équipe sérieuse et très pro qui organise notamment des sorties randos, canyoning (débutants et confirmés), escalade et même un parcours sur une *via ferrata.*

DANS LES ENVIRONS DE FLIC EN FLAC

Casela World of Adventures : *à 5 km env de Flic en Flac, sur la route de Cascavelle. ☎ 401-65-00. • caselapark.com • Tlj 9h-17h. Fermé 1er janv et 25 déc.* ***Entrée du parc :*** *740 Rs (cher !) ; réduc enfants. Safari inclus dans le ticket d'entrée.* ***Autres activités payantes en plus de l'entrée du parc*** *(sur résa) : interaction avec les lions (mesurer plus de 1,50 m ; 15 mn) : 750 Rs ou avec les caracals et servals (plus de 10 ans ; 500 Rs) ; marche avec les lions (1h) : 3 750 Rs ; circuit de tyroliennes : à partir de 1 125 Rs pour 1h, qui permet d'emprunter un pont suspendu et des tyroliennes. Balade de 1h en Segway (gyropode, sorte de trottinette électrique à grosses roues) au milieu des animaux : 1 500 Rs. Canyoning, avec descentes en rappel de 5 à 20 m dans les cascades et nage dans le canyon (à partir de 2 570 Rs la ½ journée), via ferrata (à partir de 2 050 Rs). Prévoir lotion antimoustiques et crème solaire.*
À l'origine, une centaine de volières (on peut même se promener à l'intérieur de certaines), plus de 1 500 oiseaux, 140 espèces et quelques cinquantaines de mammifères. Le tout dans un beau parc de 250 ha, bien entretenu, planté de banians, dont les frondaisons ombragent de grands bassins où batifolent en liberté canards, cygnes, poules d'eau et flamants roses. Ajoutez à cela une belle population de tortues et de paons, une miniferme et un belvédère pour découvrir les environs, vous aurez le *Casela World of Adventures.*
Pour les adeptes du grand frisson, la grande attraction du parc consiste à marcher avec les lions *(4 fois/j.),* en présence de guides professionnels. Très cher mais sensationnel, paraît-il, et unique à Maurice, voire dans le monde. Également le *Drive Thru,* un parcours à bord d'un véhicule sécurisé, à l'intérieur d'un vaste enclos, pour approcher les lions et tigres adultes en liberté *(320 Rs en plus de l'entrée).*
Non moins impressionnant, les tyroliennes de 200 et 300 m de long et même une de 400 m, soit l'un des plus longs circuits de l'océan Indien. Quant à la *via ferrata,* le parcours d'une demi-journée offre de belles vues très variées, des passages techniques intéressants mais courts. L'encadrement, très attentionné, la rend accessible aux débutants.
Plus chaloupée, la balade à dos de dromadaire en couple *(2 000 Rs).* Et puis de nouvelles espèces comme les rhinocéros et des hippopotames ont récemment fait leur apparition à la suite des girafes.
Sans oublier un toboggan avec des bouées, un cinéma 4D *(120 Rs pour 2 films).*
Un parc sans cesse en évolution. Une chose est sûre, ça va *casela* baraque !
Restaurant sur place *(tlj 10h-17h ; prix modérés).* Cuisine indienne, thaïe, chinoise et mauricienne.

ALBION

À 10 km environ au nord de Flic en Flac, par la route de Port-Louis. Village paisible aux demeures coquettes où s'est établi le *Club Med.* On y vient surtout pour visiter le phare, le seul encore en activité sur l'île.

Le phare d'Albion : *au nord du village, bien indiqué depuis le centre d'Albion (suivre les panneaux « Lighthouse »). Pas évident en bus, privilégier la voiture ou le taxi. En principe, il faut demander une autorisation préalable au port, mais le gardien prend sur lui de vous ouvrir les portes s'il est là. Ça marche, tant que la réglementation ne se durcit pas. N'oubliez pas de laisser un pourboire.* Construit en 1910

LE SUD-OUEST

par les Anglais, le seul phare de l'île encore en activité se dresse fièrement au bord d'une côte aux roches noires déchiquetées par les vagues. Ce n'est quand même pas tous les jours qu'on a l'occasion de grimper au sommet d'un phare (surtout à l'île Maurice) ! Bonnes explications du gardien jusqu'à la dernière plate-forme où se dévoile un panorama grandiose barré à l'est par Port-Louis. Sympathique visite que l'on peut poursuivre par une balade sur un sentier qui longe le bord de mer.

Plage publique : *jouxte le* Club Med. On y accède par une passerelle qui enjambe la rivière (pas mal de moustiques dans le coin !). Il s'agit d'une baie soumise aux courants, sans barrière de corail pour la protéger. Être vigilant, donc. Dans cette petite anse ombragée, les arbres s'avancent sur la mer pour former de véritables parasols naturels.

|●| Juste en face de la passerelle, un petit resto, pas cher et très correct, ***La Murène*** *(fermé lun).*

LE CENTRE DE L'ÎLE

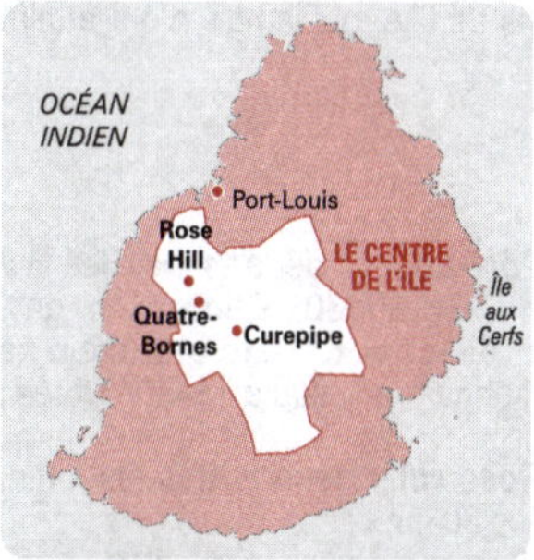

Le centre de l'île est dominé par le cratère de Curepipe à 550 m d'altitude, rappelant l'origine volcanique de Maurice. Au XIXe s, grâce à leur climat plus frais et plus sain, les hauts plateaux servirent de refuge aux habitants les plus riches qui cherchaient à échapper au paludisme et au choléra. Leur installation était d'autant plus facilitée qu'une nouvelle ligne de chemin de fer avait été inaugurée entre Mahébourg et Port-Louis en 1865. On découvre encore ici et là de belles demeures datant de cette époque.

Aujourd'hui, la région, fortement urbanisée entre Rose Hill et Curepipe, concentre les magasins d'usine, des grandes entreprises et les fabriques de maquettes de bateaux. Elle accueille la plus forte densité de population de l'île, les embouteillages y sont d'ailleurs légion, surtout aux heures de pointe (pensez-y lorsque vous traverserez l'île).

Mais passé cette conurbation, le paysage se fait plus verdoyant : tout de suite au sud de Curepipe où se cache le domaine des Aubineaux, à l'ouest avec les chutes de Tamarin ou encore à l'est au domaine de Lagrave. Voilà de belles haltes pour respirer.

CUREPIPE

• Plan *p. 167*

La ville des hauts plateaux, à environ 26 km au nord de Mahébourg et une bonne vingtaine au sud de Port-Louis, est une bourgade bien vivante. Elle

dut son développement à une épidémie de malaria qui toucha Port-Louis à la fin du XIXe s.
Il y pleut pratiquement tous les jours et la ville a perdu depuis bien longtemps son caractère colonial. La plupart des anciennes maisons de bois et de tôle ont été balayées par le béton. Cependant, l'air y est frais puisqu'elle est perchée à 550 m d'altitude, ce qui est plutôt agréable. C'est probablement l'une des raisons qui expliquent l'attachement des Mauriciens à cette ville sans véritable homogénéité. À noter qu'au centre, on trouve de nombreux magasins de grandes marques, répartis dans des galeries marchandes modernes et agréables (se reporter plus loin à la rubrique « Achats »).

BIZARRE !

L'une des explications avancées pour justifier le nom de cette bourgade réside dans le fait que les troupes françaises marchant sur les hauts plateaux s'arrêtaient par ici pour allumer ou nettoyer leurs pipes. Mais pourquoi ici plutôt qu'ailleurs ? Nul ne sait.

LES FABRIQUES DE MAQUETTES DE BATEAUX

Curepipe mérite un détour en raison de son dynamisme artisanal. La première fabrique de maquettes de bateaux vit le jour vers la fin des années 1960. C'est José Ramar (1938-2002) qui fut le premier à en fabriquer dans son atelier. Il fut ensuite copié par des dizaines d'autres artisans de l'île, qui jamais n'ont atteint sa qualité.

Arriver – Quitter

En bus

Attention, il y a 2 terminaux, mais non loin l'un de l'autre. Comme partout, on achète les billets directement dans le bus.

Terminal bus sud *(plan B2)* qui dessert :

➢ ***Mahébourg :*** bus ttes les 10 mn, 6h-20h. Durée : 1h15 env.

➢ ***Choisy et Chamouny :*** bus ttes les 10 mn. Durée : 1h20 env.

Terminal bus nord *(plan B2)* qui dessert :

➢ ***Port-Louis :*** départs ttes les 5 à 10 mn, 5h-20h30. Durée : 1h env. Trajet direct avec l'*Express* (mais ne fonctionne que jusqu'à 18h30). Durée : 50 mn.

➢ ***Rose Hill :*** départs ttes les 5 mn. Durée : 30 mn.

➢ ***Vacoas :*** liaisons fréquentes.

➢ ***Flic en Flac :*** attention, bus slt dim et j. fériés, ttes les 30 à 45 mn, 7h-17h. Les autres jours, il faut passer par Quatre-Bornes puis changer de bus ; compter alors env 1h de trajet.

Adresses utiles

✉ ***Poste*** *(plan B2)* **:** *rue René-Maigrot. Lun-ven 8h15-16h, sam 8h15-11h45.*

■ ***Mauritius Commercial Bank*** *(plan B2,* ***1****)* ***et Barclay's Bank*** *(plan B2,* ***2****)* **:** *rue Royale.* Nombreux distributeurs de billets.

■ ***Change :*** *un bureau de change à côté de la* ***Mauritius Commercial Bank,*** *en face du collège Royal. Lun-jeu 9h-15h30, ven 9h-16h. Un autre à la* ***Barclay's Bank*** *(mêmes horaires).*

■ ***Librairie Le Trèfle*** *(plan B2,* ***3****)* **:** *arcades Currimjee, dans la Galerie des Îles. ☎ 676-30-25. Lun-sam 9h-17h30.* Quelques magazines (avec plusieurs jours de retard), livres de poche, beaux livres sur l'océan Indien et autres, guides, livres de recettes...

■ ***Pharmacie Benoit*** *(plan B2,* ***4****)* **:** *rue du Pot-de-Terre. ☎ 675-00-84. Lun-sam 7h30-18h30, dim 8h-12h30.*

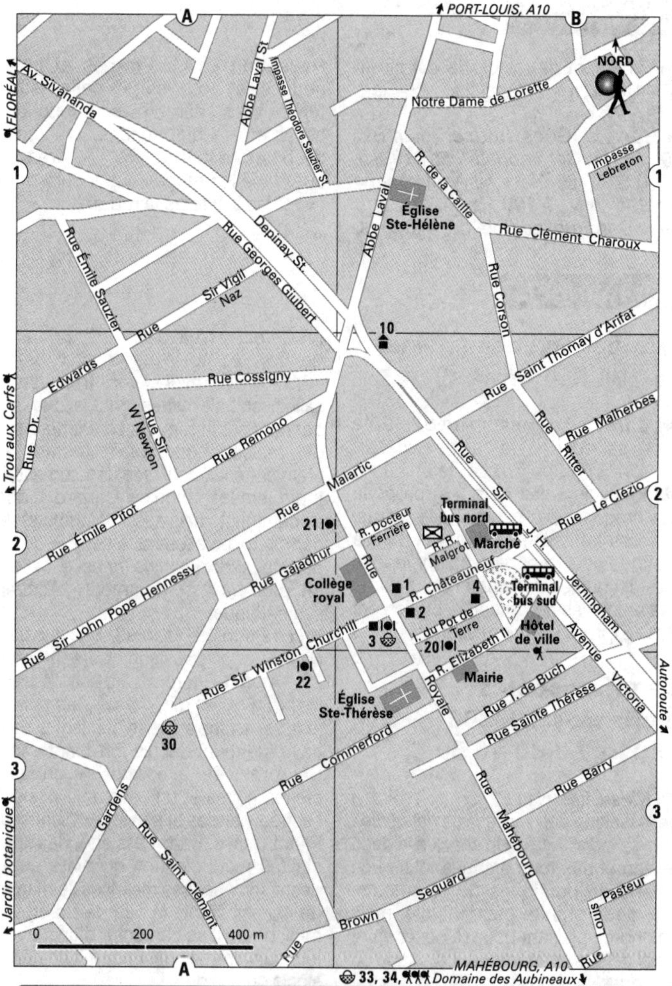

CUREPIPE

■ **Adresses utiles**

1 Mauritius Commercial Bank
2 Barclay's Bank
3 Librairie Le Trèfle
4 Pharmacie Benoit

Où dormir ?

10 Harry's Guesthouse

Où manger ?

3 K'Fé Club
20 Cafet' Express
21 Chinese Wok
22 La Potinière

Achats

3 Galerie des Îles
30 Garden Village
33 La Pirogue
34 Les Voiliers de Lafrance

Où dormir ?

Pas vraiment de raison de dormir en ville. Une adresse toutefois.

Harry's Guesthouse (plan B2, **10**) : *3, av. Jerningham.* ☎ *670-66-67.* 📱 *5777-85-07.* • *harrysinn.com* • *Double env 1 500 Rs (sans petit déj).* Dans un édifice de 4 étages. Réception au 1er. Propres et lumineuses (si vous évitez celles sans fenêtre), les chambres sont fonctionnelles et très bien tenues, avec salle de bains, minifrigo, TV. En prendre une dans les étages supérieurs pour éviter les bruits de la route.

Où manger ?

Très bon marché (moins de 150 Rs / env 4 €)

Cafet' Express (plan B2, **20**) : *impasse du Pot-de-Terre. Lun-sam 9h-19h, dim 9h-13h.* La cafétéria du *Monoprix* (mêmes horaires) propose des croques, des paninis, des pizzas, etc. Pas franchement dépaysant mais pratique pour grignoter rapidement, et c'est ici que déjeune une bonne partie des employés de Curepipe. Également *Pizza Express* (même maison).

De prix modérés à prix moyens (300-650 Rs / 7,50-16,50 €)

K'Fé Club (plan B2, **3**) : *au 1er étage de la Galerie des Îles (entrée par la rue). Lun-sam 9h30-17h.* Un snack à la déco design et aux tons orangés, dans une galerie de boutiques de vêtements. Pas de la grande gastronomie, mais un endroit plaisant pour se poser entre deux achats et grignoter une salade ou quelques *samoussas*.

Chinese Wok (plan A-B2, **21**) : *242, rte Royale ; au 2e étage.* ☎ *676-15-48. Tlj sf dim, midi et soir.* Très grande salle avec baies vitrées tout le long, qui donnent sur la rue. On est bien autour des tables rondes, à faire tourner les plats entre les convives dans un esprit typiquement chinois ! Canard laqué évidemment, mais aussi du crabe et de nombreux poissons à la vapeur, qu'on paie au poids. Le *mine frit* est excellent (et pas cher, évidemment). Accueil sympathique.

La Potinière (plan A3, **22**) : *impasse Saint-Joseph (perpendiculaire à la rue Sir-Winston-Churchill), au rdc du bâtiment DBM.* ☎ *676-26-48. Fermé dim et lun soir.* Une adresse qui tient bien le pavé (de thon) depuis fort longtemps. Déco raffinée, avec mur de grosses pierres noires et un vénérable piano à l'entrée, nappes et serviettes blanches. Plutôt classe. Dans l'assiette, des spécialités mauriciennes ou plats européens toujours très maîtrisés (le magret de canard côtoie le cari de bœuf). Le midi, on peut se contenter d'un plat du jour ou d'une salade. Et ça fait un demi-siècle que ça dure !

LE CENTRE DE L'ÎLE

Achats

Marchés

Il y en a 2 principaux.
– ***Le marché aux fruits et aux légumes*** (plan B2) : *rue Châteauneuf, non loin de la gare routière. Lun-sam 6h-18h, dim et j. fériés 6h-12h30.* Sous un chapiteau un peu étrange en forme de silo. Ambiance garantie.
– ***Le grand marché*** : *au sud de la ville, en direction de Forest Side. Mer et sam 7h-17h.* On y trouve également des textiles. Très animé.

Boutiques de marques

Spécial « Pretty woman » : on trouve à Curepipe quelques magasins de grandes marques, répartis dans les galeries marchandes comme la **Galerie**

des Îles *(plan B2,* ***3****),* le **Garden Village** *(plan A3,* ***30****)* ou encore **Floreal Square** (voir plus loin « Dans les environs de Curepipe. Floréal »).

Maquettes de bateaux

Curepipe est le centre historique de la fabrication des maquettes. Les usines fleurissent, et il est parfois difficile de s'y retrouver. Alors pourquoi ne pas en visiter plusieurs pour comparer avant de vous lancer dans un achat peut-être inconsidéré ? On ne saurait trop vous conseiller de lire la rubrique « Achats » dans « Île Maurice utile », notamment pour le choix de la maquette et les conditions de transport. Voici 2 adresses. Si vous venez en taxi, attention à ne pas vous faire conduire ailleurs sous prétexte que ces adresses sont fermées. Beaucoup de routards se font avoir, et les chauffeurs se font commissionner quand ils amènent leurs clients dans des magasins avec lesquels ils ont des relations. Classique, quoi !

La Pirogue *(hors plan par B3,* ***33****) : rte de la Brasserie. ☎ 674-10-61. 📱 5791-20-77. Depuis Curepipe, suivre la rte Royale plein sud ; après 1 km, bifurquer à droite juste avt le pont ; le magasin et l'atelier sont situés à env 500 m de l'embranchement, sur le côté droit, face au temple tamoul. Lun-sam 9h-18h, dim 8h-13h. Si c'est fermé, sonnez, le proprio habite au-dessus.* Minuscule entreprise familiale. Le choix est restreint, mais M. Célestin fait du bon travail à prix intéressant. En plus des maquettes, il confectionne aussi des meubles marins.

Les Voiliers de Lafrance *(hors plan par B3,* ***34****) : rte de la Brasserie, à env 600 m de l'embranchement, côté droit. 📱 5777-32-65. • lesvoiliersdelafrance@yahoo.com • Tlj, tte la journée (le patron habite au-dessus).* Jolie boutique avec son atelier attenant. Le patron a reçu plusieurs distinctions pour la qualité de son travail : on vous laisse juger ! Sa spécialité : les coques en double bordée (c'est-à-dire 2 couches de bois, en teck ou en acajou), c'est plus résistant dans le temps.

À voir. À faire

L'hôtel de ville *(plan B2),* qui est en fait une salle de bal (et non la mairie !), a conservé sa belle architecture coloniale. Si les portes sont ouvertes, ne pas hésiter à entrer. Des concerts y sont parfois organisés (se renseigner à la mairie, juste à côté, pour connaître le programme). Dans les jardins, trois statues, dont la réplique en bronze de *Paul et Virginie*, l'original, sculpté à Paris en 1884, se trouvant au *Blue Penny Museum* de Port-Louis.

Le Trou aux Cerfs *(hors plan par A2) : si vous disposez d'un véhicule, car c'est à env 1 km à l'ouest du centre de Curepipe, sur les hauteurs. Pour y aller, prendre la rue Pope-Hennessy, puis tourner à droite dans la rue Edgar-Hugues. Le tour du cratère n'est accessible qu'à pied.* À une altitude de 550 m, ce Trou aux Cerfs est en fait un beau cratère, aux formes parfaites, de 100 m de profondeur et de 80 m de diamètre. L'occasion de rappeler que l'île est d'origine volcanique. Belle vue sur cette crevasse où la végétation a repris le dessus. En vous retournant, large panorama sur une bonne partie de l'île, notamment sur la montagne de Pieter Both. C'est depuis le kiosque qu'on a la meilleure vue sur le Trou, puisqu'on en voit le fond.

Le jardin botanique *(hors plan par A3) : oct-avr, tlj 7h-19h ; mai-sept, tlj 8h30-17h. GRATUIT.* Moins riche que celui de Pamplemousses mais bien sympathique quand même avec son vieux kiosque et son petit plan d'eau. C'était l'un des lieux préférés de l'écrivain et poète mauricien Malcolm de Chazal (1902-1981).

DANS LES ENVIRONS DE CUREPIPE

Le domaine des Aubineaux *(hors plan par B3) : à 1,2 km de Curepipe en suivant la rte Royale vers le sud, panneau sur la gauche (visible au dernier moment,* *rouler doucement). ☎ 676-30-89. • saintaubin.mu • Tlj dont fériés 9h-17h. Visite guidée, dégustation comprise de rhum de Saint-Aubin et de thé de Bois Chéri : 300 Rs ; ½ tarif moins de 12 ans. Resto sur place et salon de thé sur la véranda. Billet combiné possible avec le domaine de Saint-Aubin et le domaine de Bois Chéri (voir plus haut) : 1 050 Rs. Notez que ces prix sont susceptibles d'augmenter en cours d'année. Durée : 30-45 mn.*

Une magnifique ***allée*** mène à cette vaste propriété sur laquelle se dresse l'une des dernières demeures coloniales de l'île, construite en 1872 par des architectes français. Très bien conservée et patiemment restaurée avec des matériaux nobles (teck, clous en cuivre, etc.), cette bâtisse, habitée jusqu'en 1999, a su garder le charme suranné et la nostalgie des époques passées. La maison possède 28 pièces et pas moins de 117 fenêtres et portes !

On flâne dans les salles aux immenses plafonds, décorées de meubles anciens, authentiques et hétéroclites, comme ce piano, autrefois utilisé par la société philharmonique de Curepipe, qui trône dans le salon. Dans l'***ancien hall d'entrée*** de la maison, remarquer les peintures murales italiennes du début du XXe s, découvertes récemment sous le papier peint. Mobilier de la Compagnie des Indes. La vaste ***salle à manger*** abrite une table pouvant accueillir jusqu'à 30 personnes. Mignon salon de lecture. Dans le couloir, nombreux clichés (pris avec l'un des premiers appareils photo de l'île !) qui présentent les ancêtres de l'actuel propriétaire ainsi que d'anciennes demeures coloniales dont la plupart ont été détruites par des ouragans. Le domaine des Aubineaux fut aussi la première maison de l'île à comporter un couloir ; habituellement, c'est la varangue, à l'extérieur, qui permet de circuler d'une pièce à l'autre. Chaque chambre possède sa propre salle de bains. Voir à ce sujet les toilettes des années 1930. Noter l'ampoule commune à deux pièces : la famille, aisée, avait tout de même le souci d'économie (à moins que ce ne soit tout simplement parce que Aubineaux fut, là encore, la première maison de l'île à avoir l'électricité, en 1889...) !

N'oubliez pas de monter au ***grenier*** pour voir le fameux appareil photo ! Également tout un tas d'objets du XXe s, ayant appartenu à la famille (même une série d'aspirateurs !).

La visite se poursuit dans les anciennes écuries qui abritent régulièrement des expos variées. Toujours intéressant.

Superbe ***jardin*** avec des camphriers qui ont été plantés pour repousser les moustiques et éradiquer la malaria, ainsi qu'une bambouseraie. En revanche, ne cherchez pas les théiers, ils n'existent plus. Le thé que l'on goûte sur la belle terrasse avant ou après la visite provient de l'usine de Bois Chéri.

Également une possibilité de petite restauration et une boutique. Promenade ensuite possible dans une partie du parc, près du lac.

The Mauritius Glass Gallery : *au rond-point de Phoenix, bien indiqué par des panneaux. ☎ 696-33-60. Lun-ven 8h-16h15, sam 8h-11h30. Entrée : 50 Rs ; réduc.*
Une soufflerie traditionnelle où l'on peut voir les souffleurs travailler le verre de manière artisanale. Également un petit musée de la Verrerie avec le travail réalisé sur place. Par ailleurs, la verrerie recycle de l'huile, du verre, des bouteilles de soda, etc., et contribue ainsi, à sa manière, à la défense de l'environnement. La boutique est pleine de jolies choses. Possibilité de faire faire son empreinte de main également.

Floréal *(hors plan par A1)* **:** cette petite ville, qui jouxte Curepipe au nord, est beaucoup plus résidentielle que cette dernière. Elle est réputée pour ses usines de textiles. Méfiez-vous, les échoppes à touristes, qui affichent fièrement leurs certificats d'authenticité en devanture, ne revendent que des faux. Alors, avant de vous lancer dans un shopping enfiévré, lisez attentivement nos conseils dans la rubrique « Achats » du chapitre « Île Maurice utile », puis rendez-vous à la galerie marchande **Floreal Square** *(située sur la gauche de l'av. principale, à l'entrée de la ville en arrivant de Curepipe, panneau).* On y trouve les marques *Harris Wilson, Équateur, Et Dieu créa la femme, Gecko Kids.* Petit resto sur place. Plus agréable que les galeries marchandes de Curepipe.

Le domaine de Lagrave : *Village Bananes,* ***Eau Bleue.*** *5471-18-49 et 5732-81-86. • domainedelagrave.mu • À 10 km env de Curepipe. Pour y accéder, suivre la M2 (l'autoroute) en direction de Mahébourg ; prendre la sortie Midlands (panneau « Domaine Lagrave » avt la sortie) ; ensuite, tourner à gauche, puis, 1,5 km plus loin, sur la droite en direction d'Eau Bleue ; arrivé au Village Bananes, s'engager sur une petite route vers la gauche, puis emprunter la piste : l'aventure commence ici. Tlj de 9h30 au coucher du soleil. Résa préférable mais pas obligatoire pour moins de 10 pers. Compter 500 Rs/pers pour l'entrée et rando libre ; 500 Rs supplémentaires pour un guide à la demande ; 1 000 Rs/pers pour la course d'orientation (incluant l'entrée au domaine) ; 3 000 Rs/pers la journée récréative (comprenant 5 activités au choix, le petit déj et le déjeuner). Possibilité de dormir sur place, dans un chalet. Compter 3 000 Rs/pers en pension complète. Sur présentation du guide de l'année, réduc de 50 % sur les activités et l'hébergement.*
Ce domaine de 200 ha s'étend sur la montagne Lagrave et son flanc. Un site entièrement dédié à la nature, ce qui le rend plus hostile que d'autres domaines, mais c'est aussi là tout son intérêt.
La principale activité est la ***randonnée,*** avec trois parcours fléchés de difficultés différentes : l'un de 3 km (compter 2h), un autre de 6 km (env 3h) et un dernier de 10 km (env 4h). Arrivé en haut, superbe vue sur Mahébourg au loin. Autres activités, toutes à environ 600 Rs par personne : tir à l'arc, kayak, parcours de radeaux, pêche au tilapia, parcours du combattant.
On peut aussi y manger à ***La Table d'Hôte*** *(sur résa, tlj 11h-21h, service en continu) ; menus complets 1 000-1 800 Rs, également des snacks.*
– Pique-nique autorisé dans la montagne uniquement (ce qui se comprend aisément).

QUATRE-BORNES

« Ville résidentielle-emporium », à côté de Rose Hill. Nombreux commerces et... embouteillages monstres, surtout aux heures de pointe. Son seul intérêt : son marché aux tissus et textiles bruts (face à la gare routière) les jeudi et dimanche, l'un des plus importants de l'île ; on y fait vraiment des affaires. Tee-shirts et autres cotonnades bien moins chers qu'à Port-Louis et Grand Baie. Au même endroit, marché aux fruits et légumes les mercredi et samedi de 6h à 17h.

Adresses utiles

■ ***Banques :*** *rte Saint-Jean, au carrefour du marché.* Nombreuses banques avec distributeur : la *MCB, HSBC* et la *First City Bank* ; un peu plus loin à gauche, la *Barclay's Bank,* et après le marché à droite, la *SBM.*

■ ***Change :*** *chez* ***Shibani Finance,*** *rte Saint-Jean, juste à gauche de l'entrée de l'hôtel* Gold Crest Forest, *en plein centre. Lun-ven 8h15-17h15, sam 8h-16h, dim 8h-14h.*

Où manger ?

Très bon marché (moins de 150 Rs / env 4 €)

– ***Au marché :*** plusieurs stands à l'entrée vendent de quoi caler un petit creux (fruits, *samoussas,* beignets divers...).
L'Endroit : *rte Saint-Jean (rue principale), en plein centre, à 100 m à droite de la mairie. 5493-54-91. Tlj 10h-22h (minuit ven-sam).* Bol

renversé, caris variés, menu du jour. Modeste, frais et pas cher. Atmosphère familiale.

De bon marché à prix modérés (150-450 Rs / env 4-11,50 €)

Le Dragon Vert : *à la sortie sud de Quatre-Bornes, sur la droite juste avt l'embranchement pour Vacoas-Palma. ☎ 424-45-64. Entrée discrète sous les arcades d'une maison ancienne ; monter au 1er étage. Grand parking juste en face. Tlj sf lun, midi et soir.* Cadre cosy dans ce resto où l'on apprécie les tables le long des baies vitrées de la véranda à l'étage. La cuisine, essentiellement chinoise, est réputée comme l'une des meilleures de la ville. On vous conseille les spécialités maison ; attention, les prix sont alors au poids.

Le Bon Choix : *76, rte Saint-Jean. ☎ 465-38-56. À l'entrée de Quatre-Bornes, sur la gauche en venant de Rose Hill et Curepipe. Tlj 10h-minuit (2h ven-sam). Sandwichs à partir de 40 Rs.* Les salles sont un peu sombres et la terrasse est séparée de la route par un mur. Pas mal d'étudiants et de cols blancs viennent y grignoter un morceau à midi. Sandwichs et quelques plats simples.

DANS LES ENVIRONS DE QUATRE-BORNES

Tamarin Falls : *malgré son nom, le site est plus facilement accessible et mieux indiqué depuis les hauts plateaux que depuis Tamarin. En bus, depuis Curepipe, prendre direction Henrietta et descendre au terminus ; il reste 10 mn de marche pour atteindre le sentier (demander son chemin à la descente du bus). En voiture, à la sortie sud de Quatre-Bornes, prendre à gauche au carrefour en direction de Vacoas, puis continuer tt droit sur 6 km en direction du Pétrin ; sur la route au niveau de Glen Park, bifurquer à droite (pancarte « Henrietta Tamarin Falls ») et parcourir env 2,5 km jusqu'au terminus du bus d'Henrietta, où l'on peut se garer. Prévoir de bonnes chaussures. Voir aussi les différentes compagnies qu'on indique dans la rubrique « Sports et loisirs » du chapitre « Île Maurice : hommes, culture, environnement ».*

Magnifique écrin naturel abritant sept cascades en enfilade, à ne pas manquer mais en s'armant de patience, car la circulation pour y parvenir est très, très dense... Nous vous conseillons de prévoir au moins une demi-journée sur place et de contacter le guide avant votre départ.

Il est quasi indispensable d'être accompagné d'un guide (officiel de préférence), même s'il n'y a pas de difficulté technique majeure. D'une part, le guide vous fait gagner du temps en vous montrant d'office les meilleurs points de vue et en vous proposant des randonnées adaptées à votre niveau. D'autre part, ce n'est pas facile de s'orienter, tous les chemins n'étant pas bien balisés. C'est aussi l'occasion de découvrir l'immense richesse de la flore : plantes aromatiques, médicinales... On peut notamment observer les sept espèces d'orchidées existantes. La randonnée la plus courte, de 2h environ, est accessible aux enfants à partir de 6 ans. Bonne aubaine pour les familles ! D'autres s'avèrent assez sportives, mais le top est de partir la journée, pour voir de près l'ensemble des cascades (la plus grande fait tout de même 65 m de haut) et s'y baigner.

➢ Possibilité de faire du **canyoning** avec **Vertical World Ltd :** *☎ 697-54-30. 📱 5251-11-07. • verticalworldltd.com • À la journée ou à la ½ journée.* Propose des parcours canyoning, escalade et randos très variés, encadrés par une équipe compétente.

➢ ***Points de vue sur les chutes :*** en empruntant (à pied ou en voiture) la petite route qui part sur la droite, on découvre une série de beaux points de vue sur les chutes. Pratique pour ceux qui ne font pas la rando. Pour prendre des photos, la meilleure lumière est le matin. Le premier promontoire se situe quasi au niveau du temple. Le deuxième point de vue se trouve au niveau d'une centrale électrique.

Jusque-là, seules les chutes 1 à 4 sont visibles. Du troisième arrêt, à côté d'un élevage de poulets, on découvre les trois dernières chutes. Au quatrième arrêt, vue sur le cratère entier. Au cinquième point de vue, le plus impressionnant, on embrasse tout le paysage, avec Flic en Flac en fond d'écran.

ROSE HILL

• Plan *p. 175*

Ville résidentielle où les Mauriciens aisés possèdent de riches maisons. C'est l'une des rares villes à posséder un nom anglais. À son origine, les roses et lumineux couchers de soleil sur le « corps de garde », la montagne qui veille sur la ville. Pas étonnant qu'elle ait vu naître Pierre Argo, grand photographe devant l'Éternel.
Aujourd'hui, la ville arbore les contradictions des cités qui évoluent trop vite. Les anciennes demeures du centre-ville sont progressivement cernées par le béton conquérant. En même temps, bien sûr, Rose Hill est vivante et animée mais aussi un peu plus polluée. Une balade de 2h vous permettra de découvrir ses qualités pas encore noyées dans le ciment.
– ***Conseil :*** si vous êtes en voiture, le plus simple est de vous garer gratuitement près de l'église Notre-Dame-de-Lourdes ou près de la mairie *(plan A1)*.

Adresses utiles

■ ***Banques et bureaux de change :*** *plusieurs banques avec distributeurs et bureaux de change le long de la route Royale, entre la poste et les gargotes que nous indiquons (voir « Où manger ? »).*
■ **Librairie Le Cygne** (plan B2, **1**) **:** *307, rte Royale ; dans la galerie commerciale* Magic Lanterne Complex, *au 2e étage.* ☎ *464-24-44. Lun-mer et ven-sam 9h30-18h, jeu 9h30-13h.* Bien fournie. Nombreux magazines. Livres de cuisine, d'histoire et publications sur Maurice.
■ ***Institut français de Maurice*** *(plan B2,* **2***)* **:** *30, av. Julius-Nyerere, à l'angle de la rue Virgil-Naz.* ☎ *467-42-22.* • *ifmaurice.org* • *Mar-ven 10h-17h30 pour la médiathèque (fermé jeu mat), sam 9h-16h. Administration lun-ven 9h-16h30.* Organise de nombreuses manifestations culturelles sur place et dans les différentes salles de spectacle de l'île, ainsi que des expositions et des débats-conférences. Revues et journaux français en consultation à la médiathèque. Également un *café-resto (ouv midi).* Service à la française et cuisine franco-mauricienne.

Où manger ?

De très bon marché à bon marché (moins de 300 Rs / 8 €)

|●| Sur la route Royale *(plan B2)*, vendeurs de beignets, *mine frit, samoussas,* gâteaux-piments, *poutous* (galettes de riz et noix de coco), ananas... appétissants et très bon marché.
|●| ***Central Snack*** *(plan B2,* **11***)* **:** *rue Inkerman.* ☎ *454-78-66. Service en continu tlj sf dim, 11h-17h30.* Un minuscule resto populaire qui ne mise pas sur la déco mais sur sa bonne cuisine chinoise : *chop suey* poulet, *mine frit* spécial, *mine foon* (bouillon très copieux), bol renversé ou porc à l'aigre-doux. Fait également *take-away.* Idéal quand on visite Rose Hill, pour grignoter rapidement.
|●| ***Le Coin Idéal*** *(plan B2,* **12***)* **:** *à l'angle de la rte Royale et de la rue Inkerman. Tlj sf jeu, 12h-minuit.* Une

petite cabane en tôle, un repaire sans prétention, facile à repérer grâce à sa façade rouge et jaune. Une gargote avec bancs et tables genre formica ou tables d'écolier dans les box de la salle du fond. On y mange l'un des meilleurs bols renversés du coin et de bonnes nouilles chinoises. Une des rares adresses ouvertes le soir.

|●| ***Au Jardin Gourmand*** *(plan B1-2, **13**)* **:** *rue Thomy-Pitot.* ☎ *465-84-42. Tlj sf dim, 10h-17h30.* Une cafétéria sympa qui propose une formule self. On choisit parmi les plats du jour qui chauffent dans les cuves et on emporte son plateau en terrasse à l'arrière, où quelques arbres du voyageur alignent leurs ramages. Mais on y trouve aussi des sandwichs, crêpes, paninis et des salades à consommer sur place ou à emporter.

À voir

Le vieux marché *(plan B2)* **:** *tlj 6h-18h.* Structures à la Baltard. Au moins aussi animé que celui de Port-Louis mais plus ramassé et plus intime. Un amoncellement incroyable de fruits, de légumes et de vêtements dans une atmosphère de marché aux puces.

Arab Town *(plan B2)* **:** un vrai bazar, un souk couleur locale, assemblage hétéroclite de baraques, stands et petits commerces, complètement décalés avec la modernité autour. On y fait de bonnes affaires : tissus, vêtements, marchands de *dahl,* parfums de cardamome, etc. Ne pas rater la boutique d'*alouda,* ce délicieux lait aromatisé à la grenadine, avec des petits grains noirs, très bons pour la santé.

L'église Notre-Dame-de-Lourdes *(plan A-B1)* **:** *rte Royale.* Massive, en pierre noire et sans clocher ! Pas la plus belle du genre mais malgré tout très vénérée. La Vierge est une réplique de celle de Lourdes. Quant au carillon, il est électronique : les cloches sont restées au sol dehors, à l'arrière de l'église. À l'intérieur (architecture en bois), reconstitution naïve de la grotte de Lourdes.

La mairie *(plan A1)* **:** bel ensemble architectural qui abrite aussi un théâtre à l'italienne, le plus grand et jadis l'un des plus réputés de l'île, mais ne se visite pas. Rose Hill a attiré beaucoup d'artistes et d'écrivains mauriciens, qui y ont installé leur résidence.

La maison de Carné *(plan A1)* **:** *à côté de la mairie. Ne se visite pas.* Elle offre un bel exemple d'architecture coloniale.

Le quartier Balfour *(hors plan par B1)* **:** *emprunter la route Royale en direction de Beau Bassin et tourner à droite dans la rue Malartic ; après la traversée du bd Vandemeersch, le quartier Balfour se trouve un peu plus loin sur la gauche. Attention, à pied, ça fait une petite trotte.*

En remontant lentement les rues de ce quartier, on croise, ici et là, de vieilles demeures créoles, entourées de jardins de rêve. Certaines d'entre elles se cachent, presque secrètement, comme pour mieux préserver leur mode de vie. Mais n'hésitez pas à vous y aventurer seul.

– En empruntant la rue Balfour, on admirera le *manoir de la Tour Blanche,* construit en 1830 par un administrateur anglais dans les beaux jardins Balfour. Aujourd'hui appelée ***maison Thabor,*** c'est la maison de retraite et de méditation de l'évêché.

– Peu après, le ***jardin public Balfour*** *(10h-18h)* surplombe une énorme ravine luxuriante avec de nombreuses cascades. C'est un endroit charmant comme tout.

– Face à l'intersection avec la rue Henri-Lemaire, ravissante maison avec véranda, cocotiers, filaos, etc. Au début de la rue Victor-Hugo, admirer une autre demeure intéressante, puis remonter la rue Shand, bordée également de quelques belles demeures.

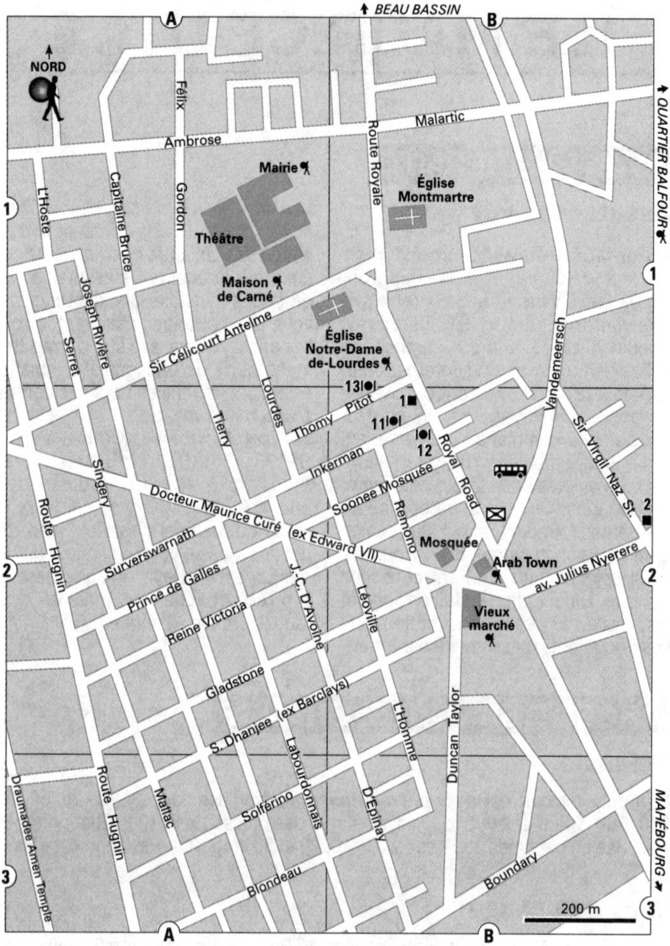

ROSE HILL

Adresses utiles

1 Librairie Le Cygne
2 Institut français de Maurice

Où manger ?

11 Central Snack
12 Le Coin Idéal
13 Au Jardin Gourmand

ÎLE MAURICE UTILE

AVANT LE DÉPART

Assurances voyages

■ ***Routard Assurance*** *(c/o AVI International) : 40-44, rue Washington, 75008 Paris. ☎ 01-44-63-51-00. • avi-international.com • Ⓜ George-V.* Depuis 20 ans, *Routard Assurance,* en collaboration avec *AVI International,* spécialiste de l'assurance voyage, propose aux voyageurs un contrat d'assurance complet à la semaine, qui inclut le rapatriement, l'hospitalisation, les frais médicaux, le retour anticipé et les bagages. Ce contrat se décline en différentes formules : individuel, senior, famille, *light* et annulation. Pour les longs séjours (2 mois à 1 an), consultez leur site. L'inscription se fait en ligne et vous recevrez dès la souscription tous vos documents d'assurance par e-mail.

■ ***AVA*** *: 25, rue de Maubeuge, 75009 Paris. ☎ 01-53-20-44-20. • ava.fr • Ⓜ Cadet.* Un autre courtier fiable pour ceux qui souhaitent s'assurer en cas de décès-invalidité-accident lors d'un voyage à l'étranger, mais surtout pour bénéficier d'une assistance rapatriement, perte de bagages et annulation. Attention, franchises pour ses contrats d'assurance voyage.

■ ***Pixel Assur*** *: 18, rue des Plantes, BP 35, 78601 Maisons-Laffitte. ☎ 01-39-62-28-63. • pixel-assur.com • RER A : Maisons-Laffitte.* Assurance de matériel photo et vidéo tous risques (casse, vol, immersion) dans le monde entier. Devis en ligne basé sur le prix d'achat de votre matériel. Avantage : garantie à l'année.

ARGENT, BANQUES, CHANGE

Monnaie

La monnaie locale est la ***roupie mauricienne,*** avec des coupures de 25, 50, 100, 200, 500, 1 000 et 2 000 roupies, ainsi que des pièces de 5, 10 et 20 roupies. Elle se divise en centimes, les « sous » (5, 10, 20 et 50 sous). L'abréviation est « Rs ».

Taux de change

Mi-2016, 1 € s'échangeait contre environ 40 Rs (1 roupie = environ 0,02 €).

Banques et bureaux de change

Aucun problème pour changer des euros sur place : banques et bureaux de change se trouvent dans toutes les villes importantes.

Les changeurs privés proposent en général un taux légèrement meilleur que les banques, toujours sans commission. Vérifiez tout de même le reçu et recomptez l'argent remis.

Notez que l'on peut souvent payer cash en euros (hôtels, restaurants, activités sportives...). Il suffit de se mettre d'accord sur le taux. Pensez à emporter suffisamment de liquide !

– ***Horaires des banques :*** du lundi au vendredi de 9h à 15h (parfois 17h). Dans les secteurs touristiques, les bureaux de change sont ouverts en général le samedi matin et parfois les dimanche matin et jours fériés.

Cartes de paiement

Avertissement

Si vous comptez effectuer des retraits d'argent aux distributeurs, il est **très vivement conseillé** d'avertir votre banque avant votre départ (pays visité et dates). En effet, **votre carte peut être bloquée dès le premier retrait** pour suspicion de fraude. C'est de plus en plus fréquent. Bonjour les tracasseries administratives pour faire rentrer les choses dans l'ordre, et on se retrouve vite dans l'embarras !

Les cartes de paiement sont acceptées dans la plupart des hôtels, dans certains restos, stations-service et boutiques. Pas de problème pour trouver des guichets automatiques acceptant la plupart des cartes de paiement.
À ce propos, quand vous partez à l'étranger, pensez à téléphoner à votre banque pour relever le plafond de retrait aux distributeurs et pour les paiements par carte, quitte à le faire rebaisser à votre retour.
Éviter de retirer à tout bout de champ de petites sommes : commissions salées garanties à la fin du séjour ! À propos des commissions : se méfier aussi des frais de transaction parfois prohibitifs prélevés par certaines banques mauriciennes à l'occasion de paiements effectués depuis l'Europe (lors du règlement d'un acompte de séjour, par exemple). Se renseigner avant.

En cas de problème

Avant de partir, notez donc bien le numéro d'opposition propre à votre banque (il figure souvent au dos des tickets de retrait, sur votre contrat, ou à côté des distributeurs de billets), ainsi que le numéro à seize chiffres de votre carte. Bien entendu, conservez ces informations en lieu sûr et séparément de votre carte.
Par ailleurs, l'assistance médicale se limite aux 90 premiers jours du voyage et l'assistance véhicule aux cartes haut de gamme (renseignez vous auprès de votre banque). Et surtout, n'oubliez pas aussi de VÉRIFIER LA DATE D'EXPIRATION DE VOTRE CARTE BANCAIRE avant votre départ !
En cas de perte, de vol ou de fraude, quelle que soit la carte que vous possédez, chaque banque gère elle-même le processus d'opposition et le numéro de téléphone correspondant.
– ***Carte Bleue Visa :*** *numéro d'urgence (Europe Assistance) : ☎ (00-33) 1-41-85-85-85 (24h/24). • visa.fr •*
– ***Carte MasterCard :*** *numéro d'urgence : ☎ (00-33) 1-45-16-65-65. • mastercardfrance.com •*
– ***Carte American Express :*** *numéro d'urgence ☎ (00-33) 1-47-77-72-00. • americanexpress.fr •*

Petite mesure de précaution : si vous retirez de l'argent dans un distributeur, utilisez de préférence les distributeurs attenant à une agence bancaire. En cas de pépin avec votre carte (carte avalée, erreurs de code secret...), vous aurez un interlocuteur dans l'agence, pendant les heures ouvrables.

Transfert d'argent

En cas de besoin urgent d'argent liquide (perte ou vol de billets, chèques de voyage, carte de paiement), vous pouvez être dépanné en quelques minutes grâce au système *Western Union Money Transfer.* Pour cela, demandez à un tiers vous déposer de l'argent en euros dans l'un des bureaux *Western Union* (liste sur

• *westernunion.fr* •). L'argent vous est transféré en moins d'un quart d'heure. La commission, assez élevée, est payée par l'expéditeur. Possibilité d'effectuer un transfert en ligne 24h/24 par carte de paiement (*Visa* ou *MasterCard* émise en France).

ACHATS

Avant tout, il faut fréquenter les marchés. Ceux qui ont lieu tous les jours, bien sûr (Curepipe, Port-Louis...), pittoresques et chaleureux, mais aussi les foires hebdomadaires (comme celles de Mahébourg et de Quatre-Bornes) où l'on dégote toutes sortes de jolies choses. Si les T-shirts, polos, pantalons et paréos sont de qualité modeste, on s'attardera sur les nappes de Madagascar brodées de personnages, mais aussi sur les paniers, jeux en bois, sets de tables, vannerie... Plein de petits cadeaux pas chers à rapporter aux amis.
Rayon alimentation, n'oublions pas le carry, les piments vendus en sachet, le sel de Tamarin (de très bonne qualité), le sucre (une quinzaine de variétés !), le thé à la vanille, le café de Chamarel, le rhum (vanille, épicé ou blanc), les fameux gâteaux de la biscuiterie *Rault* (une curiosité, aux environs de Mahébourg). Ne pas hésiter à se rendre dans les supermarchés (les *Super U* sont bien approvisionnés). Le charme en moins certes, mais on y trouve les mêmes produits à des prix équivalents, parfois même moins chers (comme pour les épices).
On peut aussi acheter des pierres précieuses ou semi-précieuses non serties provenant d'Afrique du Sud et taillées à l'île Maurice, notamment dans les magasins *Adamas* à Grand Baie, sur le parking du *Super U,* ou encore à Floréal. Mieux vaut s'y connaître !
– ***Horaires des magasins :*** ils ferment en général le jeudi après-midi et le dimanche (sauf à Port-Louis, où ils ferment le samedi après-midi dans le centre-ville, mais pas au *Caudan Waterfront*).
– ***Remboursement des taxes :*** les étrangers ne sont pas soumis aux taxes locales (environ 15 %). Certains magasins agréés vous donneront une facture spéciale que vous devez présenter à l'aéroport *(tax refund)* pour obtenir le remboursement.

Les maquettes de bateaux

C'est à la fin des années 1960 que tout commença. L'ambassadeur de France proposa à un artisan, José Ramar, de réaliser pour l'ambassade une maquette de bateau d'après les plans qu'il lui apportait. Encouragé par le résultat, José Ramar monta sa petite société. Dès lors, plusieurs dizaines de fabriques de maquettes virent le jour. C'est désormais le grand truc à Maurice. Les Mauriciens sont vraiment doués pour ce travail de précision. Chapeau ! Mais attention, tous les fabricants ne sont pas aussi soigneux.
Comment s'y retrouver ? Curepipe dans le Centre et Goodlands dans le Nord concentrent la majorité des ateliers. On y applique parfois la division du travail : un ouvrier s'occupe de telle partie de la coque, un autre des canons, un autre encore du gréement et ainsi de suite, les travaux les plus délicats comme le cordage étant souvent effectués par des femmes. Ces fabriques produisent des maquettes d'une belle qualité artisanale. D'autres ateliers, plus modestes, familiaux, s'en tirent bien aussi ; on en trouve à Mahébourg, par exemple.

Quelques précisions et mises en garde

Les maquettes sont superbes, mais attention à l'achat impulsif ! Voici quelques infos.
– Ne pas acheter dans la première fabrique. Il est conseillé d'en voir plusieurs avant de se décider. Petit à petit, on évalue mieux la qualité du travail et des finitions.

– Ne pas se laisser emballer par les gros modèles. Dans l'ambiance locale, on est prêt à se lancer, avec l'appui des vendeurs. Toujours se poser la question : « Où vais-je la mettre ? Cette maquette a-t-elle sa place quelque part chez moi ? »
– Il se peut que de retour en France, le bardage de bois des flancs des bateaux se décolle à cause de la différence d'hygrométrie et du chauffage qui dessèche le bois. Ce n'est pas systématique mais ça arrive. Autant être prévenu.
– Bien savoir ce que l'on désire : la plupart des gens ne voient pas la différence entre une excellente maquette et une réalisation moyenne. Ce qu'il faut bien sûr éviter, c'est de payer la seconde au prix de la première. Et ça arrive souvent. Bref, essayez de préciser pour vous-même votre niveau d'exigence et votre budget, histoire de ne pas vous laisser embarquer sur les eaux tumultueuses des dépenses démesurées.
– Et le transport ? Sur ce point, on ne peut que louer l'habileté de la plupart des vendeurs. Les maquettes sont généralement emballées avec beaucoup de soin dans une mousse, le tout recouvert de papier, d'un film plastique (important en cas d'ondée intempestive), et doté d'une poignée. À condition de ne pas jouer des maracas, le bijou fera un voyage sans encombre.

Prix, frais de port et taxes

Importants, les taxes et les frais de port ! Ils sont légion ceux qui font une tête de six pieds de long quand on leur annonce le tarif de fret. Quand la maquette est de taille à tenir dans un sac plastique d'environ 60 x 50 cm, on vous laissera la passer en bagage de cabine. Toutefois, il n'existe pas de règles strictes en la matière, la décision finale revenant aux compagnies aériennes, qui ont tendance à devenir de moins en moins tolérantes en la matière, en n'autorisant plus qu'un seul bagage à main.
Si la maquette part en soute (de 60 à 95 cm avec Air Mauritius), bien se renseigner sur le prix à régler. En effet, selon la taille et le poids, ça grimpe très vite. Selon la compagnie aérienne, les accords en cours et l'âge du capitaine, le prix de votre maquette peut gonfler fortement.
Seconde étape, la douane française. Au-delà d'une somme équivalente à 430 €, mais en dessous du seuil de 700 € (hors taxes) par voyageur, vous pouvez opter pour un droit de douane forfaitaire de 2,5 %. Plus d'infos sur • *douane.gouv.fr* • (rubrique « Particulier », « calcul des droits et taxes sur les achats à l'étranger »).
Si la maquette mesure plus de 95 cm, l'expédition ne pourra se faire que par avion-cargo.
Mieux vaut savoir tout cela avant votre achat, histoire d'évaluer financièrement où vous mène un tel achat. Bien évidemment, les fabricants ne crient pas ces infos sur les toits, ils ont même tendance à fortement les minimiser. Mais comme tout cela change chaque année, bien se renseigner sur place. Voilà ! Bons achats, les amis ! Par ailleurs, inutile de présenter une facture au rabais (que certains magasins sont prompts à vous établir), car les douaniers mauriciens et réunionnais possèdent une liste des prix de chaque modèle par magasin. Pas la peine de risquer une amende pour fausse déclaration de valeur en douane.

Les modèles proposés

Certaines fabriques proposent jusqu'à une cinquantaine de modèles. Les Français étant de gros clients, on trouve des toulonnaises, des thoniers, des langoustiers, parfois la *Belle Poule* et souvent le *Saint-Géran,* qui s'échoua au milieu du XVIIIe s au large de l'île d'Ambre sur la côte est de Maurice. Les superbes bateaux américains du début du XXe s sont aussi à l'honneur, ainsi que de nombreux vaisseaux anglais et français de la fin du XVIIIe s-début du XIXe s ayant participé aux grandes batailles navales, notamment celles de Vieux Grand Port. Quelques demi-coques également, toujours élégantes, où l'on retrouve les voiliers racés de l'America's Cup, les *Penduick* ou encore l'*Endeavour.* Et si d'aventure vous ne trouviez pas votre bonheur dans cette liste déjà bien étoffée, la plupart des grands maquettistes acceptent tout type de commande. Il suffit de fournir les plans du bateau désiré, des photos éventuellement, qu'il s'agisse du célèbre *Belem* ou du simple dériveur familial, et de convenir des délais et du tarif.

Les vêtements de grandes marques

En quelques années, l'île Maurice est devenue le paradis du shopping, avec ses vêtements de marques vendus à prix sacrifiés, comme on dit.

Quelles marques acheter ?

Achetez les marques locales : *Harris Wilson, IV Play, Habit, Island Style, Pardon, Et Dieu créa la femme, Équateur* et, pour les articles en cuir, le très chic *Hémisphère Sud*.

– ***Attention aux contrefaçons :*** méfiance, car la situation a beaucoup évolué ces derniers temps. Si certaines grandes marques possèdent effectivement des usines à Maurice et écoulent leurs produits sur le marché national, ce n'est absolument pas le cas de *Hugo Boss, Kenzo* et autres *Dolce & Gabbana*. Ces enseignes, plus ou moins tolérantes pendant longtemps, font désormais la guerre aux contrefaçons. Ne vous laissez pas berner par les faux certificats d'authenticité placardés en devanture de certains revendeurs. La marque *Ralph Lauren* a ainsi gagné tous ses procès et n'est désormais plus officiellement en vente sur l'île. Et puis sachez enfin que la douane française est sans pitié pour les importateurs de ces imitations.

Où acheter ?

Fuyez les échoppes à touristes qui revendent plusieurs marques différentes (même certaines du *Caudan Waterfront* à Port-Louis ou à Floréal), ainsi que les étalages à la sauvette comme on en trouve dans les rues de Port-Louis. Les boutiques intéressantes se trouvent pour la plupart à Curepipe, dans différentes galeries commerciales du centre, comme celle de *Pridemark* à Trianon, à l'entrée de Rose Hill et Quatre-Bornes, ou encore celle de *Floreal Square* à Floréal.

BUDGET

L'île Maurice a la réputation d'être une destination chère, essentiellement à cause du billet d'avion. Là, pas grand-chose à faire pour échapper à la douloureuse.
Mais une fois sur place, contrairement à l'idée reçue, on peut parfaitement se loger et se nourrir à des prix raisonnables – et même carrément bon marché comparés au coût de la vie en Europe. La politique touristique du gouvernement qui a favorisé le tourisme haut de gamme pendant des années a changé sa stratégie en choisissant de démocratiser l'île Maurice. Pas d'illusions néanmoins : il n'y a toujours pas de camping dans l'île, tout juste des emplacements sur la plage publique pour planter sa tente, avec, sur les grandes plages, des sanitaires à proximité. Mais à priori, on choisit cette destination pour se reposer, prendre du bon temps. Ce n'est pas un hasard si des centaines de couples viennent ici passer leur lune de miel.
Attention, il existe une ***TVA de 15 %*** (voir la rubrique « Pourboire et taxe »). En général, elle est déjà incluse dans les prix affichés par les hôtels. En revanche, c'est rarement le cas pour les restaurants des catégories « Chic », notamment.

Logement

Réservation directe, par Internet ou par le biais d'une agence ? Tout dépend du type d'hébergement : pour les complexes hôteliers importants, les grands hôtels, qui fonctionnent essentiellement sous forme de « packages », il peut être intéressant de passer par le biais d'une agence. En effet, les prix négociés sont souvent bien meilleurs que ce que l'on vous proposera sur place. Un bon moyen de calculer ce qui est le plus avantageux pour vous : informez-vous auprès d'une agence du prix de l'hébergement pour 8 jours dans tel hôtel et comparez cette somme avec les prix annoncés par l'hôtel ; et vérifiez sur Internet s'il n'y a pas une promo pour ces dates. De plus en plus d'hôtels fonctionnent sur le système du « tout inclus ». On ne conseille pas vraiment cette formule pour deux raisons : si la nourriture de l'hôtel est banale, on s'en lasse très vite mais on est piégé. Par ailleurs, le fait de sortir prendre ses repas à l'extérieur est une bonne manière d'aller au contact des Mauriciens et de faire vivre les familles qui tiennent les petits restos populaires. Ces dernières années, de nombreux restos ont fermé précisément à cause du développement des « tout inclus ». La formule intermédiaire, la demi-pension, est un bon compromis. Sinon, de plus en plus d'hébergements sont équipés d'une cuisine. Parfait pour fréquenter les marchés et se préparer un petit repas.

Ceux qui veulent décider de leur hébergement une fois sur place, de visu, doivent savoir que les grands hôtels, qui friment pas mal, sont souvent prêts à rabattre leurs prix de 10 ou 20 % (et plus à certaines périodes) si on le leur demande gentiment. Ces hôtels sont d'ailleurs rarement complets en dehors des quelques pics comme le Nouvel An. Mais réserver au dernier moment sur place comporte un vrai risque, sans garantie que vous obteniez de meilleurs tarifs que par Internet.

Enfin, pour être complet, sachez que la plupart des établissements (excepté ceux des catégories « Bon marché » et « Prix modérés », en principe) pratiquent des ***prix haute et basse saisons.*** Grosso modo, la haute saison débute en octobre-novembre et s'achève en mars-avril. Au mois d'août, les prix se musclent parfois à nouveau un peu. Coup de bambou supplémentaire pour les fêtes de fin d'année.

Échelle des prix pour l'hébergement

Rappel : mi-2016, 1 roupie = environ 0,02 € (et 1 € = environ 40 Rs).

La base de calcul est une chambre ou un bungalow pour 2 personnes pour une nuit.

- ***Bon marché :*** moins de 800 Rs (20 €).
- ***Prix modérés :*** 800-1 200 Rs (20-30 €).
- ***Prix moyens :*** 1 200-2 000 Rs (30-50 €).
- ***Chic :*** 2 000-3 200 Rs (50-80 €).
- ***Plus chic :*** 3 200-4 800 Rs (80-120 €).
- ***Beaucoup plus chic :*** plus de 4 800 Rs (120 €).

Nourriture

Le plus petit poste budgétaire. La richesse des cultures et le brassage qui en découle font que n'importe quel type de restaurant (qu'il soit à dominante créole, indienne, européenne ou chinoise) propose bien souvent des plats de la culture voisine. Ainsi, même dans un resto aux prix relativement élevés, on pourra déguster un bon *mine frit* chinois, le plat le moins cher qui soit.

Échelle des prix pour la restauration

Nous indiquons les prix pour un repas (entrée, plat, dessert) par personne, sans les boissons.

- ***Très bon marché :*** moins de 150 Rs (env 4 €).
- ***Bon marché :*** 150-300 Rs (env 4-7,50 €).
- ***Prix modérés :*** 300-450 Rs (7,50-11,50 €).
- ***Prix moyens :*** 450-650 Rs (11,50-16,50 €).
- ***Chic :*** 650-1 000 Rs (16,50-25 €).
- ***Plus chic :*** 1 000-1 600 Rs (25-40 €).
- ***Beaucoup plus chic :*** plus de 1 600 Rs (40 €).

La nourriture est le budget le plus compressible. Aussi, en choisissant un hébergement avec cuisine, vous serrerez encore les cordons de votre bourse, vu que les produits locaux ne coûtent pas bien cher.

CLIMAT

Ici, c'est l'hémisphère sud, et les saisons sont donc inversées. Mais comme nous sommes sous les tropiques, grosso modo, il y fait beau toute l'année. La chaleur est toujours agréable, jamais insupportable grâce à l'alizé venu du sud-est. En fait, c'est un climat quasi parfait, judicieux équilibre entre chaleur et douceur.
On trouve malgré tout une saison hivernale de juin à septembre (entre 17 °C la nuit et 25 °C la journée). C'est une saison très agréable. Les plus fortes pluies et les températures les plus élevées se situent entre janvier et mars (de 25 à 35 °C). Mais les précipitations n'ont rien à voir avec nos pluies à nous. Il s'agit d'orages bienfaiteurs qui rafraîchissent l'atmosphère.
Il faut savoir qu'il pleut plus sur la côte est que sur la côte ouest. Par exemple, les régions de Mahébourg et de Trou d'Eau Douce sont plus arrosées (et ventées) que Grand Baie et Trou aux Biches, surtout en hiver. Le taux d'humidité tourne autour de 75 à 80 %, ce qui n'a rien de pénible.
– En résumé, les mois idéaux pour séjourner sont avril, mai, juin, septembre, octobre et novembre, mais aucune période n'est à proscrire.
– Il fait jour de 6h à 18h en hiver et de 5h à 19h en été.
– ***Les cyclones :*** le principal sujet d'inquiétude. L'île Maurice, comme les îles voisines, est sujette aux cyclones. L'été, les mers chaudes confrontées aux courants d'air frais engendrent des formations nuageuses, parcourues de vents violents et chargées en eau. La saison des cyclones commence en décembre et se termine en mars. Bien souvent, ils passent juste à côté, se contentant d'arroser copieusement l'île ; parfois, ils provoquent des dégâts relativement importants, surtout pour la flore. Les hôtels doivent alors vous remettre une notice explicative sur les précautions à prendre en cas d'alerte cyclonique. Le système de prévision comporte en effet quatre phases d'avertissement, classées en fonction de la force présumée du vent.
Quelques signes avant-coureurs permettent de deviner l'arrivée d'un cyclone : absence de vent, mer d'huile, ciel rougeoyant... Le calme avant la tempête ! Il faut alors consulter régulièrement le service *Telmet* de la météo *(☎ 96).* Précisons qu'il ne faut absolument pas boire l'eau du robinet après le passage d'un cyclone et qu'il faut être méfiant au restaurant : les coupures de courant fréquentes ne font évidemment pas bon ménage avec la conservation des aliments.
Si le cyclone est vraiment puissant (niveau d'alerte 2 pouvant passer à 3), regardez sur Internet les infos concernant Maurice mais aussi La Réunion, car la météo française est plus précise que les infos locales.

DANGERS ET ENQUIQUINEMENTS

Cher(e)s lecteurs(trices), pas de malentendu, ce chapitre ne se veut pas paranoïaque. Il s'agit d'une simple mise en garde. La délinquance existe. Oh, pas de braquage à la colombienne, bien sûr, mais des petits comportements malsains (souvent liés au tourisme de masse, d'ailleurs).
– ***Des cas de vols dans les bungalows :*** on nous signale de plus en plus, dans les villas de Mont-Choisy, à la pointe d'Esny, Grand Baie, Pereybère, Mahébourg, Rivière Noire... des cas de fric-frac sans effraction, ce qui démontrerait que les voleurs possèdent un double des clés. C'est pour cette raison que nous sélectionnons en priorité les villas où le propriétaire habite sur place. Fermez toujours bien les fenêtres de votre chambre ou de votre bungalow pour éviter la technique de « la canne à pêche » (le voleur va à la pêche aux objets depuis l'extérieur, par la fenêtre !). Des cas d'agressions pour vol sont aussi mentionnés, mais ça reste assez rare. Cela dit, il ne faut pas généraliser, et sachez que les touristes ne sont pas les seuls à subir des vols. Les Mauriciens en sont également victimes, d'où les grilles aux fenêtres de certaines résidences.

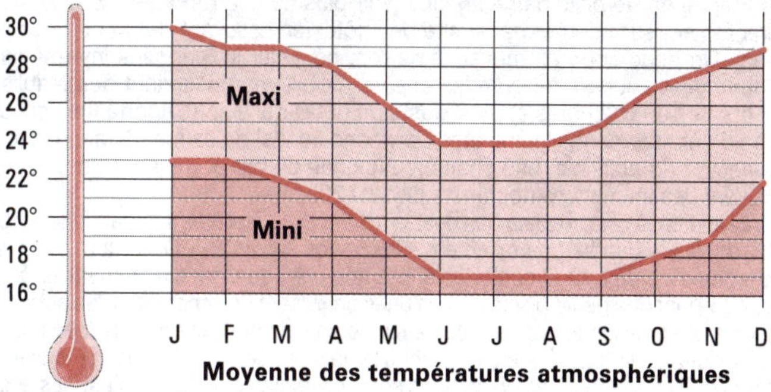

Moyenne des températures atmosphériques

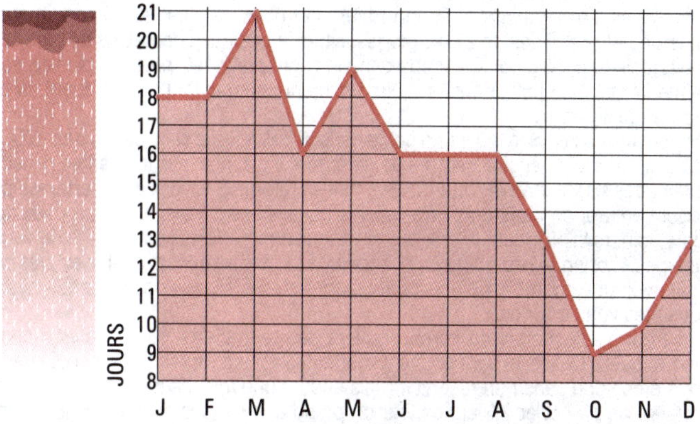

Nombre de jours de pluie

ÎLE MAURICE (Port-Louis)

– ***Ne pas toucher aux drogues et aux stupéfiants :*** la consommation et la détention de drogue sont strictement interdites, sous peine d'emprisonnement (parfois même à vie !). La situation semble s'aggraver ces derniers temps, avec l'apparition de véritables cartels. Méfiez-vous des petits vendeurs qui vous proposent de la *gandia,* autrement dit de l'herbe.
– ***Ne pas laisser ses affaires sur la plage sans surveillance :*** comme partout, ça va de soi.
– ***Police du tourisme :*** *☎ 210-38-94 et 208-12-12. Ou numéro d'urgence : ☎ 999.*

HÉBERGEMENT

Le plus important est surtout de bien choisir son lieu de séjour. La région touristique de Grand Baie et Pereybère ? Celle plus calme de Trou aux Biches et de Mont-Choisy ? La côte est du côté de Belle Mare ? Celle de Flic en Flac ou encore du côté sud-est, vers Mahébourg ? Bien sélectionner aussi le type de structure ; pour un grand hôtel, il peut être intéressant d'effectuer la réservation en France par le biais d'une agence (voir plus haut la rubrique « Budget »), ou directement sur Internet par le site de l'hôtel (en essayant de profiter des promos). On peut alors, en moyenne saison, négocier le tarif sans intermédiaire. Maurice est pourvue de grandes chaînes hôtelières possédant des établissements de 100 chambres et plus. Juste un détail qui a son importance : dans ce type d'hébergement, si vous êtes un inconditionnel du calme, demandez, dans la mesure du possible, une chambre éloignée du bar et de la piscine, où il y a souvent des animations nocturnes jusqu'à 23h.

Parallèlement à cela, il existe des petites résidences hôtelières sympathiques et plus abordables, répondant parfaitement à l'équation suivante : « On veut une semaine de repos dans un endroit confortable, pas trop cher, donnant directement sur la mer et possédant une petite piscine. » Les unes proposent des chambres, les autres des studios et appartements pour deux à six personnes avec cuisine équipée (ou parfois les deux à la fois). Dans ce dernier cas, le ménage quotidien est généralement compris. Évidemment, les prestations sont restreintes et l'accueil n'est pas assuré 24h/24 (il y a néanmoins un gardien la nuit). Sur la côte nord-ouest (région de Trou aux Biches, Mont-Choisy et Grand Baie), on trouve de plus en plus de locations dans de petits édifices de 2 ou 3 étages, situés à quelques centaines de mètres de la plage (5-10 mn à pied). Ces hébergements sont pratiques, propres, bien équipés, calmes et fonctionnels à défaut d'être vraiment charmants. Ils constituent un bon rapport qualité-prix.

On peut tout aussi bien louer une petite maison individuelle si on est un petit groupe. Et puis, dans la catégorie « entrée de gamme », il y a, bien sûr, les petites pensions et les *guesthouses*. Et là, on trouve le pire et rarement le meilleur. Certaines proposent un rapport qualité-prix très moyen car elles sont mal situées (proches de la route, loin de la plage), à un prix pas si intéressant. Parfois, il est ridicule de vouloir faire des économies de bouts de chandelle, et il vaut mieux payer un peu plus cher pour avoir une chambre ou une location confortable, à deux pas de l'eau, puisque vous êtes venu pour ça.

Outre notre sélection, vous verrez souvent des pancartes « *Rooms to let* » (chambres à louer). Celles-ci sont souvent modestes et bon marché. Bien seulement si vous êtes venu sans rien réserver. Mais encore une fois, ce n'est pas vraiment la manière de procéder à Maurice, car on prend des risques sans pour autant faire des économies.

LANGUES

Là, pour les francophones, c'est la cerise sur le gâteau. Bien que la langue officielle soit l'anglais, les Mauriciens parlent créole, ce français savamment transformé, simplifié, où l'on écrit les liaisons avec un « z », où les mots sont liés avec des « n », et où finalement ce qui apparaît comme une réduction des termes au premier abord se transforme en richesse linguistique savoureuse. Intéressant de constater les différences (et les ressemblances !) avec le créole antillais.

Voici quelques expressions courantes :

RÉSISTANCE LINGUISTIQUE

On s'étonne toujours d'entendre parler français à Maurice, alors qu'à partir de 1810, les Britanniques ont évincé les Français et se sont imposés sur l'île. En effet, les nouveaux colons anglais adoptèrent une attitude très dure vis-à-vis de la population locale : accès à la justice interdit aux Noirs et aux coolies indiens, éradication de la culture vivrière (le manioc) au profit de la canne à sucre, etc. La famine et le paludisme ravagèrent l'île. Les habitants ont alors conservé leur créole très francisé, car tout simplement incompréhensible des Britanniques. C'est toujours le cas aujourd'hui.

Français	**Créole**
S'il vous plaît	*Si ou plé*
Comment ça va ?	*Ki manière ?*
Bien, merci	*Mo bien, merci*
Monsieur	*Missié*
Où est-ce ?	*Kot sa ?*
C'est cher	*Li ser*
C'est bon	*Li bon*
C'est très bon	*Li mari bon*
C'est top	*Li mauvais bon*
Pas de problème	*Péna problème*
Quelle heure est-il ?	*Ki lère là ?*
Il fait chaud	*Fer so*
Où sommes-nous ?	*Kot nou été ?*
Je t'aime	*Mo content toi*
Bonjour	*Bonzour*
Au revoir	*Salam*
Je m'en vais	*Mo pé allé*
Aujourd'hui	*Azordi*
Demain	*Dimain*
Un coquillage	*Ene coqui*
Marché	*Bazar*
Médecin	*Doctère*

Et encore quelques expressions sympas, issues du français mais inconnues dans l'Hexagone : « mettre une baise » (faire un scandale), « fesses ! » (juron), « beauté ! » (c'est superbe !), « chou » (mon chéri)...

Le français est donc la langue la plus utilisée après le créole. On ne peut comprendre ce dernier qu'avec un peu d'effort ou d'expérience. À l'école, c'est l'anglais qui domine, comme dans les documents officiels, mais les journaux, s'ils veulent vendre, doivent écrire en français.

Voilà pour une fois un pays où le français a gardé un pouvoir charismatique et historique, à défaut d'être législatif.

L'hindi est enseigné à l'école, mais c'est le bhojpuri (sorte d'hindi créole) qui est parlé dans les communautés indiennes, ainsi que le cantonais, le hakka et, dans une moindre mesure, le mandarin chez les Chinois. En résumé, les Mauriciens sont au bas mot trilingues : créole, anglais et français.

FRANCE 1 – ANGLETERRE 1

Pour la culture, Maurice se tourne toujours vers la France. Infos en français, références hexagonales, etc. En revanche, quand il s'agit de sport, c'est indéniablement l'Angleterre qui prend le dessus. Il suffit d'écouter la radio et de regarder la télé le week-end, il n'y en a que pour les matchs du championnat anglais : Chelsea, Liverpool, Manchester... jamais l'OM ou le PSG ne sont cités !

LIVRES DE ROUTE

– ***Paul et Virginie,*** de Bernardin de Saint-Pierre ; (2015, Librio). Écrite en 1773, publiée à Paris en 1787, cette histoire d'amour pure et tragique fut l'un des trois triomphes de la littérature française au Siècle des lumières, avec *La Nouvelle Héloïse* de Jean-Jacques Rousseau et *Les Liaisons dangereuses* de Pierre Choderlos de Laclos. C'est l'histoire d'une idylle entre deux enfants, Paul et Virginie, élevés selon la « nature et la vertu » sur l'Isle de France, cette île tropicale paradisiaque de l'océan Indien. Paul, fils d'une paysanne bretonne modeste, et Virginie, fille d'une dame normande désargentée. Ils partagent tout durant leur enfance.

Hélas, le destin les sépare. Virginie est envoyée en France pour être « éduquée » et Paul, désespéré, attend durant des années le retour de sa bien-aimée. Elle revient à bord du vaisseau *Saint-Géran,* mais le navire se brise et Virginie connaît une fin tragique (voir plus loin le résumé de l'histoire vraie du naufrage dans la rubrique « Histoire » du chapitre « Hommes, culture, environnement »). On trouve de nombreuses références à cet ouvrage, ainsi que des lieux réels dont s'inspira Bernardin de Saint-Pierre, à Rivière Noire, Rivière des Trois Mamelles, le quartier de Montagne Longue (où se passe l'essentiel de l'action), Poudre d'Or, la baie du Tombeau et l'église de Pamplemousses. Paul et Virginie sont les prénoms des deux enfants de l'auteur, morts jeunes et à qui il a ainsi rendu hommage.

– ***Les œuvres de Malcolm de Chazal :*** voir plus loin son portrait dans la rubrique « Personnages » du chapitre « Hommes, culture, environnement ». Ses livres ont été publiés en France : *Sens plastique* (1948, Gallimard, rééd. 1985), ou chez des éditeurs de l'île Maurice. À la lecture de cet ouvrage, Jean Paulhan s'écrie : « Si on cherche un parallèle à votre livre, il faudrait remonter à la métaphysique hindoue. » Chazal publie ensuite *La Vie filtrée* (1949, Gallimard, rééd. 2003), *Petrusmok* (2004, éd. Léo Scheer), puis *Mythologie de Crève-Cœur : Les Hommes de la pierre* et *Le Rocher de Sisyphe* (1951, tous deux parus à l'île Maurice). Puis, après 1954, on retiendra *Le Livre de conscience, La Bible du mal, L'Évangile de l'eau, Les Dieux ou les Consciences-univers.*

– ***Quelques poèmes de Charles Baudelaire :*** peu le savent, mais le poète a été très marqué par son court séjour mauricien (du 1er au 19 septembre 1841). Plusieurs poèmes s'en inspirent : *La Vie antérieure, La Chevelure, Correspondances, Parfum exotique, Bien loin d'ici, La Belle Dorothée, L'Invitation au voyage, La Musique...* Disparue en mer très jeune, Émeline, « la créole enchanteresse », repose au cimetière de Pamplemousses.

– ***Les romans de J.-M. G. Le Clézio :*** *Le Chercheur d'or* (1988, Gallimard, coll. « Folio ») ; *La Quarantaine* (1997, Gallimard, coll. « Folio ») ; *Voyage à Rodrigues* (1997, Gallimard, coll. « Folio »). Trois ouvrages de ce Prix Nobel de littérature 2008, « écrivain de la rupture, de l'aventure poétique et de l'extase sensuelle », comme le définissait l'Académie suédoise, s'inspirent de l'île Maurice et de l'océan Indien. À travers ses personnages, Le Clézio part à la découverte de sa famille et renoue avec ses racines. Entre l'île Maurice et Rodrigues, il embarque le lecteur dans une quête du « paradis perdu ».

– ***Les œuvres de Nathacha Appanah :*** cette jeune femme née en 1973 à Maurice vit aujourd'hui à Paris. Une œuvre encore modeste et pourtant souvent primée. Dans son premier roman (prix RFO), *Les Rochers de poudre d'or* (2003 ; Gallimard, coll. « Folio », 2006), elle décrit le recrutement, le voyage – effroyable – et l'arrivée à l'île Maurice d'immigrants indiens, à la fin du XIXe s. Le rêve de tous : fuir la misère de l'Inde pour cet eldorado qui dissimule peut-être, sous ses rochers, de la poudre d'or... Quant à *Blue Bay Palace* (2004 ; Gallimard, « Folio », 2015), il est d'une écriture tout aussi maîtrisée ; on ne le lit pas, on le dévore ! Dans un décor où, « à gauche, les riches ont vue sur l'océan » et « à droite, les pauvres n'ont vue sur rien excepté leurs semblables », Maya, 19 ans, poursuit l'amour, et le lecteur, lui, se prend au piège de cette brûlante passion. Citons encore *Le Dernier Frère* (2007 ; Points, 2008), ayant pour thème l'immigration, celle de juifs qui ont fui la Palestine en 1940 et qui ont fraîchement débarqué à Port-Louis. Raj, après une enfance parmi les champs de canne à sucre, rencontre David, un réfugié justement. En 2015, Nathacha Appanah a publié *En attendant demain* (Gallimard).

– ***Bénarès*** (1999), de Barlen Pyamootoo ; éd. de l'Olivier, coll. « Littérature française ». La fuite vers le bonheur de deux jeunes garçons qui essaient, le temps d'une nuit, d'échapper à la misère et au chômage. De Bénarès, village sans avenir, ils partent vers Port-Louis et rêvent de cette autre Bénarès, ville indienne mythique, d'un ailleurs où le paradis existe peut-être. Un roman sans complaisance, où l'auteur mauricien évoque son île avec amour et détresse.

- ***L'Affaire de l'esclave Furcy*** (2010), de Mohammed Aïssaoui ; Gallimard, « Folio », 2011. Ce livre (prix Renaudot Essai et RFO) relate l'extraordinaire procès, le plus long mené par un esclave contre son maître. Une affaire pleine de rebondissements, un récit passionnant sur une période-clé de l'histoire de l'esclavage, de l'Histoire tout court.

UN PROCÈS EXEMPLAIRE !

En 1817, l'esclave Furcy fit un procès à son maître pour retrouver sa liberté. La procédure dura 26 ans ! Né à La Réunion, il travailla 18 ans à Maurice. Il gagna en 1843... 5 ans avant l'abolition de l'esclavage. Devenu célèbre, il fit fortune comme confiseur. Lire L'Affaire de l'esclave Furcy *chez Gallimard.*

- ***Histoire d'Ashok et d'autres personnages de moindre importance*** (2001), d'Amal Sewtohul ; Gallimard, coll. « Continents Noirs ». Ashok, petit fonctionnaire et antihéros par excellence, rêve de quitter son île-prison, dans laquelle la pluriethnicité n'est plus source de richesses mais de conflits, où la tradition et la modernité s'affrontent parfois, où les inégalités se font chaque jour plus grandes et plus violentes. L'auteur ponctue son récit de longs chapitres en créole pour mieux l'ancrer dans la réalité et le quotidien.
- ***Le Bal du dodo*** (1989), de Geneviève Dormann ; LGF (1991). Grand prix du roman de l'Académie française. Une grande fresque qui se passe dans la société aristocratique française de Maurice. Un incontournable sur la Maurice de cette fin de siècle. Le Bal du dodo existe bel et bien : il a lieu tous les ans, à Curepipe.
- ***L'Arbre fouet*** (1997), d'Ananda Devi ; L'Harmattan, coll. « Lettres de l'océan Indien » (2000). Le voyage intérieur d'Aeena, fille d'un prêtre swami, soumise aux punitions liées à un karma de parricide (datant d'une vie antérieure). Une quête identitaire noueuse et vibrante, qui, d'un grenier peuplé de fantômes jusqu'au tréfonds d'un lac, permettra d'exorciser de vieux démons et de « faire la peau » au pouvoir constricteur de la religion. À lire encore, ***Moi, l'interdite*** (2000) chez Dapper Éditions, qui lui a valu le prix de littérature de l'océan Indien en 2001, ***Ève de ses décombres*** (2006) et ***Le Sari vert*** (2009 ; « Folio » 2011), parus chez Gallimard. Voir aussi plus loin notre rubrique « Personnages » dans « Hommes, culture, environnement ».
- ***Le Silence des Chagos*** (2005), de Shenaz Patel ; éd. de l'Olivier, coll. « Littérature française ». L'histoire simple et émouvante de l'exil forcé des habitants des Chagos à Maurice, en 1973, afin que ce petit archipel, au cœur de l'océan Indien, puisse devenir une base militaire américaine, loin des regards dérangeants. Une incroyable confiscation de terres, que la communauté internationale n'a jamais voulu reconnaître. Un bel hommage à ces centaines de Chagossiens laissés-pour-compte à Port-Louis, telle « une poussière brune qu'une légère brise de mer balaiera au loin ».

Pour les jeunes routards

- ***Tikoulou,*** BD illustrée par Henry Koombes ; Vizavi. À acheter sur place. Les aventures de Tikoulou se déclinent en plusieurs albums et plongent les jeunes lecteurs dans une île Maurice entre réel et imaginaire. Une BD très colorée, plutôt pour enfants entre 4 et 7 ans.
- On peut lire également les ***Contes mauriciens*** de Charles Baissac.

POSTE

Les bureaux ouvrent du lundi au vendredi de 8h15 (ou 8h30) à 15h30 (ou 16h) (ferment environ 1h pour le déjeuner) et le samedi jusqu'à 11h45. Attention, les tarifs varient du simple au double selon le format de la carte postale. Un courrier vers la France met au moins une semaine.

Pour la petite histoire, sachez que l'île Maurice a émis des timbres dès 1847 : les fameux *one penny* et *two pence.* Il n'en reste guère plus d'une vingtaine. Ce seraient les vignettes les plus chères au monde ! Le Blue Penny Museum (à Port-Louis) abrite les célèbres timbres.

POURBOIRE ET TAXE

Le service est inclus dans le prix, mais rien ne vous empêche de laisser quelque chose en plus. En principe, on ajoute environ 5 % de l'addition dans les restos (si c'est justifié !). Rien dans les stations-service, sauf si on lave votre pare-brise.
ATTENTION : il existe une taxe sur la valeur ajoutée (***TVA*** ; une idée de la France) de 15 % pour les produits et services en général. Vérifiez bien si la taxe est incluse ou non dans les tarifs des hôtels et surtout des restos (les restos « Chic » mettent parfois la taxe en plus).

SANTÉ

– Pas de ***vaccination*** obligatoire, hormis la fièvre jaune si vous êtes allé dernièrement dans des régions affectées. Les agents de santé peuvent vous demander votre certificat de vaccination.
Il est aussi conseillé d'être à jour pour les vaccins « universels » recommandés en Europe : tétanos-polio-diphtérie-coqueluche, hépatite B ; ainsi que pour les vaccins protégeant contre les maladies liées au manque d'hygiène alimentaire : typhoïde, hépatite A.
– Même si elle est potable, éviter de boire l'***eau du robinet.***
– Il n'existe plus aucune souche de maladie tropicale grave à redouter. Pas de paludisme. En revanche, Maurice est exposée à des maladies tropicales courantes transmises par les ***piqûres d'insectes,*** notamment la dengue et le virus du chikungunya, piqûres dont il convient de se préserver au mieux. Toutefois, les Mauriciens n'ont jamais relâché leur vigilance quant aux risques liés aux maladies tropicales : démoustication régulière, anticipation du phénomène et de ses conséquences, population avertie et accompagnée, etc. Il est conseillé d'utiliser une gamme conforme (OMS, ministère de la Santé) et fiable de produits antimoustiques.
– Par précaution, on pourra emporter des médicaments contre la ***diarrhée*** : un antibiotique, type azithromycine (*Zithromax*® ; en une seule prise, une seule fois), éventuellement associé à un ralentisseur du transit intestinal, tel que l'acécadotril (*Tiorfan*® ; une gélule d'emblée, puis une gélule trois fois par jour, si possible avant les trois principaux repas ; durée maxi : 7 jours). ***Attention,*** si une diarrhée s'accompagne de fièvre, d'émissions de pus, de glaires ou de sang, il est urgent et indispensable de consulter un médecin.
– Il faut aussi se protéger contre le ***soleil.*** Chapeau et crème solaire sont indispensables. Attention, quand on roule à mobylette, on ne sent pas le soleil, et bonjour les brûlures ! Port du casque obligatoire. Protection maximale aussi quand on nage, de préférence avec un T-shirt, la crème solaire étant nocive pour les coraux : rien de plus vicieux que l'eau qui vous rafraîchit le corps alors que l'on est en train de brûler de la nuque aux talons (en passant par les mollets et les omoplates).
– Attention à la ***consommation de poissons*** : un certain nombre sont contaminés par une toxine qui peut entraîner une maladie appelée « ciguatera » ou « gratte ». Les poissons les plus gros et les carnivores sont les plus dangereux. Conseil : ne manger du poisson qu'après avis d'un pêcheur ou d'un restaurateur local.
– En plongée, attention aussi au ***poisson-pierre,*** difficile à voir tant on a l'impression d'avoir affaire à un morceau de rocher. Mieux vaut porter ces charmantes sandales pour aller dans l'eau et surtout ne rien toucher !

– Attention aux ***MST*** (donc au sida) : préservatif systématique !
– ***Les médecins*** ne sont pas aussi bien équipés qu'en Europe mais ils soignent correctement les petits bobos dont peuvent souffrir les touristes. En cas de gros pépin, on rejoint vite La Réunion et ses excellents hôpitaux.
– Il existe de nombreuses ***cliniques*** privées sur l'île. À signaler que la *Fortis Clinique Darné,* à Floréal, et *The Apollo Bramwell Hospital,* à Moka (voir la rubrique « Urgences »), sont les seuls de l'île à être affiliés à la Sécurité sociale française.
– ***Les dispensaires*** existent dans la plupart des villages. Les infirmières qui y officient peuvent parfois être d'un grand secours pour prodiguer les premiers soins.
– ***Pharmacies*** très nombreuses. Chaque village en possède une, généralement ouverte du lundi au samedi 8h30-18h ou 19h. Dans les grandes villes, pour connaître la pharmacie de garde le week-end, téléphoner à la police.
– Pour information : notez que les produits et matériels utiles aux voyageurs, assez difficiles à trouver, peuvent être achetés par correspondance sur le site de *Santé Voyages :* • *sante-voyages.com* • Infos complètes toutes destinations, boutique en ligne avec paiement sécurisé, expéditions Colissimo Expert ou Chronopost. ☎ *01-45-86-41-91 (lun-ven 14h-19h).*

SITES INTERNET

• ***routard.com*** • Rejoignez la plus grande communauté francophone de voyageurs ! Échangez avec les routarnautes : forums, photos, avis d'hôtels. Retrouvez aussi toutes les informations actualisées pour choisir et préparer vos voyages : plus de 200 fiches pays, une centaine de dossiers pratiques et un magazine en ligne pour découvrir tous les secrets de votre destination. Enfin, comparez les offres pour organiser et réserver votre voyage au meilleur prix. Routard.com, le voyage à portée de clics !

• ***tourisme-ilemaurice.mu*** • En français. Il s'agit du site de l'office de tourisme de l'île Maurice. Infos générales. C'est un point de départ. Intéressera notamment ceux qui veulent se marier sur l'île, on y donne le mode d'emploi.

• ***lemauricien.com*** • ***lexpress.mu*** • Deux quotidiens de langue française, chauds sur l'info, avec d'intéressants sujets de société.

• ***henri.maurel.pagesperso-orange.fr/ilemau.htm*** • En français. Un site consacré à l'histoire de l'île Maurice, réalisé par Henri Maurel, un Mauricien passionné par la généalogie. On y trouve par exemple une liste des premières familles qui débarquèrent sur l'île après 1710.

• ***dodosite.com*** • En anglais. Un site pas soporifique pour un sou pour partir sur les traces de l'animal mythique de Maurice et de Rodrigues.

TÉLÉPHONE – TÉLÉCOMMUNICATIONS

Voici les numéros à composer entre la France et Maurice :
– ***France → Maurice :*** composez le ☎ 00-230, suivi de votre numéro. Pour connaître le tarif, contactez votre opérateur habituel.
– ***Maurice → France :*** composez le ☎ 020-33, puis votre numéro à neuf chiffres. Le 0 qui précède le préfixe disparaît lorsqu'on téléphone de l'étranger vers la France.
– ***Maurice → La Réunion :*** composez le ☎ 020-262, suivi de votre numéro.

Numéros utiles

- ***Renseignements pages blanches :*** ☎ *150.*
- ***Renseignements pages jaunes :*** ☎ *152.*

Portables

L'île Maurice est envahie par les téléphones portables ; du coup, certains magasins apposent un autocollant sur leur porte interdisant l'accès aux personnes qui téléphonent en achetant.

– ***Activer l'option « international » :*** pour les abonnés récents, elle est en général activée par défaut. En revanche, si vous avez souscrit à un contrat depuis plus de 3 ans, pensez à contacter votre opérateur pour souscrire à l'option (gratuite). Attention toutefois à le faire au moins 48 h avant le départ.

– ***Le « roaming » :*** c'est un système d'accords internationaux entre opérateurs. Concrètement, cela signifie que lorsque vous arrivez dans un pays, au bout de quelques minutes, le nouveau réseau s'affiche automatiquement sur l'écran de votre téléphone. Vous recevez rapidement un SMS de votre opérateur qui vous indique les différents tarifs.

– ***Tarifs :*** ils sont propres à chaque opérateur et varient en fonction des pays (le globe est découpé en plusieurs zones tarifaires). ***N'oubliez pas qu'à l'international, vous êtes facturé aussi bien pour les appels sortants que les appels entrants*** (ces derniers étant bien moins chers, évidemment).

– ***Internet mobile :*** utiliser le wifi à l'étranger et non les réseaux 3G ou 4G. Sinon, on peut faire exploser les compteurs, avec, au retour de voyage, des factures de plusieurs centaines d'euros ! Le plus sage consiste à ***désactiver la connexion*** « données à l'étranger » (dans « Réseau cellulaire »). Il faut également penser à ***supprimer la mise à jour automatique de votre messagerie,*** qui consomme elle aussi des octets sans vous avertir (option « Push mail »). Optez pour le mode manuel. Cependant, les opérateurs incluent de plus en plus de *roaming data* (donc de connexion internet depuis l'étranger) dans leurs forfaits. Bien vérifier le coût de la connexion auprès de son opérateur avant de partir.

Bons plans pour utiliser son téléphone à l'étranger

– ***Acheter une carte SIM/puce sur place :*** c'est une option très avantageuse. Il suffit d'acheter à l'arrivée une carte SIM locale prépayée chez l'un des opérateurs – *Orange, Bouygues Telecom, SFR* et *Réunion SRR* –, représentés dans les boutiques de téléphonie mobile. On vous attribue alors un numéro de téléphone local et un petit crédit de communication. Avant de signer le contrat et de payer, essayez donc, si possible, la carte SIM du vendeur dans votre téléphone – préalablement débloqué – pour voir s'il est compatible. Ensuite, vous achetez des recharges dans les boutiques ou supermarchés.

– ***Se brancher sur les réseaux wifi*** est le meilleur moyen de se connecter au Web gratuitement ou à moindre coût. De plus en plus d'hôtels, restos et bars disposent d'un réseau, la plupart du temps gratuit.

– Une fois connecté grâce au wifi, à vous les joies de la ***téléphonie par Internet*** ! Le logiciel ***Skype,*** le plus répandu, vous permet d'appeler vos correspondants gratuitement s'ils sont eux aussi connectés, ou à coût très réduit si vous voulez les joindre sur leur téléphone. Autre application qui connaît un succès grandissant, ***Viber*** permet d'appeler et d'envoyer des SMS, des photos et des vidéos, sans frais. Il suffit de télécharger – gratuitement – l'appli sur votre smartphone, celle-ci se synchronise avec votre liste de contacts et détecte automatiquement ceux qui ont *Viber.* Même principe, ***Whatsapp Messenger*** est une messagerie pour smartphone qui permet de recevoir ou envoyer des messages photo, notes vocales et vidéos. La première année d'utilisation est gratuite, ensuite ça coûte 0,99 US$/an.

De plus en plus de fournisseurs de téléphonie mobile offrent des journées incluses dans votre forfait, avec appels téléphoniques, SMS, voire MMS et même connexion internet en 3G limitée pour communiquer de l'étranger vers la France. Il s'agit de l'offre *Origami Play* et *Origami Jet* chez Orange, des *Forfaits Sensation* 3Go, 8Go, 16Go chez Bouygues Telecom, ou encore du *Pack Destination* chez Free. Les destinations incluses dans votre forfait évoluant sans cesse, ne manquez pas de consulter le site de votre fournisseur.

Urgence : en cas de perte ou de vol de votre téléphone portable

Suspendre aussitôt sa ligne permet d'éviter de douloureuses surprises au retour du voyage ! Voici les numéros des quatre opérateurs français, accessibles depuis la France et l'étranger :

- **SFR :** *depuis la France : ☎ 1023 ; depuis l'étranger : 📱 + 33-6-1000-1023.*
- **Bouygues Telecom :** *depuis la France comme depuis l'étranger : ☎ + 33-800-29-1000 (service et appel gratuits).*
- **Orange :** *depuis la France comme depuis l'étranger : 📱 + 33-6-07-62-64-64.*
- **Free :** *depuis la France : ☎ 3244 ; depuis l'étranger, ☎ + 33-1-78-56-95-60.*

Vous pouvez aussi demander la suspension de votre ligne depuis le site internet de votre opérateur.
Avant de partir, notez (ailleurs que dans votre téléphone portable !) votre numéro IMEI, utile pour bloquer à distance l'accès à votre téléphone en cas de perte ou de vol. Comment avoir ce numéro ? Il suffit de taper sur votre clavier *#06# puis de vous reporter au site • *mobilevole-mobilebloque.fr* •

Téléphone public

Les cabines publiques à carte deviennent très rares. Celles qui subsistent fonctionnent rarement, faute d'entretien. On achète les télécartes dans les petits commerces. Celles à puce sont bien plus coûteuses que celles à code. La *Sezam Calling Card* (à code) s'avère d'un excellent rapport qualité-prix.
Bon, de manière générale, il est préférable et bien moins cher d'acheter une carte SIM que l'on met dans son portable (s'il est débloqué). Voir plus haut la rubrique « Portables ».

Accès Internet

De moins en moins de cybercafés. Certaines postes mettent un ou deux ordis à disposition (payant). Et aujourd'hui, la quasi-totalité des hébergements proposent le wifi, mais souvent seulement dans les parties communes (réception, bar, resto...). À noter que parfois, la connexion est assez lente.

TRANSPORTS INTÉRIEURS

Il y a deux « autoroutes » à Maurice. Elles sont gratuites. La première traverse l'île en diagonale, de l'aéroport à Grand Baie en passant par le centre de l'île, la capitale et le jardin de Pamplemousses.
La seconde opère un large contournement de Port-Louis par l'est, depuis Ébène (à proximité de Rose Hill), et remonte jusqu'à Terre Rouge, un peu au sud-ouest de Pamplemousses, en traversant de beaux paysages et en contournant le massif montagneux de Pieter Both. Elle est indiquée « The North – The South » et a pour objectif d'éviter la région de Port-Louis. Elle est interdite aux véhicules non motorisés, mais on y a tout de même vu quelques vélos ! Pratique si vous résidez dans le Nord et que vous allez vers le Sud (ou l'inverse), pour éviter les bouchons d'accès à Port-Louis. Attention aux radars !

Le bus

Toutes les infos concernant les trajets et horaires sur • *mauritius-buses.com* •
Pour se rendre d'un point à un autre de l'île, ou pour des petits trajets, le bus s'avère fort pratique. De même pour les trajets *Express,* tel Mahébourg / Port-Louis ou Port-Louis / Grand Baie. Car malgré les apparences, il est efficace. Tous les véhicules appartiennent à une multitude de compagnies privées, qui exploitent

un créneau horaire dont la grille est gérée par le gouvernement. À chacun de rentabiliser au mieux le temps qui lui est imparti ! Dans chaque gare routière, les rabatteurs s'efforcent évidemment de rameuter les passagers vers leurs propres bus. Ils passent souvent sur les axes principaux (mais sont moins fréquents ailleurs). Les arrêts sont nombreux (dans quasi tous les villages du parcours) et les trajets extrêmement bon marché (entre 0,50 et 1 €). On paie dans le bus. On vous prévient : les chauffeurs conduisent comme des fous et abordent les virages à une vitesse peu réglementaire. Accrochez-vous !
À partir de Port-Louis, aucun problème pour se diriger vers Grand Baie, Pereybère, Trou aux Biches, Flic en Flac, Trou d'Eau Douce, Mahébourg ou Curepipe. Pour plus de précisions au départ de Port-Louis, voir la rubrique « Arriver – Quitter » de la capitale. On rappelle qu'il y a un *Express* qui relie Port-Louis à Grand Baie.
Il y a quatre grandes gares routières dans l'île : à Port-Louis, Rose Hill, Quatre-Bornes et Curepipe.
Enfin, signalons que si le bus est pratique et bon marché, il est aussi bruyant et extrêmement polluant ; on n'a jamais vu de pareils crachoirs à gaz. Il est par ailleurs assez lent (sauf les *Express,* évidemment). Compter 30 km/h de moyenne. Mais comme les distances sont courtes, on n'y passe jamais bien longtemps.
Si vous voulez visiter plusieurs sites de l'île dans une même journée (Eurêka, Casela Nature Park, Pamplemousses), on vous conseille plutôt de louer une voiture à plusieurs, ou de prendre un taxi-guide.

Location de voitures

Nombreuses petites agences dans toutes les villes touristiques. Il faut avoir au minimum 21 ans et un permis datant d'au moins 1 an. Pas besoin de permis de conduire international si on séjourne moins de 1 mois.
Si vous voulez une voiture à votre arrivée à l'aéroport, réservation indispensable avant le départ (voir « Arrivée à l'aéroport » au début de la partie « L'île Maurice »).
Nul besoin de louer un véhicule pour tout le séjour. En deux ou trois journées, on peut effectuer la visite des principales attractions de l'île. Mieux vaut louer une voiture au coup par coup et organiser des journées d'excursions. Rien n'est jamais très loin, mais pour explorer toutes les côtes tranquillement ainsi que l'intérieur des terres, une voiture est quand même nécessaire.
Attention, lire le contrat soigneusement, vérifier la validité de la vignette. Les deux derniers chiffres de la plaque indiquent l'année de mise en circulation. Celle-ci est alors conforme au regard des assurances tous risques. Une caution est toujours demandée. Avant de partir, vérifier les freins, la présence et l'état de la roue de secours, l'efficacité des essuie-glaces et les feux. Bien se mettre d'accord sur la période de location, l'heure de retour et le niveau d'essence. Attention, les assurances ne couvrent RIEN lorsqu'il s'agit de voitures de sous-loueurs, réservées à l'usage privé. L'assurance tous risques ne concerne par conséquent que les propriétaires des véhicules, pas les touristes.
Si vous ne passez pas par un grand loueur, sachez que le proprio de votre hébergement sera souvent de bon conseil pour vous aider à louer un véhicule ou vous indiquer un bon petit prestataire local. Comme il ne veut pas avoir de problème avec vous, il sélectionne en général soigneusement l'agence avec laquelle il travaille.
En cas d'accident, contactez immédiatement votre agence de location.

■ ***BSP Auto :*** *☎ 01-43-46-20-74 (tlj).* • *bsp-auto.com* • Les prix proposés sont attractifs et comprennent le kilométrage illimité et les assurances. *BSP Auto* propose exclusivement les grandes compagnies de location sur place, vous assurant un très bon niveau de services. Les plus : vous ne payez votre location que 5 jours avant le départ + réduction spéciale aux lecteurs de ce guide avec le code « routard ».

■ ***Voitures des Îles :*** *☎ 05-90-89-22-10.* • *voituresdesiles.com* • Spécialiste

Distances entre les principales villes

Distances en km	PORT-LOUIS	GRAND BAIE	FLIC EN FLAC	LE MORNE BRABANT	TROU D'EAU DOUCE	MAHÉBOURG	BEL OMBRE	CUREPIPE
PORT-LOUIS		23	22	48	45	47	55	23
GRAND BAIE	23		42	66	40	68	77	46
FLIC EN FLAC	22	42		31	56	50	42	23
LE MORNE BRABANT	48	66	31		82	64	15	42
TROU D'EAU DOUCE	45	40	56	82		41	84	45
MAHÉBOURG	47	68	50	64	41		48	28
BEL OMBRE	55	77	42	15	84	48		34
CUREPIPE	23	46	23	42	45	28	34	

de la location de voitures dans les îles. Cette centrale de réservation propose les plus grands loueurs aux meilleurs prix. Qualité du service et assistance 24h/24. Réservation facile en ligne ou par téléphone. Confirmation immédiate. Annulation sans frais.

■ Et aussi : **Hertz** *(☎ 0825-861-861 ; service 0,15 €/mn + prix appel ; ● hertz.com ●), lun-sam 8h-23h.* **Europcar** *(☎ 0825-358-358 ; service 0,15 €/mn + prix appel ; ● europcar.fr ●), tlj 7h-22h.* **Avis** *(☎ 0821-230-760 ; service 0,12 €/mn + prix appel ; ● avis.fr ●).*

– ***Généralités sur la conduite automobile :*** ici comme dans la plupart des anciennes colonies britanniques, ***on roule à gauche.*** Donc, faites bien attention en arrivant à un rond-point ou quand vous sortez d'un chemin pour reprendre la route principale. Mais la priorité reste à droite. Au fait, comment reconnaître un Français au volant ? C'est celui qui met ses essuie-glaces aux carrefours ! Les Mauriciens conduisent un peu à l'italienne dans le style mais en beaucoup plus tolérant et fataliste. Ne vous énervez pas si on vous klaxonne, c'est pour vous indiquer qu'on vous dépasse et que vous devez vous serrer sur la gauche pour que la voiture d'en face puisse elle aussi passer... quand bien même il y aurait sur la gauche un cycliste zigzaguant ou quelques piétons : à vous de bien calculer le coup ! Vous serez d'ailleurs, d'une façon générale, consterné par l'imprudence, l'inconscience même, de ces cyclistes (ou motocyclistes) roulant de nuit sans éclairage, quasiment au milieu de la chaussée, même si depuis 2014 le gilet fluorescent est obligatoire. Idem pour les piétons marchant au milieu des rues. Autre danger : les chiens, nombreux, et qui aiment eux aussi se balader au milieu de la route ou même de l'autoroute. Évitez de conduire de nuit.

– ***Attention,*** évitez de vous rendre à Port-Louis aux heures de pointe, en début de matinée et en fin d'après-midi. Si vous devez aller du nord au sud, contournez la capitale par la nouvelle autoroute.

Le même problème de bouchons se posera si vous entreprenez la traversée des villes du centre comme Curepipe ou Quatre-Bornes à la sortie des classes et des bureaux. Il faut parfois presque 45 mn pour traverser ces villes aux heures d'affluence !

– ***À propos des routes :*** l'état des grandes routes est devenu excellent. C'est moins vrai pour les routes secondaires parfois défoncées et criblées de nids-de-poule pour certaines. Par temps de pluie, redoubler de prudence, car tout le monde à tendance à rouler... au milieu. Les bus y compris. La signalisation reste souvent fantaisiste, quand elle n'est pas tout simplement absente ou, pire, contradictoire. Quand ils sont indiqués, mieux vaut se fier aux numéros des routes pour savoir si vous êtes sur la bonne ; il est indispensable d'avoir une bonne carte routière (on recommande la carte *IGN* ou *Macmillan,* un peu plus chère) et le sens de l'orientation (ou une boussole !). Ne comptez pas trop sur votre GPS, qui vous fait souvent tourner... en rond, ou vous propose des chemins vers des champs de canne.

– ***Limitation de vitesse :*** de 30 à 60 km/h en ville et sur les routes secondaires ; de 60 à 110 km/h sur autoroute. De nombreux radars ont été mis en place au bord des autoroutes, et les touristes ne sont pas à l'abri des amendes, rapidement envoyées aux loueurs !

– ***Lorsque le clignotant ne fonctionne pas,*** les Mauriciens tendent le bras à l'horizontale par la fenêtre pour indiquer qu'ils vont tourner à droite. Pour tourner à gauche, le bras est relevé jusqu'à former un angle droit (n'allez pas vous imaginer autre chose !).

– ***À Port-Louis, Curepipe, Quatre-Bornes et Rose Hill, le stationnement*** est payant sur les principaux axes. Il faut alors acheter des coupons de 30 mn, 1h ou 2h, vendus par carnets de 10 dans les stations-service. Mais le mieux est de se garer quelques rues à l'écart du centre. C'est alors gratuit.

– ***L'essence*** coûte moins cher qu'en France. Compter environ 41 Rs (1 €) le litre de super sans plomb.

– ***Le taux d'alcool*** est limité à 0,27 g/l de sang, soit un petit verre de vin.

Le taxi

– ***Pour des excursions :*** la location de taxi constitue un excellent moyen d'explorer l'île si on n'a pas envie d'ouvrir la carte à chaque carrefour. Avantages : on ne se perd pas, on se laisse guider, et si le chauffeur est sympa, on peut apprendre plein de choses sur le mode de vie mauricien. Bien préciser la durée de la virée, le parcours choisi avec les différentes étapes et le tarif pour la voiture entière (pas pour chaque passager !). Inconvénients : on peut tomber sur un chauffeur pénible qui a hâte de finir sa journée ou bien tout simplement conduisant comme un pied. Formule à ne pas négliger tout de même. Le bouche à oreille marche bien pour se faire conseiller un bon chauffeur.

– ***Mises en garde :*** les taxis sont équipés d'un compteur, mais, pour les petites courses notamment, les chauffeurs ne le mettent pas toujours en marche. Vous pouvez en principe demander qu'ils le fassent, mais le plus simple et le plus diplomate est de convenir avant de monter du coût de la course, histoire d'éviter les mauvaises surprises.

Il faut aussi déplorer l'abus d'une pratique chez les chauffeurs de taxi : la commission perçue auprès des hôtels, restaurateurs et autres commerces, où le taxi vous conduit... que vous ayez ou non indiqué l'adresse. Un comble ! Avec pour conséquence une guerre des commissions (dont le montant est évidemment répercuté sur votre addition). Ne laissez pas votre chauffeur vous imposer vos arrêts.

Le scooter

Pour les petits trajets (plage-resto, resto-hôtel, hôtel-centre du village), le scooter peut s'avérer bien pratique, à condition d'être habitué à conduire un deux-roues. Plus le coin est touristique, plus les points de location sont nombreux. On les indique. En revanche, on déconseille le scooter pour parcourir toute l'île. Compter environ 600 Rs par jour (environ 16 €). Bien vérifier l'état avant de partir (freins, phares...). Sympa, mais prudence, et casque et gilet fluo obligatoires ! Et attention aux coups de soleil ! Dernier conseil : ne JAMAIS conduire de nuit.

Le vélo

Compte tenu du trafic, on ne conseille pas de louer un vélo, sauf si vous résidez dans un petit village tranquille et que vous faites de courtes distances. Globalement, c'est devenu trop dangereux (pas de bas-côtés, voitures de plus en plus larges et rapides, absence de marquage au sol...).

URGENCES

■ ***Police du tourisme :*** ☎ *213-28-18 et 203-12-12.*

■ ***Police :*** ☎ *999.*

■ ***Pompiers :*** ☎ *995.*

■ ***SAMU :*** ☎ *114.*

■ ***Hôpitaux et cliniques :*** *à Floréal,* ***Fortis Clinique Darné,*** *rue G.-Guibert.* ☎ *601-23-00. À Moka,* ***The Apollo Bramwell Hospital,*** ☎ *605-10-00.* En cas de gros pépin, c'est là qu'il faut aller. De plus, ce sont les seuls à être affiliés à la Sécurité sociale française. Soit vous êtes détenteur d'une carte de la Caisse française des étrangers (CFE ; pour son obtention, renseignez-vous auprès de votre centre de Sécurité sociale), et dans ce cas, en fonction de la prise en charge, vous ne paierez pas (ou que partiellement) vos frais de santé ; soit vous n'êtes pas en possession de cette carte, et vous avancez tous les frais. Une fois en France, présentez toutes les factures originales émises par la clinique pour vous faire rembourser. Le meilleur hôpital public, le plus moderne, est à Pamplemousses : ***Hôpital National Sir Seewoosagur Ramgoolan,*** ☎ *209-35-00.* Aussi connu sous le nom d'***Hôpital du Nord.***

■ ***Médecins spécialistes de la plongée :*** ***Brigitte Labat,*** *à Grand Baie,* ☎ *263-68-96.* ***Serge Maurice,*** *à Quatre-Bornes,* ☎ *454-30-61.* ORL très compétent. ***Shireen Hansrod,*** ☎ *415-12-77.* Spécialiste hyperbare basée à Trou d'Eau Douce.

■ ***Caisson de décompression :*** *à Quatre-Bornes, à l'****hôpital Victoria de Candos*** *(☎ 427-51-35, 9h-16h ; en dehors de ces horaires, contacter le standard de l'hôpital : ☎ 402-80-00 ou 425-30-31 ; demander le Dr Nagalingum).* Le caisson le plus moderne de l'océan Indien.

■ ***Météo :*** ☎ *302-60-71.* Ça peut devenir une urgence en cas de cyclone. Dans ce cas, composer le ☎ *96.* Voir plus haut la rubrique « Climat ».

ÎLE MAURICE : HOMMES, CULTURE, ENVIRONNEMENT

BOISSONS

Il fait chaud, alors on boit beaucoup. On trouve tout l'éventail des boissons gazeuses internationales, mais préférez les breuvages locaux, tels que le jus de tamarin ou l'*alouda,* du lait aromatisé à la grenadine, épaissi par un tapioca local (on en trouve sur les marchés).

L'eau

En principe, elle est potable, mais on conseille de boire l'eau en bouteilles capsulées. On en trouve partout. Une bouteille d'eau coûte de 12 à 20 Rs. Ne jamais boire de l'eau du robinet en période cyclonique. Et éviter les glaçons.

Les boissons chaudes

– ***Le café*** s'avère plutôt bon grâce aux plantations de caféiers de Chamarel, qui produisent des grains de qualité.
– ***Le thé*** est également honorable, assez corsé et souvent vanillé, ce qui lui donne une pointe d'exotisme. Il est produit principalement à Bois Chéri, au sud de l'île.

Les boissons alcoolisées

– Plusieurs ***rhums*** sont distillés dans l'île. Normal, avec toute cette canne... même si le jus a longtemps été réservé à la production de sucre. Ils sont de qualité honnête, voire très corrects depuis que le gouvernement a autorisé la fabrication du rhum agricole en 2003. Le *Green Island* est l'un des plus prisés. Le *White Diamond* est très bon marché. Quant au rhum à la vanille du domaine de Saint-Aubin, il est parfumé et doux comme une belle liqueur. Dans de nombreux bars et restaurants, vous trouverez des rhums arrangés, dans lesquels on a fait macérer différents fruits (bananes, ananas, noix de coco, litchis, etc.). On trouve aussi quelques rhums vieux (5 années de vieillissement), de bonne qualité.
– ***La bière*** est reine chez les touristes. Puisqu'elle est bonne, profitons-en. *Phœnix, Blue Marlin* et *Stag,* douces et agréables, sont produites à la brasserie de Phœnix. La *1664* est produite à Nouvelle France. En petite ou en grande bouteille, on les adopte bien vite.
– ***Le vin :*** des raisins d'Afrique du Sud sont vinifiés à Maurice. Essayez-en un verre, juste par curiosité. On en trouve à la carte de certains restos. Sinon, les vins d'importation d'Afrique du Sud constituent le meilleur rapport qualité-prix, même s'ils sont un peu chers. Quelques restos proposent des vins français, mais c'est pour faire chic.

CUISINE

À Maurice, chaque population a apporté dans sa valise sa couleur culinaire. Résultat, on retrouve sur les cartes de tous les restos des plats indiens, créoles, chinois et européens. Ce qui frappe ici, c'est la diversité. Ainsi, une entrecôte marchand

de vin côtoie sans rougir un cari de poisson, un rougail-saucisse ou un bol renversé. Malgré cet étonnant éventail, il n'y a pas eu à Maurice de syncrétisme culinaire comme au Brésil.
C'est la grande diversité et l'originalité de quelques plats qui font la force de cette cuisine du monde. Les cuisines indienne et créole prennent appui sur des sauces relevées, mijotées durant des heures. Ce sont de loin les plus inventives. Dans beaucoup de plats interviennent le piment (pas trop fort), le gingembre, le curry et parfois des fruits. La tomate, l'oignon et l'ail constituent les bases culinaires. Une incroyable richesse, dont on ne se lasse jamais. Quant au pain, bizarrement peu salé, c'est un souvenir de l'époque française.
– ***Conseil :*** le midi, vous pouvez vous contenter de petits en-cas ou d'un resto chinois. Le soir, vous goûterez un marlin fumé, un steak de thon grillé, une daube de cerf ou un *vindaye.*

IN VINO VERITAS

Une histoire drôle circule sur la qualité du vin à Maurice. Sur son lit de mort, le patriarche d'une famille de négociants réunit ses fils pour leur révéler enfin les secrets de fabrication du nectar... Ils s'approchèrent du visage paternel pour l'entendre murmurer dans un ultime souffle : « Mes enfants, on peut aussi le faire avec du raisin ! » Il faut dire qu'autrefois, la boisson était élaborée à base de banane ou de goyave de Chine. Cette anecdote résume assez bien la réputation du vin issu des fûts mauriciens.

Les plats

– ***Le vindaye :*** originaire de l'ouest de l'Inde, le *vindaloo* a été introduit à l'île Maurice sous le nom de *vindaye.* Variante très proche des achards. Se prépare avec moutarde, vinaigre, oignons, épices... et se sert froid. Il accommode parfaitement les poissons.
– ***Le rougail :*** spécialité créole venant de La Réunion. À Maurice, il est surtout à base de tomates (pommes d'amour), oignons, ail (d'où son nom), gingembre et épices. Fort en goût, fort en gueule, il accompagne une viande émincée, un poisson, ou il est servi avec des morceaux de saucisse.
– ***Le chutney (ou chatini) :*** originaire de l'Inde mais d'origine anglaise. Mélange d'épices écrasées, ail, gingembre, piment, vinaigre, etc. En fait, il existe de nombreuses variétés de chutneys puisqu'on peut y incorporer des fruits dans de savantes oppositions de saveurs sucrées-salées. Il relève les plats modestes.
– ***Le carry (ou curry) et le cari :*** typiquement indien, le ***carry*** n'est pas une seule épice mais un ensemble d'épices, composé de piment ou poivre, curcuma, girofle, coriandre, cumin (parfois gingembre et cannelle). Le ***cari*** est le nom d'une préparation, un plat (cari-poulet, cari-poisson) qui contient du carry (l'ensemble d'épices). On fait des caris de tout : poisson, viande, volaille, abats, tout est « carissable ». On en trouve à toutes les tables.
– ***Les daubes :*** tout ce qui mijote pendant longtemps, constituant une sauce riche accompagnant une viande. On regroupe bon nombre de préparations sous cette appellation.
– ***Le briani (ou byriani) :*** plat musulman traditionnel du nord de l'Inde, qu'on retrouve assez souvent à Maurice. Se prépare avec toutes les viandes, sauf le porc bien entendu, et du riz. Dans les restos, il est souvent proposé le week-end.
– ***Le cerf :*** quand on vient à Maurice, on ne s'attend pas forcément à manger du cerf ! Historiquement introduit dans l'île par les Hollandais (cerf de Java), il fait l'objet, encore aujourd'hui, d'élevages très importants, ce qui explique sa présence fréquente sur les tables un peu chic (c'est assez cher). On le prépare la plupart du temps en sauce. Le sanglier, ou cochon marron, est également élevé en semi-liberté et servi dans certains restaurants.

– ***Les poissons :*** grillés, en cari, en *vindaye* ou même fumés. Maurice propose son lot de poissons tropicaux dont les couleurs font rêver sous l'eau et dont la saveur ravit les papilles une fois dans l'assiette. Entier et grillé, c'est le meilleur moyen d'en conserver le goût véritable. Essayez le marlin fumé, une excellente idée d'entrée lorsqu'il est servi en fines lamelles. Délicieux. Il est aussi superbe en darne, où sa chair dense se révèle étonnamment tendre et savoureuse. Sinon, on trouve facilement thon, capitaine, daurade, carpe, rouget, tazar (le barracuda), empereur (une variété de marlin), vivanneau, sacréchien, etc. D'autres, moins fréquents mais aux noms chantants : poisson-beurre (un délice), maman rouge, carangue, bécune, barois, dame Berry, gueule pavée, bordemare, madame tombée. Et puis toutes les vielles (rouge, voleuse, grise, pintadée, etc.). Le must pour un vrai Mauricien qui se respecte, c'est la sardine-pain-piments confits, un peu comme notre pain-beurre-oignons...

– ***Les fruits de mer :*** d'abord les crabes. Les « p'tits crabes » pour le fameux bouillon de crabes, les carlets, plus gros, à la chair très fine (chers dans les restos), les *faille faille* (crabes des grands fonds), les *carcassailles, cipayes, p'tits poules,* etc. On trouve aussi des crevettes *(chevrettes)* et les crevettes géantes, les célèbres *camarons* (genre gros bouquets ou gambas, en plus fin). Enfin, une des reines de la table : l'*ourite* (poulpe). Celle de Rodrigues est fameuse, servie en plat chaud et en sauce, ou en salade. Puis son petit cousin, le calamar, appelé ici *mourgate,* préparé de la même manière.

– ***Samoussas, dholl puri, rotis, beignets :*** on en trouve dans les restos, mais ces en-cas sont fréquemment proposés par les marchands ambulants qui passent sur les plages à l'heure du déjeuner. Les *dholl puri* sont des sortes de crêpes extra-fines à peine cuites, très souples, que l'on remplit de légumes et de sauce. Servis chauds, mangés sur le pouce, c'est délicieux. Le *roti* est préparé à peu près selon le même principe, mais la galette est plus épaisse. Les *samoussas* sont des feuilletés fourrés (pommes de terre ou viande), légèrement épicés, puis frits. On vous proposera aussi des beignets classiques, toujours roboratifs. Ne pas oublier le gâteau piment, fait à base de *dholl* et d'épices, qui se présente sous forme d'exquises boulettes.

– ***Cuisine chinoise :*** chinois ou pas, les restos proposent souvent un *mine frit* (nouilles sautées au poulet), un *bol renversé* (on entasse plusieurs couches de riz, poulet ou autre viande ou crevettes, et légumes dans un bol, puis on démoule le tout dans l'assiette) vraiment pas cher, des soupes chinoises, des poissons panés, des beignets de crevettes, etc. Vous vous en tirerez toujours à bon compte.

GOURMAND ET CROQUANT

Une des spécialités culinaires mauriciennes les plus originales est sans doute le chutney de larves de guêpes. On trouve les nids de guêpes dans les champs de canne et parfois dans les arbres. On les enfume pour chasser les adultes, puis on casse les nids afin de récupérer les larves. Côté préparation, c'est assez simple : faites-les revenir dans de l'huile avec des oignons jusqu'à ce qu'elles soient dorées à point, relevez-les grâce à un jus de citron. Servez le tout chaud, croustillant et accompagné de riz, devant une tablée de convives assurément ravis !

Les légumes

Grande richesse de légumes, curieusement trop peu à l'honneur dans les restaurants.

Voici les plus connus : le *chouchou,* le *giraumon* (citrouille ou potiron), le *pâtisson* (ah, les pâtissons farcis !), le *manioc,* la *patate,* la *bringelle* (l'aubergine) et encore les *embrevades* (ou embravattes à La Réunion), *pipengaille, fruit à pain, embérique, margoze, arouille, lalo,* sans oublier la *pomme d'amour* (notre bonne vieille

tomate). Les piments les plus forts, ceux que l'on mange crus avec une petite sauce, comme les Mauriciens, sont les piments rodriguais.
– ***Les brèdes :*** c'est la « verdure », tout ce qui ressemble à de grandes feuilles vertes (y compris les feuilles comestibles de certains légumes) ; épinards, oseille, chouchou, cresson, *petsaï* (genre de laitue), songe, etc. Cuits à l'étouffée, à la vapeur, bouillis. Excellents légumes d'accompagnement (avec le riz surtout). Cuisinés par les familles, ils ne figurent pas souvent dans les restos, car ils sont considérés comme un plat de pauvre. Dommage !
– ***Le palmiste :*** c'est le « cœur de palmier ». Nous ne connaissons généralement en Europe que ceux en boîte. Et pour cause, le palmiste est très fragile et ne se conserve pas, à part en conserve justement. L'arbre doit avoir entre 5 et 7 ans pour qu'on puisse le trancher, ce qui évidemment lui confère un prix élevé. On l'appelle aussi « la salade du millionnaire », eu égard à son prix, mais c'est très bon. Il est souvent accompagné de marlin fumé.
– ***Le riz :*** le riz est le principal élément de la cuisine mauricienne. On en trouve à gros grains, des petits, des longs, des secs, des collants. Le plus prisé est le *basmati* (plus cher). Quelques plats de riz populaires : le riz frit (avec porc ou saucisses, oignons, tomates, échalotes, ail, cacahuètes), le riz cantonais (qu'on ne présente plus), le riz *pilaw* (ou *pilau* ou *pullao*), appelé aussi *plof* (riz à la viande, safran et épices), le *briani* (voir « Les plats » plus haut) cuit dans le *dekti,* plat en aluminium qui a remplacé la marmite d'antan.

Les fruits

Leurs noms sonnent joliment à l'oreille. Voici les plus savoureux : *mangue* (nombreuses variétés, comme la baissac, presque violette, la maison rouge, Eugénie, Auguste, Aristide, José, etc.), *litchi, papaye, goyave, carambole* (de forme oblongue, avec des arêtes), *atte* (anone, zat ou encore pomme-cannelle), *cœur de bœuf* (ou cachiman), *grenadine* (ou fruit de la passion), *fruit de Cythère* (ou pomme-Cythère), *tamarin, corossol, avocat, jamrosa, bibasse* (nèfle), *longane* (à la pulpe plus parfumée que le litchi), *jamalaque, jack-fruit* (gros fruit de forme ovale), *coco rouge.*
Et tous les classiques : melon, pastèque, banane (goûtez à la « gingeli », hmm !), citron vert et ananas... Goûtez surtout à l'ananas *Victoria,* minuscule et succulent.

Les épices

D'abord, les grands classiques : *muscade, clou de girofle, cardamome* (ou *laïti*), *cumin* (petit anis), *massala* (mélange d'épices), la graine de la *coriandre (cotomili), gingembre, cannelle, poivre vert, piment, caripoulé* (*kaloupilé* à La Réunion), le *vargon* qui entre parfois dans la composition du curry, le « quatre-épices », provenant des fruits d'un arbuste où l'on retrouve le goût de quatre épices différentes (muscade, girofle, cannelle et poivre).

Les sucres

L'île Maurice est encore un gros producteur de sucre, même si la filière entame depuis peu une profonde restructuration. L'île Maurice produit une quinzaine de sucres roux spéciaux, traités sans additif, qui contiennent plus ou moins de mélasse. La production de sucres spéciaux, peu utilisés dans la cuisine locale, est surtout exportée en Europe. Ils apportent des saveurs et des parfums intéressants dans les desserts, thés et même certains plats ! Ils sont en vente dans les supermarchés de l'île et bien sûr à « L'Aventure du Sucre » (lire « Dans les environs de Pamplemousses »).

CURIEUX, NON ?

– La langue officielle est l'anglais, mais la langue la plus parlée est le créole, puis le français. Du coup, ***les Mauriciens sont au minimum trilingues.***
– L'île Maurice fut le ***cinquième pays au monde à émettre des timbres.*** C'était en 1847, alors que l'île constituait une étape essentielle dans l'acheminement de colis vers l'Inde depuis l'Europe.
– ***L'hindouisme*** constitue la religion prédominante, avec la moitié de la population. Mais à Maurice, il a été adapté : pas de vaches sacrées, pas de *sadhus* (ascètes se mortifiant pour Dieu). Enfin, le système de caste importé par les immigrants indiens ne s'est pas véritablement enraciné dans l'île. Tant mieux !
– La loi prévoit un accès libre au littoral tous les 500 m. Mais la réalité est un peu plus compliquée : l'État, propriétaire du littoral, peut le louer à des professionnels et à des particuliers. Par conséquent, ***une plage n'est ni « privée »*** car elle appartient toujours à l'État, mais ***elle n'est pas considérée comme publique non plus.*** Dans les faits, tout le monde peut se balader sur la plage... à condition de dénicher l'accès et de faire sa pause entre deux zones privées. Les Mauriciens en sont les premières victimes puisqu'ils sont obligés de se concentrer le week-end sur les dernières plages publiques.
– ***Paul et Virginie,*** le célèbre roman de Bernardin de Saint-Pierre et surtout sa fin tragique, est tiré d'une histoire vraie, celle du naufrage du Saint-Géran au large de Maurice en 1744.
– Certains rites, comme le retournement des morts, originaires d'Afrique et de Madagascar, sont venus enrichir la ***fête de la Toussaint.*** Ainsi, il n'est pas rare de préparer pour le défunt son plat préféré, accompagné d'un p'tit verre de rhum.
– Le Ganga Talao, ***le lac sacré mauricien*** à Grand Bassin, serait en contact secret avec le Gange.
– ***Le jeu*** est un des passe-temps favori des Mauriciens : dominos, mahjong, loterie, poker, courses hippiques et casino pour les plus riches : rien ne va plus !
– ***On pratique très peu l'élevage*** sur l'île. D'ailleurs, on ne croise aucun bovin, ovin ou autres caprins dans les champs.
– Souvent, ***le repas dominical*** se déroule ***sur la plage.*** Familial, festif et bon enfant, il fait régner sur le littoral une ambiance très différente du reste de la semaine. À voir et à vivre...
– La richesse de l'île vient aussi de sa ***population pluriethnique,*** originaire d'Afrique, d'Europe et d'Asie. Ici, les habitants cohabitent bien dans l'ensemble mais vivent au sein de leur propre communauté. On ne se mélange pas... sauf au casino.

ÉCONOMIE

Fondée sur l'agriculture (essentiellement la canne à sucre), l'industrie du textile, le tourisme, l'activité bancaire offshore, les sociétés de service et un port franc, l'économie mauricienne reste l'une des plus compétitives d'Afrique, même après les années de crise.
Si l'économie mauricienne est globalement saine, ce qui lui a permis d'atténuer les effets de la crise mondiale (relative stabilité de la dette et croissance en légère augmentation), la vie politique et administrative reste assez corrompue, les inégalités sociales sont profondes et le chômage ne faiblit pas, en bonne partie amorti par la solidarité familiale... et la débrouillardise.

Industrie

– ***La canne à sucre :*** elle est partout, on ne voit qu'elle. On en mange (le sucre), on en boit (le rhum), on s'abrite, on s'éclaire et on se chauffe avec le résidu (la bagasse). Impossible d'y échapper.

Introduite à l'île Maurice au XVIIe s par les Hollandais, la canne à sucre couvre encore le tiers de la superficie totale de l'île. Sa culture fut privilégiée autrefois car elle était la seule à se remettre d'un cyclone en moins d'un an. Elle est récoltée par quelques grands domaines, qui produisent chaque année entre 400 000 et 450 000 tonnes de canne en fonction des caprices météorologiques. Plantée entre janvier et septembre, elle demande entre 11 et 18 mois pour arriver à maturité. Les sous-produits, la mélasse et la bagasse, servent, pour la première à la fabrication du rhum, et pour la seconde à la production d'énergie électrique.

En 1974, le sucre et son sous-produit représentaient 90 % des exportations, entraînant une grande dépendance de l'économie aux aléas du secteur. L'industrie sucrière fut longtemps l'épine dorsale de l'économie du pays, bénéficiant d'un accord extrêmement protecteur avec l'Union européenne. Avec la fin de cet accord (2009), le pays subit une chute des revenus de la filière de 36 %. Le sucre est exporté « blanc » et non plus « roux », débarrassé de ses qualités nutritives et sans parfum pour satisfaire les marchés du Nord, plus rentable à l'export. Sans compter le recours à la bagasse pour la production d'électricité et à la mélasse pour le bioéthanol.

L'ÉLECTRICITÉ, UN SIMPLE COUP DE JUS !

Durant 6 à 7 mois, entre juin et décembre, la bagasse, paille de canne à sucre récupérée après extraction du fameux jus, est brûlée. Sa combustion fournit, rapportée à l'année, près de 25 % de l'électricité de toute l'île.

Aujourd'hui, le sucre représente environ 15 % des exportations mais seulement 2 % du PIB (contre 30 % en 1968). Suite aux regroupements, il ne reste désormais plus que quatre raffineries dans l'île. Avec les emplois directs et induits, l'activité emploie environ 20 000 personnes (60 000 en 2004).

– ***Le textile :*** depuis 1970, c'est la zone franche qui a véritablement permis à l'économie mauricienne de prendre son essor, dépassant l'industrie sucrière en nombre d'emplois, en exportation et en part du PIB. Malgré la concurrence de Madagascar et du Mozambique et une baisse de compétitivité (donc des fermetures d'usines), le textile reste un domaine porteur pour l'économie de l'île.

Le tourisme

Malgré la crise mondiale, Maurice ne s'en tire... pas trop mal. En 2015, l'île a attiré 1 150 000 touristes, soit une augmentation de 11 % par rapport à 2014, saluée après le coup de frein des années 2008-2012. Pas si mal en période de marasme économique européen ! Et un grand merci aux marchés émergents comme la Chine et l'Inde. Avec 2 millions de touristes comme objectif, le gouvernement a permis l'implantation de quelques hôtels-clubs à la clientèle moins élitiste.

Des touristes moins fortunés foulent le sol mauricien, même si l'image de destination de luxe n'est pas laissée de côté. Les autorités souhaitent aussi développer de nouvelles pistes comme le tourisme d'affaires et l'écotourisme... La recherche d'une croissance effrénée est-elle souhaitable ? La presse parle de seuil de tolérance atteint pour le Mauricien, qui se plaint notamment de la « privatisation » des plages (voir plus loin la rubrique « Plages »). Sans parler des problèmes liés à l'environnement (manque d'eau, déchets rejetés...). Un bon moyen de concilier les deux est le tourisme vert. C'est notamment le cas à Rodrigues, où les autorités locales s'efforcent de limiter la construction d'hôtels et de promouvoir chambres et tables d'hôtes. Un peu partout dans l'arrière-pays, une nouvelle génération de cottages et chambres d'hôtes de prestige voit le jour. Le patrimoine naturel commence doucement à être mis en valeur, notamment les parcs nationaux, même s'il y a encore un gros effort à faire dans ce domaine, notamment dans l'établissement de sentiers de randonnées balisés.

Plus insolite, le tourisme médical connaît un succès grandissant : l'île Maurice ne vante plus seulement ses plages, mais valorise ses cliniques privées où l'on allie, le temps d'un court séjour, l'utile (!) à l'agréable. Toute une panoplie de soins esthétiques sont désormais très prisés des Européens fortunés. Le voyage coûte cher, mais les soins restent significativement meilleur marché.

Les services offshore... et les sociétés de services

Après le tout-travail, Maurice entre doucement dans l'ère du tout-capital. La bourse des valeurs est créée en 1989, puis développe dans les années 2000 des activités bancaires d'outre-mer, qui font de Maurice un centre financier important dans l'océan Indien. Suite à un accord avec « la grande sœur », un tiers des investissements vers l'Inde transitent par Maurice, d'où une croissance particulièrement forte enregistrée dans ce secteur, traînant derrière elle les inévitables suspicions qui touchent l'ensemble des paradis fiscaux.
La *Cybercity* à Ébène, entre Moka et Rose Hill, abrite de nombreuses sociétés de haute technologie, mais aussi des sociétés de services tels les plateaux d'appels internationaux de qualité (compétences et gentillesse des interlocuteurs).

Le port franc

Unique dans l'océan Indien, il possède également un potentiel non négligeable. L'île Maurice espère bien devenir une plateforme pour les entreprises européennes qui cherchent des débouchés sur les continents africain et asiatique. En projet, un terminal en eaux profondes, pouvant accueillir les super porte-conteneurs, en vue de faire de Maurice un hub de transbordement pour Madagascar et les petits pays voisins.

État des lieux de l'économie mauricienne

Si la croissance a été freinée pendant la crise mondiale, elle progressait de nouveau dès 2010, atteignant 3,4 % du PIB en 2015 (4 % prévu pour 2016) et 2 % d'inflation.
Malgré des efforts notables en vue d'une refonte profonde de son économie basée sur la monoculture (le sucre), certains secteurs doivent encore entreprendre une vaste restructuration pour assurer leur compétitivité. La corruption des élites, dénoncée régulièrement dans la presse et qui a fait chuter le pays à la 45e place (sur 168 pays) au classement de *Transparency International,* reste un problème dans l'île. Autre ombre dans ce tableau, la situation de l'emploi. Le chômage atteignait 7,7 % en 2015, avec une forte hausse chez les jeunes de 16 à 24 ans, malgré une politique volontariste axée sur les nouvelles technologies (voir la *Cybercity* à Ébène).
En temps de crise, les disparités sociales entre Indiens, créoles, Chinois et Africains se font plus durement ressentir. Heureusement, la solidarité familiale joue à plein son rôle d'amortisseur social.
Signalons enfin la maladie de l'époque : la vie à crédit. Les jeunes, grâce aux études, à Internet et à l'ouverture sur le monde, sont entrés à pieds joints dans une société de consommation à outrance. Phénomène parfaitement inconnu il y a encore deux décennies : voiture, écran plat, portable dernier cri, fringues de marques... Pour beaucoup, la solution, c'est l'achat à crédit ! Avec à la clé la question du surendettement.
Au final, l'île connaît aujourd'hui les problèmes classiques d'une nation moderne, ajoutés à ceux d'un pays récemment indépendant, le tout pris dans une tourmente économique mondiale. Malgré ce tableau en demi-teinte (mais le verre est plutôt à moitié plein qu'à moitié vide), Maurice reste étonnamment solide sur ses bases démocratiques et économiques.

ENVIRONNEMENT

Une croissance effrénée

Eau turquoise, chaude et transparente, sable blond bordé de filaos, nature luxuriante. Voilà pour le décor. Un niveau de prestations touristiques élevé : vue de l'extérieur, l'île Maurice est bien la perle de l'océan Indien. Mais en ce qui concerne la protection de l'environnement, l'île en est encore à l'âge de pierre (ou plutôt à l'âge de béton...). Le ministère n'a été créé qu'en 1991. Et depuis ? Pas grand-chose. Ah ! pardon, la croissance du pays n'a cessé d'être saluée, les infrastructures hôtelières se sont multipliées et les industries développées. Mais l'île paie depuis quelques années déjà une urbanisation et une industrialisation anarchiques.

Déchets industriels et domestiques sont largués dans la nature, quand ce n'est pas dans la mer, les carcasses d'animaux d'abattage pourrissent sur place et les déchets tapissent les plages à la fin de chaque week-end. Comme le soulignait un journaliste mauricien : « L'environnement n'est pas l'affaire des nettoyeurs, mais des citoyens. » Des citoyens-promoteurs qui bétonnent, des citoyens-directeurs d'entreprises qui menacent de licencier s'ils doivent mettre leurs usines aux normes... Tout cela est affaire d'éducation auprès des plus jeunes et prendra encore du temps.

Les conséquences, on l'imagine bien, sont lourdes : près du tiers de la faune locale est menacé de disparition, tandis que 15 % de la flore ont déjà disparu et que ce qu'il reste continue de se fragiliser. Quant au corail, il est sérieusement dégradé, pour de multiples raisons : il y a le réchauffement des eaux, certes, mais aussi le déversement des eaux usées (surtout des complexes hôteliers) ou des polluants (pesticides, fertilisants et engrais) après les grosses pluies. La violence des cyclones n'arrange évidemment rien, sans parler de la pêche à la dynamite, heureusement aujourd'hui révolue.

Autre dossier brûlant : les pénuries d'eau potable deviennent de plus en plus critiques. Les principaux réservoirs de l'île sont vides. L'eau est régulièrement coupée chez les particuliers : vétusté du réseau de distribution (occasionnant près de la moitié de perte en eau), raccordements illégaux et gaspillage en sont les principales causes. Le réchauffement climatique n'offre pas de perspectives d'amélioration (15 % de baisse de pluviométrie depuis 60 ans). L'île Maurice est d'ailleurs classée par les Nations unies parmi les « *water stressed countries* » (pays souffrant de pénurie d'eau).

Les ressources halieutiques sont également mises à mal, les pêcheurs locaux devant subir une concurrence déloyale de la part des thoniers senneurs internationaux qui remontent dans leurs filets jusqu'à 200 tonnes de poissons en une seule prise. Face à eux, la pêche traditionnelle à l'hameçon ne fait pas le poids, c'est peu de le dire ! Or les écologistes dénoncent depuis longtemps la technique de pêche à la senne (gros filets qui traînent sur les fonds). Elle endommage les fonds marins et ne permet pas le tri des poissons selon leur taille.

Quelques avancées

Le ministère de l'Environnement peine à trouver une solution au problème de pollution envahissante qui interfère sur l'évolution des divers milieux naturels de l'île. Cela dit, la jeune génération a conscience de la beauté naturelle de son île et, par le biais d'organisations associatives, essaie de se faire entendre d'un gouvernement trop immobiliste.

Des programmes de réhabilitation interviennent, notamment sur des sites marins abîmés ou détruits, où le bouturage manuel permet aux coraux de se reproduire. L'île Maurice a tous les atouts pour devenir un modèle insulaire de protection et de réhabilitation de l'environnement.

Aujourd'hui, c'est une société privée qui recycle le plastique et ses dérivés en achetant les bouteilles vides. Cela permet un nettoyage succinct des endroits publics. Autre exemple : les sacs plastique sont interdits depuis début 2016 dans les commerces, comme à Rodrigues. Enfin, l'ambitieux programme « Maurice île durable » vise à améliorer l'autonomie énergétique de l'île, en s'appuyant notamment sur la biomasse, le biogaz, l'éolien, dont le premier parc a ouvert début 2016. Le but est de parvenir à 35 % d'électricité produite à partir d'énergies renouvelables d'ici 2025. La piste du biodiesel est aussi explorée, ce qui permettrait aux cultivateurs de canne à sucre de trouver un débouché à leur production aujourd'hui bien moins rentable. Enfin, quelques agriculteurs ont opté pour le commerce équitable, un mode de production qui favorise une meilleure qualité des produits tout en assurant des conditions de travail et un revenu décents aux fermiers. Une façon de ménager économie et écologie, tandem pas toujours facile à faire coexister.

FAUNE ET FLORE

La faune

L'animal fétiche de Maurice n'existe plus. C'était le ***dodo*** ! Non, pas celui qu'on pique à l'heure de la sieste, mais un oiseau énorme (près de 25 kg), aussi appelé *dronte,* au bec recourbé et crochu. En fait, peu de gens savent que le dodo était une espèce de pigeon qui avait grossi au cours des siècles. Un peu balourd, il était incapable de voler à cause de son poids et de ses ailes atrophiées. Non seulement il fut facilement chassé, mais les chiens et autres animaux débarqués sur l'île avec les Portugais dévoraient ses œufs, provoquant la disparition de l'espèce au XVIIe s. Le *Mauritius Institute* (musée d'Histoire naturelle) de Port-Louis possède un squelette reconstitué de l'animal, ainsi qu'une peinture. Encore plus fort : en 2005, une équipe de chercheurs néerlandais a retrouvé sur le site de la Mare aux Songes (du côté de Mahébourg) des ossements de dodo et, surtout, la partie supérieure d'un bec, suffisamment rare pour être identifiée comme telle. Les reliques dateraient d'au moins 2 000 ans ! Mais inutile de s'apitoyer sur sa disparition alors que certaines espèces encore présentes sont en voie d'extinction.
La colonisation de l'île n'a pas été très profitable pour la faune, et sur la bonne cinquantaine d'espèces qui existaient avant l'arrivée de l'homme, il n'en reste qu'une poignée. Ainsi, la ***tortue géante*** de Maurice et les ***râles*** (oiseaux aquatiques) ont également disparu. Et si on vous cite le pigeon des mares, l'oiseau babane, l'oiseau manioc, le coq des bois, l'oiseau cardinal et le beau paille-en-queue (emblème d'Air Mauritius), vous n'en verrez guère dans la nature, car ils se cachent bien. La ***perruche verte à collier*** de Maurice *(psittacula eques)* a bien failli connaître le sort du malheureux dodo. Défendue bec et ongles par la communauté scientifique internationale, elle revient de loin, et ce genre d'événement est extrêmement rare : grâce à des mesures de protection des zones de nidification et à la réintroduction de 140 spécimens élevés en captivité, cet oiseau endémique ressemblant à un perroquet a vu sa population augmenter. Mais ne vous attendez pas à en voir : la perruche, qui a bien compris sa leçon, reste très discrète !
En revanche, différentes espèces de souche étrangère à l'île et importées par l'homme prospèrent à son voisinage : le foudi de Madagascar (baptisé ici « cardinal »), de la taille et d'une silhouette proches de notre moineau, à ceci près que le mâle porte une livrée vermillon ; le bulbul orphée (le « condé » des Mauriciens), sympathique passereau à huppe noire et aux sourcils rouges, originaire de l'Inde et du Pakistan, etc.
Il n'y avait qu'un seul mammifère à Maurice avant l'arrivée des hommes, la ***chauve-souris mauricienne,*** ou « renard volant », espèce indigène toujours présente dont on pourra voir de nombreux spécimens au parc de La Vanille, dans le sud de l'île. Ce sont les Hollandais qui introduisirent le ***cerf*** au XVIIe s,

en provenance de Java. Il y est resté et est élevé en semi-liberté dans les grands domaines. Les chasseurs en tuent chaque année un certain quota, qu'on retrouve à la carte des restos. Également introduit et chassé, le ***cochon sauvage (sanglier),*** appelé cochon marron.
Les tortues énormes qu'on voit dans les parcs proviennent de Madagascar ou des Seychelles. Introduits il y a bien longtemps également, le lièvre et la mangouste, qu'on voit fréquemment en bordure des routes. La ***mangouste,*** petit prédateur redoutable, sert notamment à la dératisation des champs de canne. À noter encore que l'île Ronde abrite deux sortes de boas.
Quant aux singes, ce sont des ***macaques*** que les colons portugais importèrent dans les soutes de leurs vaisseaux. Ils habitent les forêts et on ne les voit guère que vers la Plaine Champagne, dans le Sud. Aujourd'hui, 10 000 singes sont élevés chaque année dans des centres de production et conditionnés avant d'être revendus à des laboratoires européens et américains. Maurice est ainsi devenue le 2e exportateur mondial de singes destinés à la recherche biomédicale, après la Chine. Un commerce qui entre en conflit avec la religion car 52 % de la population est hindoue. Les hindouistes vénèrent le dieu-singe Hanuman et considèrent l'animal comme sacré.
Le règne animal marin est certainement plus riche et plus représentatif de l'île Maurice, véritable aquarium tropical sur toute sa côte ou presque. Un masque, des palmes et un tuba, et vous voici plongé dans un monde où opèrent les ***poissons-chirurgiens,*** où les ***poissons-perroquets*** font du mime (à défaut de parler), où des ***capitaines*** tiennent bon la barre en suivant la brillance des étoiles de mer. Et encore de belles ***murènes*** à la peau soyeuse, des ***mérous*** à l'air naïf, des ***chinchards argentés...*** Aucun danger dans cette symphonie de couleurs, à l'exception du ***poisson-pierre*** au parfait mimétisme. Particulièrement statique, quand on a marché dessus, c'est qu'il est trop tard. Sa piqûre provoque de fortes fièvres et peut être mortelle dans certains cas (syncope, noyade...). Consulter d'urgence un médecin. Les hôtels possèdent, en principe, un sérum antivenimeux. Pour ne pas le rencontrer, ***ne jamais marcher sur les récifs de corail.*** On vous en parle, mais en fait, les accidents sont très rares. De manière générale, portez des chaussures en plastique, ne serait-ce que pour les oursins.
Les pêcheurs qui s'aventurent hors du lagon, dans le grand bleu, pourront évidemment attraper des ***thons,*** des ***wahoos,*** des ***coryphènes*** (improprement baptisées « daurades », alors que les véritables daurades sont ici rassemblées sous le vocable de « gueules pavées »), des ***sail-fish,*** mais surtout des ***marlins,*** variété d'espadon qui atteint plusieurs centaines de kilos. L'île Maurice est un lieu de pêche au gros très fameux, et les centres de pêche reçoivent les spécialistes du monde entier.
– ***Conseils :*** n'achetez pas d'objets en écaille de tortue de mer. C'est interdit et l'espèce est protégée. Idem pour les coraux et coquillages, également protégés, même si on en trouve dans les boutiques de souvenirs (soi-disant importés).
– ***Et les dauphins ?*** Tout le monde veut les voir, les approcher, nager avec eux. Seulement voilà, ce qui était au départ une magnifique balade à la rencontre de ces adorables mammifères s'est aujourd'hui transformé en un business affligeant. Chaque jour, dans le secteur du Morne Brabant et de Tamarin, une petite colonie de dauphins qui y a élu domicile est traquée par des grappes de bateaux de tous gabarits. Certains matins, c'est une vingtaine de barques, hors-bord et catamarans qui les encerclent. Ces animaux sont évidemment gênés par de telles flottilles, mais les touristes aussi. Car certains capitaines peu scrupuleux n'hésitent pas à foncer pour être au plus près des dauphins. À quand une réglementation stricte sur cette activité ? (Voir aussi le texte sur le *dolphin watching* à Tamarin.)

La flore

Comme pour la faune, la flore fut énormément modifiée par l'arrivée de l'homme. Autrefois, une épaisse forêt recouvrait l'île de toutes parts ; il n'en reste aujourd'hui que 3 %, concentrée dans les réserves naturelles du Sud-Ouest comme la réserve de Bras d'Eau, au sud de Roches Noires, ou celle de la vallée de Ferney, au nord de Mahébourg. Elle se composait de savane en bord de mer, puis de forêts d'ébéniers et, sur les hauteurs, de superbes tambalacoques. Les Hollandais furent les premiers, au XVIIe s, à « nettoyer » Maurice pour y introduire la canne à sucre, mais aussi les pamplemoussiers ; ils en avaient embarqué de Java, de façon à éviter le scorbut aux marins. Pour eux, l'île n'était qu'un point de passage entre l'Europe et l'actuelle Indonésie. Plus tard, les colons qui s'installèrent pour de bon apportèrent dans leurs bagages toutes sortes de plantes pour décorer les jardins. De celles qui essaiment vite, sont robustes et chassent petit à petit les essences indigènes en les empêchant de s'épanouir. C'est le cas du célèbre arbre du voyageur, si beau mais tellement prolifique... Plus tard encore, le développement continu de la canne favorisa la déforestation.

Aujourd'hui, c'est grâce aux soins attentifs et passionnés des membres de la *MWF (Mauritian Wildlife Foundation)* que la forêt originelle retrouve par endroits son aspect d'antan. De jeunes pousses sont élevées en pépinières, puis replantées sur des terrains propices débarrassés des plantes exotiques. Un travail de longue haleine...

Les touristes qui séjournent au bord des plages se familiarisent rapidement avec deux arbres particuliers : le flamboyant et le filao.

– ***Le flamboyant :*** l'une des plus belles espèces qu'on connaisse. Divisé dès la base en plusieurs troncs se ramifiant généreusement à une dizaine de mètres pour s'ouvrir un peu comme un parasol, il offre de novembre à janvier une floraison incroyable de petites fleurs rouges ou orange absolument radieuses. Planté au bord des routes, le flamboyant éclate de couleurs sur fond de ciel bleu.

– ***Le filao :*** son nom exact est ***casuarina*** (*filao* étant le nom portugais). Ressemblant au pin, fin et longiligne, on le trouve le long de quasiment toutes les plages. Introduit dès la fin du XVIIIe s, il sert à fixer le sable mais aussi à ombrager le pique-nique familial et dominical des Mauriciens sur les plages publiques. À la même époque, on introduisit le *badamier* et le *cocotier.*

– ***Le paysage d'antan :*** la meilleure idée que l'on peut se faire de ce qu'était Maurice autrefois est de traverser la ***Plaine Champagne*** et d'embrasser la vue à partir des gorges de la ***rivière Noire.*** Dans cette partie de l'île, ce sont essentiellement des plantations de thé et de café. Dans les régions touristiques comme le Nord, on verra surtout des champs de canne à perte de vue, juste rehaussés par les flamboyants. Le ***latanier*** et certaines sortes de ***palmiers*** ne se trouvent plus que sur l'île Ronde au nord de Maurice, sur l'île aux Aigrettes près de Mahébourg, et également sur quelques hauteurs de l'île Maurice. Notons encore les beaux ***vacoas,*** les dizaines de sortes d'***hibiscus*** et les ***anthuriums*** qu'aiment rapporter les touristes.

– ***Les cultures fruitières :*** cette liste ne serait pas complète si on oubliait tous les merveilleux fruits, cadeaux d'une nature généreuse : mangue, banane, ananas, papaye, corossol, avocat, jack-fruit, carambole, litchi, coco, grenadine, fruit de la passion, goyave...

FÊTES ET JOURS FÉRIÉS

Compte tenu de la diversité religieuse de l'île, il y a une quinzaine de jours fériés officiels, neuf à des dates fixes et huit dépendant du calendrier lunaire. Mais attention, il peut arriver qu'il y ait des changements d'une année sur l'autre !

Dates fixes

– ***1er et 2 janvier :*** Nouvel An.
– ***1er février :*** abolition de l'esclavage.
– ***12 mars :*** anniversaire de l'indépendance (déclarée en 1992).

- ***1er mai :*** fête du Travail.
- ***15 août :*** Assomption.
- ***1er novembre :*** Toussaint.
- ***2 novembre :*** anniversaire de l'arrivée des engagés indiens.
- ***25 décembre :*** Noël.

Dates variables

- ***En janvier-février :*** fête du Printemps (Nouvel an chinois) et *Thaipoosam Cavadee.*
- ***En mars-avril :*** *Maha Shivaratree, Holi* et *Ougadi.*
- ***En août :*** *Aïd-el-Fitr.*
- ***En septembre :*** *Ganesh Chaturthi.*
- ***En octobre-novembre :*** *Divali* et *Ganga Asnan.*
- ***Début décembre :*** *Festival créole.*

Quelques mots sur certaines fêtes traditionnelles

La grande majorité des fêtes à dates variables ont été introduites par les Indiens et plus particulièrement par les Tamouls. Mais il y a aussi des rites chinois et chrétiens. Tous ceux décrits ici ne font pas forcément l'objet d'un jour de congé, mais ils sont tous importants.

- ***Thaipoosam Cavadee :*** originaire du sud de l'Inde. C'est sans doute la fête la plus impressionnante. Son origine hindouiste rappelle l'époque où Idoumban parvint à se délivrer du démon grâce à l'intervention du fils de Shiva. C'est une cérémonie de purification du mal. Durant la fête, les participants portent sur leurs épaules le *cavadee,* structure de bois symbolisant les montagnes sacrées, abondamment décorée de choses multiples et multicolores, l'essentiel étant que ça brille. Ils s'adonnent à de spectaculaires scènes de ferveur. Une fête pas comme les autres, à laquelle il faut assister si vous êtes à Maurice au bon moment, mais avec pudeur et respect.

ENTREZ DANS LA TRANSE

Lors de la cérémonie hindoue du Thaipoosam Cavadee, *les participants entrent dans d'impressionnantes transes. La musique, l'état de fatigue, les prières répétitives permettent d'accéder à cet état où l'on se rapproche de Dieu. On se transperce les joues avec des aiguilles, la langue avec des épingles, le dos avec des crochets... afin de purifier le corps. On se dirige ainsi vers le temple, où l'on fera des offrandes. Ferveur, délire, cris, pleurs, malaises... et joie intense constituent les ingrédients particuliers de cette fête hors du commun.*

- ***Fête du Printemps :*** Nouvel an chinois. Dragons décorés, danses, offrandes aux pagodes, repas somptueux en famille, prières. La présence de pétards (et donc de beaucoup de bruit) permet d'éloigner les mauvais esprits. Le quartier chinois s'anime alors de spectacles de rue, avec des danses du loup, du lion, du cheval, permettant de quitter le foyer pour le voyage céleste... Mais attention au dragon qui lance le feu !
- ***Maha Shivaratree :*** cette fête est longuement développée à « Grand Bassin », dans le chapitre « Du Morne Brabant à Flic en Flac. Excursions vers l'intérieur », où elle se déroule. Également l'une des plus importantes de l'île.
- ***Ganga Asnan :*** cette fête est aussi populaire que le *Maha Shivaratree.* Elle remémore les racines indiennes et le culte gangétique, quand le fleuve céleste se répandit sur terre en se subdivisant en sept branches, les sept rivières sacrées de l'Inde. Depuis, les dévots se purifient dans la *Ganga Mai,* la mère de tous les cours d'eau. À Maurice, les fidèles vont se purifier dans l'océan Indien, où le Gange jette

ses eaux. Certains pensent que le Ganga Talao, le lac sacré mauricien à Grand Bassin, serait en contact secret avec le Gange, et préfèrent s'y baigner.
– ***Holi :*** la fête des couleurs et des moissons. Elle rappelle que Holika, la sœur d'un roi, voulut brûler son neveu qui, finalement, sortit indemne des flammes. Résultat, aujourd'hui, pour punir Holika, on brûle son effigie et on se lance de l'eau colorée en rouge, bleu, vert, violacé... au visage ou sur les vêtements. Si vous mettez le nez dehors ce jour-là, vous vous retrouvez déguisé en arc-en-ciel en quelques minutes. En ce jour de fête, mettez de vieux vêtements. Si ça ne vous plaît pas, restez à l'hôtel ! Sinon, faites comme tout le monde, participez !
– ***Divali :*** on fête la libération de Sita, retenue prisonnière par le démon Rawana, et le retour de son mari Rama, le septième avatar de Vishnu. La fête se caractérise par la décoration des maisons de mille petites lumières pour éclairer le chemin de Rama et Sita lors de leur retour dans leur ville natale d'Ayodhia. Considérée par les hindous comme la victoire du Bien sur le Mal. À l'occasion de *Divali,* on prie également Laksmi, déesse des Richesses. Tous les foyers hindous préparent pour ce jour-là des gâteaux, distribués ensuite aux amis et parents.
– ***Ghoons :*** la fête a lieu le premier mois de l'année islamique et commémore le décès de Hussein, martyr et petit-fils du prophète. Elle est célébrée par les musulmans chiites, qui, pendant 40 jours, s'habillent de noir. Les hommes se réunissent à la tombée de la nuit pour écouter les récits héroïques de Hussein. Le clou du spectacle est le *ghoon,* structure en bambou décorée, qui symbolise la ville sainte de Karbala (en Irak) et le tombeau de Hussein. On le transporte en procession, en se transperçant le corps, dans les rues de Port-Louis, puis vers le quartier de la Plaine Verte, où il est détruit dans la rivière.
– ***Pèlerinage du père Désiré Laval :*** les 8 et 9 septembre. Un hommage à « l'apôtre des Noirs ». Ce n'est pas un jour férié, mais c'est une date très importante. Pour les détails, lire « Dans les environs de Port-Louis ».
– ***Toussaint et fête des Morts :*** le 2 novembre, on rend hommage à tous les morts. Fête chrétienne où l'on va à la messe avant d'aller fleurir les tombes. Si, sur le continent européen, c'est un jour de recueillement, ici la fête revêt un aspect moins funèbre. La messe est colorée, et au cimetière, les prières s'accompagnent de l'arrosage des tombes. À cette occasion, on pratique le retournement des monts, un rite originaire d'Afrique et de Madagascar. On prépare pour le défunt son plat préféré, accompagné d'un p'tit verre de rhum. Imaginez en France : un pot-au-feu posé sur les tombes avec un ballon de rouge !... Pour les Mauriciens, c'est le témoignage irréfutable d'une certaine forme de vie après la mort.

GÉOGRAPHIE

Là, ça va être vite fait. L'île est petite : 1 865 km², circonscrits dans un ovale presque régulier d'environ 48 km d'est en ouest sur 65 km du nord au sud, avec 330 km de côtes. Située dans l'océan Indien, dans l'hémisphère sud, légèrement au nord du tropique du Capricorne, à 1 000 km au sud-est de Madagascar et 200 km de La Réunion, l'île Maurice appartient à l'archipel des Mascareignes (avec La Réunion et l'île Rodrigues).
C'est une île d'origine volcanique bien plus ancienne que La Réunion. Dans cette dernière, le volcan est toujours en activité, tandis qu'à Maurice, il est éteint depuis belle lurette. Formé il y a environ 8 millions d'années, le volcan est stationnaire depuis 20 000 ans.
Sur les côtes, les plages superbes sont protégées par une barrière de corail ceinturant l'île presque uniformément, ce qui crée un lagon aux eaux particulièrement lumineuses et chaudes. Les vagues de l'océan viennent s'écraser sur le récif, qui fait office de véritable bouclier. Grâce à lui, les plages sont tranquilles et sécurisantes, pour les petits comme pour les grands.
À l'intérieur, un grand plateau central situé entre 400 et 600 m d'altitude, avec le piton de la Rivière Noire, point culminant à 828 m d'altitude. Il fait plus frais sur les

hauteurs (3 à 5 °C de moins) et les pluies y sont assez fréquentes. Des crêtes acérées, donnant du rythme à un relief globalement modeste, entourent ce haut plateau. Dominant Port-Louis, on trouve le massif du Pouce (812 m) et celui de Pieter Both (823 m), plus élégant et plus abrupt, ainsi que la chaîne de Moka.
Un peu plus au sud, non loin de la côte ouest, le Rempart (545 m) et les Trois Mamelles, moins remarquables par leur altitude que par la grâce de leurs découpes. Et puis au sud, la chaîne de la Savanne et la Plaine Champagne où les gorges de la rivière Noire rappellent un peu La Réunion, en plus petit. L'Est et le Nord se révèlent parfaitement plats, ce qui laisse libre cours à la culture de la canne à sucre.

« 20 000 LIEUX SOUS LES MERS »

Une étude britannique l'affirme : un bout de continent, détaché de Madagascar il y a 60 millions d'années, a été enseveli par la lave et se trouve désormais sous l'île Maurice et La Réunion. Un continent caché : de quoi faire fantasmer les nouveaux Jules Verne... Les continents se sont formés par fracturation des plaques tectoniques. C'est ainsi que les îles se sont constituées et ont dérivé tout en égrenant en cours de route « des fragments de continents ».

HISTOIRE

La création de Maurice est un conte marin : un volcan jailli des eaux, des oiseaux transportant les graines qui vont exploser en verdure, des bois flottants qui, échoués, plantent leurs racines sur des plages. Un jour, ces bois se transforment en navires. Les commerçants arabes, qui cabotent le long de l'Afrique de l'Est, lui offrent un nom : *Dina Arobin.* C'était au Xe s. En 1502, on la retrouve sous la dénomination *Dina Meshriq* : Machrek désigne l'Est, par opposition au Maghreb, l'Ouest. Mais cette « île d'Orient », malgré des ports naturels engageants, ne retient pas les fils du Prophète : le vent du grand commerce emporte leurs boutres vers les îles fabuleuses de l'Orient extrême.

Les Portugais : les découvreurs

Des Portugais, elle reçoit la même offense. Ils sont bien trop avides d'Inde, et, au-delà, des merveilleux Cathay (la Chine) et Cipango (le Japon) pour prendre racine en cette île. Pourtant, on l'estime assez bonne pour servir d'étape. On ne sait d'ailleurs pas exactement quel navigateur portugais découvrit l'île au début du XVIe s, entre 1502 et 1512 – Diego Días, Pedro Mascarenhas (qui donnera son nom à l'archipel des Mascareignes, comprenant Maurice, Rodrigues et La Réunion) ou encore Domingo Fernandez. Celui-ci tomba nez à nez avec le fameux dodo : on le trouve sur les timbres, les autocollants, partout... sauf dans la nature. Car les équipages portugais chassaient le dodo. Un petit coup de gourdin, et hop ! à la broche. De plus, ils débarquèrent cochons, chèvres, bœufs, chiens et même des singes

NOM D'OISEAU

Domingo Fernandez jeta l'ancre sur l'île en 1511 et la baptisa Cirne, « l'île du Cygne », sans doute à cause de cet étrange oiseau qui, assez curieusement, lui rappelle un cygne : « Sans plumes par le corps qui est couvert d'un duvet noir, il a le cul tout rond, le croupion orné de plumes crépues, le bec gros, les jambes hautes. » Il s'agit du célèbre dodo, oiseau disparu. Comme le kiwi en Nouvelle-Zélande, il est devenu emblème national.

hautement gastronomiques, histoire de fournir des provisions aux suivants... et cochons, chiens et singes (sans oublier les rats !) festoyaient volontiers avec des œufs de dodo.

Les Hollandais (1598-1710) : les pionniers

Au XVIIe s, les *descubridores* portugais cèdent l'océan aux marchands de Hollande. Ceux qui débarquent en 1598 à l'intérieur du lagon, près de Vieux Grand Port, viennent de la colonie du Cap. Pour décourager la concurrence étrangère, on donne à l'île un nouveau nom : *Mauritius* ou Maurice. Pourquoi pas Roger ou Marcel ? Parce que Maurice est le prénom de leur prince, Maurice de Nassau.
40 ans après, pour plus de sûreté, on s'installe avec armes et bagages. Les bagages comprennent des esclaves d'Afrique ou de Madagascar. Quant aux colons, il s'agit de forçats expédiés des îles à épices (Java, Sumatra...). Livré à lui-même, tout ce monde se dissipe. Les esclaves – qui l'eût cru ? – se font la belle. Les colons détruisent les forêts d'ébène et les derniers dodos. Alors, l'île se venge : aux cyclones succèdent les disettes, les naufrages (dont l'un causa la mort de l'amiral Pieter Both, dans la baie du Tombeau), les raids de pirates... En 1710, les Hollandais rembarquent. Non sans laisser quelques cadeaux : un troupeau de cerfs, qu'on élève et qu'on chasse encore, du tabac et de la canne à sucre. Et le titre de « Mère de la Tasmanie » : c'est de Maurice que son futur découvreur, Abel Tasman, appareilla en 1642.
Les Hollandais partis, Maurice redevient un trou. Une escale où remplir ses tonneaux d'eau et réparer ses voiles. Pour le reste, c'est-à-dire les petites femmes, on trouve Bourbon (La Réunion) plus sympa... C'est justement de cette île voisine que viendra, 5 ans plus tard, M. Dufresne d'Arsel. Ce Malouin commande le *Chasseur,* un vaisseau que la Compagnie des Indes orientales a chargé d'apporter, du port yéménite de Moka, les premiers plants de caféiers destinés à faire de Bourbon le fournisseur des goûters de la Cour. Maurice est déserte ? Ce brave la rebaptise « Isle de France » et l'offre à sa compagnie. Celle-ci attendra 6 ans (1721) pour y installer ses hommes. Un comptoir est ouvert. Mais question réussite, bernique !

Mahé de La Bourdonnais, le Malouin colonisateur

Son premier héros, cette île malchanceuse le trouve en 1735. Encore un capitaine de la Compagnie des Indes. Il est lui aussi originaire de Saint-Malo (Bretagne) et navigue depuis l'âge de 10 ans : Bertrand François Mahé de La Bourdonnais (voir son portrait dans la rubrique « Personnages »). Pour le récompenser des bons et loyaux services rendus sous la bannière de la Compagnie des Indes dans l'océan Indien, le roi Louis XV le nomme « gouverneur des Isles Bourbon et de France ». Il débarque un 4 juillet 1735 dans ce port qui deviendra Port-Louis.
Son objectif : orienter l'Isle de France vers l'activité maritime, en faire une sorte de « Saint-Malo des Indes » autrement dit, un entrepôt en temps de paix, une base corsaire en temps de guerre. L'ennemie, l'Angleterre, est déjà bien implantée dans la région. L'île Bourbon, de son côté, deviendrait le grenier à blé et s'épanouirait dans l'agriculture. La Bourdonnais sait ce qu'il veut et ce qu'il ne veut pas. Il ne veut pas que les Mascareignes deviennent les Antilles de l'océan Indien. Il souhaite qu'on traite les esclaves correctement. Il les fait entrer dans la maréchaussée et leur donne même la possibilité de devenir marins. Cela dit, de nombreux colons conservent des comportements cruels et inhumains avec leurs esclaves, comme l'observe Bernardin de Saint-Pierre. Que fait encore Mahé ? Pour éviter la famine, il impose l'obligation de planter du blé et demande aux colons de produire leur propre viande, d'élever des volailles. Son obsession : pouvoir à tout moment assurer la survie de l'île et le ravitaillement des équipages qui y font escale.
Port-Louis est mal fichue ? Mahé établit les plans d'une ville coloniale et il fait aménager le port pour pouvoir accueillir une flotte importante. On bâtit un hôpital, on exploite les forêts, on fonde la première sucrerie dans le quartier de

Pamplemousses... On fait venir des ardoises de Bretagne pour couvrir les bâtiments publics. L'Isle de France est dès lors bien plus qu'une simple base. Elle devient en quelques décennies l'une des plus prospères colonies du roi. Mahé pense aussi à Rodrigues, qui devient un poste de ravitaillement et de surveillance à l'est. Stratège, il lance depuis l'Isle de France des missions exploratoires vers le nord. Des gentilshommes bretons explorent les Seychelles à bord des vaisseaux du roi. L'île d'Abondance est découverte, elle est renommée Mahé, en l'honneur du gouverneur.

Le naufrage du *Saint-Géran* : le drame de 1744

Un fait divers propulse l'Isle de France dans la légende. Dans la nuit du 17 août 1744, le vaisseau *Saint-Géran,* parti le 24 mars de Lorient, arrive à destination à la tombée de la nuit. Le temps est radieux. Le ciel étoilé. La lune s'est levée. Faut-il, dès le soir, aborder au port ? Tel est l'avis du capitaine Delamarre, mais ses adjoints l'en dissuadent. Pour eux, il n'y a pas de danger à courir des bordées et à louvoyer au large des côtes avant l'aube. Vers minuit, deux marins viennent prévenir l'officier de quart que le vaisseau est trop près des côtes. Il se trouve alors non loin de l'île d'Ambre, au nord-est de l'île. L'officier les éconduit. À 2h du matin retentit un cri sinistre : « Brisant à l'avant ! » La cloche d'alarme tinte. Les passagers affolés montent sur le pont. Pour alléger le navire, le capitaine fait couper le mât d'artimon qui, dans sa chute, entraîne le mât de misaine ; les deux mâts heurtent les flancs du navire comme un puissant bélier. Le navire s'enfonce, la coque se brise, la quille se rompt par le milieu, la poupe et la proue se soulèvent. L'eau bouillonne dans les flancs du navire. Un radeau construit en toute hâte emporte 60 personnes, mais il est aussitôt englouti.

LE PONT DES DERNIERS SOUPIRS

Parmi les émouvantes histoires qui entourent le naufrage du Saint-Géran, en voici une authentifiée par plusieurs survivants : M. de Peramon tombe à genoux devant sa fiancée, la suppliant de se dévêtir pour qu'il puisse plus facilement la sauver. Mais la pudique créole refuse de quitter ses vêtements alourdis par l'eau, et son fiancé préfère se laisser mourir près d'elle.

Le *Saint-Géran* avait embarqué près de 200 passagers et membres d'équipage (dont une trentaine d'esclaves africains montés le 15 juin à Gorée). Mais le navire transportait aussi de précieuses pièces de machines pour les moulins à canne à sucre. Et aussi quantité de piastres. Il fallut créer du papier-monnaie : la disette de bon et bel argent avait tourné à la crise monétaire ! Ce naufrage d'août 1744 fut un véritable drame humain et économique.

Pierre Poivre, un homme d'épices

Après la chute de Mahé de La Bourdonnais (1746), la Compagnie des Indes patronne encore pour quelques années le destin de l'île. En 1764, pressé de renforcer sa base navale et son pouvoir dans l'océan Indien, le roi de France rachète les Isles Mascareignes à la Compagnie des Indes. En reprenant définitivement la région en main, il décide d'en faire à nouveau une colonie. Cette reprise du pouvoir par le ministère de la Marine se concrétise le 14 juillet 1767 par le débarquement à Port-Louis des premiers administrateurs royaux. Les successeurs de La Bourdonnais font de leur mieux pour promouvoir Maurice. Le premier gouverneur royal, Daniel Dumas, sera épaulé par son éternel rival, Pierre Poivre, intendant des Isles de France et de Bourbon de 1767 à 1772.

Ce dernier est un Lyonnais avisé qui a beaucoup voyagé en Extrême-Orient (voir la rubrique « Personnages »), qui s'oppose à son supérieur sur tous les points. Malgré cela, tous deux font du bon travail. Poivre développe la culture des épices et implante les premiers muscadiers et girofliers qui ont enrichi la Hollande en Insulinde. Son idée est de faire de l'Isle de France « une nouvelle Moluques ». Il ne délaisse pas pour autant les cultures vivrières. À la fin du XVIIIe s, les épices seront un échec et la canne à sucre un succès. Quoi qu'il en soit, il reste qu'« on ne peut faire ici du bien qu'en suivant les routes tracées par Mahé de La Bourdonnais et Pierre Poivre », comme on disait à l'époque.

« La Calypso des mers du Sud »

Suffren avait surnommé l'Isle de France « la Calypso des mers du Sud ». Par ses charmes océaniques et sa douceur tropicale, elle retient les marins en escale. Sur la route des Indes, c'est une étape nécessaire pour les navires, ne serait-ce que pour le ravitaillement des équipages.

– ***Bougainville*** fait le tour du monde de 1766 à 1768. Le 16 octobre 1768, il quitte Batavia (actuelle Jakarta) à bord de la *Boudeuse*. Le 8 novembre, il arrive à Port-Louis et rencontre Pierre Poivre, l'intendant. Il lui remet sa fameuse « bougainvillée » ainsi qu'une cucurbite, sorte d'alambic destiné à dessaler l'eau de mer.

– ***Yves de Kerguelen*** y fait escale en août 1771. Il y équipe deux flûtes, la *Fortune*, qu'il commande lui-même, et le *Gros-Ventre*, commandé par Saint-Allouarn, un autre gentilhomme breton. En décembre 1771, les deux vaisseaux quittent Port-Louis en direction du Sud austral. Ils découvriront les îles de la Fortune, prenant possession de la Grande Terre des îles Kerguelen (appelée la France australe). Kerguelen repart en mars 1773 avec l'*Oiseau* et le *Roland*, qui font escale le 29 août 1773 à Port-Louis.

– ***Lapérouse*** séjourne sur l'Isle de France pendant 6 années, de 1772 à 1778. Il épouse une femme de l'île.

Guerres navales entre la France et l'Angleterre

Les déboires militaires et maritimes français aux Indes ont fait de l'océan Indien une mer anglaise. La guerre d'Indépendance américaine (1778-1783) oblige la France à épauler les indépendantistes en Amérique et à s'engager contre les Anglais dans l'océan Indien. Pour commander les forces navales, le roi envoie un marin de génie : Suffren. Outrés, les Anglais se vengent sur les possessions indiennes françaises.

La grande heure de la future Maurice a sonné, et l'île devient une place hautement stratégique dans cette lutte pour la suprématie militaire dans l'océan Indien. Elle accueille 15 000 soldats, les marins de Suffren et les grands corsaires malouins, comme Robert Surcouf, qui y débarque en 1789. Jusqu'en 1794, il navigue dans l'océan Indien et pourchasse les Anglais. Le plus hardi et le plus chevaleresque des corsaires sous la Révolution et l'Empire fait quand même de la traite d'esclaves, alors que

CONTRE MAUVAISE FORTUNE BON CŒUR !

Originaire de Saint-Malo, le jeune Surcouf, amoureux, fut éconduit car jugé trop pauvre. Dépité, il embarqua sur un bateau en partance vers l'île Maurice et devint corsaire. À 28 ans, enrichi du butin de quelque 50 navires anglais, de retour des Indes, il retourna à Saint-Malo solliciter la main de sa bien-aimée. Il semblerait que le père ait fait peu de cas de l'origine des biens mal acquis. Après tout, l'avenir de sa fille était assuré ! Les jeunes gens convolèrent. À sa mort, en 1827, Surcouf était l'un des hommes les plus fortunés de France.

celle-ci est déjà interdite. Ses prises sur les Anglais affluent à Port-Louis. Surnommée « Étoile et clé de la mer des Indes », la ville abonde de richesses. Sur fond de villas créoles, les élégantes se promènent au bras des aventuriers. Les rhumeries tournent à plein pour désaltérer les gosiers militaires.
À la veille de la Révolution française, on dénombre sur l'Isle de France 7 850 Blancs, 950 « libres » et 37 000 esclaves, soit au total une population de 45 800 âmes.

L'île à l'heure de la Révolution française

Un jour, le drapeau à fleurs de lys fait place aux trois couleurs de la République. Les habitants sont ravis : la disparition des gouverneurs royaux a comme un goût d'indépendance. Mais voilà que la Convention se mêle d'abolir l'esclavage ! Comme la Martinique, l'Isle de France résiste. Influencé par Joséphine, Bonaparte ne tarde d'ailleurs pas à abroger la mesure. Les esclavagistes respirent ; les esclaves représentent en effet 80 % des habitants. Puis la guerre reprend contre l'Anglais. Surcourf (47 prises) et ses hommes multiplient les hold-up juteux, à tel point que les Américains accourent emplir leurs cales de produits indiens : les Isles de France et Bourbon assurent près de la moitié des exportations françaises aux États-Unis. Mieux encore : en 1810, la marine impériale offre à Napoléon la seule victoire navale de son règne (gravée sur l'Arc de Triomphe) en ratatinant la flotte anglaise à Grand Port.
Mais juste à temps, car l'Isle Bourbon vient de capituler. Six mois plus tard, c'est au tour de l'Isle de France. En un tournemain, quelque 10 000 Anglais et Indiens débarqués au Cap investissent la totalité du territoire. « Tant que les Français tiendront l'Isle de France, clamait Pitt en 1761, les Anglais ne seront pas maîtres de l'Inde. »

Mauritius l'Anglaise (1810-1968) et le développement de l'engagisme

Ici se séparent les routes des deux sœurs. Napoléon exilé à Sainte-Hélène, les Anglais ont accepté de rendre l'Isle Bourbon à Louis XVIII, pour mieux se garder l'ex-Isle de France, rebaptisée Mauritius, c'est-à-dire Maurice.
Maurice, devenue anglaise, gagne en importance maritime et prospérité commerciale. On plante l'île de canne. En un quart de siècle, la production de sucre décuple, pour atteindre les 100 000 t. Malgré l'interdiction de la traite, on s'arrange pour importer de nouveaux esclaves d'Afrique et de Madagascar. Ces habitudes ne disparaissent qu'en 1835, lorsque l'Angleterre décide d'abolir l'esclavage et consent à indemniser (grassement) les maîtres. Mais le problème reste entier : qui va s'échiner, maintenant, sur les champs de canne ?
Le système de l'engagisme est mis au point. Maurice en sera le lieu-test, avant que cette méthode soit élargie aux autres colonies. Il s'agit d'un contrat de travail passé entre les Anglais et des travailleurs issus d'un autre pays (futurs ex-esclaves). Ainsi des dizaines de milliers d'ouvriers agricoles venant notamment d'Inde du Sud (essentiellement des Tamouls) signent un contrat de 1 à 5 ans et s'embarquent pour Maurice. Même si ces contrats sont souvent peu lisibles pour une population analphabète et les conditions de travail dures, au final, la très grande majorité des émigrants, appartenant à la caste des Intouchables, fera souche sur l'île.
Mais les Anglais de Maurice avaient besoin de main-d'œuvre et n'avaient cure de l'appartenance de classe. On demandait simplement aux nouveaux arrivés, par principe, leur « boat caste », à savoir la caste à laquelle ils avaient décidés d'appartenir. Si bien que les « ex »-Intouchables se libérèrent très vite de l'emprise des castes.
C'est cette population massivement « importée » qui constitue aujourd'hui plus des deux tiers des habitants de l'île ! Ce sang neuf dope la prospérité. C'est

l'heure des grandes fortunes des « barons du sucre », qui se constituèrent surtout au XIXe s. Pour en savoir plus sur cette période méconnue de l'engagisme, lire le texte sur l'*Aapravasi Ghat* à Port-Louis.

En 1869, le percement du canal de Suez permet aux navires venus d'Europe d'atteindre l'Inde et l'Asie plus rapidement. Conséquence tragique : l'étape classique de l'île Maurice n'est plus nécessaire. Quelques visiteurs illustres – Darwin, Conrad, Gandhi... – y font escale. Et puis l'île connaît une série de catastrophes : cyclones, incendies, épidémies (l'une d'elles décimera la moitié des habitants de Port-Louis)... le tout sur fond de surpopulation galopante.

L'indépendance

En 1901, le mahatma Gandhi, de passage sur l'île, parle de justice et de démocratie. Il a quelques longueurs d'avance, mais avec la fondation du parti travailliste en 1936, largement appuyé par la population indienne, commence la course à l'indépendance. En 1959, le droit de vote accordé aux habitants de plus de 21 ans sachant écrire leur nom conforte encore ce parti populaire.

En 1965, ***une conférence constitutionnelle*** se tient à Londres, où le parti travailliste demande l'indépendance immédiate, qui sera rejetée. Le docteur Seewoosagur Ramgoolam (SSR pour les intimes) devient en 1968 le premier chef du nouvel État mauricien. La Constitution du 12 mars 1968 ne donne pourtant pas encore le statut de république à Maurice, qui reste sous la souveraineté de l'Angleterre.

En 1969, une coalition regroupant le parti travailliste, le comité d'action musulman et le... PMSD (Parti mauricien social-démocrate) voit le jour, inaugurant les grandes combinaisons politiques qui vont se succéder par la suite. Un nouveau parti politique émerge, le Mouvement militant mauricien (MMM) de Paul Bérenger, un Franco-Mauricien.

Diverses scissions des partis politiques et d'ineffables coalitions se succèdent au pouvoir : Paul Bérenger, Gaétan Duval et Anerood Jugnauth. En 1992, le statut de monarchie anglaise est aboli, et ***Maurice accède enfin au statut indépendant de République*** (12 mars 1992). Voilà enfin une véritable démocratie, solide et bien assise.

Pour célébrer le trentième anniversaire de l'indépendance du pays, Navin Ramgoolam, alors Premier ministre, organise la plus grande fête qu'a connue la République, le 12 mars 1998. Feu SSR entre dans l'histoire en tant que « père de la nation ».

UN PAYS DÉSARMANT

Comme 28 autres pays du monde (Islande, Monaco ou Costa Rica, pour ne citer qu'eux), l'île Maurice ne possède pas d'armée, mais une force spéciale de 1 500 hommes, ainsi qu'une police de 10 000 agents. Un choix dicté notamment par la taille du pays, mais qui lui a aussi permis de réaliser des économies budgétaires non négligeables et de recentrer les investissements sur l'éducation et la formation (une des clés du succès économique de l'île). Et puis, pas de risque d'éventuels coups d'État militaires !

Une émeute qui en dit long

En février 1999, la mort en prison dans d'obscures circonstances du chanteur créole Kaya, véritable idole populaire, provoque un soulèvement unique dans les annales. Exaspérés par une politique communautariste privilégiant les hindous, les créoles (chrétiens) s'en prennent aux institutions nationales, mais ils sont vite réprimés par le gouvernement.

Nouvelles alliances, nouveaux droits

En 2003, Sir Anerood Jugnauth devient président de la République. En 2005, c'est la période des coupes budgétaires sous l'égide du Premier ministre Navin Ramgoolam : taxes nouvelles, abrogation des subventions sur les denrées de base, inflation record, développement du tourisme de luxe (pour faire rentrer des devises), disparités grandissantes... autant de sujets d'inquiétude et de colère, que les dégâts provoqués par les cyclones n'ont pas arrangés. Navin Ramgoolam sera malgré tout réélu en 2010.
Sur le plan sociétal, l'île Maurice signe en 2011 une résolution de l'ONU sur le droit des homosexuels (même si la dépénalisation n'est pas encore effective). L'année suivante, les parlementaires se prononcent à une grande majorité en faveur de la légalisation de l'avortement (sous certaines conditions), interdit depuis 1838. Cette décision vise à lutter contre les avortements clandestins. La même année, le président de la République Anerood Jugnauth démissionne et le président de l'Assemblée nationale, Kailash Purryag, lui succède.

2014-2015 : changements politiques

2014 est l'année de toutes les crises politiques. Le président dissout l'Assemblée, et à la fin de la même année, face à la coalition Ramgoolam-Béranger, c'est une autre alliance, formée autour d'Anerood Jugnauth (il a alors 84 ans), qui crée la surprise et remporte les élections législatives.
Les Mauriciens ont déboulonné avec fracas une figure historique, signant la fin du « ramgoolisme » issu de l'indépendance à la fin des années 1960.
Début 2015, Navin Ramgoolam est arrêté pour complot et blanchiment d'argent, puis relâché sous caution. Des coffres et valises bourrés de liquide sont retrouvés dans sa résidence.

Du sang neuf à la tête de l'île ?

Suite aux scandales et aux « affaires » qui occupent le terrain politique, l'Assemblée nationale nomme Ameenah Gurib-Fakim au poste de présidente de la République en juin 2015. Même si cette fonction est essentiellement honorifique, c'est un vrai signe d'ouverture. Cette scientifique de renom, première femme professeure d'Université de l'île, spécialisée dans les plantes médicinales, devrait calmer le jeu politique. Si elle fait figure de novice en politique, ce n'est pas le cas de son Premier ministre : Sir Anerood Jugnauth a eu 86 ans en 2016. On prend les mêmes...

MÉDIAS

Votre TV en français : TV5MONDE, la première chaîne culturelle francophone mondiale

TV5MONDE est reçue partout dans le monde par câble, satellite et sur IPTV. Dépaysement assuré aux pays de la francophonie avec du cinéma, du divertissement, du sport, des informations internationales et des documentaires.
Le site internet • *tv5monde.com* • et son application iPhone, sa déclinaison mobile *(• m.tv5monde.com •)*, offrent de nombreux services pratiques pour préparer son séjour, le vivre intensément et le prolonger à travers des blogs et des visites multimédias.
Demandez à votre hôtel le canal de diffusion de TV5MONDE et n'hésitez pas à faire part de vos remarques sur le site • *tv5monde.com/contact* •

Presse, télévision, radio

La langue de la presse est le français. C'est le cas des quatre principaux quotidiens, *Le Mauricien, L'Express, Le Matinal* et *Le Défi Plus,* dits indépendants, et des hebdomadaires *5 Plus Dimanche, Business Magazine* et *Le Week-End,* hebdo à fort tirage, qui paraît le dimanche. Mais chaque communauté religieuse possède aussi son propre journal, représentant les hindous, les catholiques, les musulmans. Les Sino-Mauriciens se réfèrent à deux quotidiens publiés en mandarin.
Il existe trois chaînes de TV qui émettent des programmes en trois langues (français, anglais et hindi). Mais il n'est pas rare de tomber aussi sur des programmes tamoul, marathi, gujarati, telegu et mandarin. Rien que ça ! Un moyen de conserver son identité culturelle. Il existe 14 chaînes supplémentaires accessibles avec un décodeur.
Pluriethnie également en radio, puisque Radio Maurice et Kool FM diffusent en créole et en langues européennes, tandis que One World FM retransmet des émissions, notamment, de France Inter et Voice of America.

PERSONNAGES

Les figures historiques

– ***Bertrand François Mahé de La Bourdonnais*** *(1699-1753)* **:** gouverneur des Isles de France et Bourbon de 1735 à 1746. Né à Saint-Malo, il fait à 10 ans son premier voyage dans les mers du Sud (1709). En 1719, engagé au service de la Compagnie des Indes, il s'illustre par son courage et son ingéniosité dans l'océan Indien. Il se forge dès 35 ans une solide réputation de voyageur et accumule une colossale fortune. D'une énergie rare, il ne dort jamais plus de 2 ou 3h par nuit ! Revenu en France en 1733, il est nommé gouverneur des îles Mascareignes. Avec lui, l'Isle de France prend son véritable essor (voir la rubrique « Histoire »). Une statue à Port-Louis, offerte par l'Angleterre, rend hommage à ce grand personnage au destin glorieux et tourmenté.

– ***Pierre Poivre*** *(1719-1786)* **:** naturaliste, aventurier, voyageur philosophe dans l'esprit du Siècle des lumières, il fut nommé intendant des Isles de France et Bourbon de 1767 à 1772, après le départ de Mahé de La Bourdonnais. Né près de Lyon, il se destine d'abord à la vocation religieuse mais, d'un naturel aventurier, il décide d'exercer son sacerdoce en Chine. Lors d'un voyage, son bateau est attaqué par les Anglais, et il perd son bras droit. Il séjourne en Annam (Vietnam actuel) et observe les possessions hollandaises aux Indes néerlandaises (Indonésie actuelle), riches en épices qui, à l'époque, valent de l'or. À Pondichéry, il fait la connaissance de Mahé de La Bourdonnais. Ils arrivent ensemble à l'Isle de France. Doté d'un patronyme prédestiné, il développe la culture des épices (cannelle, noix de muscade, girofle), au détriment des cultures vivrières nécessaires à l'autosuffisance de Maurice. L'une de ses réussites reste la création du plus grand jardin tropical du monde : le jardin de Pamplemousses. Sur le plan privé, Poivre vécut à Mon Plaisir, il se maria tard avec une belle jeune femme, que Bernardin de Saint-Pierre tenta de courtiser. L'un de ses descendants n'est autre que le journaliste Patrick Poivre d'Arvor.

– ***Louise-Hélène Autard de Bragard*** *(1848-1909)* **:** née aux Plaines Wilhems, dans une famille de planteurs du quartier de Terre Rouge (près de Pamplemousses). La mère de Louise-Hélène Autard de Bragard n'était autre qu'Émeline, la ravissante Mauricienne de 23 ans qui inspira à Charles Baudelaire son premier poème *À une dame créole,* suite à son passage sur l'île en septembre 1841. Ce fut le premier poème publié par Baudelaire, en 1845, à Paris. Louise-Hélène inspira le célébrissime entrepreneur Ferdinand de Lesseps, qu'elle épousa en 1869. Elle n'avait que 21 ans et lui 64 ans ! Il inaugura la même année le canal qui le rendra célèbre. En 15 ans, ils eurent 12 enfants !

Les personnalités politiques

– ***Sir Seewosagur Ramgoolam*** *(1900-1985)* **:** il est le « père de la nation mauricienne ». Né à Belle Rive, près de Bel Air (district de Flacq), il est le fils d'un laboureur indien. Étudiant en Grande-Bretagne, il fréquente les milieux nationalistes indiens, rencontre Gandhi, Nehru, Tagore. Après 14 ans de vie anglaise, il revient à Maurice et exerce la médecine. Lancé tôt en politique (dès 1935), ce gentleman accompli prend la tête du parti travailliste qu'il a créé (le MLP) et devient maire de Port-Louis en 1958. SSR, comme il est surnommé depuis son anoblissement par la reine d'Angleterre, devient le premier chef du nouvel État en 1968. Il est enterré dans une sépulture d'État au jardin de Pamplemousses. Le poète mauricien Malcolm de Chazal, qui le soutenait, a dit de lui : « Il est l'architecte du mauricianisme intégral... C'est le plus grand homme d'État que nous ayons eu et qui soit à la mesure internationale. »

– ***Gaétan Duval*** *(1930-1996)* **:** avocat (criminaliste), politicien, maire de Curepipe et de Port-Louis, il se fait remarquer dans les années 1970-1980 comme ministre des Affaires étrangères de la jeune république de Maurice. C'est lui qui a lancé l'île dans le grand tourisme international. Membre du Parti mauricien social-démocrate, ce créole de souche tamoule était surnommé « King Créole ». Les Mauriciens ne lui reprochent pas aujourd'hui d'avoir été homosexuel et d'avoir aimé le luxe (il menait un train de vie princier), ils apprécient le résultat de son action : l'ouverture à l'Europe et à ses marchés, et le développement du tourisme.

– ***Anerood Jugnauth*** *(né en 1930)* **:** considéré comme le « père du miracle économique », il reste au pouvoir de 1982 à 1995. Compagnon de route de Paul Bérenger au sein du MMM. Puis, en 1983, il le quitte, estimant que les idées de gauche de ce parti découragent les investisseurs. Il fonde son propre parti, le Mouvement socialiste militant (MSM), et devient chef de l'État entre 2003 et 2012. Il revient comme Premier ministre fin 2014, suite à la victoire écrasante de son parti face à Navin Ramgoolam.

– ***Paul Bérenger*** *(né en 1945)* **:** après des études en France et au pays de Galles, ce Franco-Mauricien revient à l'île Maurice où il fonde le Mouvement militant mauricien (MMM). Ses idées d'extrême gauche (c'est l'après-1968) lui valent le soutien des jeunes travailleurs mauriciens. Suite à l'état d'urgence déclaré en 1971, les responsables de son parti sont emprisonnés pendant un an. Belle revanche, il prend la tête du gouvernement de 2003 à 2005, et reste le chef de l'opposition jusqu'en 2013. L'alliance qu'il forme avec Navin Ramgoolam perd les élections législatives de 2014.

– ***Navin Ramgoolam*** *(né en 1947)* **:** fils de Seewosagur Ramgoolam, le « père de la nation mauricienne », ce médecin et avocat de formation est élu Premier ministre en 1995. Le leader du parti travailliste occupe de nouveau ce poste suite à ses victoires de 2005 et 2010. Sa défaite aux élections anticipées de décembre 2014 est cuisante. Dans la foulée, il est inculpé pour complot et blanchiment d'argent.

Les écrivains

– ***Malcolm de Chazal*** *(1902-1981)* **:** né à Vacoas dans une famille française de lointaine origine auvergnate, installée à Maurice depuis le XVIIIe s. Ingénieur sucrier avant de se métamorphoser en poète, écrivain (voir plus haut « Livres de route » dans « Île Maurice utile ») et peintre, Malcolm de Chazal n'a cessé de se recréer tout au long de son œuvre. Auteur inclassable, souvent détaché des contingences terrestres, cet « aristocrate de l'esprit » fut incompris par la majorité de ses compatriotes et admiré des surréalistes, notamment d'André Breton. Il tente de combiner les traditions poétiques, ésotériques avec la quête du soi et du cosmos. Inspiré par l'île Maurice, où il passe pourtant pour un excentrique, il écrit entre autres *Petrusmok* et *Le Rocher de Sisyphe*. Célibataire, sans famille ni maison, il vit en solitaire, gentleman mal aimé de la communauté blanche qui ne supporte pas son anticonformisme et ses idées politiques. Malcolm soutient les travaillistes et les indépendantistes. Suivent des livres d'inspiration biblique et philosophique. À la question : « Êtes-vous un génie ? », il répond : « Je suis un cœur nu circoncis. » À la fin de sa vie, il se sentait très proche spirituellement de l'hindouisme, sans jamais y avoir été initié ou converti. « Je reste occidental par mes hérédités, par ma langue, par ma manière de manger et de m'exprimer. Mais mon âme est sur le Gange et à Bénarès. Je respire l'Inde. » Il repose au cimetière de Phoenix.

– ***Marcel Cabon*** *(1912-1972)* **:** né à Curepipe dans une famille créole mauricienne. Autodidacte, journaliste, il est un élément important de la vie culturelle mauricienne. Il écrit des poèmes et des livres en prose : *Diptyque* en 1935, *Printemps* en 1941, puis *Le Rendez-vous de Lucknow* en 1966, récit de son voyage en Inde. Mais son texte le plus connu est *Namasté.* Dans ce roman, l'auteur décrit en l'exaltant la pluralité ethnique et culturelle de Maurice.

– ***Loys Masson*** *(1915-1969)* **:** né dans une famille modeste et « déclassée ». Toute son œuvre est inspirée par le thème de la dette envers ses parents et celui de la recherche d'un monde plus libre, plus juste, plus tolérant. En 1962, il obtient un prix littéraire avec son roman *Le Notaire des Noirs,* considéré comme son meilleur livre. Sa poésie dérange moins que ses romans rebelles, écrits au vitriol, où il dénonce les préjugés racistes, les violences coloniales, l'exclusion ethnique et communautaire.

– ***Abhimanyu Unnuth*** *(né en 1937)* **:** né à Triolet, romancier, dramaturge et critique. Unnuth a publié plus d'une cinquantaine d'ouvrages, tous écrits en hindi, puis traduits en anglais et en français pour certains. Cela explique pourquoi Unnuth est plus connu en Inde qu'en France. Considéré comme la mémoire de l'île, son roman *Sueurs de sang* est, selon Jean-Marie Le Clézio, « un magnifique chant d'amour à la pensée et à la religion indiennes ».

– ***Jean-Marie Gustave Le Clézio*** *(né en 1940)* **:** né en France de père breton et de mère mauricienne. Écrivain pudique, mystérieux même, il est l'auteur notamment du *Procès-Verbal,* qui a lancé sa carrière littéraire dans les années 1960, de *L'Africain* ou encore de *Désert,* en hommage aux origines de sa femme. Romans, contes, nouvelles, traductions, articles : l'œuvre de Le Clézio est riche, éclectique, variée et porte l'empreinte de sa culture plurielle. Certains ouvrages dont *Voyage à Rodrigues, Sirandanes* et *La Quarantaine* sonnent comme une quête des origines mauriciennes. Consécration suprême, il a obtenu le prix Nobel de littérature en 2008. En 2010, il cofonde la Fondation pour l'interculturel et la paix, basée à Port-Louis.

– ***Ananda Devi*** *(née en 1957)* **:** femme et indienne, elle a banni la langue de bois de ses textes forts et sensibles. Quand elle publie son premier recueil de nouvelles en 1977, elle n'a que 20 ans. Puis les titres se suivent, avec notamment *Rue de la Poudrière* (1989), *La Fin des pierres et des âges* (1992), *Moi l'interdite* (2000) et *Pagli* (2001). Dans ce récit à la prose poétique, elle brise quelques tabous hérités de la vieille Inde des castes, en racontant, entre autres, les amours interdites d'une femme hindoue mariée par vengeance à un homme qu'elle n'aime pas et qui devient l'amante passionnée d'un pêcheur créole. Plus récemment : *Ève de ses décombres* et *Le Sari vert* (Gallimard, 2006 et 2009).

– ***Shenaz Patel*** *(née en 1966)* **:** journaliste-écrivain née à Rose Hill et qui incarne la nouvelle génération. Son genre de prédilection : des nouvelles, en français ou en créole. Elle est aussi l'auteur de trois romans dont *Le Portrait Chamarel,* son premier roman, qui a remporté le prix Radio France du livre de l'océan Indien en 2002. En 2005 est sorti *Le Silence des Chagos* (voir la rubrique « Livres de route » dans « Île Maurice utile »).

Les artistes

– ***Alphonse Ravaton*** *(1900-1992)* **:** considéré comme l'âme et la mémoire du séga, la musique du monde créole. Descendant de familles africaine et malgache, il a été le chantre de Maurice pendant des décennies. Quelques-unes de ses chansons, *Anita* et *Roseda,* sont toujours écoutées dans l'archipel des Mascareignes, où il était connu sous le nom de Ti'Frère. Chez les Ravaton, la musique se transmet de père en fils. Ses petits-enfants perpétuent la tradition.

– ***José Ramar*** *(1938-2002)* **:** il fut le premier sur l'île à fabriquer des maquettes de bateaux et à les vendre aux touristes. Fondateur de la Comajora (son atelier-fabrique à Curepipe), José Ramar a été copié par de nombreux autres artisans qui n'ont cependant jamais atteint sa qualité.

– ***Vaco*** *(né en 1940)* **:** un artiste-peintre incontournable à Maurice puisque, en plus de réaliser de belles toiles, lumineuses et colorées, il a refait une beauté à certains abribus, camions poubelles, etc. On rencontre son œuvre dès l'arrivée à l'aéroport. Vaco possède une galerie à Grand Baie.

PLAGES

N'est-ce pas une évidence de le dire : les plages de l'île Maurice sont belles. Oui, le sable est presque partout fin, clair et soyeux. Les eaux limpides ont une couleur bleu turquoise unique sous le ciel de l'océan Indien, et leur température très agréable oscille entre 20 et 25 °C. Les baigneurs, les nageurs, les plongeurs et les poissons sont à leur aise dans cet aquarium tropical, comme au matin du premier jour du monde.

Rares sont les plages mauriciennes sans ombre, très rares les plages souillées ou sales. Des rangées de palmiers au feuillage ébouriffé, des ribambelles de cocotiers et de filaos bordent les plages, formant des petits bois maritimes très recherchés aux heures chaudes. À la différence de l'île de La Réunion, les plages bordent la côte sur presque la totalité du littoral mauricien. Pas un secteur de Maurice sans un bout de sable, sauf le Sud sauvage entre Souillac et la pointe Vacoas (près de Blue Bay). Là, ce sont les abruptes falaises de roches volcaniques noires qui règnent en maîtresses.

POURQUOI LES COCOTIERS PENCHENT-ILS VERS LA MER ?

Tous les végétaux recherchent la lumière pour favoriser leur croissance (photosynthèse). Le soleil se reflétant dans l'eau, les plantes et les arbres ont donc tendance à s'incliner vers la mer. De plus, le sable humide (donc meuble) accentue ce mouvement.

– Avant de vous jeter à l'eau, un petit ***conseil*** tout de même : mieux vaut se baigner avec des sandales en plastique, même si ce n'est pas très glamour... car, hormis au niveau des plages artificielles des grands complexes hôteliers, il y a très souvent des oursins.

Notre sélection des meilleures plages publiques

– ***Blue Bay et la pointe d'Esny* :** sur la côte sud-est, proche de Mahébourg, Blue Bay porte bien son nom, c'est bel et bien une « baie bleue ». La plage publique est bordée de filaos et très bien abritée. Quant à la plage publique de la pointe d'Esny, essentiellement bordée de maisons particulières et de petites structures hôtelières, c'est l'une des plus charmantes de l'île. Plusieurs passages publics entre les grandes maisons de bord de mer.

– ***Trou aux Biches et Mont-Choisy* :** côte nord-ouest. À partir de Trou aux Biches, c'est une longue bande de sable blanc qui s'offre au regard sur près de 3 km (avec de nombreux complexes hôteliers, tout de même). Elle se prolonge au nord par la plage de Mont-Choisy, qui forme un très bel arc de cercle. À l'ombre des filaos, plusieurs gargotes proposent boissons fraîches et en-cas.

– ***Grand Baie* :** côte nord. Une série de plages publiques agréables et abritées dans une baie en forme de fer à cheval. Peu de pluies, pas de courants dangereux ni de vagues, mais on ne peut pas vraiment y nager, étant donné le nombre de bateaux amarrés un peu partout.

– ***Pereybère :*** côte nord. Entre Grand Baie et Cap Malheureux, une remarquable petite crique sécurisée et aux eaux bleu clair. L'un des meilleurs endroits pour se baigner, mais très fréquenté le week-end.

– ***Cap Malheureux :*** côte nord. Ce secteur du littoral, plus sauvage et peu urbanisé, offre de belles plages publiques regardant l'île Ronde et l'île Plate. La plage de Bain Bœuf est belle, mais pas idéale pour se baigner à cause des rochers.

– ***Roches Noires :*** sur la côte est, elle se prolonge jusqu'à Poste Lafayette. Ici, l'air est chaud mais vif, les couleurs éclatent, et c'est ce qui rend sympathique cette plage bercée par les alizés du large. Mais elle est bordée de rochers à de nombreux endroits ; on ne peut donc pas se baigner partout.

– ***Belle Mare et Palmar :*** sur la côte est, ensoleillée mais moins sèche et plus venteuse que la côte ouest. Notre côte préférée. Une très longue étendue de sable blanc et fin, qui va de Palmar à Trou d'Eau Douce. Pas de problème d'accès public et, aussi incroyable que cela puisse paraître, c'est un coin très peu fréquenté.

– ***L'île aux Cerfs :*** sur la côte est, à 15 mn en bateau de Trou d'Eau Douce. Superbe lagon et plages qui font souvent la première de couverture des catalogues vantant les beautés de l'île. Mais, à moins d'y aller aux premières heures, vous ne serez pas seul, et on est loin d'une ambiance à la *Paul et Virginie*. Bien lire le texte qu'on lui consacre pour éviter les pièges.

– ***Flic en Flac :*** sur la côte ouest, la plus sèche et la plus chaude. Pas de « flics » dans des « flaques » d'eau saumâtre... mais une très longue plage publique, charmante et ombragée sur plusieurs kilomètres par des bois de filaos. Une plage vraiment agréable où tout le monde peut se baigner, les petits comme les grands. À partir du quartier de Wolmar, invasion du littoral par les hôtels de luxe.

– ***Le Morne :*** au pied du Morne, classé au Patrimoine mondial de l'Unesco, la plage publique du Morne constitue l'un des fleurons de l'île. Malgré l'invasion des grands hôtels de luxe qui avalent des portions entières de littoral pour leur bien-être, au grand dam des Mauriciens eux-mêmes, le visiteur n'aura pas de souci particulier pour y accéder. Une véritable carte postale !

– ***Bel Ombre :*** sur la côte sud, autrefois hostile du fait de son exposition. Le littoral, après avoir été débarrassé des rejets polluants de la culture de la canne à sucre dans l'eau, est désormais assaini et offre là encore une belle étendue de sable blanc, face à une eau turquoise. Seules réserves, la baignade y est dangereuse en raison des courants, et l'accès ne s'y fait quasi plus qu'entre les hôtels de luxe qui ont fini par squatter ce bout de littoral.

La question de l'accès aux plages publiques

Le littoral est la propriété de l'État mauricien (d'ailleurs, on l'appelle *State Land*) jusqu'au niveau atteint par les plus hautes marées (grosso modo, une grande partie de la langue de sable). La loi prévoit un accès libre au littoral tous les 500 m... mais dans les faits, ça n'est pas toujours très simple. L'État est propriétaire du littoral, qui relève donc du domaine public, mais il a parfaitement le droit de le céder en location à des professionnels et à des particuliers. Ainsi, une plage n'est pas « privée » dans le sens où elle appartient toujours à l'État, mais elle n'est pas considérée comme publique. Si l'accès au littoral est donc absolument libre en deçà de la trace laissée par la marée haute *(High Water Mark)*, il n'est pas forcément permis de s'y attarder. Pour faire simple, n'importe quel quidam a parfaitement le droit de se balader sur la plage, mais à condition d'en trouver l'accès et de faire sa pause entre deux zones privées. Comme de nombreux propriétaires et hôtels « pied dans l'eau » se sont octroyé des bouts entiers de littoral, certaines plages publiques se réduisent comme une peau de chagrin.

Si on ne trouve pas l'accès à la plage publique (nous les indiquons autant que possible dans le guide), il faut alors passer par l'hôtel, qui demande parfois un droit d'entrée. Ce phénomène d'accaparement du littoral par l'industrie hôtelière de luxe ou par les villas et autres lotissements (ici, on appelle ça des *morcellements*) a tendance à se développer. C'est une source d'inquiétude avant tout pour les Mauriciens qui sont obligés de se regrouper le week-end sur les dernières plages publiques. Par ailleurs, ces constructions ne sont pas sans conséquences pour l'écologie. Les lois de protection de l'environnement ne font pas encore le poids face à celle du profit...

PLONGÉE SOUS-MARINE

Jetez-vous à l'eau !

Pourquoi ne pas profiter de ces régions où la mer est souvent calme, chaude, accueillante, et les fonds riches, pour vous initier à la plongée sous-marine ? Faites le saut : plongez ! La plongée est enfin considérée plus comme un loisir grand public qu'un sport, et c'est une activité fantastique. Entrez dans un autre élément où vous pouvez virevolter au milieu des poissons, les animaux les plus chatoyants de notre planète ! Des règles de sécurité, que l'on vous expliquera au fur et à mesure, sont bien sûr à respecter, comme pour tout sport ou loisir. Ne vous privez pas de tutoyer, en le respectant, le monde sous-marin... et n'oubliez pas que la chasse sous-marine est formellement interdite.

Si, c'est facile !

Pour réussir vos premières bulles, pas besoin d'être sportif ni bon nageur. Il suffit d'avoir plus de 8 ans et d'être en bonne santé. Pour un baptême, un certificat médical vous sera peut-être demandé, et c'est dans votre intérêt. Il est en tout cas de rigueur pour les mineurs et les plus de 60 ans, et pour toute personne désirant passer un niveau de plongée. Certains moniteurs l'exigent systématiquement ; d'autres se contenteront de vous faire signer une décharge médicale.

Les enfants peuvent être initiés dès l'âge de 8 ans, à condition d'avoir un encadrement qualifié dans un environnement adapté (eau chaude, sans courant, matériel adapté). Non, la plongée ne fait pas mal aux oreilles : il suffit de souffler en se bouchant le nez. Non, il ne faut pas forcer pour inspirer dans cet étrange « détendeur » qu'on met dans la bouche, au contraire.

Et le fait d'avoir une expiration active est décontractant, puisque c'est la base de toute relaxation ; être dans l'eau modifie l'état de conscience, car les paramètres du temps et de l'espace sont changés : on se sent, à juste titre, ailleurs. En vacances, c'est le moment ou jamais de vous jeter à l'eau. Et n'hésitez pas à goûter aux plongées de nuit, qui révèlent un monde et des sensations différents. Nous vous indiquons dans le texte des adresses de clubs de plongée.

Attention, vous devez respecter un intervalle de 12h avant de monter en altitude et de 24h avant de prendre l'avion, afin de ne pas modifier le déroulement de la désaturation et d'éviter ainsi les accidents de décompression.

Les clubs de plongée

Tous les clubs sont affiliés, selon leur zone d'influence, à un ou plusieurs organismes internationaux. Les deux plus importants sont la CMAS, Confédération mondiale des activités subaquatiques (d'origine française), et PADI, *Professional Association of Diving Instructors* (d'origine américaine).

Chacun délivre ses formations et ses diplômes, valables dans le monde entier, et, depuis 1996, une convention a été signée entre CMAS et PADI, établissant la reconnaissance des brevets (mais non l'équivalence), sauf en métropole où le brevet PADI n'est pas reconnu. Pour vous aider à choisir votre formation,

sachez que le brevet CMAS exige plus de plongées (six pour le niveau I contre quatre avec PADI). Il enseigne donc une meilleure maîtrise et un comportement aquatique responsable. Les cours sont personnalisés et l'évaluation est à la charge du moniteur (d'où l'intérêt de trouver un prof sérieux et compétent). La pédagogie PADI est performante (cours sur vidéo), mais la pratique en plongée reste plus limitée. Elle n'intègre pas les paliers. Du coup, pas de plongée en dessous de 40 m et des temps de plongée assez courts pour être conformes à leurs courbes de sécurité.
Dans les régions « influencées », la majorité des clubs plongent à l'américaine, tendant à une certaine standardisation : la durée et la profondeur des plongées sont très calibrées.
Si le club ne reconnaît pas votre brevet, il vous demandera une plongée-test pour vérifier votre niveau. En cas de demande d'un certificat médical, le club pourra vous conseiller un médecin dans le coin. Tous les clubs délivrent un « carnet de plongée » qui, d'une part, retracera votre expérience et, d'autre part, réveillera vos bons souvenirs. Gardez-le et pensez à toujours emporter ce « passeport » en voyage. Un bon centre de plongée est un centre qui respecte toutes les règles de sécurité sans négliger le plaisir.

Comment choisir un centre de plongée ?

– ***Renseignez-vous :*** vous payez pour plonger ; en échange, vous devez obtenir les meilleures prestations. À vous de voir si vous préférez un club genre « usine bien huilée » ou une petite structure souple. Le mieux est de traîner au retour des plongées et de demander l'avis des plongeurs.
– ***Méfiez-vous*** d'un club qui vous embarque sans aucune question préalable sur votre niveau de plongée, vos antécédents et votre situation médicale ; il n'est pas « sympa » mais dangereux.
– ***Vérifiez*** que le club est bien ***affilié à la MSDA*** (la fédération mauricienne de plongée, qui contrôle, intervient et reste l'interlocuteur entre les centres et les autorités, qui n'ont toujours pas fixé de loi-cadre sur la plongée). Les non-adhérents ne sont pas assurés en responsabilité civile au tiers. Vérifiez également les diplômes des moniteurs et assistants (pas toujours évidents). Le permis bateau avec son autorisation de navigation hors du lagon (« OL », *Outside Lagoon*) doit également être clairement affiché.
– ***Regardez*** si le centre est apparemment bien entretenu (rouille, propreté, etc.), si le matériel de sécurité (oxygène, trousse de secours, radio, etc.) est à bord, si le bateau est équipé d'une protection contre le soleil, si vous n'avez pas trop à transporter l'équipement (encore que le portage de bouteilles est là aussi une question de culture : dans l'école française, on porte davantage soi-même ses bouteilles, tandis qu'à l'américaine, on vous les portera systématiquement), s'il n'y a pas trop de plongeurs par palanquée (six maximum, est-ce un rêve ?), si les numéros d'urgence sont bien affichés dans le centre (c'est obligatoire).
– ***Les équipements*** sont-ils bien adaptés et en quantité suffisante ? Vous verrez que pour apprécier une plongée, il vaut mieux ne pas être stressé, par exemple par des palmes inadaptées ou un masque qui fuit.
– ***Est-ce que le moniteur plonge*** ou est-ce un pote à lui ? S'il plonge, quel niveau a-t-il ? On constate parfois que certaines structures ne sont pas sérieuses et que les moniteurs ne plongent pas, déléguant le cours à un plongeur dont on ne sait rien. D'autant que les clubs font signer une décharge avant d'aller plonger.
– ***Comment se déroulent les baptêmes ?*** Y a-t-il un moniteur par plongeur ou un pour quatre ? Dans le second cas, c'est une initiation.
– ***Combien de temps dure une plongée ?***
– Pour les confirmés, ***à combien sont gonflées les bouteilles ?*** Entre 180 et 220 bars, c'est bon.

C'est la première fois ?

Alors l'histoire commence par un baptême, une petite demi-heure généralement, pendant laquelle le moniteur s'occupe de tout et vous tient par la main. Laissez-vous aller au plaisir. Même si vous vous sentez harnaché comme un sapin de Noël déraciné hors saison, sachez que tout cet équipement s'oublie complètement une fois dans l'eau. Vous ne devriez pas descendre au-delà de 6 m. Si vous choisissez une formule avec initiation en piscine ou en lagon, vous pourrez descendre jusqu'à 12 m lors de votre première plongée. On compte généralement un moniteur pour quatre initiés maximum ; bien souvent, c'est plutôt un pour deux.
Puis l'aventure se poursuit par un apprentissage progressif.

À l'île Maurice

Maurice reste une destination alléchante pour la clarté de ses eaux, son lagon peu profond, ses poissons coralliens, ses coquillages. Elle est plus colorée que La Réunion, mais seuls les sites peu fréquentés restent poissonneux. Ces dernières années, l'intérieur du lagon a indéniablement souffert de l'industrie, du tourisme, de la pollution et de la pêche. Cependant, il est à noter que les coraux de Maurice n'ont pas été affectés par le phénomène climatique *El Niño,* entre 1996 et 1998, qui a détruit beaucoup de coraux de l'Indo-Pacifique. À l'extérieur de la barrière, vous trouverez tombants, langoustes, requins, raies, dauphins, épaves... Certains endroits sont de vrais aquariums en liberté.
On peut plonger toute l'année, la saison idéale étant d'octobre à mars (sachant que de janvier à mars, c'est la période cyclonique). Et la température de l'eau oscille gentiment entre 24 et 28 °C, selon le mois. Beaucoup de plongées intéressantes sur la côte ouest (de Flic en Flac à Grand Baie). La côte est se montre plus sauvage et plus rocheuse, mais bien sûr, elle subit davantage les aléas météorologiques.
Plusieurs clubs dans l'île. Souvent, les grands hôtels ont un club attenant à leur structure. Plus l'hôtel est chic, plus les prix sont élevés. On a fait une sélection de certains clubs. La plupart proposent baptêmes, plongées d'exploration, cours et passages de diplômes. Pour les baptêmes, qui ont lieu dans les 6 m, l'expérience est extra et c'est l'occasion de s'initier à ce sport dans de très bonnes conditions : température et limpidité de l'eau idéales, plaisir des yeux infini... Et pour les confirmés, une plongée sur épave (l'île possède plusieurs épaves volontairement coulées pour créer des récifs artificiels) ou dans la fosse aux requins n'est pas pour déplaire.
– Attention toutefois aux clubs qui ont tendance à embarquer trop de plongeurs. Votre sécurité est alors en jeu. Un moyen simple de vérification consiste à repérer les deux derniers chiffres de l'immatriculation des bateaux. Ils correspondent au nombre maximum de passagers qui peuvent être embarqués, moniteur compris. Si vous êtes 14 à bord et que le bateau autorise seulement 8 passagers, posez-vous des questions. Depuis peu, les numéros d'immatriculation sont complétés de deux lettres : « OL » pour *Outside Lagoon,* mention valable si le bateau possède deux moteurs. Attention, certains bateaux possèdent l'immatriculation « IL » *(Inside Lagoon)* et conduisent régulièrement des touristes en dehors de la barrière alors qu'ils n'ont qu'un seul moteur...
– Soyez aussi vigilant quant au comportement de l'équipe qui vous encadre. Outre les principes de sécurité, elle doit respecter l'environnement. Par exemple si, pendant la plongée, un membre du club chasse devant vous, sachez que cette pratique est formellement interdite. Le moniteur va chasser des petits poissons pour amuser le touriste et afin d'attirer les prédateurs (murènes...) qui viennent ensuite les manger dans sa main. Il n'est pas besoin de tuer la faune sous-marine pour attirer les murènes : les poubelles de n'importe quel restaurant regorgent de restes suffisamment appétissants pour ces poissons. Refusez également les moniteurs qui plongent avec des bâtons en fibre de verre pour titiller les poissons et les faire sortir de leur abri.

– Certains sites de plongée sont dépourvus de mouillages fixes permettant aux bateaux de s'y accrocher, bateaux qui sont alors contraints, pour des raisons de sécurité (courants ou vagues), de jeter l'ancre. Pas de problème à cela dans la mesure où les précautions sont prises pour préserver les fonds coralliens.
– Le monde sous-marin est un monde de silence, rejetez ces pratiques idiotes qui consistent à utiliser à tort et à travers les *shakers* et autres klaxons sous-marins destinés uniquement à avertir d'un danger.
– Les clubs affiliés à la fédération mauricienne (la MSDA) vous demandent d'acheter une ***fiche fédérale*** (bleue), valable 2 mois, qui coûte 200 Rs. Mais le tarif n'étant pas inscrit dessus, elle peut être vendue à n'importe quel prix ! En tout cas, elle vous assure en responsabilité civile et en dégâts matériels, le temps de sa validité. Vous n'êtes donc pas tenu d'en racheter une à chaque plongée.
– Pour toutes les urgences relatives à la plongée (médecins spécialisés, caisson de décompression), se reporter à la fin du chapitre « Île Maurice utile », rubrique « Urgences ». Et pour tout problème, contacter la ***MSDA*** *(fédération de l'île) : 209, rte Royale,* ***Beau Bassin.*** *☎ 454-00-11. • msda.mu •*

Nos meilleurs spots de plongée

Remarque : ces spots sont positionnés sur la carte générale de l'île Maurice en début de guide, sur la carte détaillée des îles du Nord et, le cas échéant, sur les cartes détaillées aux chapitres correspondants.

Le Nord-Ouest

Sur cette côte, la plus touristique de l'île, les spots sont nombreux, généralement riches et spectaculaires. De Trou aux Biches à Grand Baie, la mer est habituellement calme, les courants faibles, parfois plus importants du côté de la pointe aux Canonniers.

L'Aquarium *(aussi appelé West Reef ou Brisants Ouest ; carte île Maurice)* **:** *à* ***Grand Baie.*** *Ts niveaux.* Il s'agit du site le plus fréquenté de Maurice (les clubs de l'Est traversent l'île en voiture pour y plonger). C'est aussi l'un des endroits les plus prisés des photographes sous-marins, y compris des professionnels, qui shootent ici une faune abondante, en partie venimeuse, et de nombreuses espèces de poissons rares ou endémiques.

Lost Anchor *(carte île Maurice)* **:** *face au Club Med de la* ***pointe aux Canonniers.*** *Niveau II. Profondeur : de 25 à 35 m. Anchor,* parce qu'on y voit une ancre, énorme ; *Lost,* parce qu'on ne sait pas de quel vaisseau elle provient, mais elle daterait du XVIIe s. Beau décor de corail noir, gorgones et autres. Petites grottes abritant des bancs de poissons-soldats et autres petits poissons, et passage de gros.

Stenopus Reef *(carte île Maurice)* **:** *au sud de la* ***pointe aux Canonniers.*** *Niveau II, voire niveau III. Profondeur : de 25 à 38 m.* L'un des tout meilleurs spots du Nord-Ouest, remarquable pour son relief et sa flore : canyons et vallées d'où jaillissent des gorgones géantes et superbes alcyonaires. C'est là que l'on peut voir les plus majestueuses *tubastrea* (faux corail noir), dépassant les 3 m de haut. Faune également présente : nasons, raies, thonidés, tortues et, les jours de chance, marlins.

Holt Rocks *(carte île Maurice)* **:** *toujours au sud de la* ***pointe aux Canonniers.*** *Ts niveaux (mais attention au courant !). Profondeur : de 10 à 20 m.* D'énormes masses basaltiques recouvertes de coraux, où l'on rencontre des balistes titans, des murènes joueuses, des poissons-clowns et des perches dorées ; c'est une merveille, notamment en plongée de nuit.

Corsair Wall *(carte île Maurice)* **:** *au large de* ***Trou aux Biches.*** *Niveau II confirmé. Profondeur : de 34 à 40 m.* Un superbe site qui correspond au plateau supérieur d'un tombant où l'on voit évoluer de nombreux poissons prédateurs (thons, carangues, requins de récif, requins bouledogues, etc.). Il n'est pas rare de pouvoir admirer des bancs de raies. Majestueuse ancre avec sa chaîne concrétionnée dans les coraux.

Caravelle *(carte île Maurice)* **:** *au large de* ***Trou aux Biches.*** *À partir du niveau I. Profondeur : de 19 à 25 m.* Gros blocs de basalte recouverts de grandes tables de corail et un petit pinacle en forme de dos de chameau envahi de corail de feu. Au programme : bancs de platax à longues nageoires, raies aigles, carangues gros yeux, belles murènes, requins corail, etc.

À noter également, le ***Kingfish Kingdom*** *(carte île Maurice)* et le ***Whale Rock*** *(carte île Maurice), niveaux II et III.*

Les îles du Nord

Dans les îles du Nord, la plupart des plongées sont accessibles à tous. Là encore, sites très spectaculaires. Mais sachez qu'on est en pleine mer et que l'accès aux spots est souvent difficile, voire impossible, à cause des conditions météo. La plupart des clubs de la région, jusqu'à Trou aux Biches au sud, proposent des sorties vers ces îles.

La Grotte aux Dormeurs *(carte îles du Nord)* **:** **île du Coin de Mire.** *Ts niveaux. Plongée dépendant des marées à cause du courant qui peut être très violent. Profondeur : de 2 à 28 m.* Il y a en fait une dizaine de spots autour de cette île, qui est la plus proche de la côte (accès en 20 à 40 mn depuis les centres de la région). Cette grotte abrite fréquemment des requins-dormeurs, et le récif voisin est très riche en faune et en flore.

Le Banc Rouge *(carte îles du Nord)* **:** *entre l'****île Ronde*** *et l'****île aux Serpents.*** *Ts niveaux. Profondeur imposée : de 15 à 30 m.* Site connu mais peu fréquenté, à cause de son éloignement. Pic abrupt remontant de 77 m à la surface de la mer, où vivent de nombreux poissons le long de la paroi. Visibilité toujours parfaite, mais attention aux courants !

L'Est et le Sud-Est

De Grand Gaube à Mahébourg, la côte est n'est pas la plus riche en spots. Les conditions naturelles rendent parfois la plongée malaisée (vent, mer agitée). Quelques beaux spots malgré tout.

Passe de Belle Mare *(carte île Maurice)* **:** *à 500 m de l'hôtel* Belle Mare. *À partir du niveau I très aguerri, car les conditions sont difficiles. Profondeur : de 20 à 35 m.* La passe comprend cinq sites différents, accessibles à tous. Chaque site a son intérêt. Ensemble très complet qu'on peut pratiquer en une plongée dérivante. Dauphins et raies sont souvent de la revue.

Blue Bay *(carte île Maurice)* **:** *à* ***Blue Bay,*** *à 200 m du rivage. Ts niveaux. Profondeur : de 5 à 10 m.* Excellente visibilité, pas de courant. Les plongeurs espèrent voir les coraux se régénérer pour attirer de nouveau une faune riche et colorée. Car le parc marin a sérieusement été affecté par l'activité humaine.

Colorado *(carte île Maurice)* **:** *du côté de* ***Mahébourg,*** *à 500 m du récif. Niveau II confirmé. Profondeur : de 33 à 40 m.* Tombant, canyon sinueux et arche majestueuse. Chef-d'œuvre d'architecture, le site accueille une faune des plus intéressante : carangues, barracudas, langoustes, parfois des tortues et des requins. Parfois du courant.

Intéressantes aussi, dans la baie de Mahébourg *(carte île Maurice),* la ***Roche Zozo*** *(niveau II confirmé)* et l'épave du ***Sirius*** *(tous niveaux).*

Le Sud-Ouest

Du Morne Brabant à Flic en Flac, on trouve une trentaine de sites de plongée très pratiqués. Sur le fond sablonneux, on observe quantité de coraux diurnes (ouvrant leurs polypes à la lumière du jour). Ce secteur intéressera surtout l'observateur

patient et attentif, qui y découvrira une faune délicate et variée. Courant généralement faible.
Vers Flic en Flac, secteur constellé de cavernes, grottes et tunnels, avec faune abondante. Attention aux courants, qui peuvent être très forts en été.
Needle Hole *(carte île Maurice)* **:** *au large de l'**île aux Bénitiers.** Ts niveaux. Profondeur : de 4 à 16 m.* Multitude de petits poissons, fusiliers et sergents-majors notamment. Spot recommandé pour la photographie, même à la lumière naturelle.
Castle *(carte île Maurice)* **:** *au large de l'**île aux Bénitiers.** Ts niveaux. Profondeur moyenne : 15 m.* Courant faible. Site remarquable en plongée nocturne. Tortues, danseuses espagnoles et superbes coraux multicolores. En revanche, de jour, l'endroit perd de son intérêt.
Cathedral *(carte île Maurice)* **:** *face au* Pearl Beach Hotel, *à **Flic en Flac.** Niveau I jusqu'à 20 m, puis niveaux II ou III. Profondeur : de 15 à 28 m.* On descend le long du tombant jusqu'à une vaste caverne aux hautes voûtes, surnommée « cathédrale ». Ambiance mystérieuse et faune intéressante : murènes, poissons-scorpions, poissons-lions, carangues, etc.
Rempart Serpent *(carte île Maurice)* **:** *face au* Klondike Hotel, *à **Flic en Flac.** Pour plongeurs expérimentés slt. Profondeur : 25 m.* Éboulis corallien qui doit son nom à sa forme sinueuse : énorme serpent donc, long d'une centaine de mètres, couvert d'algues, et dont la particularité est d'abriter une faune riche, variée et très abondante : murènes, poissons-pierres, rascasses, soles...

POPULATION

On dit La Réunion surpeuplée. Mais que dire de l'île Maurice ? On compte 1,3 million de Mauriciens, rien que dans l'île (beaucoup sont partis s'installer en France et en Angleterre). La densité y atteint 607 hab./km² (106 hab./km² en France métropolitaine). Dans les rues de Port-Louis comme dans les bourgs de la côte, c'est un maelström humain qui mélange les couleurs de trois continents : l'Europe, l'Afrique et l'Asie.
Dans les champs, dans les rues, la densité de saris écarlates est un signe qui ne trompe pas : 68 % des Mauriciens sont d'origine indienne, la moitié de la population est de confession ***hindoue.*** La plupart des coolies au teint très sombre, arrivés (de force) au XIXᵉ s du Tamil Nadu (sud-ouest de l'Inde), de la côte de Malabar, de Calcutta ou d'ailleurs, n'ont jamais pris leur ticket de retour. Ils ont fait souche. Et prospéré. De nombreuses terres qu'ils étaient venus travailler ont été acquises par leurs descendants. La quasi-totalité des avocats et médecins, ce sont eux. Ils sont la clé de chaque élection, et détiennent le pouvoir politique et administratif (la plupart des fonctionnaires sont hindous, sauf à Rodrigues, où le gouvernement a jugé bon de privilégier les locaux pour combattre la pauvreté de l'île). Côté religion, certains ont mêlé leur hindouisme au catholicisme, quand ils ne l'ont pas pimenté de coutumes africaines. Mais la plupart continuent de prier pour la triade Brahma, Vishnu et Shiva : le tout était de transposer dans le paysage mauricien les lieux sacrés (lacs, bassins, etc.) qu'ils vénéraient aux Indes...
Il ne faut pas confondre ces hindous avec d'anciens voisins à eux : les ***musulmans de l'Inde*** (17 % de la population). La plupart de ceux-ci proviennent du Bihar et travaillent beaucoup dans le petit commerce. Les ***Sino-Mauriciens*** s'impliquent moins dans la politique que dans le commerce. Venus souvent sur l'île de leur propre chef, ces Fils du Ciel sont peu nombreux (3 %), mais on les retrouve dans toute l'île. Devenus mauriciens sous le gouvernement anglais, Indiens et Chinois auraient dû rester ouverts aux valeurs de la vieille Albion. Mais les nécessités de l'insertion les ont conduits à adopter la langue et les coutumes ordinaires de l'île, si bien que tout le monde parle créole ou français.
La ***« population générale »*** (28 % de la population) de l'île garantit cette permanence. Elle se subdivise en ***créoles, métis*** et ***Franco-Mauriciens.*** Ces derniers,

héritiers des premiers colons, bien que très peu nombreux (1 ou 2 % de la population), détiennent une bonne part du pouvoir économique et les deux tiers des richesses de l'île. La plupart des plantations, des sucreries et du gros commerce de l'île sont entre leurs mains. À eux les fraîches villas de Floréal et les villas d'agrément sur la côte. Mais l'autre part de la « population générale » – créole et, dans une moindre mesure, métisse – est moins bien lotie, rassemblant la plupart des laissés-pour-compte du décollage économique. À eux les ghettos et les cases de guingois.

Dernier élément ethnique : les ***Îlois.*** Ils sont arrivés des Chagos – le groupe d'îles qui prolonge les Maldives au cœur de l'océan Indien – lorsque les Britanniques, souverains coloniaux du petit archipel, louèrent à l'armée américaine l'îlot de Diego Garcia. La guerre froide s'attiédissant, il fut question de fermer la base. Mais les Îlois, chassés de leurs foyers, sont toujours à Maurice, où leur pauvre statut de réfugiés leur vaut plus de pitié que d'estime... À ce sujet, ne pas manquer de lire *Le Silence des Chagos* de Shenaz Patel (voir la rubrique « Livres de route » dans « Île Maurice utile »).

LA DERNIÈRE DÉPORTATION

Les Britanniques possèdent les îles Chagos, à l'est des Seychelles. En 1966, ils signèrent un traité avec les Américains, prévoyant d'y établir une base militaire. Dans les années 1970, tous les habitants de l'île furent déportés ! Les 2 000 Chagossiens peuplent désormais les bidonvilles de la baie du Tombeau, près de Port-Louis.

Et puis une donnée autrefois anecdotique, qui l'est de moins en moins : le nombre de Français installés dans l'île ne cesse d'augmenter, pour atteindre aujourd'hui environ 10 000 personnes.

Notons enfin que presque chaque communauté possède un surnom, sans connotation péjorative. Les musulmans ? Des « lascars », du nom des anciens navigateurs arabes. Les Tamouls ? Des « madras ». Trop discrets sans doute, les Chinois n'ont pas eu droit à un sobriquet...

Le malaise identitaire

L'identité mauricienne n'est une réalité que pour une minorité des habitants de l'île. La plupart se considèrent comme membres d'une communauté avant d'être mauriciens. Mais l'indépendance est somme toute récente. L'île doit gérer la diversité dans les valeurs républicaines mais aussi communautaires. La génération née en 1968, avec l'indépendance, doit aussi combattre les barrières entre communautés et faire accepter l'autre au sein de sa famille. Le métissage n'est pas une valeur cotée, et la femme doit trouver sa place ailleurs qu'au foyer. La communauté indienne, majoritaire en nombre, détient le pouvoir politique. Déjà, en 1993, le père Cerveaux lançait le fameux concept de « malaise créole ».

Maurice a été soudée dans les années de boom économique, et chacun y a trouvé son compte, certains plus que d'autres. Une classe moyenne a émergé en même temps que la société de consommation remplaçait la société traditionnelle. Dernier exemple de ce changement : le temple de la consommation qu'est le *Caudan Waterfront* à Port-Louis. Imaginez qu'un simple pull coûte le salaire mensuel d'un ouvrier, et vous comprendrez que le fossé se creuse. Chacun lorgne sur les biens des voisins : celui-ci ouvre un resto, eh bien, moi aussi. Le malheur, c'est qu'on le ressent parfois dans l'accueil. Sans compter les signes extérieurs, le téléphone portable, la voiture européenne... C'est l'époque de l'argent à tout prix et de la réussite sociale. Fini le temps où la nation travaillait dans le même sens ; maintenant, c'est du chacun pour soi et le plus rapidement possible. Les jeunes ne veulent pas travailler dans les champs de canne, et c'est légitime. À l'école, c'est la course aux diplômes et aux cours privés.

Mais, plus grave, la petite délinquance augmente ; chaque propriétaire vous le dira, ne laissez rien traîner et fermez les portes quand vous sortez... La prostitution se développe dans les endroits touristiques, les filles sont jeunes et jolies, et elles peuvent gagner en une nuit de quoi faire vivre leur famille pendant 1 mois. Et ce pays qui pouvait se targuer de ne pas connaître le mot « chômeur » commence à les compter par milliers (environ 10 % de la population active), avec les fermetures de plus en plus nombreuses de raffineries sucrières et d'usines de textile.
Bon, on n'était pas obligés de faire un tableau aussi noir de la société mauricienne, mais si nous, on ne le fait pas, ce ne sont pas les agences touristiques et les slogans paradisiaques qui le feront pour montrer l'envers du décor plage, lagon, soleil, accueil, sourire...

RELIGIONS ET CROYANCES

Il n'existe pas de religion officielle, bien au contraire : de par la diversité des origines de la population, plusieurs croyances sont représentées et fortement pratiquées par les Mauriciens. Ce qui donne à l'île un panorama religieux aussi unique que passionnant, compte tenu de la taille du pays.
La spécificité de l'île est d'avoir su conjuguer une implication importante des fidèles et une tolérance religieuse plutôt meilleure qu'ailleurs. De fait, mosquées, églises et temples sont souvent construits à peu de distance les uns des autres. Les événements de 1999, au cours desquels les hindous, détenteurs du pouvoir politique, ont été la cible de mécontentements populaires, doivent sans doute être interprétés sous l'angle social plus que religieux.
– La moitié de la population est hindoue. Mais il s'agit plutôt d'un ***hindouisme*** « allégé » : moins de croyances irrationnelles, pas de vaches sacrées, pas de *sadhus* (ascètes se mortifiant pour Dieu), une idolâtrie simplifiée. Le système de caste, peu ancré à Maurice, exerce tout au plus une influence sur les mariages. En revanche, l'attachement à la terre des ancêtres est profond : même le Ganga Talao (Grand Bassin), une retenue d'eau naturelle, entretiendrait des liens secrets avec le Gange. Les hindous y célèbrent le *Maha Shivaratree,* une des fêtes indiennes les plus populaires.
– ***Le christianisme :*** les chrétiens atteignent environ un tiers de la population, avec une part infime de protestants (anglicans). Ce sont des immigrants européens ou créoles venant d'Afrique pour l'essentiel, ainsi que la majorité des Sino-Mauriciens. L'Église catholique a vécu au XIXe s un grand renouveau avec le ***père Laval,*** qui, aujourd'hui encore, rassemble autour de sa tombe à Port-Louis de nombreux fidèles, toutes confessions confondues.
– ***L'islam*** provient pour l'essentiel du sous-continent indien, mais aussi d'Afrique. Les musulmans représentent un sixième de la population environ. Parmi les nombreux lieux de culte dispersés dans les villages, le plus important est la mosquée Jummah, située à Port-Louis.
– ***Le bouddhisme*** est, quant à lui, pratiqué par une très faible minorité de Chinois.

SAVOIR-VIVRE ET COUTUMES

Les Mauriciens sont tellement doux et tolérants qu'on a du mal à les choquer. Toutefois :
– ***Pas de nudisme :*** sur les plages publiques, éviter le monokini et les strings. Ce n'est pas dans les mœurs locales. Sur les bandes de plage directement en face des hôtels, pas de problème, le monokini est toléré.
– ***Respect des temples, églises et mosquées :*** n'oubliez pas d'ôter vos tongs, évitez les shorts et les minijupes quand vous pénétrez dans une enceinte religieuse musulmane ou hindouiste.

– ***Garder le sourire et communiquer :*** de manière générale, les Mauriciens sont d'un contact facile, très agréable. Le petit vendeur de plage, même si vous ne lui achetez rien, engagera souvent le dialogue avec vous sur sa vie, les coutumes de Maurice. Certains vous inviteront peut-être même à dîner. Malheureusement, bien souvent, on constate que certains touristes se comportent comme des coquilles Saint-Jacques, toujours prêts à se refermer dès qu'un autochtone les approche. À vous de vous montrer ouvert.

DES VILLAGES PAR-FAITS !

À l'entrée des villages de l'île, un panneau aussi naïf que sympathique met en avant une qualité supposée du patelin en question, complétée par une phrase gentiment moralisatrice : « Trou aux Biches, village de la positivité (positiver est le meilleur moyen d'avancer) » ; « Piton, village de la simplicité (la simplicité est le gage de la réussite) » ; « Mapou, village de l'enthousiasme » ; « Amitié, village de la vérité... », etc.

– ***Il est interdit de fumer dans les lieux publics*** depuis début 2009, dans certains parcs à thèmes en plein air, dans les jardins publics et même dans sa propre voiture si on est accompagné d'un ou plusieurs passagers.

SÉGA

Caractéristique du folklore typiquement mauricien. Danse et musique d'origine africaine, le séga fut importé par les esclaves ; son rythme effréné, son caractère répétitif, ses mélodies simples, presque entêtantes, sont chargés de désir, et ça se voit très nettement quand les Mauriciens le dansent. Les mouvements se font surtout d'avant en arrière, plus que de droite à gauche. Les femmes portent une large jupe à volants colorés et les hommes une sorte de pantalon de corsaire, large et court. Si l'on respecte la règle, le couple face à face ne doit jamais se toucher.

Malheureusement, aujourd'hui, on ne trouve plus beaucoup de séga improvisé sur la plage comme c'était le cas autrefois, car le séga véritable se veut spontané. Il faut se contenter des soirées séga hebdomadaires des hôtels et des clubs (les fameux *nite clubs* !), plus ou moins authentiques, plus ou moins de qualité. Mais c'est le seul moyen pour les formations professionnelles de s'assurer un revenu régulier. Il est toujours amusant de voir les Blancs, raides comme des piquets, se joindre aux groupes de danseurs locaux. Le roi du séga reste Ti'Frère, référence absolue, décédé il y a quelques années.

L'instrument principal est la *ravane,* grosse caisse assez plate qu'on porte sur soi et qu'on frappe avec les doigts. Ajouter des noix de coco remplies de graines et un triangle (voire deux morceaux de métal qu'on martèle), voilà tout ce qu'il faut pour faire la fête.

Voici une petite discographie. N'hésitez pas à acheter les CD et cassettes de séga mauricien, vraiment bon marché. ***Denis Azor*** avec son tube *Alalila.* ***Linzi*** et son album *Sofé linzi,* frais et dansant. ***Cassiya,*** *Na rié pa efacé,* l'autre groupe à la mode dans la catégorie séga-jeune avec ***Windblows. Ras Natty Baby,*** d'origine rodriguaise, certainement le meilleur dans la catégorie seggae (un mélange de séga et de reggae). Il chante maintenant seul dans un bon album, *Nuvel vision* ; écouter également ses premiers albums avec les ***Natty Rebels.*** Et aussi un bon album de ***Racine Tatane,*** *Seggae nu lamizik.* Le chanteur de ce groupe n'était autre que Kaya, tué en février 1999. De ***Kaya*** en solo, belles reprises de Bob Marley. Il existe aussi une compilation des plus belles chansons de l'île Maurice avec l'incontournable *Ambalaba,* si joliment reprise par Maxime Le Forestier.

SITES INSCRITS AU PATRIMOINE MONDIAL DE L'UNESCO

Organisation des Nations Unies pour l'éducation, la science et la culture

En coopération avec le centre du patrimoine mondial de l'UNESCO

Pour figurer sur la liste du Patrimoine mondial, les sites doivent avoir une valeur universelle exceptionnelle et satisfaire à au moins un des 10 critères de sélection. La protection, la gestion, l'authenticité et l'intégrité des biens sont également des considérations importantes.

Le patrimoine est l'héritage du passé dont nous profitons aujourd'hui et que nous transmettons aux générations à venir. Nos patrimoines culturel et naturel sont deux sources irremplaçables de vie et d'inspiration. Ces sites appartiennent à tous les peuples du monde, sans tenir compte du territoire sur lequel ils sont situés. Pour plus d'informations : • *whc.unesco.org* •

En 2006, un premier site mauricien a été classé au Patrimoine mondial de l'Unesco. Il s'agit de l'***Aapravasi Ghat,*** à Port-Louis. Ce quai, où débarquèrent des centaines de milliers de travailleurs indiens à partir de 1835, symbolise le début des grandes migrations économiques, le passage d'une main-d'œuvre d'esclaves à celle de citoyens libres et rémunérés.

En juillet 2008, le ***Morne Brabant,*** au sud-ouest de l'île, obtient le classement. Là encore, c'est surtout la dimension historique et symbolique qui est retenue, le Morne étant un haut lieu de résistance de l'esclavagisme à Maurice.

SPORTS ET LOISIRS

À Maurice, ce sont évidemment les sports nautiques que l'on pratique avant tout. Apportez donc votre masque et votre tuba, ça vous évitera d'acheter (ou de louer, ce qui n'est pas forcément très hygiénique) du matériel de mauvaise qualité sur place. Vous ne le regretterez pas, le snorkelling suffit pour découvrir une belle variété de superbes poissons sans avoir à plonger très profond. Il y a de nombreux spots faciles d'accès, d'autres où il est préférable de se faire conduire par un gars du coin. Et puis c'est le moment de s'initier à la plongée sous-marine. C'est facile et assez enivrant. Les confirmés trouveront aussi leur bonheur (voir plus haut la rubrique « Plongée sous-marine »).

– ***Voile, planche à voile, kitesurf... :*** ce sont les grands hôtels, la plupart du temps, qui louent des petits dériveurs, catamarans, planches à voile... et des kitesurfs. On en trouve surtout vers les hôtels de Trou aux Biches et de Grand Baie. Les confirmés s'essaieront au spot de surf renommé du Morne, *One Eye.* Tous les ans, fin juillet-début août, se déroule un festival du kite, le *Kiteival* (• *kiteivalmauritius.com/fr* •). Il s'agit d'une randonnée autour de l'île, permettant aux kiters de découvrir les plus beaux plans d'eau de Maurice, souvent inaccessibles. Il n'est pas rare que des pros participent à l'événement.

– ***Pêche au gros :*** parcourez l'océan à bord d'un bateau qui vous déposera au coucher du soleil sur une plage de corail blanc... C'est écrit dans les prospectus, donc c'est possible ; mais ce qui n'est pas dit, c'est que les prises sont propriété des bateaux. Vous avez juste le droit de vous faire photographier avec le marlin bleu et de payer pour l'avoir dans votre assiette. Pendant plus de 15 ans, Maurice a détenu le record du monde de pêche pour le marlin bleu du Pacifique. Nous, on préfère la pêche à la petite sardine... en boîte !

– ***Croisière en voilier :*** dans le nord de l'île, nous recommandons aux voileux *La Sorellina* à Trou aux Biches, qui organise des sorties à la journée (se reporter à ce chapitre).

– ***Randonnées et activités terrestres :*** à priori, on ne vient pas pour ça. Programmé à la suite d'un voyage à La Réunion ou destination en soi, le séjour à

Maurice est placé sous le signe du repos, de préférence en bord de mer. Et pourtant, il y a largement de quoi faire. Alors oui, bien sûr, les sommets vertigineux de Maurice dépassent péniblement les 800 m d'altitude (le Pouce, Pieter Both et, le plus haut, le piton de la Rivière Noire avec 828 m) et ressemblent plutôt à de gaillards monticules face aux imposants massifs réunionnais. Mais inutile de faire 1 000 m de dénivelée par jour pour découvrir des paysages somptueux, une nature luxuriante, des cascades qui scintillent, une faune et une flore protégées. Il existe des circuits pour tous niveaux, de la petite balade de 1h en parcours plat à celle d'une journée pour partie en cordée, voire plusieurs jours pour les mordus. Tout est possible.

Le parc naturel de Rivière Noire a été (plus ou moins efficacement) balisé pour les randonneurs. Plus de 50 km de sentiers répartis en six balades composent l'essentiel des randonnées du parc. Chaque rando dure entre 2 et 3h, et on peut facilement combiner deux parcours, d'autant qu'ils ont chacun leurs spécificités : l'un sinue le long des gorges, un autre permet d'observer de nombreux oiseaux, un troisième offre plusieurs points de vue, etc. On vous conseille vivement de passer au centre d'info (se reporter à la partie « Du Morne Brabant à Flic en Flac. Excursions vers l'intérieur. Le Pétrin ») pour obtenir le maximum d'infos, même si vous choisissez l'une des randonnées qui démarrent plus loin, en direction du Pétrin.

Par ailleurs, on observe depuis peu un vrai développement de l'offre de randos guidées et d'activités sportives en tout genre. De nombreux jeunes se lancent dans l'aventure, faisant le pari du tourisme vert. Parmi les différentes compagnies, on contactera notamment : ***Trekking Île Maurice*** *(📱 5785-61-77 ; ● trekkingilemaurice.com ●),* dont l'une des spécialités est le *trail running* (la course en montagne) ; ***Yemaya Adventures*** *(● yemayaadventures.com ●),* qui propose indifféremment des sorties à pied, à VTT et en kayak ; ***Otélair*** *(📱 5251-66-80 ; ● otelair.com ●),* connu pour ses belles randos mais aussi pour ses activités de canyoning. À ce sujet, voir également ***Vertical World*** *(☎ 697-54-30 ; 📱 5251-11-07 ; ● verticalworldltd.com ●)* ou encore ***ICAN*** *(📱 5989-58-13 ; ● ican-tropic.com ●)* qui, en plus de la randonnée et du canyoning, s'est spécialisé dans l'escalade. ***Blue Reef Ecotours*** *(📱 5771-29-28 ; ● bluereefecotours.com ●)* propose plongées, treks : sur terre ou sous l'eau, Lylian organise une visite de l'île sur mesure. Plus d'infos dans les « Adresses utiles » de « La pointe aux Canonniers ».

Dernière solution, les balades organisées dans les grands domaines privés ou les randonnées plus spectaculaires à la montagne du Pouce et plus encore aux *Tamarin Falls,* que nous détaillons.

Matériel à prévoir : une bonne paire de chaussures de marche, un chapeau, un vêtement imperméable, une lotion antimoustiques, une crème solaire. Demander si la nourriture et l'eau sont prévues par l'organisateur.

Le jeu

Les Mauriciens sont de grands joueurs. L'hippodrome du Champ-de-Mars de Port-Louis est plein pendant la saison estivale, et les bandits manchots des casinos tournent sans fin.

– ***Boka :*** un jeu de cartes qui se joue dans un endroit caché des femmes, qui, on ne sait pas pourquoi, empêchent toujours les maris de jouer leur paie. Se joue avec cinq cartes : la première n'est pas retournée, on ne la regarde qu'à la fin ; les quatre autres sont distribuées une par une, avec à chaque fois des mises et des joueurs qui renoncent. Cela se joue vite : un carré d'as ramasse la mise, puis c'est la suite à pique *(war so thaï son)* et ainsi de suite. Mais le boka semble passer de mode auprès des jeunes, qui lui préfèrent les frissons du ***poker.***

– ***Romi :*** encore des cartes, mais on joue avec deux paquets de 54 cartes, et il faut au moins six personnes. On a chacun 10 cartes. Nous n'avions plus de monnaie pour essayer de comprendre les règles, et nous tenions à notre short !

L'ÎLE RODRIGUES

• Cartes *p. 10-11, 240-241*

« Il y a ici une impression de lenteur, d'éloignement, d'étrangeté au monde des hommes ordinaires [...] et qui fait penser à l'éternité, à l'infini. »

J.-M. G. Le Clézio

Arrivée à l'aéroport

✈ ***L'aéroport Sir Gaëtan Duval*** *se situe à* ***Plaine Corail,*** *loin de tout.* Petit mais moderne : *duty free,* distributeur de billets, banque *(SBM)* ouverte à chaque départ ou arrivée de vol, où vous pourrez faire du change (beaucoup moins de monde qu'en ville et même taux de change). Attention, pas de loueurs de voitures sur place. Louez avant d'arriver et on vous déposera la voiture à l'aéroport. ***Attention,*** les boissons achetées en *duty free* au départ de la France doivent être scellées, sous peine d'être confisquées à Maurice. Si vous récupérez vos bagages à Maurice, mettez vos achats dans votre valise avant de poursuivre vers Rodrigues. Les hôtels et chambres d'hôtes peuvent s'occuper de votre ***transfert*** (payant) si vous les prévenez de votre arrivée.

– Ne pas quitter l'aéroport sans la ***carte de Rodrigues*** « Bienvenue chez nous à l'île Rodrigues », gratuite. Bien conçue, elle précise les horaires de bus (pratique !) et recense les endroits les plus typiques de l'île pour aller à la rencontre des Rodriguais.

➢ Un ***bus*** effectue la navette avec la gare routière de Port Mathurin, mais attention, le dernier part vers 16h30, à 100 m du parking après la sortie, à côté de la station de police. Il y a officiellement 2 autres bus (vers 17h et 17h30), mais liaisons aléatoires. Compter env 1h. Ceux qui ne séjournent pas à Port Mathurin doivent descendre à Mont Lubin, au cœur de l'île ; de là, correspondance pour tous les villages de l'île.

➢ Également quelques ***taxis,*** stationnés à droite en sortant de l'aéroport. Compter environ 600 Rs entre l'aéroport et Port Mathurin (prix normaux). Attention aux faux taxis (surtout présents lors des arrivées tardives), qui n'hésitent pas à demander le double du tarif habituel. On les reconnaît à leur absence de signalétique officielle (pas de plaques d'immatriculation jaunes comme pour les vrais taxis et stationnement différent).

|●| À noter : 2 ***snacks*** (l'un au niveau des arrivées et l'autre aux départs), aussi sympas que pratiques et bon marché. *Ouv selon les horaires d'avion.* Tourtes (celles de Marylou peuvent être réceptionnées ici, avant le départ), paninis, crêpes, vrai café et jus de fruits frais (selon la saison).

AU NORD DE L'ÎLE

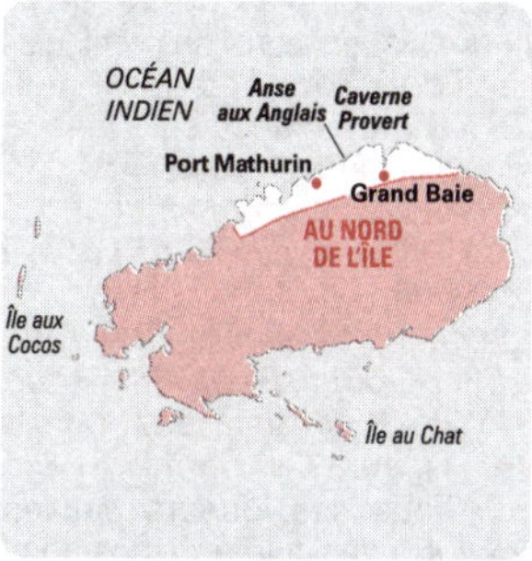

De la baie du Nord à Rivière Banane, la route se fraie un chemin sinueux le long de la côte, au bord de la mangrove, jusqu'à Baie aux Huîtres et Port Mathurin, la nonchalante capitale aux allures de bourg animé. Juste après, c'est du côté d'Anse aux Anglais, de Caverne Provert et de Jeantac que l'on trouve la plupart des hébergements. Des villages tout simples qui se succèdent jusqu'au delta aride de Grand Baie, dans un paysage d'une âpreté énigmatique. N'est-ce pas sur ces terres à la beauté minérale que le corsaire Le Vasseur, alias « la Buse », avait caché son fameux trésor ?

PORT MATHURIN

• Plan *p. 235*

Située au nord, il s'agit de la capitale et du seul port de l'île. Son nom vient d'un colon français, Mathurin Bréhinier, premier habitant de la région. Oh, rien de fracassant ici, mais c'est incontestablement l'endroit le plus animé de Rodrigues. C'est là que se trouvent tous les services administratifs, les banques, le grand marché du samedi matin (et réduit le mercredi), la plus forte concentration de restos (au moins six !) et un nombre incalculable de *boutiks*-quincailleries-épiceries qui s'égrènent le long des quelques rues coupées à angle droit. En un mot, la capitale représente le summum de l'animation rodriguaise. Une halte sympathique, qui constitue un bon point de départ pour découvrir l'île.

Adresses et infos utiles

Services

i *Office de tourisme* (plan B1) **:** *rue de la Solidarité (entre la rue Fatehmamode et la rue Paul-Élysée).* ☎ *832-08-66/67.* ● *tourism-rodrigues.mu* ● *Lun-ven 8h-16h, sam 8h-12h, dim 8h-10h.* Dans une jolie maison traditionnelle avec varangue. Quelques brochures et vente de la carte de l'île. C'est ici qu'on retire le permis pour l'île aux Cocos (ce sont en principe les agences et les bateliers qui s'en chargent). Accueil serviable.

✉ ***Poste*** (plan B1) **:** *rue de la Solidarité. Lun-ven 8h15-11h15, 12h-16h ; sam 8h30-11h45. Fermé dim.*

■ **Orange** (plan B1, **1**) **:** *rue Johnston, à l'angle de la rue de la Solidarité. Tlj sf dim, 8h30-16h (12h sam).* 📶 *(gratuit, limité à 30 mn/pers).* Vente de cartes téléphoniques et cartes SIM à insérer dans les portables (prévoir passeport). Cabines à pièces et à carte à l'extérieur.

■ ***Alliance française*** *(hors plan par B1)* **:** ***Pointe Canon.*** ☎ *831-22-52. Au-dessus de la gare routière de*

Port Mathurin. L'Alliance offre aux artistes locaux un lieu d'expression et propose de nombreuses activités : projection de films français, expositions artistiques et pédagogiques... Dynamique et sympa.

Argent

■ ***Banques et change*** *(plan A2, **3**) : rue Max-Lucchesi.* ***State Bank :*** *lun-ven 9h-15h (16h ven).* ***Mauritius Commercial Bank :*** *lun-jeu 9h-15h15, ven 9h-17h.* ***Barclay's Bank,*** *à l'angle de la rue Fatehmamode et de la rue de la Solidarité, en centre-ville. Distributeurs automatiques à l'extérieur de chaque banque.* ***Western Union*** *(plan couleur B2, **6**) : rue Max-Lucchesi. Lun-ven 8h30-16h30, sam 8h30-12h.* Taux de change à peu près identique partout.

Représentation diplomatique

■ ***Consulat honoraire de France*** *(carte île Rodrigues, **4**) : à* ***Jeantac,*** *au-dessus de Grand Baie. ☎ 832-17-60. Reçoit sur rdv.* Les ressortissants français peuvent contacter le consul en cas de besoin. À défaut, l'Alliance française peut, dans la mesure du possible, fournir des conseils si nécessaire (coordonnées plus haut).

Santé

✚ ***Hôpital Queen Elizabeth*** *(hors plan par B1) : à* ***Crève Cœur.*** *☎ 832-15-00.* Le seul véritable hôpital de l'île. En cas de problème sérieux, préférez un rapatriement vers Maurice ou La Réunion.

■ ***Pharmacies :*** ***pharmacie de Port Mathurin*** *(plan B1, **4**), rue de la Solidarité ; en face du marché. ☎ 831-22-79. Tlj 7h30-16h30 (15h sam, 11h dim). Également la* ***pharmacie D'Arcy*** *(plan couleur A1, **5**) : rue Mamzelle-Julia, entre les rues de la Solidarité et François-Leguat. ☎ 832-14-28. Lun-sam 7h30-16h, dim 8h-12h.*

Transports

■ ***Location de voitures :*** *les agences citées plus loin (voir « Agences de voyages »), comme* ***Patriko*** *et* ***JP Excursion,*** louent aussi des véhicules. *Sinon, chez* ***Rotourco*** *(plan couleur B1, **8** ; rue François-Leguat, au rdc du resto* Aux 2 Frères*) ; ☎ 831-07-47 ; • rotourco.com • ; tlj sf dim, 8h-16h (12h sam), auprès de* ***Ludovic Tours*** *(☎ 832-06-30 ; • ludovictours@orange.mu •). Et encore* ***2000 Tours*** *(📱 5765-21-00) ;* ***Bannana Tours*** *(📱 5875-38-16 ; • bannanacars@gmail.com •) ;* ***l'Isaura Car Rental*** *(📱 5875-06-25).* Tous ces loueurs peuvent mettre votre véhicule à disposition à l'aéroport. Le plus souvent, il s'agit d'un pick-up.

■ ***Station-service*** *(plan A2) : il n'y a que 3 pompes dans l'île. Tlj 6h-19h (15h dim). Une à* ***Port Mathurin,*** *presque face au poste de police, à droite avt le pont.* Une autre à ***Mont Lubin,*** dans le cœur de l'île, et une 3e à ***Grand La Fourche Corail,*** village à proximité de l'aéroport. Par ailleurs, quelques épiceries qui bordent la route vendent (plus cher) des bidons d'essence ou de gazole.

■ ***Location de VTT :*** *dans les hôtels et les agences. Compter env 200 Rs/j.*

🚗 ***Taxis :*** assez nombreux, il y a une station au terminal de bus et une liste sur la carte de l'île.

Agences de voyages

Si votre hôtel ou votre proprio n'organise pas lui-même les excursions, vous n'aurez aucun mal à trouver une agence. En voici une petite sélection.

■ ***Ludovic Tours :*** *☎ 832-06-30. • ludovictours@orange.mu •* Petite agence qui n'a pas pignon sur rue, gérée avec sérieux et gentillesse par Ludovic, un guide passionnant et sa femme. Organise transferts, sorties à l'île aux Cocos, mais aussi à l'île aux Chats ou à l'île Hermitage... ainsi que des excursions à la carte à travers Rodrigues. Loue voitures, scooters et vélos.

■ ***Patriko et Gariko*** *(plan B1, **8**) : rue François-Leguat, au rdc du resto*

PORT MATHURIN

Adresses utiles

- Office de tourisme
- **1** Orange
- **2** Air Mauritius
- **3** Banques et change
- **4** Pharmacie
- **5** Pharmacie D'Arcy
- **6** Western Union
- **8** Rotourco, Patriko et Gariko
- **9** JP Excursion

Où dormir ?

- **20** Chez Ludovic Bégué
- **21** Pension Ciel d'Été
- **22** Chez Giselène Waterstone
- **23** Escale Vacances
- **24** Mr Garrick

Où manger ?

- **30** Nila Snack
- **31** Le Gourmet
- **32** Manzé Lakaz
- **33** Aux 2 Frères
- **34** Ti Rozo

Achats

- **40** Boulangerie Loul & Co
- **41** Coco Zone

Aux 2 Frères. *5875-25-75. • patrikotours@yahoo.com • Tlj sf dim, 8h-16h (12h sam).* Petite agence qui organise des tours de l'île en minibus, des sorties à l'île aux Cocos et des excursions à la journée pour individuels, en voiture avec chauffeur. Sérieux et sympathique. Loue également des voitures.

■ ***JP Excursion*** *(plan B1,* ***9****)* **:** *rue Barclay. Lun-sam 8h15-16h (12h sam). ☎ 832-11-62. • jpexcursion-rodrigues.com •* En plus des excursions (tour de l'île, sorties en mer, randos, pêche...) et des transferts, cette agence peut aussi vous réserver un hébergement (hôtels, gîtes, chambres d'hôtes...).

Où dormir ?

Pas d'hébergement en bord de mer, mais Port Mathurin est le seul endroit de l'île où vous trouverez un peu d'animation, du moins jusqu'à 16h.

Bon marché (moins de 700 Rs / 17,50 €)

Chez Ludovic Bégué (plan B1, **20**) : *Fond la Digue. ☎ 832-06-30. • ludovictours@orange.mu • Mieux vaut téléphoner avt de venir. Compter env 300 Rs/pers.* Un peu à l'écart du centre-ville, Ludovic et sa femme louent 6 chambres au confort rudimentaire (literie impeccable cependant), aménagées dans leur maison et dans une petite case créole à côté de la leur. Cuisine équipée, frigo, 2 salles de bains à partager. Pas le grand luxe, mais à ce prix-là... Et puis le luxe, ici, c'est la qualité de l'accueil ! Pour un peu plus de confort et une option balnéaire, ils louent également un appartement à Graviers (voir plus loin). Pratique enfin, les proprios proposent tous les services d'une agence de voyages (*Ludovic Tours* ; voir plus haut dans « Adresses utiles »).

Mr Garrick (plan B2, **24**) : *dans une impasse donnant sur la rue Johnston. 5875-25-75. • patrikotours@yahoo.com • Double 600 Rs avec kitchenette (mais sans petit déj). Résa conseillée.* Bien situé à deux pas du centre, très au calme. Prix plancher pour ces chambres indépendantes ou dans un appartement, simples, naturellement ventilées (pas de clim). Loue aussi à Saint-François (Anse Ally) un excellent gîte avec vue extra (voir plus loin « À l'est et au sud de l'île »).

De prix modérés à prix moyens (700-2 000 Rs / 17,50-50 €)

Pension Ciel d'Été (plan B1, **21**) : *à l'entrée de Port Mathurin, sur la gauche juste avt le pont. ☎ 831-15-87. Fax : 831-20-04. Prévoir 800 Rs pour 2, petit déj compris ; également des familiales.* Proche du terminal de bus, pension de famille d'une douzaine de chambres, construite à l'endroit où François Leguat, premier colon français, aurait bâti sa maison. Les chambres se révèlent spacieuses, simples et fonctionnelles (salle de bains, ventilo...). Préférez celles à l'étage. Un point de chute vraiment très convenable si on est peu sensible au bruit de la route (mais c'est calme le soir). Sur le devant, petit bout de jardin que Thérèse entretient avec amour.

Chez Giselène Waterstone (plan A2, **22**) : *à Camp du Roi, quartier au sud de Port Mathurin (à 5 mn à pied du centre). ☎ 831-17-69. 5876-51-26. • chezgiselenefr.wix.com/chezgiselenefr • Dans un renfoncement : appeler pour se faire indiquer. Double env 2 000 Rs ; dégressif en fonction du nombre de pers et de nuitées. Petit déj et clim en plus.* Giselène, adorable, propose 3 logements au rez-de-chaussée de sa maison : il y a une chambre toute simple pour dépanner (avec douche et w-c) et 2 appartements de bon confort avec séjour et petite terrasse privée. Kitchenette ou cuisine équipée. Seul défaut : les appartements sont un peu encaissés (peu de lumière). Sinon, c'est impeccable. Excellent accueil et bons services.

Plus chic (plus de 3 500 Rs / 75 €)

Escale Vacances (hors plan par B2, **23**) : *Fond la Digue, Port Mathurin. ☎ 831-25-55. • escale-vacances.com • Doubles à partir de 3 500 Rs, petit déj inclus. ½ pens exigée à certaines périodes.* Petit hôtel à l'architecture semi-créole, en plein quartier résidentiel, au calme et noyé dans la végétation. Hall agréable, chambres spacieuses et lumineuses (AC, frigo), blanches et bleues (ou orange). Jolie piscine au pied d'une colline. Évidemment, pas de plage à proximité. Accueil vraiment aux petits oignons, tout comme la cuisine, fraîche et savoureuse. Une halte bien agréable pour ceux qui veulent être en ville.

Où manger ?

À Port Mathurin, on trouve encore quelques vieux troquets à matelots typiques où les Rodriguais viennent boire un verre au comptoir tout en grignotant des *gadjacks,* des amuse-gueules du style poisson, poulet ou foie frits aux oignons. Faites donc un tour chez *Mme Marcel,* sur la rue Harmensen, face au débarcadère. L'adresse est réputée pour ses saucisses chinoises et son porc au miel. Pittoresque.

Bon marché (moins de 300 Rs / 7,50 €)

🍴 ***Nila Snack*** *(plan A2,* ***30****)* **:** *rue François-Leguat. 📱 5985-93-52.* Un petit resto sans façons mais aux tables arrangées avec soin, réputée pour ses *mine frits,* excellents, et son copieux *byriani.*

🍴 ***Le Gourmet*** *(plan A2,* ***31****)* **:** *rue François-Leguat. 📱 5980-37-16. Tlj midi et soir.* Porc au miel, calamar croustillant, cari d'ourites... La petite ardoise annonce les plats du jour, toujours bien frais.

🍴 ***Manzé Lakaz*** *(plan B1,* ***32****)* **:** *tt au bout du terminal des bus. Tlj jusqu'à 15h.* Un petit resto traditionnel bien propre sur lui, où l'on est sûr par ailleurs de goûter de bons plats typiques et pas chers, en attendant le bus... ou pas.

Prix modérés (300-500 Rs / 7,50-12,50 €)

🍴 ***Aux 2 Frères*** *(plan B1,* ***33****)* **:** *pl. François-Leguat, au-dessus de Rotourco. ☎ 831-05-41. Tlj midi et soir, sf jeu soir et dim midi.* 📶 En salle dans un cadre épuré rehaussé d'expos photos, ou sur le balcon-terrasse (bien agréable), on choisit à l'ardoise leurs spécialités : du *wahoo* en tartare (fameux) ou Rossini, un steak de thon jaune à la normande, *fish burger* hawaïen... Et même des pizzas. Une cuisine de bistrot métissée, inventive et à base de produits locaux, réalisée par Emeric, un jeune chef décidément plein d'idées, aidé par son frère Corentin. Une adresse qui tourne bien depuis plusieurs années. Très bon café. Sans aucun doute l'une des meilleures tables de l'île !

🍴 ***Ti Rozo*** *(plan A-B2,* ***34****)* **:** *rue Victoria (angle Père-Gandy). ☎ 832-15-86. Tlj sf dim.* Bonne cuisine locale servie dans une petite case créole toute jaune, joliment aménagée ou dans le jardin. Selon les jours, on dégustera un poulet croustillant, des crevettes sauce rouge ou un sauté de bœuf aux brèdes... toujours servis avec le sourire.

Où danser ?

Précisons qu'à Rodrigues, toutes les boîtes de nuit sont fermées durant la période de carême (40 jours avant Pâques).

♫ C'est au « Nite Club » ***Le Safari*** *(à* ***Baie Lascars,*** *près de la station de bus)* que les jeunes se donnent rendez-vous les vendredi et samedi soir. Musique internationale hybride assaisonnée de séga. Autre adresse non loin, ***Le Cocotier*** à Camp du Roi *(ven et sam soir).* Sinon, le dimanche après-midi, dans des salles communales, se tiennent les fameux bals ***Ran Z'haricot*** *(15h-19h env ; petit droit d'entrée).* Buffet, danse, accordéon destiné à des couples d'une cinquantaine d'années et plus, qui doivent à leur tour organiser le bal du dimanche suivant s'ils ont tiré le haricot dans leur part de gâteau. Dépaysant à souhait.

Achats

🧺 ***Marché*** *(plan B1)* **:** *à l'entrée de la ville. Grand marché sam 5h-15h. Venir le plus tôt possible, comme les Rodriguais. Vers 12h, le choix est beaucoup plus restreint. Sous la halle, vente tte la sem de fruits et légumes.* Au coude à coude, les « jardinières » viennent des quatre coins de l'île vendre trois seaux de tomates et un cageot de limons. Également vente d'un excellent miel, de pots de piments et d'achards. Privilégier les fruits locaux type caramboles, papayes, bananes, pastèques... produits sans pesticides, ce qui n'est pas forcément le cas des pommes et oranges, bien calibrées, importées d'Afrique du Sud.

Également de la vannerie, mais pas d'illusion, les sacs et paniers colorés sont en principe importés de Madagascar.

Parmi les nombreux stands, ne pas manquer les tourtes de ***La Tourterie de Marylou Augustin*** : *5975-00-31. • marylou@colirodrigues.com • Slt le sam, jour du grand marché. Si vous n'êtes pas sûr d'arriver de bonne heure, mieux vaut les lui réserver la veille par tél.* Excellentes tourtes rodriguaises confectionnées à base d'une délicieuse pâte sablée, joliment décorées et traditionnellement fourrées de confiture de coco ou de papaye, mais aussi à la mangue, au limon (notre préférée) ou à l'ananas. Tout est maison. Un pur délice ! Et puis sa « tourtiflette » aux légumes et aux oignons vaut carrément le détour.

Boulangerie Loul & Co *(plan B2,* ***40****)* **:** *rue Fatehmamode. Lun-jeu 4h-16h30, ven 4h-13h, sam 4h-14h, dim 4h-12h.* Une des 2 boulangeries de l'île, l'autre se situant à La Ferme. On y trouve des sablés, biscuits traditionnels comme les *boudoutes* (proches du pain d'épice) et autres gâteaux secs. En revanche, le pain n'est pas terrible.

Coco Zone *(plan B1,* ***41****)* **:** *rue Johnston. Tlj sf dim, 8h-16h (12h sam). 5752-47-12.* Comme à la boutique de l'atelier *Careco* (se reporter à la rubrique « À voir. À faire »), on y trouve de jolis petits souvenirs en noix de coco (colliers, bracelets, bougeoirs, etc.), et bien sûr leur fameux miel *Lacaz*.

Sea Pearl of Rodrigues **:** *rue Fatehmamode. 5850-43-23. Lun-ven 8h30-16h, sam 8h30-14h.* Coopérative artisanale qui propose bijoux et nacre de Rodrigues et demi-perles. Quelques vêtements pour enfants et produits recyclables.

Joli Store **:** *rue Mamzelle-Julia.* Outre des cassettes de séga d'artistes rodriguais et mauriciens, on y déniche tout et n'importe quoi dans un bric-à-brac monumental.

Les boutiks de couleurs vives, comme celles de la rue Mamzelle-Julia, proposent un choix complètement éclectique de denrées et de prestations. Vraiment unique !

Où faire ses courses dans les environs ?

L'Homme du Jardin **:** *à* ***Baie Malgache,*** *à env 10 mn en voiture à l'ouest de Port Mathurin. 5875 46-16. Tlj sf dim, 8h-16h, mais mieux vaut appeler pour savoir ce qu'il a et éventuellement passer commande.* L'Homme du Jardin, c'est Phano, tout sourire, installé dans sa cabane en bord de route, qui propose les légumes de son potager, des fruits, poulets, canards et des trésors de la mer selon la pêche du jour : bonites, carangues, ourites... Un bon plan quand on est en location ou qu'on veut préparer un BBQ sur la plage.

À voir. À faire

Deux moments privilégiés pour visiter la « capitale » : le ***samedi matin*** très tôt, pour le marché (voir « Achats »), et les jours où le *Mauritius Pride* est à quai. Les habitants affluent des quatre coins de l'île pour accueillir les amis de retour au pays. On a l'impression de voir arriver le *Normandie* dans la baie de New York ! Le départ du bateau donne lieu aussi à une grande animation. Des familles entières se massent avec armes et bagages devant le terminal d'embarquement. Les autres jours, on flânera avec plaisir au gré des quatre rues de ce gros village. Mais après 16h, la ville sombre dans une douce léthargie.

➢ Voir en particulier le ***carrefour rue François-Leguat et rue Mamzelle-Julia,*** avec une charmante église de village et de vieux magasins en bois qui regorgent de marchandises hétéroclites. Ça fait penser aux petites villes de l'Ouest américain. Comme ce magasin, rue de la Solidarité, qui vend aussi bien du poulet congelé que des journaux, qui fait quincaillerie et épicerie, le tout dans un joyeux bazar. Sur les rues Mamzelle-Julia et Harmensen, des vieux bistrots rodriguais pas tristes.

➢ Rue de la Solidarité (entre les rues Barclay et Fatehmamode, avec un vieux canon devant), la ***Résidence*** *(plan B1),* belle bâtisse en bois et ancienne demeure des gouverneurs de l'île, de 1873, où sont organisées des réceptions officielles. *Accessible lun-ven 8h-15h.*
– ***Careco*** *(plan A2)* **:** *à Camp du Roi, quartier à l'ouest de Port Mathurin. ☎ 831-17-66. Tlj sf w-e, 8h-15h30, mais venir plutôt le mat (le sam, boutique ouv 8h-12h).* Cette association forme chaque année environ 30 enfants handicapés, rémunérés pour leur travail. Ils choisissent entre différents secteurs, dont le plus important est consacré à l'apiculture. On y produit un superbe miel, souvent primé. Petit département menuiserie (chargé de confectionner les ruches) et de l'artisanat en noix de coco, fin et délicat, comme des pendentifs et de petits bibelots pittoresques. Tous ces objets sont vendus dans la petite boutique de l'atelier ou dans celle de la rue Johnston, en centre-ville (voir plus haut *Coco Zone* dans « Achats »).

ANSE AUX ANGLAIS

Ce village en bord de mer, à 1 km à l'est de Port Mathurin, concentre aujourd'hui une grande partie des ressources touristiques, même si la petite plage n'offre pas les meilleures conditions de baignade (cailloux qui affleurent et lagon peu profond). En revanche, s'installer sous les filaos au coucher du soleil reste un moment magique. Quant à son nom, l'anse le doit aux troupes anglaises débarquées en 1809.
– On y trouve 2 petites ***épiceries*** *(ouv 6h-19h)* et un bon ***resto.***

Où dormir ?

À 15 mn à pied de Port Mathurin, un endroit agréable en bord de mer, essentiellement résidentiel, donc très calme, malgré le fait que la baignade n'y soit pas très facile.

HÔTELS

Prix moyens (1 000-2 000 Rs / 25-50 €)

Auberge Anse aux Anglais *(carte île Rodrigues,* ***10****)* **:** *dans l'allée Laurestine-Augustin, perpendiculaire à la rte principale. ☎ 831-21-79. • rodriguesvacances.com • Double avec sdb et clim 1 800 Rs/pers en ½ pens ; également des familiales.* Petite résidence familiale à l'ancienne mode, dont les chambres tout à fait convenables se répartissent autour d'une cour intérieure fleurie et d'une piscine grande comme un mouchoir de poche. Cadre agréable. Petite terrasse pour chacune. Sans chichis, une adresse fonctionnelle à l'atmosphère empreinte de décontraction, très fréquentée par les Mauriciens.

De chic à plus chic (plus de 2 000 Rs / 50 €)

CHAMBRES D'HÔTES

Prix moyens (1 200-2 000 Rs / 30-50 €)

Villa Mon Trésor *(carte île Rodrigues,* ***10****)* **:** *dans l'allée*

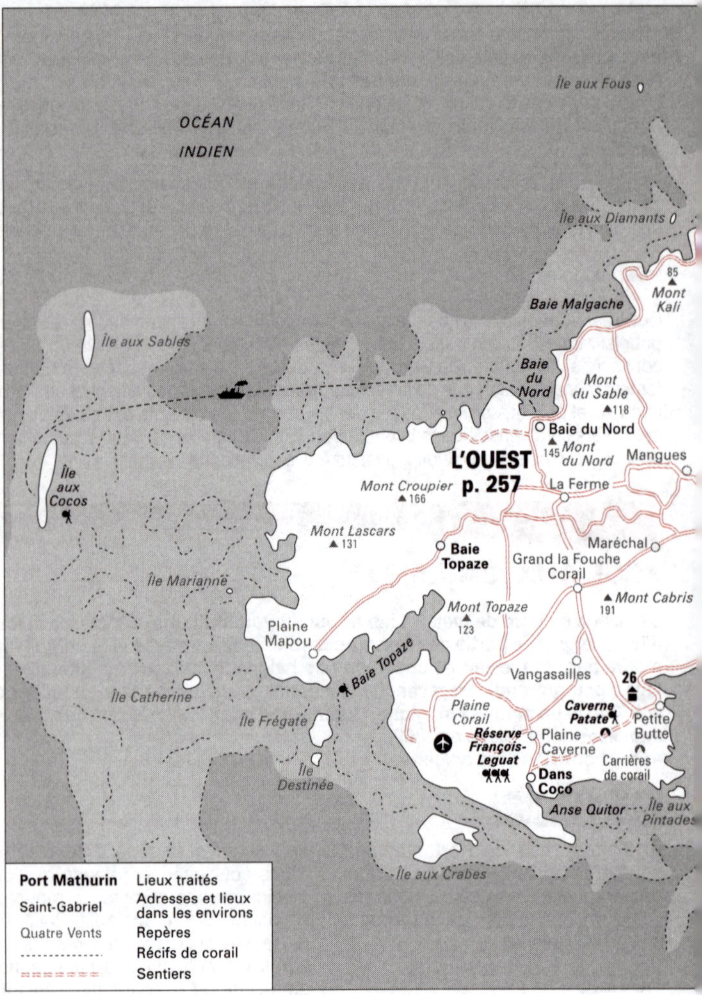

Adresse utile

4 Consulat honoraire de France

Où dormir ?

10 Auberge Anse aux Anglais, Villa Mon Trésor et Ti Pavillon
12 Le Récif et La Tourelle
13 Auberge du Lagon Bleu
14 Chez Claude et Benett Augustin et Le Domaine de la Paix
15 Le Limonier
16 Le Bénitier
17 Chez Monette et Gérard Édouard, Gîte Bellevue
18 Coco Villa, Le Manoir et Le Dahlia
19 Le Ravenal
20 Résidence Kono Kono
21 Résidence Foulsafat, chez Antoinette et Benoît Jolicœur
22 L'Amphore
23 Gîte Ronald
24 La Collinière
26 Gîtes La Caverne, Chez M. et Mme Prudence
27 La Terrasse

L'ÎLE RODRIGUES

28 Le Macaou
29 Auberge Saint-François
30 La Belle Rodriguaise
32 Mourouk Ebony
33 Cotton Bay
34 Bakwa Lodge
35 Hotel Tekoma
36 Kafé Marron, Maison d'hôtes
37 Lagon Sud
38 L'Auberge du Lagon
39 Gîte Piment
40 Gîtes Patriko
50 Case Corail

Où manger ? Où boire un verre ?

33 Cotton Bay
37 Café de la Plage
41 Le Marlin Bleu
43 Mangoz Snack
44 Chez Robert et Solange
45 Mazavaroo Restaurant
46 Chez Jeannette, le Tropical
47 Chez Mme Larose
48 La Terrasse Verte
49 Restaurant du Sud
60 La Tourterie
61 Chez Dana

Achats

70 Les Frères Léopold
71 Miellerie Victoria

Laurestine-Augustin, perpendiculaire à la rte principale. ☎ *832-00-59.* 📱 *5875-69-10.* • *villamontresor.com* • *Double avec sdb et ventilo 2 400 Rs en ½ pens (obligatoire).* 💻 📶 Une vraie adresse chambres d'hôtes. Comprenez par là qu'on loge chez les proprios. Les invités se partagent des petites chambres simples (à l'étage ou au rez-de-chaussée), sans clim, un salon de poche cosy où trône un piano, une véranda pour les repas (très bons !) et un jardin fleuri et ombragé. Pas beaucoup d'intimité, mais une vraie convivialité due à un accueil sincère et chaleureux de Marie-Louise.

🏠 ***Ti Pavillon*** *(carte île Rodrigues,* ***10****) :* *dans l'allée Laurestine-Augustin, perpendiculaire à la rte principale.* 📱 *5875-07-07.* • *tipavillon.com* • *Double env 1 200 Rs ; petit déj et clim en sus.* Une douzaine de chambres dans les tons orangés, bien arrangées par Santos Meunier, qui se débrouille aussi bien en peinture qu'aux fourneaux. Un ensemble de petites maisons coquettes, imbriquées les unes dans les autres. Salles de bains avec douche, carrelage dans les chambres. Grand balcon commun à l'étage, simplement séparé par de petites cloisons de béton. Terrasse au rez-de-chaussée. Grande tablée pour prendre ses repas. Les patrons possèdent également *L'Auberge du Lagon* à Jeantac, une belle adresse de charme avec vue sur mer (voir plus loin « Où dormir ? Où manger dans les environs proches ? »).

MAISON À LOUER

Prix modérés (700-1 200 Rs / 17,50-30 €)

🏠 ***Le Limonier*** *(carte île Rodrigues,* ***15****) :* *à Anse aux Anglais, sur la route côtière.* ☎ *831-16-53.* 📱 *5877-39-35.* • *jeanvagor@orange.mu* • *Plusieurs apparts pour 2-6 pers, env 800-1 500 Rs.* 📶 Jean-Louis loue une jolie maison dans un style paquebot Art déco, composée de 3 appartements simples et fort bien équipés, 2 au rez-de-chaussée avec 2 chambres pour l'un, 1 chambre pour l'autre, cuisine et terrasse ouverte sur le jardin (BBQ). L'autre, à l'étage (avec 3 chambres), se révèle plus aéré. À deux pas de la mer, voici une excellente adresse dégageant un certain charme, à prix particulièrement intéressants, qu'on soit à deux ou en petit groupe.

Où dormir ? Où manger dans les environs proches ?

HÔTELS

🏠 🍴 ***Le Récif*** *(carte île Rodrigues,* ***12****) :* *à* ***Caverne Provert.*** ☎ *831-18-04.* • *lerecifhotel.com* • *Doubles en ½ pens 2 400-2 900 Rs selon saison.* Long bâtiment peu charmant au premier abord, mais on oublie vite l'architecture en découvrant la formidable vue plongeante sur la mer depuis les généreux balcons à l'étage. Et comme les chambres sont spacieuses, modernes, claires et de bon confort (clim, TV...), on retient volontiers l'adresse.

🏠 ***L'Auberge du Lagon*** *(carte île Rodrigues,* ***38****) :* *à* ***Jeantac.*** 📱 *5875-07-07.* • *tipavillon.com* • *Double env 2 000 Rs (avec petit déj) et 3 000 Rs en ½ pens.* On ne peut le manquer, ce joli petit hôtel en bord de route, dont les toitures bleues et la piscine à débordement se fondent dans le décor naturel du lagon, même si l'architecture générale est discutable. Mêmes propriétaires que chez *Ti Pavillon* (voir plus haut), même concept, même qualité. En tout, 4 unités de 2 à 6 chambres, toutes avec terrasse. Confort simple (pas de TV, pas de frigo et AC en plus) et tenue impeccable, un accueil charmant et pro, et une vue sur la mer dont on ne se lasse pas. À signaler toutefois, pas vraiment de plage en bas (accès pas très aisé du fait des rochers). Une jolie petite adresse de charme.

🏠 🍴 ***Résidence Kono Kono*** *(carte île Rodrigues,* ***20****) :* *à* ***Jeantac.*** ☎ *831-07-59.* • *lekonokono.com* • *Compter 2 500 Rs pour 2 en ½ pens ; clim incluse.* 📶 Voici un emplacement rêvé, presque pieds dans l'eau (plage à 3 mn par un sentier). Ces bungalows abritent en tout une quinzaine de chambres spacieuses et confortables (AC, ventilo et frigo), toutes avec terrasse. Quelques familiales également. Préférez celles qui sont les plus proches de la mer. Accueil gentil comme tout. Resto en terrasse au bord de la piscine.

GÎTES ET CHAMBRES D'HÔTES

Prix modérés (700-1 200 Rs / 17,50-30 €)

🏠 🍽 ***Auberge du Lagon Bleu*** *(carte île Rodrigues,* ***13****)* ***:*** *à* ***Caverne Provert.*** *📱 5499-44-42. • aubergelagonbleu.com • Double env 800 Rs avec sdb, petit déj en sus. ½ pens possible. Table d'hôtes sur résa env 600 Rs (punch inclus), accessible aux non-résidents.* Dans cette sympathique maison perchée au-dessus d'Anse aux Anglais, agrémentée d'une petite pelouse sur le devant, Christophe et Estelle proposent 4 chambres (2 doubles et 2 triples) simples et fonctionnelles (sanitaires privés, ventilo), mises en valeur par les toiles de Christophe, artiste-peintre qui expose ses toiles et ses paniers peints. Toutes les chambres profitent d'une vue enchanteresse sur l'océan. Et côté table d'hôtes, une cuisine délicieuse mitonnée par Lise (la discrète maman), que l'on déguste sur la terrasse qui prolonge la maison. Propose une excursion en bateau à voile à l'île aux Cocos, avec snorkelling après le déjeuner. Également journée snorkelling sur la plage de Baladirou.

Prix moyens (1 000-2 000 Rs / 25-50 €)

🏠 🍽 ***Chez Claude et Benett Augustin*** *(carte île Rodrigues,* ***14****)* ***:*** *à* ***Terre Rouge.*** *☎ 831-00-33. • chez claudebenet@orange.mu • Double env 1 800 Rs avec petit déj. Table d'hôtes sur résa 750 Rs (ouv aux non-résidents).* 📶 Cet adorable couple franco-rodriguais n'a rien laissé au hasard. Sur les hauteurs d'Anse aux Anglais, il propose à l'étage de sa maison 3 chambres vraiment coquettes et pleines de cachet (sol coloré typique, meubles cérusés, abat-jour en vacoas...), ceinturées par un balcon offrant une vue magnifique sur le village et la mer. Salle de bains privée, moustiquaires (mais pas de clim). De quoi faire de beaux rêves, surtout après avoir goûté aux petits plats de Benett, lors d'un dîner sous la varangue. Car cet esthète de la gastronomie locale prend son temps pour mitonner ses spécialités avec la manière, ou plutôt avec amour, et toujours avec le sourire. Bref, ils assurent le gîte, le couvert, mais aussi les activités : Benett propose sorties en mer, pêche hors lagon, plongée en apnée sur son propre bateau, et Claude en connaît un rayon sur les randos. Comme des coqs en pâte !

🏠 ***Coco Villa*** *(carte île Rodrigues,* ***18****)* ***:*** *à* ***Caverne Provert.*** *☎ 831-04-49. 📱 5875-90-15. • rodrigues-cocovilla.com • En ½ pens pour 2 pers env 2 100-2 800 Rs pour les apparts et 2 600-4 000 Rs pour les studios récents.* Cette villa face à la mer comporte des appartements (avec cuisine) bien conçus et propres pour couples ou familles, dans un édifice tout en longueur avec une pelouse devant. Franchement agréables et d'un bon rapport qualité-prix. Également 5 studios récents avec clim (en sus), au rez-de-chaussée ou au 1er étage, face à l'océan. Petite piscine. Accueil chaleureux de Madame, repas généreux sous la varangue et soirées musicales. Le fils de la famille organise des sorties en mer.

🏠 🍽 ***L'Amphore*** *(carte île Rodrigues,* ***22****)* ***:*** *à* ***Grand Baie.*** *Compter 1 800 Rs/pers en ½ pens.* ♿ 📶 L'Amphore... sans doute en hommage aux merveilles sous-marines. Car Michel, le patron de cette maison d'hôtes très attachante, est un passionné de plongée. Instructeur qualifié (triple record du monde de plongée), il axe son accueil autour de sa passion et propose des sorties plongées dans les plus beaux sites de l'île. Paraplégique débordant de vitalité, Michel accueille les touristes à mobilité réduite. Il propose 2 chambres d'hôtes, jolies comme tout, fonctionnelles et agréables (on a bien aimé la case du pêcheur). Et la table n'est pas en reste :

il prépare avec son épouse Suzy de délicieux plats gourmands maison et a même élaboré une spécialité, la « grand-baisoise », sorte de bouillabaisse de poissons et crustacés cuits dans le rhum. Petit déj copieux. Pour les adeptes, bassin de fish-thérapie en accès libre. Un vrai supplément d'âme que cette *Amphore.*

Le Bénitier *(carte île Rodrigues,* ***16****) : à* ***Grand Baie.*** *☎ 832-07-13. 5875-57-00. • lebenitier.com • Compter 1 200 Rs/pers en ½ pens ; clim en sus.* À 5 mn à pied de la plage. Pas en bord de mer, mais qu'importe, cette vaste maison moderne, aux murs colorés, possède un beau jardin clos avec fauteuils et canapés extérieurs pour lézarder, et 3 chambres (dont un studio équipé avec terrasse), aux couleurs tout aussi pimpantes, d'un très bon niveau de confort et parfaitement entretenues. Accueil particulièrement chaleureux de Sonia et de Patrice.

Chez Monette et Gérard Édouard, Gîte Bellevue *(carte île Rodrigues,* ***17****) : à* ***Crève Cœur,*** *à 700 m au-dessus d'Anse aux Anglais. ☎ 831-16-65. 5875-45-14. • gitebellevue-rodrigues.com • Studio 2 pers env 1 500 Rs ; ajouter 400 Rs/pers supplémentaire ; petit déj et clim en sus. Compter 400 Rs/pers en plus pour la ½ pens.* Monette et Gérard vous accueillent dans leur maison à colonnes orange, où ils ont aménagé des studios très simples, avec coin cuisine et balcon, dont 4 familiaux (avec ou sans clim). Ceux du haut sont les mieux, avec la mer en toile de fond. Également un appartement composé de 2 chambres. Pour les repas, madame mitonne à la demande de bons plats typiques. Vue également sur le lagon depuis les terrasses et le jardin commun.

Le Dahlia *(carte île Rodrigues,* ***18****) : à* ***Caverne Provert.*** *☎ 831-23-30. 5875-13-80. • s_limock@yahoo.fr • Double 1 400 Rs, petit déj inclus. ½ pens pour 2 pers env 2 400 Rs.* Une dizaine de chambres plus ou moins spacieuses, avec ventilo et clim, dans des studios et des appartements équipés, dans et autour d'une grande maison agréable et au calme. Tous avec cuisinette et terrasse.

Le Manoir, chez Merécie Limock *(carte île Rodrigues,* ***18****) : à* ***Caverne Provert.*** *☎ 831-20-39. 5875-63-36. • lemanoir@orange.mu • Double env 1 200 Rs ; appart de 2 chambres 1 800 Rs pour 4 pers. Possibilité de ½ pens. Table d'hôtes ouv aux non-résidents 300 Rs.* On ne peut pas la manquer dans le pâté de maisons : c'est la seule avec une tourelle d'inspiration médiévale. On a le choix entre loger en chambre (avec frigo), en studio ou dans un appartement (2 chambres). Très bon confort général dans cette maison tenue de manière impeccable, prolongée sur le côté par une grande pelouse. Depuis les studios à l'étage, on voit la mer. Très bonne cuisine préparée par les filles de la maison.

Chic (2 000-3 000 Rs / 50-75 €)

Le Ravenal *(carte île Rodrigues,* ***19****) : à* ***Jeantac,*** *en haut de la côte bien raide pour aller vers Grand Baie (panneau). ☎ 831-06-44. 5875-06-06. • ravenal.e-monsite.com • Double 2 800 Rs en ½ pens. Repas 400 Rs pour les non-résidents (sur résa).* Cette charmante propriété ne manque pas d'arguments : elle rassemble sur un agréable terrain 4 petits bâtiments d'architecture créole dotés de terrasses, prolongé par une grande pelouse agréable. En tout, une dizaine de chambres impeccablement tenues et climatisées (dont une avec cuisine). La vue surplombant Caverne Provert et le lagon est superbe, et le calme absolu. Et que dire de la table, l'une des meilleures de l'île ? Paillote pour boire l'apéro au bord de la petite piscine.

Résidence Foulsafat, chez Antoinette et Benoît Jolicœur *(carte île Rodrigues,* ***21****) : à* ***Jeantac,*** *au-dessus de la route côtière, sur les hauteurs. ☎ 831-17-60. 5875-07-70. • residencefoulsafat.com • Chambre d'hôtes 1 500 Rs/pers en ½ pens. Table d'hôtes le soir sur résa pour les non-résidents 500 Rs.* Un ensemble d'hébergements de qualité, sur un grand terrain en pente où gambadent des lapins, joliment aménagé et avec vue sur mer. Grand gîte (capacité de 8 personnes) à l'arrière de la maison des proprios : 3 belles chambres (plus 1 chambre d'enfant) avec salle de bains, une cuisine équipée, un salon avec bibliothèque. Bonne literie. Également charmante, la copie conforme d'une *Case créole* traditionnelle avec sa varangue (2 chambres). Le gîte *Lune de miel,* en pierre volcanique, est ravissant avec sa passerelle le reliant à un kiosque. L'*Eucalyptus,* plus moderne, retient aussi nos suffrages. Deux autres chambres au rez-de-chaussée de la maison familiale, au même prix. À table, des produits de la ferme et du potager pour une cuisine au feu de bois. Sans oublier l'apéro avec rhums arrangés de l'île.

Beaucoup plus chic (4 000-6 000 Rs / 100-150 €)

Le Domaine de la Paix *(carte île Rodrigues,* ***14****)* **:** *à* **Terre Rouge.** *Juste avt d'y arriver, prendre le chemin carrossable à l'angle de la* Saint-François Xavier Boutique, *et faire env 500 m (c'est exactement au pied du faux palmier-antenne relais).* 5933-77-70. • *vacances-rodrigues.com* • *Accès pas évident de nuit, mieux vaut prévoir une arrivée de jour... Doubles 95-150 € selon confort, petit déj inclus ; plus cher en fin d'année.* Situé sur les hauteurs d'Anse aux Anglais, ce vaste domaine offre une vue panoramique exceptionnelle sur le lagon. Dans une jolie bâtisse, à l'écart de la maison des propriétaires, 4 studios luxueux et 3 bungalows dispersés sur le terrain, à la déco contemporaine de très bon goût, parfaitement équipés, cela va sans dire. C'est chic et plein de charme. Belle piscine avec vue sur la mer. Un lieu particulièrement empreint de zénitude. Au petit déj, excellent pain et viennoiseries maison.

MAISONS À LOUER

De prix modérés à prix moyens (moins de 2 000 Rs / 50 €)

La Tourelle, Johnson Roussety *(carte île Rodrigues,* ***12****)* **:** *à* **Caverne Provert.** ☎ *831-15-43.* *5875-06-30.* • *ljroussety@intnet.mu* • *À l'entrée de Caverne Provert, à gauche dans le virage après l'hôtel* Le Récif. *Appart env 1 400 Rs pour 2-4 pers.* On reconnaît facilement les 2 maisons dotées d'une tourelle. L'une compte 2 appartements familiaux : 2 chambres à chaque étage, salon, coin cuisine, terrasse (ou balcon) face à la grande bleue que l'on surplombe. Pas de coquetterie côté équipement et déco (un simple ventilo), mais l'ensemble est bien entretenu et la literie correcte. L'autre maison aux allures de donjon comprend un seul appartement, avec une pièce par étage et une terrasse. Pelouse sur le devant, ombragée par un beau flamboyant. Un bon rapport qualité-prix-situation.

Où manger à Anse aux Anglais ?

Sur le pouce (moins de 300 Rs / 7,50 €)

Gargotes populaires près du terminal de bus, où l'on ne mange pas forcément moins bien qu'ailleurs. Rapport qualité-prix-accueil imbattable.

Sunset Beach Café : *gargote sur la plage. Tlj sf lun.* Harry propose poissons grillés ou frits, sur place ou à emporter. Bonne ambiance avec les joueurs de dominos assis juste à côté. On peut même accompagner le patron à la pêche.

Anse To Tor Pizzeria : *au tt début de la route de Crève-Cœur, sur la droite. Tlj midi et soir.* Deux tables dehors, un petit comptoir et une douzaine de pizzas à la carte. Voici ce que propose Christian, qui concocte de délicieuses pizzas pas chères, à consommer sur place ou à emporter.

Prix moyens (300-500 Rs / 7,50-12,50 €)

Le Marlin Bleu *(carte île Rodrigues,* ***41****)* **:** *en face de la plage et en* *bord de route (passante). Tlj sf mar, jusqu'à 22h. Apéro ts les soirs à... 17h (c'est qu'il fait nuit tôt !).* Ce petit resto chaleureux constitue depuis des années l'une des tables les plus fiables du secteur. Sa salade d'ourites fraîches ou son poisson du jour valent le détour, et les plats en sauce sont également recommandables. Attention, les accompagnements sont en plus (vraiment dommage !). Quelques tables en terrasse. Toujours un peu de monde, ce qui fait du *Marlin Bleu* un petit pôle d'animation.

À faire

➢ ***Balade :*** d'Anse aux Anglais, la route côtière se prolonge jusqu'à la gentille ***plage de Caverne Provert*** et sa belle pelouse. La route se poursuit jusqu'à Anse Grand Baie, ample, harmonieuse avec son grand delta. Puis une piste prend le relais jusqu'à Baladirou.

LE BUTIN DE LA BUSE

Au XVIIIe s, le célèbre pirate Olivier Le Vasseur, dit La Buse, s'empara des incroyables richesses d'un vaisseau portugais. Arrêté en 1730, il lança depuis l'échafaud un étrange parchemin dans la foule, doté d'un cryptogramme, en s'écriant : « Mes trésors à qui saura comprendre ! » De quoi aiguiser l'appétit et l'imagination de nombre d'aventuriers, car jamais ce fabuleux trésor n'a été retrouvé. Parmi les lieux de cache possible, on a parlé d'Anse aux Anglais. C'est en tout cas ce que pensait le grand-père de Jean-Marie Le Clézio, qui consacra 30 ans de sa vie à cette inlassable quête, que l'auteur raconte dans Le Chercheur d'or.

AU CŒUR DE L'ÎLE

De Port Mathurin, une belle route sinue à flanc de colline jusqu'à *Mont Lubin,* gros bourg du centre de l'île. La région est dominée par le mont Limon, qui culmine à près de 400 m d'altitude. Il surplombe cultures en terrasses, vallées profondes et végétation luxuriante saignée par une multitude de chemins et de route qui dégringolent vers le lagon. D'où les nombreuses possibilités de randonnées.

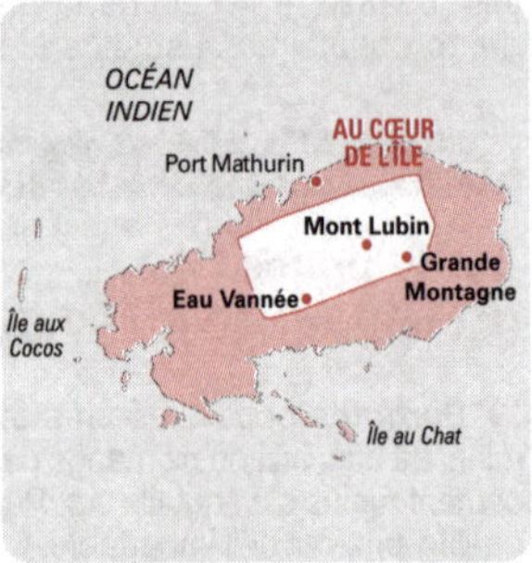

– ***Station d'essence :*** *à **Mont Lubin.** Tlj 6h-19h (15h dim).* Moins fréquentée que celle de Port Mathurin.

– ***Distributeurs :*** à ***Mont Lubin*** et un autre à ***La Ferme*** (au centre-ouest de l'île).

Où dormir ?

Chic (2 000-3 000 Rs / 50-75 €)

La Collinière *(carte île Rodrigues,* ***24****) : à* ***Brûlé,*** *au nord de Grande Montagne, sur la route de Rivière Banane, à 400 m de l'intersection avec Pointe Coton. ☎ 831-85-58. 5875-68-24. • fificolliniere@gmail.com • Demandez au bus de vous arrêter devant. Fermé juil-août. Prévoir env 40 €/pers en ½ pens (50 % pour les enfants jusqu'à 11 ans).* Un vrai nid d'aigle ! Cette petite villa agrippée à flanc de colline profite d'une vue formidable sur les vallées environnantes, avec vue plongeante sur l'océan. Autant dire que les 3 chambres, colorées, claires et hautes de plafond, se révèlent fort agréables ! Une autre chambre, plus simple mais climatisée, est plutôt réservée aux enfants (la seule sans vue mer). Le soir, Fifi mitonne des repas de cuisines créole, européenne et même thaïe, à base de légumes et de plantes aromatiques de son potager, pendant que Jacky prépare un ti-punch diaboliquement parfumé. Accueil exemplaire pour ces hôtes gentils comme tout. Jacky possède par ailleurs le club de plongée à côté de l'*Hotel Tekoma,* à Anse Ally.

Où manger ?

Peu de restos, mais les chambres d'hôtes accueillent avec plaisir les non-résidents à leur table.

Bon marché (moins de 300 Rs / 7,50 €)

Mangoz Snack *(carte île Rodrigues,* ***43****) :* ***Mont Lubin,*** *dans le village. ☎ 832-58-68. Tlj sf dim, 8h30-16h30.* Un petit resto de village, sur les hauteurs de Mont Lubin, où l'on s'arrête volontiers lors d'une de ces transhumances qui nous font traverser l'île. Beaux plats créoles et chinois, *mine* renversé et pains fourrés.

De prix moyens à chic (plus de 300 Rs / 7,50 €)

La Tourterie *(carte île Rodrigues,* ***60****) : à* ***Brûlé.*** *5975-00-31. Panneau sur la droite en bord de la route vers Rivière Banane ; c'est 300 m plus bas. Attention, piste glissante par temps de pluie, mieux vaut se garer sur la route et descendre à pied ; Marylou vous reconduira jusqu'à votre véhicule. Lun-ven 10h-15h. Compter env 350 Rs pour un repas (tartes salée, sucrée et café). Résa indispensable si vous souhaitez déj sur place.* Marylou et Brice accueillent leurs hôtes dans un cadre champêtre et familial pour déguster les fameuses tourtes de Madame, au limon, à l'ananas, au miel, aux fruits de saison, à la confiture de coco ou de papaye. Mais aussi les tartes salées (légumes, viandes, ourites...), très réussies également. À déguster avec un jus de fruits frais, un thé de Maurice ou du vrai café.

Chez Jeannette, le Tropical *(carte île Rodrigues,* ***46****) : à* ***Mont Bois Noir.*** *5724-21-19. • gite-letropical.com • Compter 1 400 Rs/pers en ½ pens. Table d'hôtes 500 Rs.* Cette table est connue comme le loup blanc et constitue un incontournable des virées touristiques. Repas typique à base d'ourites, poulet au miel et gâteaux coco. Également, au rez-de-chaussée ou à l'étage, une poignée de chambres d'hôtes bien équipées (salles de bains privées), avec terrasse pour certaines (les plus agréables), dans un environnement 100 % nature : cocotiers, manguiers, bananiers... et aussi des cochons.

Achats

Les Frères Léopold *(carte île Rodrigues,* ***70****) : à* ***Palissade Ternel,*** *sur la route entre le mont Limon et Pointe Coton, côté gauche. 5875-32-27. Tlj*

8h-18h. Petite entreprise familiale spécialisée dans la vannerie. On y travaille les feuilles de vacoas, vétiver ou aloès à l'arrière de la boutique. Ils réalisent aussi sur commande paniers, plateaux et de nombreux petits objets qui font de jolis cadeaux.

– D'autres magasins de vannerie se sont ouverts à Port Mathurin.

Miellerie Victoria *(carte île Rodrigues,* ***71****) :* *à* ***Bigarrade.*** *☎ 831-64-58. 📱 5876-46-95. Fléchage depuis la route principale ; puis 10 mn de route bétonnée dans les sous-bois. Lun-ven 9h-15h, sam 10h-14h.* Pas besoin de rendez-vous, mais passez plutôt en matinée pour voir Marie-Claude et son équipe à l'œuvre au milieu des ruches ! Les colonies assurent une production saisonnière (l'hiver reste une morte saison) de 40 kg (maxi) de miel par ruche. Pas mal, les filles ! Démonstration intéressante, sous un petit enclos protégé de filets. Miel (liquide ou cristallisé), vendu à la boutique, ainsi que des produits dérivés naturels tels que bonbons, savon, crème hydratante ou spray pour la gorge enrichi au rhum...

À voir. À faire

Information Centre, Louis Dominique Farla *(Mauritian Wildlife Foundation) :* *à* ***Grande Montagne,*** *en bordure de route, à env 500 m du carrefour Pointe Coton / Rivière Banane. ☎ 832-57-37. Lun-ven 8h-15h.* Au pied de la réserve naturelle, un bien modeste musée qui présente à l'étage la faune et la flore d'aujourd'hui et d'hier (photos). Également le squelette du tristement célèbre solitaire, cousin du dodo de Maurice. On peut aussi réserver (la veille) les services de guides passionnants, qui proposent de belles balades gratuites (de 2h à la demi-journée) pour découvrir la vraie nature rodriguaise.

Le Jardin des Cinq Sens : *à* ***Mont Bois Noir.*** *Au même endroit que Chez Jeannette (carte île Rodrigues,* ***46****). Visites guidées tlj à 10h, 11h, 13h, 14h et 15h. Entrée : env 250 Rs. Compter 1h de visite.* Une présentation guidée et exhaustive de la richesse de la flore endémique à travers un circuit thématique sur le thème des cinq sens. Plaira aussi bien aux passionnés de botanique qu'aux autres. Dégustation d'un petit jus local.

Le mont Limon : *de Mont Lubin, prendre la direction de Pointe Coton. Arrêt de bus « Mont Limon », juste devant la boutique* Le Flamboyant. *L'escalier qui y mène se situe sur la droite.* On emprunte d'abord quelques marches qui s'enfoncent dans la forêt, puis on rattrape un petit sentier, qui mène en quelques minutes au sommet de l'île (398 m). On découvre alors une bonne partie de Rodrigues, puis, en suivant sur quelques pas le petit sentier, on embrasse l'autre versant, qui dévoile sous la végétation la forme d'un ancien cratère.

L'église de Saint-Gabriel : édifiée entre 1936 et 1939 par les paroissiens eux-mêmes, qui consacraient le plus souvent leurs dimanches (jour du Seigneur !) aux travaux, la plus vaste construction de l'île avec sa façade en blocs de pierre volcanique peut abriter 2 000 personnes. Et ne manquez pas la messe de 7h le dimanche matin. Les Rodriguais sur leur trente et un viennent nombreux assister à l'office.

À L'EST ET AU SUD DE L'ÎLE

En allant vers Pointe Coton, à l'est, le paysage se fait plus dur, plus sec. L'impression est accentuée par un habitat épars. Dans l'échancrure des anses, le regard est aimanté par le bleu dense et profond de la mer. C'est à l'est qu'on trouve les plus belles plages de l'île : ***Anse Fumier, Trou d'Argent,***

***Anse Bouteille*, puis plus loin *Anse Fémi*. Elles sont la plupart du temps désertes. Dans le Sud, le relief devient plus escarpé, la nature plus verdoyante. L'arrivée à *Port-Sud-Est* vaut le détour. La route en lacet domine l'immensité du lagon (c'est à cet endroit qu'il est le plus vaste) aux nuances émeraude, bleues et turquoise extraordinaires. Au niveau d'un panneau annonçant des virages, on peut observer au loin la passe du lagon (l'eau est plus foncée à cet endroit), qui sinue à l'unisson.**

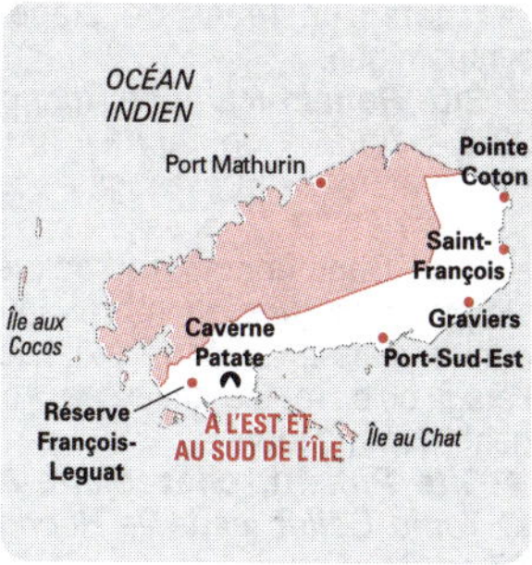

Où dormir ?

CHAMBRES D'HÔTES ET GÎTES

Prix modérés (700-1 200 Rs / 17,50-30 €)

☗ ***Gîtes La Caverne, Chez M. et Mme Prudence*** *(carte île Rodrigues, **26**) : à **Corail-Petite-Butte,** juste en face de l'accès à Caverne Patate. ☎ 831-74-09. • gitelacaverne@yahoo.com • Double 1 000 Rs, avec sdb privée. ½ pens 1 000 Rs/pers.* Dans un coin où les touristes passent en général rapidement, cette maison jaune de très bon confort, derrière celle des proprios, abrite 6 chambres ou studios spacieux, parfaitement entretenus. L'exposition et l'aération permettent de se passer de clim. De la chambre du haut, on voit la mer ! Cuisine à disposition. Sinon, très bons repas créoles (il vaut mieux car on est très isolé) et accueil charmant. Un chemin mène en 30 mn à la réserve François Leguat.

☗ ***La Terrasse*** *(carte île Rodrigues, **27**) : à **Port-Sud-Est,** à flanc de colline, face à Baie Mourouk. ☎ 832-30-17. • laterrasses.com • Arrêt de bus en contrebas. Double 1 600 Rs avec petit déj. ½ pens 1 200 Rs/pers. La Terrasse ?* Un nom qui va de soi pour une maison récente qui se tient en belvédère face à la baie. Elle abrite 5 chambres (dont 4 à l'étage et 2 familiales), meublées simplement, où le bleu du carrelage répond au bleu de la mer, juste en face. Une adresse au calme, tranquille et à l'accueil tout en douceur. À proximité d'un spot de kitesurf.

Prix moyens (1 200-2 000 Rs / 30-50 €)

☗ ***Gîtes Patriko*** *(carte île Rodrigues, **40**) : juste au-dessus de l'Hotel Tekoma, plage de **Anse Ally.** 📱 5875-25-75. • gitepatriko.wordpress.com • Gîte 2 pers 1 500 Rs (clim en sus).* 📶 Plantées au milieu des prés, totalement isolées mais disposant d'une vue remarquable, 2 maisonnettes adorables abritant chacune 2 grands studios absolument impeccables, prolongés par une terrasse et décorés de manière moderne, dans des tonalités orange et beige. Fort bien équipés (cuisinette) et bonne ventilation grâce à la terrasse. Calme garanti car à 5 mn de la plage, de « l'épicerie » et des restos. Une vraie chouette adresse en vérité, dans un coin qu'on adore.

☗ ***Le Macaou, chambres d'hôtes*** *(carte île Rodrigues, **28**) : à **Pointe Coton.** ☎ 831-80-16. 📱 5490-25-03. • chezguilmette.com • À 5 mn de la plage de Pointe Coton, sur la gauche avt d'arriver. Double 1 600 Rs avec petit déj et 2 400 Rs pour 2 pers en ½ pens.* 📶 Dans sa maison jaune joliment fleurie sur le devant, Guilmette vous accueille avec son grand sourire. 3 chambres à l'étage, calmes, simples et bien équipées, toutes avec sanitaires et ventilo, s'ouvrant sur une terrasse commune. Familial comme on aime. Petite cuisine à dispo. Une fois par semaine, elle organise pour ses hôtes un repas de plage fort sympathique.

Gîte Ronald (carte île Rodrigues, **23**) : *à l'entrée de* ***Saint-François.*** *5738-97-41. • lvcollet@gmail.com • Compter 800 Rs/pers en ½ pens (clim en sus).* Dans une maison colorée et simple, quelques chambres impeccables mais à la déco inexistante, à l'étage ou en rez-de-chaussée. Accueil gentil comme tout.

Gîte Piment, chez Marie-Ange et Tonio Collet (carte île Rodrigues, **39**) : *à* ***Saint-François.*** *☎ 831-82-60. • ilerodriguesgitepiment.com • Dans le village (à peine quelques maisons), sur la route qui mène à la plage. Compter 1 000 Rs/pers en ½ pens (obligatoire) ; clim en sus.* Pas d'accès direct à la plage, bien qu'elle n'en soit qu'à quelques portées de tongs, mais dans un joli jardin arboré et fleuri. M. et Mme Collet, d'une gentillesse et d'une discrétion très appréciables, disposent de plusieurs studios indépendants, simplement meublés mais spacieux, équipés comme il faut et bien entretenus. Petit déj avec miel maison (les ruches sont à côté) et délicieux repas. Un ensemble très correct. Loue également des scooters.

Case Corail (carte île Rodrigues, **50**) : *à* ***Graviers.*** *☎ 832-43-51. • casecorail.com • Doubles env 50-60 €, familiale 70 €, petit déj inclus. ½ pens possible (20 €/pers, un peu cher !).* Surplombant le lagon, cette maison moderne propose 3 chambres doubles donnant sur la mer, avec salle de bains et terrasse. Pas très grandes mais bien agréables, tranquilles et joliment décorées dans un style africanisant. Également 2 familiales qui accueillent jusqu'à 4 personnes et disposent d'une belle terrasse orientée vers l'océan. Adresse très calme. Préférez venir quand Hervé (le proprio) est là. Sans lui, l'ambiance n'est pas vraiment la même et il y a un peu de laisser-aller.

De chic à plus chic (plus de 2 000 Rs / 50 €)

La Belle Rodriguaise (carte île Rodrigues, **30**) : *à* ***Graviers.*** *5875-05-91. • labellerodriguaise.com • Accès par une route (en mauvais état) à droite quand on regarde la mer, depuis la plage de Graviers. Doubles 1 800-2 200 Rs/pers en ½ pens (obligatoire). (payant).* À mi-chemin entre la maison d'hôtes et l'hôtellerie, cet hébergement bénéficie d'un panorama exceptionnel face à la mer. Une douzaine de chambres réparties dans quelques bungalows à l'architecture créole, des couleurs harmonieuses, une terrasse face à la mer pour chacune des chambres et de l'espace. L'ensemble est planté au cœur d'une grande clairière. Énergie solaire pour l'eau chaude, la clim et l'électricité (bravo !). Piscine. Auteure des *Délices de Rodrigues,* livre de recettes traditionnelles, la propriétaire mitonne de bons petits plats. Activités proposées : cours de cuisine, excursions, randonnées et pêche, repas sur la plage...

Kafé Marron, Maison d'hôtes (carte île Rodrigues, **36**) : ***Pointe Coton.*** *5706-01-95. • kafemarron.com • Doubles 2 200-2 600 Rs sans ou avec sdb, petit déj inclus, clim en sus. ½ pens possible. Min 3 nuits pdt les vac scolaires. Transfert aéroport sur demande.* Une bien jolie maison traditionnelle à la décoration moderne, idéalement située à 100 m de la plage et de l'entrée du *Cotton Bay.* À l'étage, desservi par un large escalier central, 4 chambres avec sanitaires, vastes, colorées, joliment décorées et avec balcon. Les pièces de vie, le salon-bibliothèque, la varangue et le jardin se prêtent tout autant aux séjours prolongés. L'accueil est adorable et l'ambiance sympathique. Pour info, le *kafé marron* n'est pas un breuvage (quoique, on en fait de la tisane !) mais un petit arbuste local protégé, qui produit de magnifiques fleurs blanches.

Lagon Sud (carte île Rodrigues, **37**) : *sur la plage de* ***Graviers.*** *5927-09-76. • monagravier@gmail.com • En ½ pens, compter env 3 400 Rs pour 2 pers.* La situation de cette résidence est épatante : 4 chambres seulement (places très convoitées, mieux vaut s'y prendre à l'avance), 2 en rez-de-jardin et 2 à l'étage avec terrasse, face à la plage (seul un chemin de bord de mer sépare la maison de la plage), avec vue imprenable sur le rideau de filaos qui borde le lagon. Chambres modernes, spacieuses et impeccablement équipées. Un petit coin de paradis pour jouer les Robinson... et un petit *Café de la Plage* (voir plus loin la rubrique « Où manger ? ») pour se nourrir autrement que d'amour et d'eau fraîche !

MAISONS À LOUER

Prix moyens (plus de 1 200-2 000 Rs / 30-50 €)

Résidence Pim-Pin : *à* **Graviers.** *5875-24-52. • amivac.com/site58391 • ludovictours@orange.mu • Sur les hauteurs de Graviers, sur la gauche de la route ; à 200 m de la plage. Compter 50-75 € selon saison et nombre de pers (1-6).* Ludovic Bégué propose ici un appartement dans une maison toute simple, avec vue sur mer. Chambre, kitchenette, et petit salon avec canapé-lit et terrasse. Également une petite chambre en supplément. Clim. Possibilité de faire préparer les repas par Marie-France.

De chic à plus chic (plus de 2 000 Rs / 50 €)

Auberge Saint-François *(carte île Rodrigues,* ***29****) : à env 100 m de la plage de* **Saint-François.** *☎ 831-87-52. • auberge-rodrigues.com • Pour les chambres et studios, compter 1 000-1 300 Rs/pers sans ou avec terrasse ou balcon (sans repas) ; maison Plage et maison Ravanne 2 800-4 400 Rs pour 6 pers, ménage inclus, mais petit déj en sus. ½ pens possible. (payant, à la réception).* L'auberge aux toits bleu turquoise est idéalement située. La maison créole (sans vue mer), simple mais confortable, aux espaces communs élégants, abrite 3 chambres et 2 salles de bains, mais on a préféré les studios prévus pour 2 personnes, avec balcon et vue sur la mer (clim dans certaines, déco d'un artiste local...). Dans la maison principale, qui ne manque pas de charme, également 3 chambres (pour 2-3 personnes), spacieuses et avenantes (frigo, ventilo...). Repas possible sous la belle varangue. Bon accueil du personnel, ainsi que d'Andy, qui s'occupe des balades dans l'île, sorties de pêche et excursions en mer. L'*Auberge* propose aussi des cours de kitesurf et des randonnées guidées.

HÔTELS

Le secteur est-sud-est de l'île, avec ses plages paradisiaques, est sans doute celui qui a connu le plus fort développement touristique, et où ont poussé les plus beaux hôtels. Pas fous, les promoteurs ! Tous ces nouveaux établissements cherchent plus ou moins à s'inscrire dans une démarche environnementale (recyclage des déchets et eaux usagées, déssalinisation de l'eau de mer, panneaux solaires...).

Coup de folie

Hotel Tekoma *(carte île Rodrigues,* ***35****) : à* **Anse Ally.** *☎ 831-88-10. • tekoma-hotel.com • Doubles 280-350 € en ½ pens pour 2 pers, selon période et orientation (jardin ou mer) ; plus cher en fin d'année.* Sans doute l'un des plus beaux hôtels de Rodrigues, merveilleusement situé. Une sorte de boutique-hôtel de 15 chambres réparties dans des pavillons individuels aux toits de tôle, avec terrasse et vue sur mer... depuis le lit. Divin ! Baignoires design extérieures, literie luxueuse et confortable... Tout y est. Les jardins, encore jeunes, sont plantés d'espèces endémiques et irrigués par un système de récupération d'eaux usagées. Sur la plage en contrebas, quelques transats pour paresser devant les eaux opalines d'Anse Ally ! Jolie vue également de la terrasse du resto. Une bien belle adresse où l'ambiance est si calme qu'elle pourrait presque sembler tristoune... À noter, pas mal de vent aussi sur ce coin de côte. Club de plongée sur place.

Bakwa Lodge *(carte île Rodrigues,* ***34****) : à* **Var Brûlé, Mourouk.** *☎ 832-37-00 (lodge) et 832-33-07 (résa). • bakwalodge.com • Selon saison, suites (pour 2) 3 100-3 700 Rs/pers en ½ pens ; plus cher pdt les fêtes de fin d'année. Min 3 nuits (5 nuits en fin d'année). Également une villa*

4-8 pers. (au resto). Un ensemble volontairement épuré, d'un blanc immaculé, de bâtiments éparpillés sur un terrain qui descend en pente raide vers la plage. En haut, la réception et son restaurant avec ses tables dressées sous la véranda avec vue sur mer, où l'on sert une cuisine de marché créole (barbecue le samedi), puis les chambres. Quelques suites luxueuses, au confort irréprochable, sol en ciment ciré, murs blancs rehaussés d'abat-jour en rotin et objets décoratifs conçus à partir d'éléments de récup... Vieux volets en bois en guise de tables basses, ou vieille carcasse de bateau accrochée telle une œuvre sur un mur. C'est sûr, on voit défiler les pages d'un magazine de déco haut de gamme. La chaleur de l'accueil et la beauté du cadre donne envie de s'y éterniser. Un seul petit reproche : pas de piscine.

Cotton Bay *(carte île Rodrigues,* ***33****)* ***:*** *à* ***Pointe Coton.*** *☎ 831-80-01. • cottonbayhotel.com • Compter 200-300 € selon saison pour 2 en ½ pens ; également des suites ; réduc moins de 12 ans. (bar et réception).* Les bungalows s'étirent tout le long d'une des plus belles plages de l'île. Terrasse privative et accès direct à la mer, tons chauds, déco contemporaine chaleureuse. Du grand confort. Également 2 suites familiales (mais situées sur l'arrière). L'ensemble a été conçu pour minimiser l'impact sur l'environnement : panneaux solaires pour les chambres récentes, plante de déssalinisation pour la piscine, récupérateurs d'eau, etc. Resto de plage *(ouv ts les midis)* et nombreuses activités : tennis, snorkelling, canoës, miniclub, spa, etc. À la mer, pour éviter de se piquer les orteils sur les coraux et les oursins, mieux vaut se baigner devant le bar plutôt que devant les chambres. Pour le club de plongée, pensez à réserver.

Mourouk Ebony *(carte île Rodrigues,* ***32****)* ***:*** *à côté de* ***Port-Sud-Est.*** *☎ 832-33-51. • mouroukebonyhotel.com • Doubles 180-240 € en ½ pens ; également des chambres communicantes.* On voit de loin ses toits rouges si typiques de Rodrigues. Il faut dire que l'hôtel joue la carte créole à fond, en occupant un site privilégié où s'égrènent en surplomb de l'océan une dizaine de bungalows pittoresques. Ils sont divisés chacun en 3 chambres agréables et dotés de charmantes terrasses individuelles. Du lit, vue merveilleuse sur le lagon, mais on ne peut se baigner qu'à marée haute. Au resto, en surplomb de la piscine et du lagon, nourriture savoureuse... à moins qu'on ne préfère s'installer au restaurant de la plage ou à son bar, les pieds dans le sable. Nombreuses activités : club de plongée, volley et toutes sortes d'activités nautiques que les parents pourront pratiquer grâce au miniclub (baby-sitters).

Où manger ? Où boire un verre ?

Bon marché (moins de 300 Rs / 7,50 €)

Restaurant du Sud *(carte île Rodrigues,* ***49****)* ***:*** *à* ***Songes,*** *à l'ouest de Port-Sud-Est (histoire de ne pas perdre le nord !). 5744-45-66. Tlj 9h-22h.* Plats locaux, bien présentés, que l'on déguste en terrasse de ce petit caboulot sans prétentions. Mention spéciale pour la salade de poisson et le bol renversé.

La Terrasse Verte *(carte île Rodrigues,* ***48****)* ***:*** *à* ***Graviers.*** *☎ 831-55-13. Face au terrain de foot. Tlj sf dim au déj.* Attenant à l'épicerie, le seul bistrot du village sert quelques plats simples et pas chers (caris, daubes...). Petit bout de terrasse pas du tout aménagée.

Chez Dana *(carte île Rodrigues,* ***61****)* ***:*** *à* ***Saint-François,*** *juste au départ de la balade vers Trou d'Argent, sur le promontoire. Tlj.* Minuscule épicerie dont la proprio a posé 3 tables sur un bout de terrasse. Parfait pour un verre après la rando vers les plagettes du coin. Sert quelques plats, mais bon, on passe notre tour.

De prix modérés à chic (plus de 300 Rs / 7,50 €)

Chez Robert et Solange *(carte île Rodrigues, 44) : à 50 m de la plage de Saint-François. 5733-19-68. Résa la veille conseillée. Généralement ouv le midi et jusqu'à env 17h.* Installé sous sa paillote à l'ombre des filaos, Robert pêche le matin, et son épouse tient le grill. Réputé pour ses langoustes grillées comme il faut, et ses poissons bien frais. Pour conclure sur une note sucrée, banane flambée ou ananas bien juteux.

Mazavaroo Restaurant *(carte île Rodrigues, 45) : à Saint-François. ☎ 831-88-16. 5724-22-82. À droite de la route qui mène à la plage de Saint-François. Ouv le midi ; le soir, sur résa. Fermé sam.* On vient en journée pour profiter de l'agréable terrasse ombragée et prendre le temps de savourer une délicieuse cuisine de la mer : *ceviche* de thon jaune, cari de perroquet (le poisson...), délicieux mi-chaud de thon laqué... La carte tourne selon la pêche. Desserts tout aussi alléchants. Pour digérer, vous pourrez ramper jusqu'à la plage, elle est à 100 m.

Cotton Bay *(carte île Rodrigues, 33) : à Pointe Coton. ☎ 831-80-01. Tlj. Repas 500-800 Rs. C'est le resto de l'hôtel du même nom, accessible aux non-résidents.* Grande salle aérée au bord de la piscine de ce grand hôtel. Également un resto de plage bien agréable où l'on s'attable les pieds dans le sable... quel plaisir de manger face à la mer ! C'est simple, bon, et le service est rapide !

Chez Mme Larose *(carte île Rodrigues, 47) : à Pointe Coton, 300 m avt l'entrée du Cotton Bay. ☎ 831-85-42. 5876-13-50. Tlj 12h-15h (le soir sur résa slt). Repas env 400 Rs.* Une poignée de tables dressées sur une minuscule terrasse, posée le long de la route (peu fréquentée) mais derrière un rideau de verdure. Cuisine créole simple et familiale (cari d'ourites, grillades, rougail saucisses). Marcel, le père de Mme Larose, tient la petite *cahute* sur le terminus de Pointe Coton. On y mange du poisson fraîchement pêché et grillé sur place dans une ambiance locale festive, sur fond de djembé et de ti-punch le week-end.

Café de la Plage *(carte île Rodrigues, 37) : sur la plage de Graviers.* Pied dans le sable, le petit café de la résidence *Lagon Sud* propose tous les midis une courte sélection de plats à base de poissons et fruits de mer. Portions généreuses, mais plats pas donnés. Le soir, plats au choix, mais uniquement sur commande.

À voir. À faire

À L'EST DE L'ÎLE

Pour les femmes voyageant seules, il est préférable de se faire accompagner sur les balades que nous indiquons ci-dessous.

De Pointe Coton à Saint-François

Le trajet demande environ 45 mn par la plage et la forêt (en évitant la pointe Coton elle-même) ; compter un peu plus par la route.

La plage de Pointe Coton : *au bout de la route de... Pointe Coton (terminus du bus). Parking.* Celle-ci a sa place sur le podium des plus belles plages de l'île. Superbe anse tranquille qui s'anime un peu (vraiment un peu) en fin de semaine.

La plage de Fumier : *juste au sud de Pointe Coton, à proximité de la Pointe Coton.* L'une des plus belles et des plus sauvages. De toute beauté à dire vrai, avec ses barques au repos dans l'eau et, sur le rivage, dans la forêt de filaos, le chant des cigales qui rythme les siestes.

De Saint-François à la plage de Graviers

Chouette rando par un sentier balisé pour poser sa serviette sur les plus belles plages de l'île. Un moment extra en perspective. Si vous voulez toutes les égrener, partez dès le matin, prévoyez de l'eau en quantité suffisante et emportez le pique-nique. Enfin, ne prenez pas d'objets de valeur ni d'argent (quelques cas de vols à déplorer !).

Anse Philibert et Trou d'Argent : *départ de Saint-François, tt au bout de la route (au niveau du muret). En surplomb, on trouve une épicerie-buvette (Chez Dana, voir « Où manger ? Où boire un verre ? »). Une petite guérite (souvent vide) marque l'entrée (gratuite) de la réserve.* C'est LA carte postale de Rodrigues, et l'une des plus jolies balades de l'île. Un sentier balisé en bleu ciel et jaune sinue à travers une superbe forêt de filaos et mène en 20 mn environ, accompagné par le bruit sourd de l'océan qui se fracasse contre le récif, à différentes criques de sable bordées de falaises. La première est ***Anse Philibert,*** remarquable, et la deuxième ***Trou d'Argent*** (compter 10 mn de plus), superbe elle aussi, reconnaissable à son bloc de corail posé dans le lagon. Attention aux courants si vous vous baignez ! La balade pédestre, toujours balisée, se poursuit vers le sud en direction d'Anse Bouteille et d'Anse Fémi.

Anse Bouteille et Anse Fémi : *après Trou d'Argent.* Anse Bouteille est une superbe petite plage d'à peine 30 m de long, encastrée entre les roches. C'est un autre emblème de l'île, dont la sortie vers le large forme un étranglement, d'où son nom. Atout non négligeable, tout près du rivage, la profusion de coraux et de poissons sublimes en fait un spot de snorkelling particulièrement intéressant, surtout à marée haute. Attention au courant tout de même, parfois puissant car on est en lisière de la barrière de corail ! Toujours plus vers le sud (fléchage du sentier orange), Anse Fémi vous tend ses flots. Sur le plan esthétique, elle n'a rien à envier à ses copines. Plus loin, il est possible de pousser la rando jusqu'à la plage de Graviers. Et pourquoi pas, revenir par le bus à son point de départ.

La plage de Graviers : *depuis le centre de l'île, prendre la route de Pointe Coton, puis c'est indiqué à droite.* Descente étroite et sinueuse qui offre de beaux points de vue sur la côte. Végétation dense. Coin encore peu urbanisé. Plage en demi-lune très jolie, abritée par un petit bois de filaos, baignade essentiellement à marée haute. Quelques maisons, une buvette-épicerie. Calme et sérénité garantis, hormis le dimanche, lorsque l'endroit s'anime pour les matchs de foot, réunissant aussi bien les hommes que les femmes.

AU SUD DE L'ÎLE

Tyrodrig Zipline Adventure : *à **Montagne Malgache.** Bus, terminus « Montagne Malgache», puis c'est à 200 m en traversant des champs (panneau). En voiture, se garer sur le bord de route, juste avt l'arrêt de bus. Bureau sur le chemin. 5499-69-70. • tyrodrig.com • Tlj 9h-17h. Compter 1 000 Rs/pers quel que soit le parcours. Prévoir 1h. Réduc de 10 % sur le prix public sur présentation du guide de l'année.* L'activité sensation de Rodrigues ! En guise d'aventure, un ensemble de 5 tyroliennes, de 110 m à 420 m de long, organisé en 2 parcours au choix (3 ou 4 tyroliennes, incluant ou pas la plus grande), avec quelques minutes de marche entre chacune d'elles. On surplombe une ravine à plusieurs dizaines de mètres au-dessus d'une végétation dense en profitant d'un panorama époustouflant sur

Mourouk, le lagon et Montagne Chérie. Il faut quand même avoir le cœur bien accroché avant de se prendre pour un « paille-en-queue ». Parcours sensationnel et excellent encadrement.

Port-Sud-Est et les piqueuses d'ourites (*poulpes*) **:** si vous ne logez pas au *Mourouk Ebony,* qui organise ces promenades, demandez aux pêcheurs de vous emmener dans le lagon. Avec un peu de chance (car elles se font plus rares), vous découvrirez dès l'aube des femmes (et de plus en plus d'hommes), coiffées de superbes chapeaux, dans l'eau jusqu'aux genoux et le corps recourbé, d'immenses fouines à la main, prêtes à piquer les ourites cachées dans des cavités qu'elles seules savent repérer. Elles les enfilent ensuite sur un long fil en nylon. Commencée à marée basse, l'opération se poursuit jusqu'à marée haute. Ouvrez l'œil, on voit ensuite les ourites sécher près des maisons. C'est à l'origine un métier de femme, très respecté dans l'île, dur physiquement et qui rapporte pourtant peu d'argent. Un métier qui est, en outre, menacé en raison de l'appauvrissement du lagon. Surexploitation d'une part, érosion des sols d'autre part (les terres érodées glissent peu à peu vers la mer et bouchent les cavités servant de refuge aux ourites). De plus, en marchant sur le corail, les piqueuses contribuent à sa détérioration et fragilisent tout l'écosystème. C'est pourquoi depuis 2012, la saison de pêche est interrompue en janvier et février, afin de laisser « respirer » le lagon. Des indemnités sont alors versées aux piqueuses d'ourites.

La caverne Patate : *venant de Port Mathurin, rte des Crêtes par Quatre Vents et Grand la Fouche Corail, puis à gauche, vers la mer. Visites guidées à 9h, 11h, 13h et 15h. Ticket : env 100 Rs ; réduc. Lampe de poche et casque fournis. Porter des chaussures qui tiennent aux pieds (avec des tongs, ça glisse quand même un peu !).*
On chemine à travers les 600 m de cette large caverne dont l'intérêt visuel, même si elle a conservé son côté mystérieux, reste malgré tout limité... Surtout si on a vu juste avant la Grande Caverne de la réserve des tortues François-Leguat ! En effet, avant l'exploitation touristique, n'importe qui y avait accès, et de nombreuses concrétions furent brisées, les parois brûlées par les lampes à pétrole.
– ***Le chemin de la caverne Patate à la réserve François-Leguat :*** poursuivre le chemin après la caverne Patate en direction de la mer et continuer avant d'emprunter un autre chemin à droite, qui arrive presque à l'entrée du chemin menant à la réserve (40 mn au total). Belles vues sur le lagon et la nature plus ou moins cultivée.

La réserve François-Leguat : *venant de Port Mathurin, route des Crêtes jusqu'à Cascade Jean-Louis (peu avt l'aéroport), puis à gauche vers Dans Coco et Anse Quitor ; le site est indiqué sur la droite (piste). Deux bus/j. de Port Mathurin. ☎ 832-81-41. • tortoisescavereserve-rodrigues.com • Tlj 9h-17h. Visite guidée de la réserve des tortues et du musée 295 Rs et env 470 Rs si on ajoute la visite (guidée elle aussi) de la Grande Caverne ; réduc enfants. Sur présentation du guide de l'année, réduc de 10 % sur le prix d'entrée et sur la restauration. Quelle que soit l'option choisie, visites à 9h30 (conseillée vu la chaleur dans*

ATTENTION, POIDS LOURDS !

Les tortues géantes des Seychelles (Aldabra) peuvent peser jusqu'à 300 kg ! La doyenne, qui a plus d'un siècle, est encore dans la fleur de l'âge puisqu'elle pourra atteindre 250 ans et donc connaître le XXIIe s ! Sa cousine de Madagascar (Radiata), qui peut vivre centenaire, est un poids plume avec ses 30 kg.

la journée...), 10h30, 12h30 et 14h30 (horaires à vérifier !). Compter env 1h30-2h pour l'ensemble.

La visite est passionnante, notamment grâce aux commentaires du guide qui vous accompagnera. En attendant la visite, commencez par le ***musée*** François-Leguat qui relate l'histoire de l'île (Leguat est un protestant qui a fui la France après la révocation de l'édit de Nantes), sa géologie, l'évolution de sa faune et sa flore (intéressantes peintures) au contact des hommes, et même l'histoire postale de Rodrigues. On y découvre le squelette d'un solitaire, le cousin méconnu du dodo, avant d'aller à la rencontre des ***tortues,*** autre animal disparu des terres rodriguaises. Le 30 octobre 2006, les tortues étaient de retour à Rodrigues ! Un véritable événement !

À l'origine de ce petit miracle, un beau projet d'écotourisme soutenu par la *MWF (Mauritian Wildlife Foundation)* et l'Assemblée régionale de Rodrigues, visant à recréer la physionomie de l'île avant l'arrivée des colons. Sur une vingtaine d'hectares, les spécialistes s'emploient à replanter les essences endémiques et à réintroduire les tortues. Mais la tortue géante de Rodrigues originelle a totalement disparu. Capturées jusqu'à la dernière par les marins en quête de viande fraîche à bord des bateaux, elles étaient autrefois si nombreuses qu'on pouvait parcourir 100 pas sur des carapaces sans jamais poser le pied à terre ! Du moins, d'après François Leguat.

La visite permet de rencontrer des tortues Aldabra (seychelloises), Radiata (malgaches), et à socle, l'espèce de tortue terrestre la plus rare au monde (originaire, elle aussi, de Madagascar). Elles se déplacent dans deux vallons encaissés, plantés d'essences indigènes. On en compte aujourd'hui près de 2 600 : la plus vieille dépasse le siècle, la plus lourde les 200 kg ! Une visite vraiment intéressante.

Si vous craquez pour ces étonnants animaux à sang froid qui tendent d'eux-mêmes le cou pour qu'on les caresse, sachez que vous pouvez parrainer un des spécimens moyennant 45 € par an !

On salue aussi les chauves-souris (roussettes dorées), également pensionnaires de la réserve, dont la population est estimée entre 15 000 et 20 000 individus. Dans les airs, la population des pailles-en-queue a bien progressé depuis que leur habitat est protégé.

Pour ceux qui auront choisi cette option, on part ensuite à la découverte d'une magnifique grotte, la ***Grande Caverne,*** très préservée. C'est l'une des neuf grottes de la réserve. Casque obligatoire avant de suivre, sur 500 m, des passerelles qui en font le tour. Éclairage réussi, qui met bien en valeur colonnes, drapés, cathédrales, ainsi que les différentes couleurs de la roche. Un beau site. Resto sur place, avec, en prime, une vue splendide sur le lagon.

LA SEXOLOGIE DES TORTUES POUR LES NULS

À les regarder se déplacer placidement, toutes les tortues se ressemblent. Or, si la différence entre le mâle et la femelle ne se définit que tardivement (vers 5-7 ans), elle est ensuite évidente : le mâle a le ventre concave (en creux) pour mieux se hisser sur sa donzelle... Et de ce côté-là, les tortues ne s'ennuient pas. Leur activité est inversement proportionnelle à leur âge. Le doyen, centenaire, est sexuellement le plus actif du groupe !

|●| *The Crowded Solitaire :* *à l'entrée du site, derrière la boutique. Le midi slt, 11h-15h. Snacks et plats 200-400 Rs.* Un bon point de chute avant ou après la visite, surtout qu'on est loin de tout. Carte assez exhaustive de snacks (pains fourrés, croque-monsieur, burgers maison), salades, plats chinois (bols renversés, *mine*) et classiques rodriguais. La fricassée de porc et le cari d'ourites tiennent le haut du pavé, avec des volailles de la réserve.

À L'OUEST DE L'ÎLE

C'est la partie la plus désolée et isolée de l'île. Elle s'étend sur une vaste plaine de corail, auparavant exploitée par endroits pour la construction des maisons. C'est à *La Ferme,* l'un des bourgs les plus importants de la région, que le pape célébra une messe en 1989.

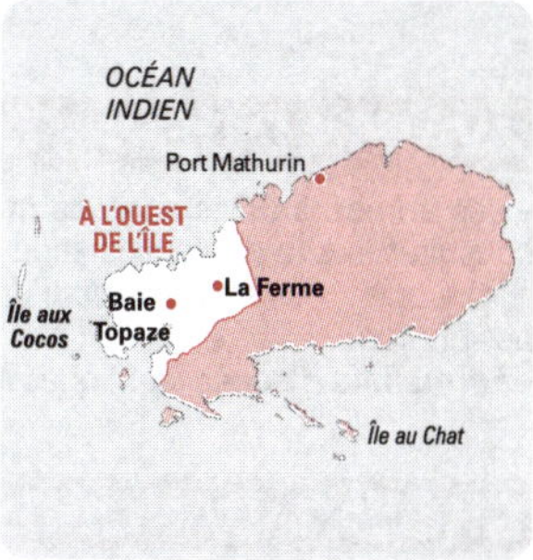

À voir. À faire

L'île aux Cocos : c'est l'excursion à la journée la plus prisée de Rodrigues. *Droit d'accès env 120 Rs, inclus dans le prix de l'agence qui propose l'excursion. C'est elle qui va chercher le permis auprès de l'office de tourisme. À partir de 1 200 Rs depuis Baie du Nord ; le prix augmente selon le point d'embarquement. Le forfait inclut le transport en bateau, la visite guidée de l'île, l'assurance, le repas, les boissons, mais le transfert depuis votre hôtel n'est pas forcément inclus (bien se le faire préciser).*

Pour participer à cette excursion que tout le monde propose, la solution la plus simple est de vous joindre aux agences, d'autant qu'elles fournissent une prestation complète. Demandez conseil à votre propriétaire ou à votre hôtel. S'ils n'entreprennent pas eux-mêmes cette excursion, ils connaissent une agence qui le fait. Évidemment, les pêcheurs proposent aussi de vous accompagner, mais on déconseille cette formule : ils n'ont pas d'autorisation (risque d'amende sévère pour eux), pas d'assurances et pas de gilets de sauvetage...

Pendant la longue traversée du lagon (près de 1h30 en mer), attention aux coups de soleil. L'île, devenue réserve naturelle, se visite avec un guide qui fournit des explications sur la faune et la flore. De fin mai à fin septembre, de nombreux oiseaux marins viennent y pondre. L'unique sentier traversant l'île passe si près des nids qu'on a droit à tous les coups aux vols en rase-mottes d'oiseaux mécontents. Noter par ailleurs les *bib,* ces énormes araignées (inoffensives) qui tendent leurs toiles entre les branches d'arbre. Bref, après la balade, le pique-nique, au coude à coude avec les équipages et les touristes des nombreux autres bateaux, puis trempette digestive des plus agréable. La mer se prête merveilleusement à la baignade. Attention, si on part trop tard et que la marée commence à descendre, on passe alors autant de temps dehors à pousser le bateau que dedans. Sur une grande partie du parcours, en effet, le lagon fait moins de 1 m de profondeur.

Baie Topaze : après La Ferme, la route descend vers Baie Topaze. Sur la droite, profondes vallées avec affleurements rocheux. Habitat très dispersé. Relief de plus en plus escarpé. Paysans travaillant dur à arracher les pierres des champs. Quelques cultures en terrasses.

➢ De La Ferme, on peut rejoindre Port Mathurin par la côte (via Baie du Nord).

ÎLE RODRIGUES UTILE

AVANT LE DÉPART

– Les adresses utiles sont les mêmes que pour l'île Maurice. N'hésitez pas à consulter le site de l'association des passionnés de Rodrigues • *vivrodrigues.com* • ou • *mysterra.org* • pour une présentation de l'île accompagnée de superbes photos.
– ***Formalités d'accès*** identiques à celles de l'île Maurice.

ARGENT, BANQUES, CHANGE

Les banques se trouvent à Port Mathurin et à l'aéroport. Elles ouvrent du lundi au jeudi de 9h à 15h, le vendredi jusqu'à 16h, et ferment le week-end. Toutes disposent de distributeurs automatiques pour cartes internationales. Seuls les grands hôtels et quelques restaurants acceptent ce moyen de paiement.

ACHATS

Vous ne vous ruinerez pas. Si vous êtes amateur, achetez des piments et autres achards, préparés avec du *limon*. Ne manquez pas non plus le miel. Il est excellent et c'est une vraie spécialité locale. La vannerie est également remarquable, en particulier les chapeaux, réalisés avec les feuilles de vacoa ou de vétiver. Magnifiques, légers et très bon marché, ils adoptent toutes sortes de formes. Également de charmants paniers en aloès. Ne pas rater le marché du samedi à Port Mathurin pour s'en procurer, ou aller directement à l'atelier des célèbres *Frères Léopold* (voir « Au cœur de l'île. Achats »).

BUDGET

Le plus cher est évidemment le transport de Maurice à Rodrigues, car une fois sur place, la vie est relativement bon marché. Le plus économique étant bien sûr de loger chez l'habitant, en chambres d'hôtes ou en gîtes. Dans les adresses bon marché, on vous facturera souvent quelques centaines de roupies supplémentaires si vous utilisez la clim. Attention, de nombreux hôtels rendent la demi-pension obligatoire.
À noter qu'en fonction de la fluctuation de la roupie mauricienne (pourtant minime), plusieurs hôteliers préfèrent communiquer leurs prix en euros.
Hébergement sur une base de deux personnes, sans compter les repas (sauf pour les établissements « Beaucoup plus chic ») :
– ***Bon marché :*** moins de 700 Rs (17,50 €).
– ***Prix modérés :*** 700-1 200 Rs (17,50-30 €).
– ***Prix moyens :*** 1 200-2 000 Rs (30-50 €).
– ***Chic :*** 2 000-3 000 Rs (50-75 €).
– ***Plus chic :*** 3 000-4 000 Rs (75-100 €).
Les restaurants vous ruineront encore moins. Un repas avec entrée et plat (on est souvent privé de dessert) tourne autour de 400 Rs (10 €). Même les fruits de mer, qui font grimper sensiblement l'addition, restent abordables. C'est le moment d'en profiter.

CLIMAT

Comme pour Maurice, les saisons sont inversées par rapport à notre hémisphère. De novembre à avril, la température oscille entre 29 et 32 °C. De mai à octobre, de 15 à 29 °C. Quant à l'eau, sa température ne descend jamais en dessous de 23 °C. Le climat est nettement plus sec qu'à Maurice, surtout de septembre à novembre. Les cyclones, entre novembre et avril, sont plus fréquents qu'à Maurice et parfois très violents. Les Rodriguais n'ont pas oublié le cyclone Kalundé qui, en mars 2003, avec des vents soufflant jusqu'à 215 km/h, avait totalement sinistré l'île.

HÉBERGEMENT

Si les complexes hôteliers vous rebutent, bienvenue à Rodrigues ! Ici, on reste en famille. L'offre touristique se limite à quelques hôtels et à un tourisme vert en pleine expansion : pensions de famille, chambres d'hôtes ou encore gîtes constituent un moyen idéal pour rencontrer la population et vivre avec elle. Sans oublier la possibilité de louer une maison tout entière ou seulement une partie. Un vrai bonheur pour le voyageur qui aspire au calme. D'autant que ce type d'hébergement est très avantageux. Attention toutefois à certains proprios qui voient dans ce concept une bien belle aubaine et proposent tout et n'importe quoi. Peu de confort, éventuellement une vue sur la mer (attention, elle peut n'être que partielle), et côté charme, on repassera. C'est pourquoi les instances touristiques de l'île ont décidé d'y mettre de l'ordre en instaurant des contrôles et agréments stricts en vue d'une labellisation officielle. Alors, en attendant, le prix et/ou la situation ne suffisent pas toujours. De même que la clim, par grosse chaleur, n'est pas un luxe superflu. N'hésitez pas à demander le maximum de détails avant d'effectuer vos réservations.

Pour vous aider à choisir votre mode d'hébergement, voici quelques points de repère.

– ***Les hôtels,*** toujours de faible capacité, comme on l'a vu, et souvent conviviaux, imposent quasi systématiquement la demi-pension.

– ***Les maisons à louer*** se composent en général de deux ou trois chambres et offrent un bon rapport qualité-prix. Idéal pour ceux qui recherchent plus d'indépendance, les proprios n'habitant pas sur place.

– Au contraire, les ***chambres d'hôtes*** permettent une relation directe avec les propriétaires, qui logent au même endroit. Le petit déj est toujours compris, le dîner aussi la plupart du temps, sauf avis contraire. C'est sans doute cette forme d'hébergement qui évolue le plus : avec un essor considérable de l'offre, et par conséquent de la concurrence, la qualité des prestations s'améliore très nettement avec l'apparition de vraies adresses de charme.

– ***Les gîtes*** offrent un compromis : ils procurent à la fois une certaine indépendance (cuisine et salle à manger) et un contact avec les loueurs, qui habitent en général une partie de la maison ou à proximité. Ils proposent souvent la table d'hôtes.

À consulter : le site • *ile-rodrigues-hebergement.com* • bien actualisé. Le site officiel • *tourism-rodrigues.mu* • présente, en plus d'infos générales sur l'île, une liste des hébergements, malheureusement pas très à jour.

HORAIRES

D'après un dicton local : « À Rodrigues, on y va doucement le matin, pas trop vite l'après-midi et tranquillement le soir. » Voilà qui donne une idée de l'étendue des horaires d'ouverture et de leur respect. Enfin, n'exagérons rien : en principe,

bureaux et *boutiks* ouvrent du lundi au vendredi entre 8h et 9h jusqu'à 16h (parfois 17h), le samedi jusqu'à 14h, et sont fermés le dimanche. Horaires souples dans les petites épiceries de villages, qui peuvent fermer à 19h et même ouvrir le dimanche matin. Si vous avez des courses à faire, un conseil : adoptez le rythme de la population et faites-les tôt, car après 15h, c'est sieste pour tout le monde !
Par ailleurs, les repas se prennent tôt. Il n'est pas rare que les Rodriguais déjeunent avant midi ; dans les restos, les horaires de service sont entre les nôtres et ceux de la Grande-Bretagne.

LANGUE

Le créole. Encore le créole. Et toujours le créole. Et pour vous faire plaisir, parfois le français. Voir la rubrique « Langues » dans « Île Maurice utile ».

TÉLÉPHONE

– ***France → Rodrigues :*** composez le ☎ 00-230, suivi du numéro de votre correspondant.
– ***Rodrigues → France :*** composez le ☎ 020-33, suivi du numéro de votre correspondant (sans le 0 initial).
On trouve des cabines téléphoniques à carte et à pièces dans toute l'île. Le réseau des portables est couvert par *Emtel* et *Orange.* Il peut être intéressant d'acheter une carte SIM locale et de l'insérer dans son téléphone préalablement débloqué. Lire à ce sujet les infos dans la rubrique homologue de la partie consacrée à Maurice. Attention, parfois les SMS ne passent pas vers les opérateurs français ; mieux vaut faire un test au préalable.
Depuis septembre 2013, Rodrigues a changé de numérotation pour les appels sur portables. Le « 5 » a été ajouté devant chaque numéro. Toutes les cartes de visite ou sites ne sont pas forcément à jour.

TRANSPORTS INTÉRIEURS

Compte tenu du relief et de l'état de quelques routes secondaires (notamment dans l'est et le sud de l'île ; les routes pour l'aéroport et Port Mathurin sont, quant à elles, impeccables), prévoyez du temps sur certains trajets. Pour vous donner une idée, la vitesse est limitée à 50 km/h. Or, sur les portions truffées de nids-de-poule, rouler à cette allure est mi-grisant, mi-suicidaire. On exagère... à peine ! Mais le goudron est peu à peu refait et le réseau s'améliore d'année en année, ce qui rend globalement la circulation dans l'île moins douloureuse pour les lombaires.
Quoi qu'il en soit, partout, la prudence est de rigueur, car la route n'appartient pas qu'aux automobilistes : jeunes enfants, marcheurs (nombreux), cyclistes et animaux peuvent surgir sans crier gare. Sans oublier les arrêts impromptus des voitures et des bus juste pour saluer quelqu'un !
Soyez prudent, les stops sont souvent considérés comme des « cédez le passage ». Les différents dangers sont annoncés par des coups de klaxon intempestifs.
Aux intersections ou lors de croisements avec d'autres véhicules, ***la priorité est... au plus rapide ! Piétons, prudence !*** Bien regarder avant de traverser.
Il n'existe que très ***peu de taxis*** dans l'île. Pour le trajet le plus long, entre l'aéroport et Pointe Coton, prévoir autour de 700 Rs. La voiture reste une denrée rare car vraiment hors de prix. Les motos sont plus nombreuses. En fait, les Rodriguais marchent énormément, utilisent les bus (fréquence relative selon les destinations)

et font du stop. Ça fonctionne très bien sur les grands axes. Attention, il est interdit de monter sur la plage arrière d'un pick-up, même si tout le monde le fait.
Procurez-vous la carte de Rodrigues « Bienvenue chez nous à l'île Rodrigues » à l'aéroport. Gratuite, elle indique les horaires de bus et les principaux centres d'intérêt de l'île. La carte *Ti Boussol (100 Rs),* n'ajoute pas grand-chose.

Bus *(plan Port Mathurin, B1)* ***:*** *la gare routière se situe à l'entrée de Port Mathurin en venant d'Anse aux Anglais. Tickets env 25-35 Rs.* La gare routière est mignonne tout plein avec son style créole. Les bus portent des noms inversement proportionnels à leur rapidité : « Concorde », « Super Force », « Super Copter Tours », « Aigle de route », « King of the Road »... Parfois plus tendres : « Soleil de l'Est », « Prince of Love » ! ***Ils circulent en principe entre 6h et 18h (dernier départ des différents villages officiellement vers 18h, mais dans les faits, aléatoires après 16h30),*** toutes les 20 à 30 mn, et desservent les principaux points de l'île. Attention, le dimanche, les bus sont moins nombreux.
Notez que les panneaux en tissu à l'avant et à l'arrière indiquent le terminus. Ceux qui mentionnent « School », « Garage » ou « Special Route » ne prennent pas de passagers.

– ***Location de voitures :*** plusieurs agences, un seul mot d'ordre : choisissez une voiture confortable, du style Isuzu, Ford Ranger ou encore Nissan ou Toyota. Compter à partir de 1 200 Rs la location à la journée (plus cher en principe dans les hôtels). À noter que pour 500 Rs de plus par jour, vous disposerez d'un chauffeur.
– ***Location de motos :*** pour info, sachez que plusieurs agences louent des motos (les mêmes que celles qui louent des voitures). Nous ne les mentionnons pas, car même si les routes sont excellentes, la conduite reste dangereuse. Les habitants connaissent les nids-de-poule et autres pièges de la route, pas vous. Soyez prudent. Le port du casque est obligatoire.

ÎLE RODRIGUES : HOMMES, CULTURE, ENVIRONNEMENT

CUISINE

Assez peu influencée par l'île Maurice, même si de nombreux plats comme le ***cari*** figurent à la carte, la vraie cuisine rodriguaise se démarque par l'emploi systématique de produits locaux. D'une manière générale, la cuisine est moins épicée qu'à Maurice car quasi sans influence indienne (les Indiens sont très peu nombreux dans l'île). Un vrai repas doit comprendre du ***maïs,*** qui constitua longtemps la base de l'alimentation mais qui est peu à peu supplanté par le ***riz,*** à la suite de dramatiques sécheresses. On sert le maïs en purée avec un ***rougail d'ourites*** (poulpes), un ***bouillon de poisson*** et des ***haricots rouges.*** Le tout accompagné de redoutables mais succulents ***piments limon, piments zourites*** ou ***piments mangue.***

L'autre grande spécialité est due à la longue occupation non pas des Français, mais des Britanniques. Ceux-ci, privés de leur sacro-saint bacon pendant la guerre, apprirent aux Rodriguais à préparer le ***cochon boucané.*** Le porc en général et le jambon en particulier sont excellents.

Comme tous les crustacés, le ***kono-kono*** est protégé et normalement interdit à la vente. Mais face à la demande, on en trouve quasi partout à la carte des restos. Nous, on n'en mange plus et on vous incite à faire de même pour préserver ce mollusque. Préférez l'***ourite*** préparée froide en salade ou chaude en cari.

Goûtez les petits ***limons*** (citrons), qui ont fait la réputation de l'île, la ***salade de papaye verte*** râpée et salée qu'on mange en général en début de repas, et les desserts préparés avec de la ***patate douce.*** Exquis. Sans oublier la ***tourte rodriguaise,*** une préparation sucrée à base de cannelle, de coco ou de papaye confite. Un peu étouffe-chrétien mais tellement bon. On en trouve en principe au marché de Port Mathurin le samedi, mais malheureusement, pratiquement jamais dans les menus. Vous aurez aussi peut-être la chance d'y goûter dans les tables d'hôtes (à condition de le demander bien à l'avance). Quant au ***miel d'eucalyptus,*** il est très réputé.

La table d'hôtes est un bon moyen de découvrir la gentillesse des Rodriguais. Réserver au moins la veille en précisant ce que vous souhaitez ; sinon, c'est la surprise. Quoi qu'il en soit, vous y mangerez souvent du poisson préparé comme nulle part ailleurs au resto. N'oubliez pas non plus que la plupart des chambres d'hôtes ouvrent leurs tables aux non-résidents.

ÉCONOMIE

Rodrigues, longtemps oubliée par sa grande sœur, est encore bien loin du développement de Maurice. Ici, ni zone franche ni grosses industries hormis une usine de textile. Pour le reste, l'économie tourne grâce à de petites entreprises (artisanat, tourisme...) et à un secteur public omniprésent. Celui-ci occupe d'ailleurs près du tiers des actifs. Mais le taux de chômage est inquiétant.

Agriculture, élevage et pêche constituent les trois autres principales ressources de l'île mais sans véritable distinction, puisqu'un pêcheur est presque toujours éleveur et agriculteur... et inversement. L'État, encore lui, possède 90 % des terres, qu'il loue aux agriculteurs pour y planter maïs, patates douces et autres légumes. La culture du maïs (gros consommateur d'eau) domine, mais on observe un déclin généralisé des cultures traditionnelles. En cause, une dégradation des sols liée à des phénomènes d'érosion, des techniques agricoles irrespectueuses abaissant la fertilité des sols et un exode massif de la population vers Maurice.

Vaches, cochons et chèvres constituent à ce jour la principale exportation de l'île, sans pour autant enrayer le déficit chronique de la balance commerciale.

La ***pêche*** demeure artisanale et suffit à peine à nourrir les familles. Elle se limite au lagon, déjà surexploité. Vous verrez, tout autour de l'île, quelques-unes des 1 000 pirogues recensées, et surtout les piqueurs et piqueuses d'ourites qui assurent plus de la moitié des prises. Pour faire face à cette surexploitation hautement dommageable à l'équilibre de l'écosystème du lagon, l'Assemblée régionale de l'île a instauré, depuis 2012, une fermeture de la pêche à l'ourite entre août et octobre (on parle même d'une seconde période)... moyennant des indemnités et un programme de reconversion professionnelle temporaire des pêcheurs et pêcheuses, engagés notamment dans des travaux de protection de l'environnement. Mais à l'évidence, si l'interdiction a été relativement suivie (lourdes sanctions à tous les contrevenants) et les effets positifs ressentis, elle n'en reste pas moins impopulaire et insuffisante à terme. Une activité au large permettrait de meilleurs débouchés, mais d'une part la plupart des pêcheurs rodriguais ne savent pas nager, et d'autre part, faute de moyens (moteurs plus puissants), leurs embarcations actuelles ne le permettent pas. Étonnamment, les Rodriguais, surtout les plus anciens, ne sont pas à l'aise dans l'océan. Le lagon offre plus de sécurité.

Quant au ***tourisme,*** il se développe peu à peu. Le premier grand hôtel de l'île (le *Cotton Bay* ; 60 chambres) n'a ouvert qu'au début des années 1990. Les responsables rodriguais souhaitent, officiellement, privilégier un tourisme vert de chambres et tables d'hôtes, et non un tourisme d'hôtels « à la mauricienne ».

Les amoureux de l'île et partisans d'un développement touristique raisonné se battent contre l'implantation de plusieurs hôtels sur la côte est. Les motivations de ce rejet sont simples et visent essentiellement à protéger l'île : outre un manque d'eau chronique, du strict point de vue de ses infrastructures tant routières que sanitaires, Rodrigues n'est pas vraiment prête à accueillir un afflux trop important de nouveaux touristes. Le nombre de visiteurs reste de facto limité par les liaisons avec l'île Maurice, encore peu nombreuses. Et le projet d'agrandissement de la petite piste d'atterrissage permettant à terme de recevoir de plus gros porteurs a finalement été ajourné. Les nouvelles demandes de projets hôteliers sont pour la plupart rejetées, et leur nombre reste volontairement limité. À peine une quinzaine de projets touristiques ont pour le moment reçu leur permis de construire.

Est-ce un premier pas vers un développement contrôlé, voulu par une écrasante majorité de Rodriguais ? On espère que le modèle de Maurice ne se transposera pas à Rodrigues. Les visiteurs l'ont bien compris et viennent ici à la recherche d'un tourisme « vert » et de proximité, qui s'est délité ailleurs. La prise en compte de ce patrimoine fragile et de ce mode de vie si particulier reste un enjeu pour l'avenir de l'île.

ENVIRONNEMENT

La faune et la flore rodriguaises se sont appauvries au fil du temps. La forêt primaire a disparu, mais certains Rodriguais, aidés d'ONG, se battent pour sauver les espèces endémiques et conserver la biodiversité sur l'île. Une des causes de la déforestation remonte à la Seconde Guerre mondiale, lorsqu'il était alloué à chaque soldat quelques arpents de terre fertile. Une mesure mal encadrée, qui a provoqué l'assèchement des puits et l'érosion des sols. En l'absence de politique environnementale cohérente, Rodrigues continue à payer lourdement ses erreurs historiques. Et depuis, les efforts demeurent insuffisants.

L'autre fléau à l'origine de l'appauvrissement de la flore rodriguaise (voir également ci-après la rubrique « Faune et flore »), c'est l'invasion d'essences exotiques apportées par les colons. Ainsi, les espèces endémiques sont menacées par le développement anarchique de végétaux comme le lantana ou l'arbre du voyageur, grands consommateurs d'eau, qui non seulement empêchent les autres plantes de se développer, mais contribuent à l'assèchement général de l'île. Si bien que certains habitants sont privés d'eau courante pendant plusieurs jours, voire plusieurs semaines. Dans les hôtels ou chez l'habitant, on vous rappelle d'ailleurs de ne pas gaspiller l'eau, recommandation que nous vous encourageons à respecter.

Côté mer, la création d'un parc marin *(Marine Biodiversity Conservation Project)* a été votée et constitue un immense espoir pour la sauvegarde de la faune et de la flore sous-marines, et du millier d'espèces de coraux qui ont été identifiées. Cette zone protégée de 35 km² est située au sud de l'île, depuis la baie de Mourouk jusqu'à l'île Hermitage et l'île au Chat. L'ouverture à la pêche y est réglementée. Le soutien des Nations unies a été apporté afin d'encourager un système national d'aires marines protégées.

Certes symbolique mais néanmoins courageuse, la décision d'interdire totalement les sacs en plastique sur l'île (depuis 2015) dit toute l'ambition environnementale de Rodrigues. Sa grande sœur (Maurice) a fait de même début 2016.

FAUNE ET FLORE

La faune

« Ils ne volent point. Ils sont extraordinairement gras et le goût en est excellent. On trouve des mâles qui pèsent jusqu'à 45 livres. La femelle est d'une beauté admirable ; il y en a des blondes et des brunes. Sitôt qu'ils sont arrêtés, ils jettent des larmes sans crier et refusent opiniâtrement toute sorte de nourriture, jusqu'à ce qu'ils meurent. » Goûteux et incapable de voler, le ***solitaire*** si bien décrit par François Leguat a connu le même sort que le dodo à Maurice : exterminé. Massacrées également, les trois espèces de tortues qui peuplaient l'île.

Parmi les rares espèces endémiques rescapées, on pourra observer, dans la forêt située dans la grande descente vers Port Mathurin et à Cascade Pigeon, la ***chauve-souris*** rodriguaise. Elle sort du bois un peu avant 18h. Elle a failli disparaître. Ses grands ennemis sont les cyclones, qui peuvent tuer la moitié de la population. En l'absence de cyclone, les chauves-souris se retrouvent en surnombre et détruisent beaucoup de mangues et de litchis. Plusieurs oiseaux endémiques peuplent toujours l'île : le ***cardinal jaune*** de Rodrigues (ou *zoizeau zaune*), le ***foude*** ou encore la fauvette de Rodrigues *(zoizeau long bec)*, que l'on peut également surprendre à Cascade Pigeon. Vous verrez aussi des ***perdrix rouges,*** surtout sur l'île de Gombrani et l'île au Chat ; des ***goélettes blanches,*** des ***makkoas*** et des ***yeyes*** sur l'île aux Cocos, où l'on peut parfois aussi admirer le fort rare ***oiseau la vierge,*** blanc aux pattes bleues.

Des espèces beaucoup plus communes, vaches, chèvres et porcs, circulent en quasi-liberté. Vous en rencontrerez souvent au bord de la route. Seul problème : l'élevage accélère l'érosion des sols et contribue à une sérieuse dégradation de l'environnement en général et du lagon en particulier.

La flore

Quand on vous parle de ***vieilles filles*** (excellentes en infusion), ne regardez pas la petite dame qui passe, mais penchez-vous sur un arbuste dont les fleurs roses sont les plus communes de l'île. Quant à l'écorce et aux feuilles de ***bois d'oiseaux,*** elles se boivent aussi en infusion, appelée « fraîcheur » ou « rafraîchie ». Une tisane très appréciée des Rodriguais, qui en boivent régulièrement.

BON PLANT

Lointain cousin du caféier, le café marron est aujourd'hui une espèce protégée. Et pour cause, cette plante a la réputation de soigner la gueule de bois, les « maladies d'amour », et servait jadis pour la sorcellerie. Est-ce qu'elle fait le café ?

Parmi les espèces rares ou endogènes qui ont survécu à la déforestation, le ***café marron*** revient de loin. L'arbuste est qualifié de « marron » non pour sa couleur, mais en référence aux esclaves « marrons », partis se réfugier à l'intérieur des terres. On a longtemps cru cette espèce disparue, avant d'en retrouver un spécimen au cœur de l'île, dans les années 1980.
Signalons également les rarissimes bois pipe, bois de fer, bois cabri, bois puant, bois gandine et un hibiscus aux fleurs roses.
Le reboisement est aujourd'hui une priorité, tout comme l'implantation de mangroves dans les lagons, qui permettent la reproduction de poissons, freinent l'érosion du littoral et donnent du bois à brûler. On peut en voir notamment du côté de Baie du Nord.
Les arbres les plus répandus sont le ***latanier,*** le ***vacoa*** *(pendanus),* le ***filao*** et l'***eucalyptus.***

FÊTES ET JOURS FÉRIÉS

– ***La Banané :*** du 1er au 8 janvier. C'est la fête la plus importante de l'île. Chaque famille tue un cochon, qui est mangé sous forme de grillades, boudins, gratons, etc. Le huitième et dernier jour de cette fête, on dit que « le roi boit ». À cette période, tout fonctionne encore plus au ralenti que d'habitude. Peu de bus, pas de taxis, moins de services d'une manière générale. La plupart des Rodriguais en profitent pour prendre leurs congés.
– ***Fête du Poisson :*** le 1er mars.
– ***Fête du Maïs :*** fin avril-début mai (célébrée en fonction de l'importance de la récolte).
– ***Fête de l'Accordéon :*** le 15 août.
– ***Fête de l'Autonomie :*** le 12 octobre. Chaque année, pour célébrer l'accession de Rodrigues à son autonomie politique, le gouvernement régional organise des concerts, des fêtes de village ou des concours d'invention !
– ***Festival créole :*** début décembre. Il rassemble des manifestations artistiques et culturelles sur le thème de la « kreolité ». Au programme : concours de séga, foire artisanale, dégustation de plats régionaux, élection de Miss Festival kreol, etc. Un concert de musique de l'océan Indien clôture le festival.

GÉOGRAPHIE

À 569 km au nord-est de Maurice, la plus petite des îles Mascareignes (avec Maurice et La Réunion) mesure à peine 18 km de long sur environ 6,5 km de large. Mais regardez-la photographiée par un satellite. Ce petit bijou ressemble à une perle bordée d'un lagon turquoise deux fois plus grand qu'elle ! Avec ses montagnes ridées, ponctuées de cultures en terrasses, cette île aride possède un relief assez tourmenté, dont le mont Limon constitue le point culminant avec 398 m. 18 îlots entourent ses côtes, parfois rocheuses, parfois bordées de plages de sable fin. Ils se trouvent tous à l'intérieur du lagon. Parmi les plus connus, citons l'île aux Cocos, réserve naturelle protégée qui accueille la majorité des visiteurs en excursion. Mais les autres îles ne doivent pas être dédaignées, notamment l'île Hermitage, l'île Gombrani (la plus longue), l'île au Chat et l'île aux Crabes.

HISTOIRE

Bordée de redoutables récifs, Rodrigues doit son nom à un Portugais, ***Diego Rodriguez,*** qui la découvrit en 1528 mais n'y fit sans doute même pas relâche. Les Hollandais s'y arrêtèrent ensuite à plusieurs reprises, au cours du XVIIe s, pour emplir leurs cales de tortues, avant de la laisser à sa solitude. Il fallait une âme de Robinson pour s'y installer. C'est ce que ***François Leguat,*** déçu par les hommes, fit avec sept compagnons.

Ce protestant français, ruiné par la révocation de l'édit de Nantes, trouva refuge en Hollande. Là, il rencontra le marquis Duquesne, fils du grand amiral, qui aidait ses coreligionnaires à s'établir sous des cieux plus cléments. François Leguat et ses compagnons voguèrent vers l'île Bourbon (La Réunion), où ils auraient dû se rendre. Mais leur capitaine en décida autrement, et, le 1er mai 1691, ils débarquèrent sur Rodrigues. Ils allaient y rester 2 ans. Deux années pendant lesquelles notre Robinson eut tout le loisir d'écrire un formidable récit (publié aux éditions Phébus sous le titre *Les Naufragés de Dieu*), où il décrit aussi bien le solitaire que les tortues et la flore alors exubérante. Terrassés par les cyclones et la solitude, ils regagnèrent Maurice en 1693.

Après leur départ – en radeau –, l'île demeura de nouveau inoccupée, à l'exception de quelques pirates de passage et de marins « oubliés » par leurs commandants. L'île servit alors de garde-manger aux vaisseaux qui se rendaient aux Indes. Ils y relâchaient pour embarquer des centaines de tortues qui avaient déjà disparu des autres îles des Mascareignes.

En 1735, ***Mahé de La Bourdonnais,*** fraîchement nommé ***gouverneur général des Isles de France et Bourbon,*** décide d'envoyer à Rodrigues un détachement permanent pour assurer l'approvisionnement en tortues de ces deux îles et des vaisseaux de passage. Selon Alfred North-Coombes, à qui l'on doit un passionnant ouvrage sur l'histoire des tortues de terre de Rodrigues, deux navires effectuent alors deux voyages par an entre Rodrigues et l'Isle de France, emportant à chaque fois entre 4 000 et 6 000 tortues de terre, sans compter quelques centaines de tortues de mer ! Ce pillage assure la survie des habitants de Maurice, qui souffrent de disette chronique. À cette époque, une trentaine de personnes vivent en permanence sur l'île Rodrigues, dont quatre Français accompagnés de malabars et d'esclaves. Les tortues furent complètement exterminées vers la fin du XVIIIe s. Elles avaient joué, comme le souligne Albert North-Coombes, « un rôle capital pour le maintien de la présence française dans l'océan Indien ».

NOCES MARINES

Ce n'est pas une légende, les boucles d'oreilles, accessoires indispensables des pirates, revêtaient de nombreuses significations. Ces anneaux avaient la réputation d'éviter la noyade et d'améliorer la vue. Ils ne symbolisaient rien de moins que le mariage du marin et de la mer. De plus, si les matelots mouraient loin de chez eux, ces boucles en or étaient destinées au prêtre, afin de payer leurs funérailles.

Les premiers colons s'installèrent vers 1795. Ils introduisirent un peu de bétail et plantèrent du manioc, du café, du riz et surtout du maïs. Certains de leurs noms – Marragon, Guatier, Meunier, Albert, Édouard, Gontier – ont survécu à travers les âges.

En 1809, l'île connut une subite affluence. ***L'armée anglaise s'était emparée de Rodrigues en 1807,*** et près de 16 000 soldats y séjournèrent avant de partir à l'assaut de Maurice. Nos amis britanniques, une fois encore, allaient emporter la victoire. Maurice et Rodrigues passaient sous leur contrôle. Dès lors, l'île se peupla assez rapidement, passant de 200 habitants en 1825 à près de 3 000 à la fin du XIXe s. Sa vocation agricole s'affirma, et Rodrigues devint le « grenier à blé » de Maurice. L'augmentation de sa population y mit fin, l'île étant considérée comme surpeuplée dès 1930, alors qu'elle ne comptait que 8 000 habitants.

La plupart n'avaient jamais quitté Rodrigues, faute de moyens. Voilà pourquoi près d'un millier de Rodriguais s'enrôlèrent volontairement auprès des Britanniques lors de la Seconde Guerre mondiale. Ils servirent en Afrique et en Italie, et rentrèrent au pays en 1953. Ces militaires, avec leur solde quatre fois supérieure au revenu moyen de l'île (plus quand ils étaient mariés), firent beaucoup de bien à l'économie rodriguaise.

Au début des années 1960, les Rodriguais commencèrent à demander la prise en compte de leur spécificité, l'île étant jusque-là considérée comme une simple dépendance de Maurice, alors qu'ils se sentaient plus proches des habitants des Seychelles ou de La Réunion que des Mauriciens. ***En 1967, les Mauriciens votent « oui » à l'indépendance*** à près de 54 %. Rodrigues, qui préfère rester anglaise plutôt que de passer sous la coupe mauricienne, vote « non » à plus de 90 %. L'île fut néanmoins intégrée au territoire mauricien. Il fallut attendre les élections mauriciennes de septembre 2000 pour que le gouvernement central considère que Rodrigues avait maintenant besoin d'une gestion locale. La loi lui accorda donc une ***autonomie,*** qui modifia le paysage sociopolitique de l'île. ***Les élections pour la première Assemblée régionale ont eu lieu en septembre 2002,*** lui conférant une totale autonomie administrative, à l'exception de la police qui reste sous tutelle du gouvernement mauricien, et la possibilité donc d'établir des lois à l'échelle locale. L'Assemblée compte entre 18 et 21 membres (selon les règles électorales) et comprend un comité exécutif dirigé par un *chief commissioner* (chef commissaire) et une opposition dirigée par un *minority leader* (chef de file de l'opposition). Aujourd'hui gouvernée par ***Serge Clair,*** chef de file de l'*Organisation du peuple rodriguais (OPR).*

MÉDIAS

Il existe plusieurs hebdomadaires à Rodrigues. *Le Rodriguais autonome* et *Ici Rodrigues* sont les organes de presse de l'OPR (Organisation du peuple rodriguais actuellement au pouvoir) et du MR (Mouvement rodriguais). Ils paraissent tous les deux le vendredi. Autre journal à paraître le même jour, *La Tribune,* affilié au *FPR (Front patriotique rodriguais).* Comme les journaux sont très partisans, les Rodriguais, qui aiment les cancans, auront vite fait de vous classer dans un camp s'ils vous voient déambuler avec l'un ou l'autre des journaux. Solution : les acheter tous ou opter pour *Le Plus,* un bimensuel, écrit presque entièrement par un député indépendant, ou *Koze Rodriguais,* hebdo généraliste et apolitique. La presse internationale n'arrive pas jusqu'à Rodrigues. En revanche, vous pouvez vous procurer les trois grands quotidiens que sont *L'Express, Le Mauricien* et *Le Matinal* chez M. Kong, dans la rue de la Solidarité à Port Mathurin.

Rodrigues possède sa propre station de radio (MBC), qui émet sur 97,3 FM.

MUSIQUE

Si vous connaissez une île où l'on chante la romance dans la langue de Crébillon, où l'on danse le *kotis* (scottish), le *mazok* (mazurka), la polka, le *laval* (valse), le séga accordéon et le séga tambour, vous êtes certainement déjà venu à Rodrigues.

Un pays de tradition orale

Sans véritable tradition écrite, l'oralité est à Rodrigues un moyen d'expression libérateur : contes, légendes, sirandanes (devinettes créoles), proverbes et bien sûr chansons, tout est bon pour animer la vie sociale. Avec le *séga tambour,* on attaque gentiment son voisin sur quelques mélopées bien senties (en étant bien sûr qu'il entendra cette création musicale, à laquelle il répondra sur le même ton), comme cette chanson qui évoque la virginité perdue d'une fille qui va se marier : « *Nelda, Nelda, to dir moi to pou marier, kot to couronne mariage en bad dilo vert Grand Baie* » (« Tu me dis Nelda que tu veux te marier, mais où est ta couronne, elle est à Grand Baie »). Le séga moderne adopte des textes plus engagés. C'est le cas, par exemple, de Gonzague Pierre-Louis, un merveilleux chanteur aveugle.

Sur ce petit bout de terre, on compte plus d'une quarantaine de groupes, aux noms évocateurs comme Réveille Plaine Coco, créé pour animer le village de Plaine Coco, Bois sirop du bois dur (Dibwa Dire) ou Ambiance tropicale. L'île aime la musique. D'ailleurs, ici, tout le monde chante, joue ou danse... après ses heures de bureau.

Tino Samoisy, chanteur du groupe « Ambiance tropicale », s'est confectionné son propre instrument, le « tinophone », pièce de bambou long d'environ 1,50 m sur lequel on bat la mesure.

L'un des hommes qui ont le plus fait pour redonner vie au folklore rodriguais est incontestablement Ben Gontran. C'est sous son impulsion que le groupe Racines a vu le jour. Véritable patriarche musical de l'île, il a réussi à transmettre à la jeune génération son goût pour la musique traditionnelle rodriguaise. Il a d'ailleurs écrit un livre, *Sir Ben... raconte Rodrigues,* publié en 2007. Les hôtels et certains restaurants proposent plusieurs fois par semaine des spectacles folkloriques.

Un riche métissage

Les navigateurs européens qui se sont arrêtés à Rodrigues ont laissé à l'île un riche héritage musical. La mazurka, la valse, le quadrille ou le scottish sont ainsi devenus des danses locales.

Mais la plus populaire d'entre elles reste sans conteste le séga, importé par des esclaves mozambicains, et le séga tambour, spécifique à Rodrigues. Utilisé dans les cérémonies vaudous africaines, le tambour était considéré par le clergé comme l'instrument du démon. C'est à cause de son interdiction que s'est développé le séga accordéon (le séga-kordéon). Introduit dans l'île au XIXe s, il fut adopté aussi bien par les

LA DANSE DE L'EXIL

Le séga puise ses origines en Afrique, nourri par les influences musicales européennes. Dansé d'abord par les esclaves, le soir, à la lueur de chandelles, il s'est très vite généralisé. Danse sensuelle caractérisée par des roulements de bassin et le soulèvement de la jupe, elle se caractérise par des petits pas saccadés et le port de chaussures, contrairement à Maurice.

Rodriguais que par l'Église, qui vit dans l'occidentalisation de la musique de l'île un signe de rédemption.
Aujourd'hui, un orchestre typique se compose d'une *ravane* (tambour en peau de chèvre, que l'on chauffe régulièrement durant une représentation afin de lui donner de la résonance), d'un accordéon diatonique, mais aussi d'un *bobre* (percussion en bois), d'un triangle, de mailloches (deux bouts de bois qu'on frappe l'un sur l'autre) et de boîtes de conserve vides pour *raper*.

Vers un renouveau musical

Après la Seconde Guerre mondiale, les soldats rentrèrent au pays avec des gramophones, mais peu d'accordéons. La mode évolua vers le fox-trot, le one-step et la rumba. La musique traditionnelle avait pratiquement disparu.
Il fallut attendre la fin des années 1970 pour que des groupes commencent à se reformer. Des bals d'anciens, ou bal accordéon, commencèrent à être organisés le dimanche après-midi. Ces bals diurnes voyaient souvent la participation de jeunes filles qui accompagnaient leurs parents ou leurs grands-parents. Souvent bridées à la maison, celles-ci voyaient là une bonne occasion de sortir. Du coup, les garçons, pour ne pas être en reste, se sont mis aussi à danser.
Au début des années 1990, les grands hôtels tels que le *Cotton Bay* ou le *Mourouk Ebony* ont également joué un rôle primordial dans le renouveau musical : concours et spectacles pour touristes ont permis à des groupes émergents d'y faire leurs armes et aux autres de continuer à se produire. Dans les hôtels, discothèques ou kermesses locales, vous aurez l'occasion d'entendre ces musiques, de la plus moderne à la plus traditionnelle. Une bonne occasion pour apprendre à danser le *kotis,* la mazurka ou la polka, histoire d'épater grand-mère !

POPULATION

L'île abrite environ 41 000 habitants, soit 3 % de la population mauricienne. Ce chiffre, assez stable, est dû à une forte émigration, principalement vers Maurice et l'Australie. À côté de rares commerçants chinois et de quelques fonctionnaires indiens venus de Maurice, l'écrasante majorité de la population est créole. Cette communauté est bien plus importante qu'à Maurice et on parle ici plus français qu'anglais.
La population rodriguaise est issue d'un mélange entre les Noirs, descendants des esclaves, et les Rouges (à cause des coups de soleil !), ultra-minoritaires, descendants des Français qui s'installèrent à Rodrigues au début de la colonisation. Les descendants des Rouges, principalement basés à Baie aux Huîtres et Allée Tamarin, dans le nord de l'île, ont parfois gardé les yeux bleus ou verts. Les Rodriguais ont une solide identité culturelle, qui a encore été renforcée par l'autonomie acquise en 2002.
En outre, Rodrigues possède un profil religieux très différent de celui de Maurice. Pour honorer cette population à 97 % catholique, Jean-Paul II a même célébré une messe au stade de La Ferme en 1989, devant plus de 17 000 personnes ! À noter que Serge Clair, le chef commissaire de l'île, est un ancien prêtre, et que Benoît Jolicœur, ex-ministre de l'île, a suivi des études de théologie à Angers et à Nantes. Ce catholicisme prégnant a sans doute permis un développement sans inégalités sociales criantes. Les principaux problèmes sociaux de l'île sont l'alcoolisme et le chômage.

SPORTS ET LOISIRS

Multisports

■ ***Club Osmosis :*** *sur la plage de Mourouk (au niveau du parking).* ☎ *832-30-51.* • *osmosis@intnet.mu* • *kitesurf-rodrigues.com* • *Pour ttes les activités, résa par mail fortement conseillée.* Un club de kitesurf animé par Jérôme, (stages, cours tous niveaux, downwind, vague de reef, banc de sable, etc.). Location de matériel également.

■ ***Tryst Limited :*** *sur la plage de Mourouk (à côté d'Osmosis).* ☎ *875-84-57.* • *andyspirit7@yahoo.com* • Andy, jeune prof de kite passionné, travaille en free-lance. Dans sa vieille Land Rover tout terrain, il parcourt Rodrigues et propose des « Kite Safaris » et des descentes sur plusieurs kilomètres, sur les plus beaux sites de kite de l'île. Arrêt final sur l'île Catherine pour bivouaquer, barbecue et petit déj compris (prévoir son sac de couchage...). Également des « Surf Safaris » à la passe Demi (même style, bivouac inclus). Possibilité de prendre des cours de kite seul et initiation au kitesurf pour débutants. Équipement fourni et assurance. Même les non-kiteurs sont les bienvenus pour les bivouacs dans les îles. Atmosphère sportive et conviviale, éclate assurée...

■ ***Youl :*** *sur la plage de Mourouk.* 📱 *5724-17-73.* • *youl04@yahoo.co.uk* • Propose, en plus des cours classiques de kitesurf, des descentes sous le vent *(downwind)* avec bivouac. Location de matériel.

■ ***Kite for fun :*** *sur la plage de Mourouk, côté Port-Sud-Est.* 📱 *5724-17-41.* • *kiteforfun-rodrigues.com* • Cours pour débutants et descentes aux confirmés. Loue aussi du matériel.

Randonnées

Le moyen idéal, bien sûr, pour découvrir l'île et rencontrer ses habitants. Comme les Rodriguais, peu motorisés, marchent beaucoup, l'île est parcourue de sentiers, soit creusés au fil du temps par les habitants, soit, depuis peu, balisés par l'association « Entreprendre au féminin ». Il est difficile de se perdre, car où que l'on soit, on aperçoit la mer. Munissez-vous toutefois de la carte verte des chemins, en vente à l'association « Entreprendre au Féminin », ou de la simple carte de l'île qu'on trouve à l'office de tourisme – elle indique quelques sentiers de randonnées. On vous indique plusieurs balades, mais des dizaines sont possibles. La plupart longent la côte ou descendent du centre de l'île vers l'océan. On rejoint un point en bus et on continue à pied ; ou inversement. N'hésitez pas à demander des idées de balades dans les hôtels ou les pensions de famille où vous logez.

– ***Eco Evasion :*** *voir ci-après leurs coordonnées dans la liste des clubs de plongée.* Organise des sorties nature dans la réserve de Grande Montagne, à la découverte des plantes endémiques qui constituaient la forêt primaire aujourd'hui disparue.

– ***Eco Balade :*** *rue François-Leguat, dans un kiosque devant la bibliothèque, à **Port Mathurin**.* 📱 *5787-60-96 ou 5877-70-69.* Organise de chouettes balades pédestres dans l'île, mais aussi des excursions nautiques.

Plongée

Destination plongée par excellence, Rodrigues possède un atout majeur : une faune et une flore pratiquement vierges, que seuls quelques clubs de plongée se partagent. On privilégie la convivialité et la découverte intimiste d'un milieu exceptionnel.

La grande richesse sous-marine de Rodrigues est notamment due à la bonne santé du corail : les pêcheurs concentrent leur activité dans les 200 km² de lagon. Si bien que de l'autre côté du récif, aucune ancre n'est jetée et le corail reste intact. Seule la violence des cyclones lui est dommageable. Mais tunnels, grottes, canyons, cheminées et chambres sculptés au fil des siècles continuent à offrir des terrains d'exploration hors du commun aussi bien dans le lagon qu'en pleine mer. On y découvre une infinie variété de poissons, des espèces parfois très rares et non répertoriées : poissons-fantômes, poissons-feuilles, poissons-clowns, poissons-trompettes, poissons-dragons, carangues gros yeux, thons dents de chien, licornes, etc. L'essentiel dans le lagon et de l'autre côté de la barrière grâce au plateau corallien, qui s'étend sur 3 km. La plupart des spots extraordinaires sont accessibles aux débutants et Niveau 1. Mais Rodrigues attire de plus en plus de plongeurs confirmés.
La meilleure saison pour plonger s'étend d'octobre à mars. La température de l'eau flirte alors avec les 28 ou 30 °C. Durant la saison hivernale (d'avril à septembre), la mer est plus agitée à cause du vent.

Les clubs

Assurance obligatoire (200 Rs, valable 2 mois) à souscrire sur place. Possibilité de forfaits. Pensez à emporter votre carnet de plongée et attendez bien 24h avant de prendre l'avion. Certificat médical conseillé (obligatoire pour passer les niveaux).

■ ***Cotton Dive Center :*** *sur la plage de l'hôtel* Cotton Bay *(voir « À l'est et au sud de l'île. Où dormir ? »). ☐ 5706-14-74. • cottondivecenter.com • Tlj sf sam, 2 sorties/j. Résa obligatoire (souvent complet). Baptême 2 000 Rs ; plongée env 1 800 Rs, équipement compris ; forfaits 5 et 10 plongées. Débutants et enfants bienvenus.* Plongées sur les récifs coralliens et plongées à la rencontre des pélagiques (une vingtaine de sites en tout). Découverte de spots merveilleux comme Karlanne, la passe Saint-François ou le canyon. Pour les plongeurs confirmés, plongées dérivante et dans le bleu.

■ ***Eco Evasion :*** *env 200 m après le pont de la station-service **à Port Mathurin**, dans un container, sur la droite de la route. ☎ 831-23-68. ☐ 5902-37-06. • rodrigues-eco-evasion.com • Compter env 1 200 Rs la plongée, matériel inclus.* Hory Payendee est engagé dans la défense des fonds sous-marins. Cours et explorations. Sérieux et convivial.

■ ***L'Amphore :*** *à **Grand Baie.** ☎ 832-12-87. ☐ 5428-98-51. • amphore rodrigues.com • Plongée 1 200 Rs tt compris (1h). Résa indispensable.* Triple recordman de plongée sous-marine (plongée en altitude à 4 785 m, au Ladakh, durée de plongée – 4h30 – et plongée apnée handi-sport), Michel en connaît un rayon ! Découverte des coraux endémiques et plongées dérivantes.

■ ***Jacky Diving :*** *à l'*Hotel Tekoma, *à **Anse Ally.** ☐ 5875-06-08. • jacky divingrodrigues.com • Plongeurs confirmés slt (niveau II ou niveau I avec 50 plongées). Plongée 45 € ; forfaits 5 et 10 plongées (qu'un couple peut se partager).* Jacky a posé ses palmes à Rodrigues pour s'adonner à sa passion : faire découvrir aux plongeurs confirmés des sites totalement vierges pour de grandioses explorations en perspective. Également des plongées de nuit.

Les meilleurs spots

L'aquarium : *près du* Cotton Dive Center, *dans le lagon. Ts niveaux.* Une véritable piscine naturelle à la richesse incroyable, où des espèces endémiques évoluent entre 2 et 7 m de profondeur. À vous les poissons-trompettes, poissons-perroquets, poissons-ballons et autres saupes grises tropicales. Les confirmés peuvent poursuivre la balade vers des grottes et des chambres où s'abritent des bancs de chirurgiens et des petites carangues étoilées. Le demi-tour s'effectue à contre-courant grâce à un solide cordage.

Le canyon : *face à l'*Hotel Tekoma. *Niveaux I et II.* Une plongée atypique qui débute dans le lagon et se poursuit par un canyon qui passe sous la barrière de corail, avec des grottes, des cheminées, des chambres... Rencontre avec mérous, murènes, mais surtout avec les *carangues ignobilis* (1,70 m ; env 70 kg !). On termine dans un magnifique jardin de corail. Les plongeurs expérimentés se régaleront.

La grande passe : *face à l'hôtel* Mourouk Ebony, *dans le lagon. Ts niveaux.* Il s'agit d'une des plus grandes passes de l'océan Indien, qui abrite au moins sept sites. Les premiers commencent à - 3 m. La visibilité dépasse rarement 12 m, mais c'est un vrai vivier : bancs de carangues gros yeux, de licornes, grande diversité de nudibranches, poissons-pierres, poissons-feuilles, thons dents de chien, etc.

La balade des demoiselles : *sur la côte est, dans le lagon. Ts niveaux.* Un spot plein de poésie où les plongeurs évoluent sur des champs d'anémones à - 5 m, territoire des demoiselles, mais aussi des rougets, soles et chirurgiens.

La passe Saint-François : *au sud de Pointe Coton, dans le lagon. Niveau I.* À - 31 m. Ici, on est pratiquement sûr de croiser des bancs de carangues gros yeux composés de 50 à 200 individus. Impressionnant ! Plus encore lorsque, allongé sur le sable, on voit les carangues s'approcher parfois très près. Également des raies aigles, tortues et petits requins.

Karlanne : *en face du* Cotton Bay, *à env 800 m. Niveau I.* À - 17 m, on croise mérous, fusillés, thons, carangues ou gaterins.

Le sec aux tortues : *sur la côte est, en pleine mer. Niveau I.* À - 30 m, dans un sec de corail composé de grottes et tunnels, on rencontre notamment des tortues vertes. Également d'énormes poissons-perroquets et des petits bancs de carangues étoilées.

Le trou des pirates : *à l'ouest, face à l'île aux Cocos. Niveau I.* Pas de courant. Un tombant de 12 à 32 m abrite un jardin de gorgones assez unique à Rodrigues. On y croise de nombreux thons dents de chien.

La basilique : *sur la côte est. Niveau II.* Au pied du tombant de la barrière de corail, une grotte donne accès à l'intérieur du récif où les plongeurs évoluent entre - 12 m et - 29 m dans un véritable édifice corallien composé de multiples galeries, salles et cheminées traversées de magnifiques jeux de lumière. Assez unique ! Parmi les fidèles, thons, raies pastenagues et carangues géantes se recueillent.

La gorge : *en face de Port-Sud-Est. Niveau II.* Immersion avec quatre plongeurs expérimentés maximum. Superbe balade « architecturale » au milieu de coraux aussi majestueux que colorés.

Et le snorkelling ?

Pour observer de belles choses, on peut parfaitement se contenter de la formule masque et tuba. Sur certains spots, il suffit de se laisser dériver pour assister au ballet formidable des poissons évoluant parmi les coraux. Les agences et les hôtels proposent souvent des sorties comprenant différents sites de plongée et un pique-nique sur la plage. Matériel fourni.

Nous recommandons aux moins expérimentés, et/ou à ceux qui sont accompagnés d'enfants, les deux sites suivants :

– ***Couzoupa :*** merveilleux. Il s'agit d'un petit canyon développé perpendiculairement à la grande passe, près d'Anse Enfer (d'ailleurs visible de loin lorsque vous survolez l'île). Un banc de barracudas est souvent présent à hauteur de la bouée sur laquelle est amarrée l'embarcation.

– ***Rivière Banane :*** autre site de qualité. Assez proche du rivage, peu profond, calme, il correspond tout à fait à l'image idyllique du snorkelling dans un lagon de l'océan Indien : poissons et coraux de toutes espèces et multicolores. Idéal avec de jeunes plongeurs.

Pour ceux qui ont un peu plus d'habitude, il est également possible de découvrir en snorkelling le site de l'***Aquarium*** à Cotton Bay, mais attention, il est relativement profond et tout proche de la barrière de corail, donc souvent agité (pour bons nageurs).

ARRIVER – QUITTER

LES LIGNES RÉGULIÈRES

Liaisons France métropolitaine – Maurice

▲ **AIR FRANCE**
– En France : rens et résas au ☎ 36-54 (0,35 €/mn – tlj 6h30-22h), sur • airfrance.fr •, dans les agences Air France et dans ttes les agences de voyages. Fermées dim.
➢ Selon la saison, Air France assure, conjointement avec Air Mauritius, jusqu'à 14 vols/sem à destination de l'île Maurice, au départ de l'aéroport Paris-Roissy-Charles-de-Gaulle.
Air France propose des tarifs attractifs toute l'année. Pour consulter les meilleurs tarifs du moment, allez directement sur la page « Nos meilleurs tarifs et promotions » sur • airfrance.fr • *Flying Blue,* le programme de fidélisation gratuit d'Air France-KLM, permet de cumuler des *miles* et de profiter d'un large choix de primes. Cette carte de fidélité est valable sur l'ensemble des compagnies membres de *Skyteam.*

▲ **AIR AUSTRAL**
– Neuilly-sur-Seine : 2, rue de l'Église, 92200. ☎ 0825-013-012 (0,15 €/mn). • air-austral.com • reservation@air-austral.com • Ⓜ Pont-de-Neuilly.
– À Port-Louis (plan Port-Louis, A1) : Ground Floor – IBL House, Caudan, Port-Louis. ☎ 202-80-50. • air-austral.com •
– En vente également dans ttes les agences de voyages.
➢ Compagnie française de l'océan Indien basée à La Réunion, Air Austral propose des vols quotidiens (à partir de 7 vols/sem) vers l'île Maurice au départ de Roissy-Charles-de-Gaulle, via Saint-Denis de La Réunion (en correspondance directe). Les départs peuvent également se faire au départ de 20 villes de province (grâce à l'accord TGV Air, arrivée et départ dans le même terminal CDG2, en partenariat avec la SNCF).

▲ **AIR MAURITIUS**
– Paris : 23, rue de la Paix, 75002. ☎ 0890-710-315 (0,15 €/mn). • airmauritius.com • Ⓜ Opéra.
– À Port-Louis : rue du Président-Kennedy, à l'angle de Sir Celicourt Antelme, dans le Air Mauritius Centre, au rdc d'un des plus hauts buildings de la ville. ☎ 207-70-70 (résas et reconfirmation de vols). Centre d'appels : ☎ 207-75-75. • airmauritius.com • Lun-ven 8h30-16h15, sam 8h30-12h. Fermé dim.
➢ La compagnie nationale, en partage de codes avec Air France, propose au départ de Roissy-Charles-de-Gaulle, terminal 2E, 2 ou 3 vols/j. à destination de l'île Maurice (selon saison), directs et de nuit (11h de vol), ainsi que de bonnes connexions vers La Réunion et l'île Rodrigues, Madagascar et l'Afrique du Sud, sans oublier le continent asiatique, l'Inde et l'Australie. Grâce à son partenariat avec Air France, préacheminement possible vers Roissy-CDG depuis 19 villes de province, dont Bordeaux, Brest, Clermont-Ferrand, Lyon, Marseille, Montpellier, Mulhouse, Nantes, Nice, Pau, Rennes et Toulouse.

▲ **CORSAIR**
Rens : ☎ 39-17 (service 0,34 €/mn + prix appel) ou depuis l'étranger : 00-33-1-70-39-22-10 (service et appel gratuits) ; • corsair.fr • (paiement en ligne sécurisé) ; et dans ttes les agences de voyages.
➢ Compagnie aérienne régulière, Corsair propose jusqu'à 4 vols/sem à destination de l'île Maurice au départ de Paris-Orly-Sud.

Comment aller à Roissy et à Orly ?

Toutes les infos sur le site • routard.com • à l'adresse suivante : • bit.ly/aeroports-routard •

Conservez dans votre bagage cabine vos médicaments, vos divers chargeurs et appareils ainsi que vos objets de valeur (clés et bijoux). Et, on ne sait jamais, ajoutez-y de quoi vous changer si vos bagages n'arrivaient pas à bon port avec vous.

Liaisons La Réunion – Maurice

▲ **AIR AUSTRAL**
– À La Réunion : 4, rue de Nice, 97400 Saint-Denis. ☎ 0825-013-012 (service 0,15 €/mn + prix appel). • reservation@air-austral.com • Également : 14, rue Archambaud, 97410 Saint-Pierre. ☎ 0825-013-012 (service 0,15 €/mn + prix appel). • saintpierre@air-austral.com •

➢ La compagnie française régionale de l'océan Indien relie La Réunion à l'île Maurice ; entre 4 et 6 vols/j. au départ de Saint-Denis et 1 vol/j. depuis Saint-Pierre. Air Austral propose également un *pass* « Îles Vanilles » offrant des avantages tarifaires sur son réseau aérien régional à tout acheteur d'un billet long-courrier vers l'océan Indien. Pour plus de renseignements, consulter le site internet.

▲ **AIR MAURITIUS**
– À La Réunion : 113, rue Charles-Gounod, 97400 Saint-Denis. ☎ 02-62-94-83-83. Également : 7, rue François-de-Mahy, 97410 Saint-Pierre. ☎ 02-62-96-06-00.

➢ Plusieurs vols/j. entre Saint-Denis ou Saint-Pierre et Maurice.

Liaisons Maurice ou La Réunion – Rodrigues

En avion

■ ***Air Mauritius*** *(plan Port Mathurin, A2,* ***2****) : rue Max-Lucchesi, ADS Building. ☎ 831-15-58. Lun-ven 8h-15h30, sam 8h-12h. Fermé dim. Également un comptoir à l'aéroport : ☎ 832-77-00.*

➢ ***Air Mauritius*** relie Maurice à Rodrigues 3 à 8 fois/j. selon saison. Certains jours, la connexion immédiate est possible avec le vol venant de Paris. Compter 1h30 de vol. Il est prudent de réserver à l'avance, surtout au moment des vacances scolaires. Compter environ 220 € l'A/R. Attention à l'excédent de bagages : 23 kg/pers en vol international avec connexion à Maurice, 15 kg seulement pour le vol inter-îles Maurice-Rodrigues.

➢ ***Air Austral*** relie La Réunion (Pierrefonds) à Rodrigues pendant les vacances scolaires seulement, les ven et dim.

En bateau

Compter env 36h vers Rodrigues et 24h vers Maurice.

➢ Le ***Mauritius Trochetia*** assure 1 liaison/mois avec Rodrigues. Voyage uniquement en cabine. Prix variable selon confort (de la cabine basique, avec douche et w-c en commun, à la chambre de luxe), repas compris.

– À l'île Maurice : ***Mauritius Shipping Corporation Ltd,*** *Nova Building, 1, rte Militaire, Port-Louis. ☎ 217-22-84 ou 85 ou 91 ou 92. • info@mscl.mu • Lun-ven 8h45-16h30 (fermeture des caisses à 15h30).*

– À Rodrigues : ***MSCL*** *(Rodrigues Unit), rue François-Leguat, Port Mathurin (plan Port Mathurin, A2). ☎ 831-06-40. • msclrod@intnet.mu • Lun-ven 7h45-15h45.*

– Et dans ttes les agences de voyages.

LES ORGANISMES DE VOYAGES

En France

▲ **CERCLE DES VACANCES**
– Paris : 4, rue Gomboust (angle 31, av. de l'Opéra), 75001. ☎ 01-40-15-15-01. • cercledesvacances.com • Ⓜ Pyramides ou Opéra. Lun-ven 9h-20h, sam 10h-18h30.

Votre agence pour un vrai voyage sur-mesure, à destination des îles de l'océan Indien et de la Polynésie Française : Réunion, Maurice, Seychelles, Rodrigues, Maldives, Zanzibar, Nouvelle Calédonie… Leurs experts partageront avec vous

leurs conseils et leurs petits secrets pour faire de votre voyage une expérience inoubliable. Chaque voyage est unique et chaque voyageur a des attentes spécifiques, c'est pourquoi ils proposent différents types de voyage adaptés à leurs clients et un large choix d'hôtels (du *B & B* de charme à l'hôtel de luxe) : séjours, voyage au volant de votre voiture de location, combinés de plusieurs îles (Réunion-Maurice, Réunion-Maurice-Seychelles, Maurice-Rodrigues), voyages de noces… Ils proposent également un service liste de mariage gratuit, et peuvent organiser votre mariage sur place ! Leurs équipes sauront vous proposer les petits plus qui font la différence : un survol en hélicoptère, un dîner romantique sur la plage au coucher de soleil, ou encore un petit-déjeuner en pirogue…

▲ CLUB FAUNE

– Paris : 14, rue de Siam, 75116. ☎ 01-42-88-31-32. • club-faune.com • Lun-ven 9h-19h.

Ce spécialiste du voyage sur mesure depuis 1985 célèbre l'hospitalité des Mauriciens et vous invite à découvrir cette île préservée. Accompagnés et conseillés par un de leurs experts passionnés, vous construirez ensemble le « voyage de vos envies » et découvrirez les adresses les plus secrètes au cours d'activités et d'itinéraires soigneusement sélectionnés : croisières en catamaran, nage avec les dauphins, randonnée au cœur du piton rocheux du Morne Brabant classé au patrimoine mondial de l'Unesco, séjour nature à l'Île Rodrigues, dont l'authenticité et la chaleur humaine vous marqueront à jamais... Cuisine et saveurs des îles dans des boutiques-hôtels d'exception nichés sur les plus belles plages du monde. Combinés possibles avec Madagascar, les Seychelles, La Réunion, Mayotte et les Comores, l'Afrique du Sud, le Kenya ou encore la Tanzanie. Prenez rendez-vous et découvrez son « Espace Voyage » : salon cosy avec projection sur grand écran des sites de l'île et de sa sélection d'hôtels.

▲ COMPTOIR DES VOYAGES

• comptoir.fr •

– Paris : 2-18, rue Saint-Victor, 75005. ☎ 01-53-10-30-15. Ⓜ Maubert-Mutualité. Lun-ven 9h30-18h30, sam 10h-18h30.

– Bordeaux : 26, cours du Chapeau-Rouge, 33800. Ouverture prévue à l'automne 2016.

– Lille : 76, rue Nationale, 59160. Ouverture prévue à l'automne 2016.

– Lyon : 10, quai Tilsitt, 69002. ☎ 04-72-44-13-40. Ⓜ Bellecour. Lun-sam 9h30-18h30.

– Marseille : 12, rue Breteuil, 13001. ☎ 04-84-25-21-80. Ⓜ Estrangin. Lun-sam 9h30-18h30.

– Toulouse : 43, rue Peyrolières, 31000. ☎ 05-62-30-15-00. Lun-sam 9h30-18h30. Ⓜ Esquirol.

Comptoir des Voyages s'impose comme une référence incontournable dans le voyage sur mesure, avec 80 destinations couvrant les 5 continents. Ses voyages s'adressent à tous ceux qui souhaitent vivre un pays de façon simple en s'y sentant accueilli. Les conseillers privilégient des hébergements typiques, des moyens de transport locaux et des expériences authentiques pour favoriser l'immersion dans la vie locale. Comptoir vous offre aussi la possibilité de rencontrer des francophones habitant dans le monde entier, des greeters, qui vous donneront, le temps d'un café, les clés de leur ville ou de leur pays. Comptoir des Voyages propose aussi une large gamme de services : échanges par visioconférence, devis web et carnet de voyage personnalisés, assistance téléphonique 24h/24 et tlj pendant votre voyage...

▲ MARMARA

Rens et résas au ☎ 0899-650-580 (1,35 €/appel + service 0,34 €/mn + prix appel), sur • marmara.com • et dans les agences de voyages, agences Marmara et Nouvelles Frontières.

Formules claires, départs de toute la France, offres incontournables et budget maîtrisé : tous les ingrédients pour des vacances réussies. Une collection de Clubs Marmara idéalement situés « les pieds dans l'eau » avec une animation 100 % francophone et des activités sans cesse renouvelées, en formule « tout compris ». Marmara, c'est aussi une gamme de produits exclusifs et internationaux pour vivre de nouvelles expériences

NOUVEAUTÉ

COSTA RICA (novembre 2016)

Costa Rica, littéralement la Côte riche. Ce pays est le royaume de la biodiversité planétaire. Un grand bain de nature, voilà la promesse de cette bande de terre qui s'étend entre la mer des Caraïbes et l'océan Pacifique. Un quart du territoire est classé en parcs nationaux ou zones protégées. Alors ouvrez grand vos yeux pour ne pas en perdre une miette ! De la paisible côte caraïbe aux rouleaux agités du Pacifique, le Costa Rica égrène ses richesses. Plantations de cafés, champs de bananiers, cordillères piquées de volcans, lacs et forêts impénétrables, sans oublier ses plages splendides, Mère Nature dévoile ici toutes ses merveilles. Paresseux, iguanes, oiseaux, tortues ou singes, le pays offre de belles rencontres. Et n'oubliez pas que depuis 1948, le Costa Rica abolit son armée pour investir dans l'éducation et la santé. On adopte vite la maxime locale : *pura vida !*

de vacances : les SplashWorld, des hôtels avec parc aquatique intégré, les SuneoClub, pour des vacances pleines de couleurs, les Club Magic Life, des séjours pas comme les autres, et la collection Couples, des hôtels à vivre à deux. Également des circuits et des croisières pour faire le plein de découvertes.

▲ NOUVELLES FRONTIÈRES

Rens et résas au ☎ 0825-000-747 (service 0,15 €/mn + prix appel), sur • nouvelles-frontieres.fr •, dans les agences de voyages Nouvelles Frontières et Marmara, présentes dans plus de 180 villes en France.

Depuis plus de 45 ans, Nouvelles Frontières fait découvrir le monde au plus grand nombre à la découverte de nouveaux paysages et de rencontres riches en émotions. Selon votre budget ou vos désirs, plus de 100 destinations sont proposées sous forme de circuits, de séjours ou de voyages à la carte à personnaliser selon vos envies. Rendez-vous sur le Web ou en agence où les conseillers Nouvelles Frontières seront à votre écoute pour composer votre voyage selon vos souhaits.

▲ PASSION DES ÎLES

Rens et brochures sur demande en agence de voyages, au ☎ 0825-16-15-00 (service 0,15 €/mn + prix appel) ou sur • passiondesiles.com •

Le spécialiste des îles et des lagons depuis 40 ans. On trouve chez ce tour-opérateur tous les voyages sur mesure, combinés inter-îles et croisières aux Antilles. Définissez les dates de votre séjour et votre ville de départ, sélectionnez vos activités favorites (farniente, spa, découverte culturelle, aventure, plongée, golf) et votre choix d'hôtellerie, l'équipe de Passion des îles vous préparera « votre programme » cousu main... le tout au juste prix. Tous les types d'hébergement, de charme, de luxe ou pour les familles, sont proposés.

▲ VOYAGEURS DU MONDE

Voyageurs dans les îles.

• voyageursdumonde.fr •

– Paris : La Cité des Voyageurs, 55, rue Sainte-Anne, 75002. ☎ 01-42-86-16-39. Ⓜ Opéra ou Pyramides. Lun-sam 9h30-19h. Avec une librairie spécialisée sur les voyages.

– Également des agences à Bordeaux, Grenoble, Lille, Lyon, Marseille, Montpellier, Nantes, Nice, Rennes, Rouen, Strasbourg et Toulouse. Également à Bruxelles et à Genève.

Parce que chaque voyageur est différent, que chacun a ses rêves et ses idées pour les réaliser, Voyageurs du Monde conçoit, depuis plus de 30 ans, des projets sur mesure. Les séjours proposés sur 120 destinations sont élaborés par ses 180 conseillers voyageurs. Spécialistes par pays et même par région, ils vous aideront à personnaliser les voyages présentés à travers une trentaine de brochures d'un nouveau type et sur le site internet où vous pourrez également découvrir les hébergements exclusifs et consulter votre espace personnalisé. Au cours de votre séjour, vous bénéficiez des services personnalisés Voyageurs du Monde, dont la possibilité de modifier à tout moment votre voyage, l'assistance d'un concierge local, la mise en place de rencontres et de visites privées, et l'accès à votre carnet de voyage via une application iPhone et Android.

Voyageurs du Monde est membre de l'association ATR (Agir pour un tourisme responsable) et a obtenu sa certification Tourisme responsable AFAQ AFNOR.

En Belgique

▲ AIRSTOP

Pour ttes les adresses Airstop, un seul numéro de tél : ☎ 070-233-188. • airstop.be • Lun-ven 9h-18h30, sam 10h-17h.

– Bruxelles : bd E.-Jacquemain, 76, 1000.

– Anvers : Jezusstraat, 16, 2000.

– Bruges : Dweersstraat, 2, 8000.

– Gand : Maria Hendrikaplein, 65, 9000.

– Louvain : Mgr. Ladeuzeplein, 33, 3000.

Airstop offre une large gamme de prestations, du vol sec au séjour tout compris, à travers le monde.

▲ NOUVELLES FRONTIÈRES

• nouvelles-frontieres.be •

– Nombreuses agences dans le pays,

dont Bruxelles, Charleroi, Liège, Mons, Namur, Waterloo, Wavre. Également au Luxembourg.
Voir le texte dans la partie « En France ».

▲ VOYAGEURS DU MONDE
– Bruxelles : chaussée de Charleroi, 23, 1060. ☎ 02-543-95-50. • voyageursdumonde.fr •
Le spécialiste du voyage en individuel sur mesure.
Voir le texte dans la partie « En France ».

En Suisse

▲ TUI - NOUVELLES FRONTIÈRES
– Genève : rue Chantepoulet, 25, 1201. ☎ 022-716-15-70.
– Lausanne : bd de Grancy, 19, 1006. ☎ 021-616-88-91.
Voir le texte « Nouvelles Frontières » dans la partie « En France ».

Au Québec

▲ TOURS CHANTECLERC
• tourschanteclerc.com •
Tours Chanteclerc est un tour-opérateur qui publie différentes brochures de voyages : dans celle consacrée à l'Afrique, on retrouve l'île Maurice. Il s'adresse aux voyageurs indépendants qui réservent un billet d'avion, des excursions ou une location de voiture.

Voir aussi au sein de chaque ville les agences locales que nous avons sélectionnées.

UNITAID

UNITAID a été créé pour lutter contre le VIH/sida, le paludisme et la tuberculose, les 3 principales maladies meurtrières dans les pays en développement. UNITAID intervient dans 94 pays en facilitant l'accès aux médicaments et aux diagnostics, et en baissant les prix, dans les pays en développement. Le financement d'UNITAID provient principalement d'une contribution de solidarité sur les billets d'avion, mise en place par six pays membres, dont la France. Les financements d'UNITAID ont permis à près d'un million de personnes atteintes du VIH/sida de bénéficier d'un traitement, et de délivrer plus de 19 millions de traitements contre le paludisme. Moins de 5 % des fonds servent au fonctionnement du programme, 95 % sont utilisés directement pour les médicaments et les tests. Pour en savoir plus : *• unitaid.eu •*

les ROUTARDS sur la FRANCE 2017-2018

(dates de parution sur • *routard.com* •)

Découpage de la FRANCE par le ROUTARD

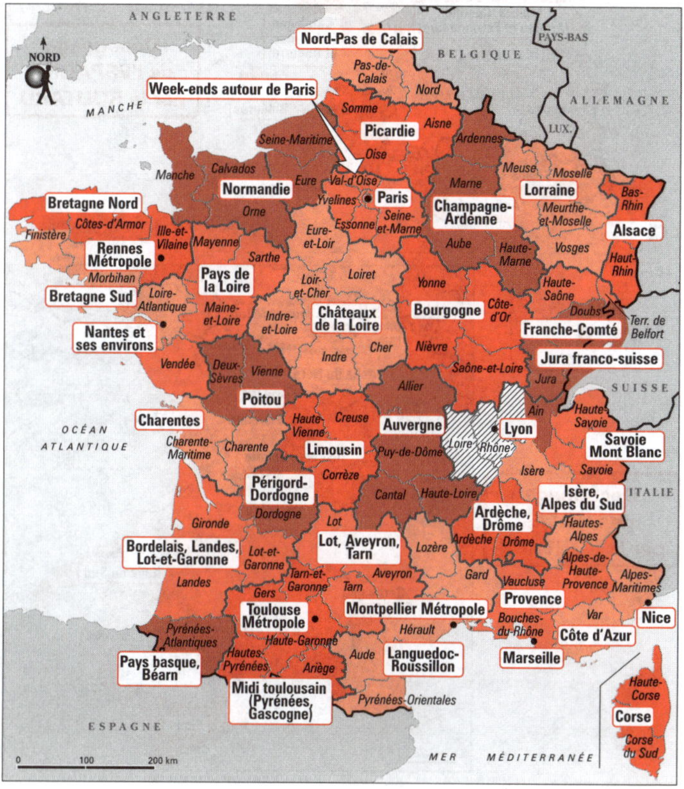

Autres guides nationaux

- Hébergements insolites en France (mars 2017)
- La Loire à Vélo
- La Vélodyssée (Roscoff-Hendaye)
- Nos meilleurs campings en France
- Nos meilleures chambres d'hôtes en France
- Nos meilleurs restos en France
- Les visites d'entreprises

Autres guides sur Paris

- Paris
- Paris balades
- Restos et bistrots de Paris
- Le Routard des amoureux à Paris
- Week-ends autour de Paris

les ROUTARDS sur l'ÉTRANGER 2017-2018

(dates de parution sur • **routard.com** •)

Découpage de l'ESPAGNE par le ROUTARD

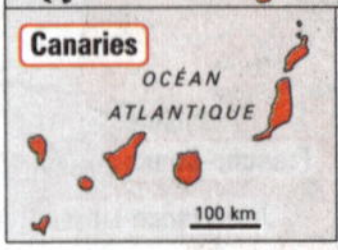

Découpage de l'ITALIE par le ROUTARD

Autres pays européens

- Allemagne
- Angleterre, Pays de Galles
- Autriche
- Belgique
- Budapest, Hongrie
- Capitales baltes (avril 2017)
- Crète
- Croatie
- Danemark, Suède
- Écosse
- Finlande
- Grèce continentale
- Îles grecques et Athènes
- Irlande
- Islande
- Madère
- Malte
- Norvège
- Pologne
- Portugal
- République tchèque, Slovaquie
- Roumanie, Bulgarie
- Suisse

Villes européennes

- Amsterdam et ses environs
- Berlin
- Bruxelles
- Copenhague
- Dublin
- Lisbonne
- Londres
- Moscou
- Prague
- Saint-Pétersbourg
- Stockholm
- Vienne

les ROUTARDS sur l'ÉTRANGER 2017-2018

(dates de parution sur • **routard.com** •)

Découpage des ÉTATS-UNIS par le ROUTARD

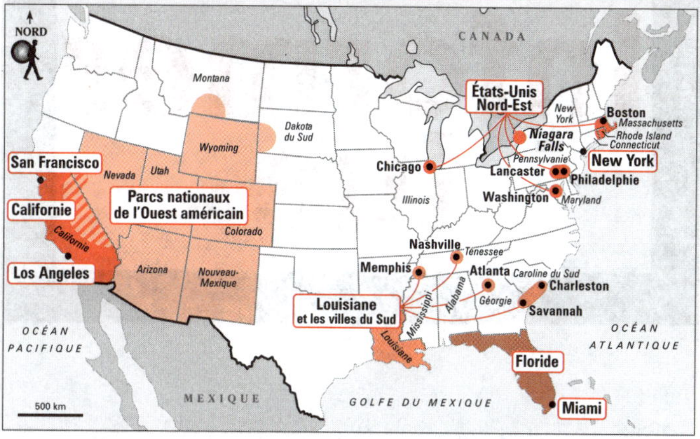

Autres pays d'Amérique

- Argentine
- Brésil
- Canada Ouest
- Chili et île de Pâques
- Costa Rica (novembre 2016)
- Équateur et les îles Galápagos
- Guatemala, Yucatán et Chiapas
- Mexique
- Montréal
- Pérou, Bolivie
- Québec, Ontario et Provinces maritimes

Asie et Océanie

- Australie côte est + Red Centre
- Bali, Lombok
- Bangkok
- Birmanie (Myanmar)
- Cambodge, Laos
- Chine
- Hong-Kong, Macao, Canton
- Inde du Nord
- Inde du Sud
- Israël et Palestine
- Istanbul
- Jordanie
- Malaisie, Singapour
- Népal
- Shanghai
- Sri Lanka (Ceylan)
- Thaïlande
- Tokyo, Kyoto et environs
- Turquie
- Vietnam

Afrique

- Afrique du Sud
- Égypte
- Kenya, Tanzanie et Zanzibar
- Maroc
- Marrakech
- Sénégal
- Tunisie

Îles Caraïbes et océan Indien

- Cuba
- Guadeloupe, Saint-Martin, Saint-Barth
- Île Maurice, Rodrigues
- Madagascar
- Martinique
- République dominicaine (Saint-Domingue)
- Réunion

Guides de conversation

- Allemand
- Anglais
- Arabe du Maghreb
- Arabe du Proche-Orient
- Chinois
- Croate
- Espagnol
- Grec
- Italien
- Japonais
- Portugais
- Russe
- G'palémo (conversation par l'image)

Les Routards Express

Amsterdam, Barcelone, Berlin, Bruxelles, Budapest, Dublin, Florence, Istanbul, Lisbonne, Londres, Madrid, Marrakech, New York, Prague, Rome, Venise.

Nos coups de cœur

- Les 50 voyages à faire dans sa vie (octobre 2016)
- Nos 52 week-ends dans les plus belles villes d'Europe
- France
- Monde

Espace offert par l'annonceur – Avec le soutien de l'agence ★ EURO RSCG C&O
RÉPARER LES VIES
HANDICAP
INTERNATIONAL

ASSOCIATION CONTRE
LA PROSTITUTION
DES ENFANTS
oKó - Espace offert par le Guide du Routard
Abusez d'un enfant au soleil
et vous passerez 10 ans à l'ombre
La Loi d'extraterritorialité votée en 1994, révisée en 1998, permet de juger un résident et/ou un ressortissant français ayant commis des abus sexuels en France ou à l'étranger. Les peines pour un abus commis sur un enfant sont sévères : jusqu'à 10 ans d'emprisonnement et 150 000 € d'amende.
www.acpe-asso.org
A C P E - 14, rue Mondétour - 75001 Paris
Tél. : 01 40 26 91 51 - acpe@acpe-asso.org
a c p e
ASSOCIATION CONTRE LA PROSTITUTION DES ENFANTS

INDEX GÉNÉRAL

A

B

C-D

E-F

G-H-I-J

L

M-N

P

Q-R

S

T-U

V-W-Z

LISTE DES CARTES ET PLANS

IMPORTANT : DERNIÈRE MINUTE

Sauf rare exception, *Le Routard* bénéficie d'une parution annuelle à date fixe. Entre ces deux dates, des événements fortuits (formalités, taux de change, catastrophes naturelles, conditions d'accès aux sites, fermetures inopinées, etc.) peuvent intervenir et modifier vos projets de voyage. Pour éviter les déconvenues, nous vous recommandons de consulter la rubrique « Guide » par pays de notre site • ***routard.com*** • et plus particulièrement les dernières ***Actus voyageurs.***

Nous tenons à remercier tout particulièrement Loup-Maëlle Besançon, Thierry Bessou, Gérard Bouchu, François Chauvin, Grégory Dalex, Fabrice Doumergue, Cédric Fischer, Carole Fouque, Michelle Georget, David Giason, Claude Hervé-Bazin, Emmanuel Juste, Dimitri Lefèvre, Fabrice de Lestang, Romain Meynier, Éric Milet, Pierre Mitrano, Jean-Sébastien Petitdemange et Thomas Rivallain pour leur collaboration régulière.

Emmanuelle Bauquis
Jean-Jacques Bordier-Chêne
Michèle Boucher
Sophie Cachard
Lucie Colombo
Agnès Debiage
Émilie Debur
Jérôme Denoix
Flora Descamps
Louise Desmoulins
Tovi et Ahmet Diler
Clélie Dudon
Sophie Duval
Alain Fisch
Roman Fossurier
Bérénice Glanger
Adrien et Clément Gloaguen
Marie Gustot
Bernard Hilaire
Sébastien Jauffret
Jacques Lemoine
Amélie Mikaelian
Caroline Ollion
Martine Partrat
Odile Paugam et Didier Jehanno
Émilie Pujol
Prakit Saiporn
Jean-Luc et Antigone Schilling
Caroline Vallano

Direction : Nathalie Bloch-Pujo
Contrôle de gestion : Jérôme Boulingre et Adeline Cazabat Barrere
Secrétariat : Catherine Maîtrepierre
Direction éditoriale : Catherine Julhe
Édition : Matthieu Devaux, Géraldine Péron, Olga Krokhina, Gia-Quy Tran, Julie Dupré, Emmanuelle Michon, Sarah Favaron, Flora Sallot, Elvire Tandjaoui, Quentin Tenneson, Clémence Toublanc et Sandra Vavdin
Préparation-lecture : Élisabeth Bernard
Cartographie : Frédéric Clémençon et Aurélie Huot
Fabrication : Nathalie Lautout et Audrey Detournay
Relations presse France : COM'PROD, Fred Papet. ☎ 01-70-69-04-69.
• *info@comprod.fr* •
Direction marketing : Adrien de Bizemont, Clémence de Boisfleury et Charlotte Brou
Contacts partenariats : André Magniez (EMD). • *andremagniez@gmail.com* •
Édition des partenariats : Élise Ernest
Informatique éditoriale : Lionel Barth
Couverture : Clément Gloaguen et Seenk
Maquette intérieure : le-bureau-des-affaires-graphiques.com, Thibault Reumaux et npeg.fr
Relations presse : Martine Levens (Belgique) et Maureen Browne (Suisse)
Régie publicitaire : Florence Brunel-Jars

Remarque importante aux hôteliers et restaurateurs

Les enquêteurs du *Routard* travaillent dans le plus strict anonymat. Aucune réduction, aucun avantage quelconque, aucune rétribution n'est jamais demandé en contrepartie. Face aux aigrefins, la loi autorise les hôteliers et restaurateurs à porter plainte.

Avis aux lecteurs

Le Routard, ce n'est pas comme le bon vin, il vieillit mal. On ne veut pas pousser à la consommation, mais évitez de partir avec une édition ancienne. Les modifications sont souvent importantes.

Les réductions accordées à nos lecteurs ne sont jamais demandées par nos rédacteurs afin de préserver leur indépendance. Les hôteliers et restaurateurs sont sollicités par une société de mailing, totalement indépendante de la rédaction, qui reste donc libre de ses choix. De même pour les autocollants et plaques émaillées.

Avec routard.com, choisissez, organisez, réservez et partagez vos voyages !

✓ Rejoignez la plus grande communauté francophone de voyageurs : plus de **2 millions** de visiteurs !

✓ Échangez avec les routarnautes : forums, photos, avis d'hôtels.

✓ Retrouvez aussi toutes les informations actualisées pour choisir et préparer vos voyages : plus de 200 fiches pays, une centaine de dossiers pratiques et un magazine en ligne pour découvrir tous les secrets de votre destination.

✓ Enfin, comparez les offres pour organiser et réserver votre voyage au meilleur prix.

Les **Routards** *parlent aux* **Routards**

Faites-nous part de vos expériences, de vos découvertes, de vos tuyaux. Indiquez-nous les renseignements périmés. Aidez-nous à remettre l'ouvrage à jour. Faites profiter les autres de vos adresses nouvelles, combines géniales... On adresse un exemplaire gratuit de la prochaine édition à ceux qui nous envoient les lettres les meilleures, pour la qualité et la pertinence des informations. Quelques conseils cependant :

– Envoyez-nous votre courrier le plus tôt possible afin que l'on puisse insérer vos tuyaux sur la prochaine édition.
– N'oubliez pas de préciser l'ouvrage que vous désirez recevoir, ainsi que votre adresse postale.
– Vérifiez que vos remarques concernent l'édition en cours et notez les pages du guide concernées par vos observations.
– Quand vous indiquez des hôtels ou des restaurants, pensez à signaler leur adresse précise et, pour les grandes villes, les moyens de transport pour y aller. Si vous le pouvez, joignez la carte de visite de l'hôtel ou du resto décrit.
– N'écrivez si possible que d'un côté de la lettre (et non recto verso).
– Bien sûr, on s'arrache moins les yeux sur les lettres dactylographiées ou correctement écrites !

En tout état de cause, merci pour vos nombreuses lettres.

122, rue du Moulin-des-Prés, 75013 Paris

• *guide@routard.com* • *routard.com* •

Routard Assurance *2017*

Née du partenariat entre *AVI International* et le *Routard*, *Routard Assurance* est une assurance voyage complète qui offre toutes les prestations d'assistance indispensables à l'étranger : dépenses médicales, pharmacie, frais d'hôpital, rapatriement médical, caution et défense pénale, responsabilité civile vie privée et bagages. Présent dans le monde entier, le plateau d'assistance d'*AVI International* donne accès à un vaste réseau de médecins et d'hôpitaux. Pas besoin d'avancer les frais d'hospitalisation ou de rapatriement. Numéro d'appel gratuit, disponible 24h/24. *AVI International* dispose par ailleurs d'une filiale aux États-Unis qui permet d'intervenir plus rapidement auprès des hôpitaux locaux. À noter, *Routard Assurance Famille* couvre jusqu'à 7 personnes, et *Routard Assurance Longue Durée Marco Polo* couvre les voyages de plus de 2 mois dans le monde entier. *AVI International* est une équipe d'experts qui répondra à toutes vos questions par téléphone : ☎ 01-44-63-51-00 ou par mail • *routard@avi-international.com* • Conditions et souscription sur • *avi-international.com* •

Édité par Hachette Livre (58, rue Jean-Bleuzen, CS 70007, 92178 Vanves Cedex, France)
Photocomposé par Jouve (45770 Saran, France)
Imprimé par Jouve 2 (Quai n° 2, 733, rue Saint-Léonard, BP 3, 53101 Mayenne Cedex, France)
Achevé d'imprimer le 25 juillet 2016
Collection n° 13 - Édition n° 01
75/3125/7
I.S.B.N. 978-2-01-323685-0
Dépôt légal : juillet 2016

PAPIER À BASE DE FIBRES CERTIFIÉES